比较哲学翻译与研究丛书

编委会

比较哲学翻译与研究丛书
丛书主编 吴根友 万百安

无为

早期中国的概念隐喻与精神理想

[美]森舸澜 著
史国强 译

Edward Slingerland

Effortless Action

Wu-wei as Conceptual Metaphor and Spiritual Ideal in Early China

中国出版集团
東方出版中心

图书在版编目（CIP）数据

无为：早期中国的概念隐喻与精神理想 / (美) 森舸澜著；史国强译. 一上海：东方出版中心，2020.4（2021.3重印）
（比较哲学翻译与研究）
ISBN 978-7-5473-1600-9

Ⅰ. ①无… Ⅱ. ①森… ②史… Ⅲ. ①无为－哲学思想－研究－中国－战国时代 Ⅳ. ①B223.05

中国版本图书馆CIP数据核字（2020）第028128号

书名原文：Effortless Action: Wu-wei as Conceptual Metaphor and Spiritual Ideal in Early China

上海市版权局著作权合同登记　图字：09-2019-452号

无为：早期中国的概念隐喻与精神理想

著　　者　[美] 森舸澜（E. Slingerland）
丛书策划　刘佩英
责任编辑　刘　旭　黄　驰　冯　媛
封面设计　周伟伟

出版发行　东方出版中心
地　　址　上海市仙霞路345号
邮政编码　200336
电　　话　021-62417400
印 刷 者　上海万卷印刷股份有限公司

开　　本　890mm × 1240mm　1/32
印　　张　14.125
插　　页　1
字　　数　287千字
版　　次　2020年4月第1版
印　　次　2021年3月第2次印刷
定　　价　75.00元

比较哲学翻译与研究丛书

总 序

近四百年来,人类社会出现的巨大变化之一就是资本主义生产—生活方式的兴起与发展。一方面,资本主义的生产—生活方式的出现,给人类带来了巨大的物质财富,新的科学技术与对自然与人自身富有广度与深度的认识视野;另一方面也给人类带来了前所未有的灾难、痛苦与极其严重的环境破坏,而且使人类陷入尝试的焦虑与困惑之中。巨大的物质财富,就其绝对数量而言,可以让全世界 70 余亿人口过上小康式的生活,但当今全世界的贫困人口仍然有 13 亿之多,其中赤贫人口有 8 亿之多。民族、国家之间的冲突、战争不断,文化与文明之间的矛盾冲突,也是此起彼伏。造成这种诸多极不如人意的社会生活现状的原因,无疑是多元的,根本性的矛盾仍然是资本主义主导的生产—生活方式要为此担负主要责任。想要解决这些极不如意的世界范围内的生活乱象,方法与途径也将是多元的,而从学术、文化加强沟通与理解,增进不同文化、文明共同体之间的合作与信任,是其中重要的方法与途径。本套“比较哲学翻译与研究丛书”,本着一种深远的学术济世宏愿,着眼于极其具体、细小的学术工作,希望能对全球时代人们的和平、幸福生活,做出一点微薄的贡献。

简要回顾中西哲学与文化比较研究的历史,大约需要从 16 世纪耶稣会传教士来华的时代算起。一方面，来华传教士将中国的社会、历史文化情况发回欧洲，引起了17世纪以后的欧洲对于中国文化的持续兴趣；另一方面，来华传教士带来的欧洲学术、科学、思想文化成果，也引起了中国社会少数有识之士的关注。清代康熙年间的“历法之争”，是中西文化交流过程中的一股逆流，但此股逆流所反映出的外来文化与本土文化之间的关系问题，却是真实而持久的。此一问题，在佛教传入中国的过程中也曾经长期存在过，但印度与中华文明都处在农业文明阶段，不涉及文明之间的生死存亡之争的问题。因而在漫长的佛教中国化过程中，逐渐解决了此问题。耶稣会传教士带来的欧洲文化，无论是其中的一神教的思想，还是一些科学的思维方式，对于古老而悠久的中国文化来说，都是一种强有力的挑战。从17世纪初到19世纪中叶，中国哲学、文化与欧洲哲学、文化之间的比较研究，可以视之为第一个历史时期。这一时期，由于政治、经济上的自主性，中国哲学与文化也保持着自己的精神主体地位。而在中国大地上进行传教的耶稣会士们，则是主动地让基督教文化向中国哲学、文化靠拢，在中国哲学、文化传统里寻找到有利于他们传教的文化因子，如坚持适应路线的传教领袖利玛窦就努力在中国传统哲学、文化里寻找与上帝相一致的“帝”观念，以证明基督教的上帝与中国儒家传统有内在的一致性。与此同时，欧洲的一些启蒙思想家，如莱布尼兹、沃尔夫、伏尔泰、魁奈等人，则努力从中国哲学与文化里寻找“自然理性”之光，以对抗基督教的“天启之光”，将遥远的中国哲学与文化视为欧洲启蒙文化的同盟军。

1840年鸦片战争以后，特别是第二次鸦片战争、甲午海战等接二连三的失败，近代中国人在政治上的自主性迅速丧失。伴随而来的是文化上的自信心也随之丧失。可以说，直到1949年新中国成立以前，中国百年近代史就是一部丧权辱国史，也是一部中华民族不断丧失自己文化自信心，在精神上不断被动和主动地阉割自己的历史。哲学、文化的研究，就其主流形态而言，是一种甘当西方、甚至日本哲学、文化的小学生的历史。其中也有一些比较研究的成分，但其比较的结果，就其主要的面向说，都是对自己哲学、文化中专制的、落后的内容进行反思与检讨。只有少数被称为“文化保守主义”者，才努力地发掘中国哲学、文化的自身价值。早年的严复在思想上基本上属于革新派，他在 1895 发表的《论世变之亟》一文，深刻地反省中国文化在近代以来失败的原因，认为其主要原因就是：在政教方面，中国历代圣贤皆未能以自由立教。[①]

新文化运动之初，还未接受马克思主义的陈独秀，曾发表过一篇有关中西哲学与文化比较的文章，文中虽然泛用“东洋”与“西洋”二字，实际上即是讨论中国哲学、文化与西方哲学、文化。陈独秀在该篇文章里一共从三个方面对中国与西方的哲学、文化做了比较，而在整体上都是从否定的角度来评价中国哲学与文化精神的，如第一个方面，“西洋民族以战争为本位，东洋民族以安息为本位。”[②]其最后的结论是：“西洋民族性，恶侮辱、宁斗死。东洋民族，恶斗死、宁忍辱。民族而具如斯卑劣无耻之根性，尚有何等颜面，而高谈礼教文明羞愧！”第二个方面，“西洋民族以个人为本位，东洋民族以家族为本。”其结论是：“西洋民族，自古讫今，彻头彻尾，个人主义之民族也。”“举一切伦理，道德，政治，法律，社会之所向往，国家之所祈求，拥护个人之自由权利与幸福而已。思想言论之自由，谋个性之发展也。”[③]“东洋民族，自游牧社会，进而为

① 严复此文中的一段话很长，其要义是：“夫自由一言，真中国历古圣贤之所深畏，而从未尝立以为教者也。”(《严复全集》卷七，福州：福建教育出版社，2014 年，第 12 页。)

② 陈独秀：《东西民族根本思想之差异》，《独秀文存》，合肥：安徽人民出版社，1987 年，第 27 页。

③ 同上书，第 28 页。

宗法社会，至今无以异焉；自酋长政治，进而为封建政治，至今亦无以异焉。宗法社会，以家族为本位，而个人无权利，一家之人，听命家长。"[①]而被中国传统儒家视之为文明象征的忠孝伦理与道德，在陈独秀看来，是一种半开化民族的"一贯之精神"，此精神有四大害处：一是"损坏个人独立自尊之人格"，二是"窒碍个人意思之自由"，三是"剥夺个人法律上平等之权利"；四是"养成依赖性，戕贼个人之生产力"。而整个"东洋民族社会中种种卑劣不法残酷衰微之象，皆以此四者为之因。"[②]第三个方面，"西洋民族法治为本位，以实利为本位；东洋民族以感情为本位，以虚文为本位。"[③]而东洋民族以感情、虚文为本位的结果是："多外饰厚情，内恒愤忌。以君子始，以小人终以之者习为贪惰，自促其生以弱其群耳。"[④]

上述陈独秀在比较哲学与比较文化的视野里，对中国文化全面的批评与否定，可以视之为激愤之词，在学术性上也有很多可以商榷之处，在当时中国处于列强环视，瓜分豆剖之际，可以激发国人深沉自省、洗心革面、奋发向上。今天，伴随着我们对西方文化的深入了解，我们可以更加客观、理性地看待中西文明的各自优劣之处。同时，对近代以来资本主义以殖民的方式对世界各国文化所造成的巨大破坏，以武力侵略的方式对整个人类所制造的各种骇人听闻的惨剧，也不应该加以掩盖。

近百年的中国历史，在政治上是受屈辱的历史、在经济上是被侵略的历史，在文化上则新旧斗争、中西斗争最激烈的历史。一些被称为文

---

① 陈独秀：《东西民族根本思想之差异》，《独秀文存》，合肥：安徽人民出版社，1987年，第28页。
② 同上书，第29页。
③ 同上书，第28页。
④ 同上书，第30页。

化保守主义的学者，在面对西方文化的强势冲击面前，努力地维护中国传统哲学、文化的自尊。他们所要维护的有些具体内容未必是正确的，但这种“民族精神自卫”的思维方式与情感倾向，从整体上看是可取的。几乎与五四新文化运动同步，20世纪20年代，一批信奉儒家思想的现代新儒家们也成长起来，其中，以梁漱溟的《东西方文化及其哲学》(1921年)一书为标志，在中、西、印哲学与文化的比较方面，开始了系统的、哲学性的思考。梁氏从精神生活、社会生活、物质生活三个方面[①]出发，对中、西、印三大文化系统的异同、优劣、未来可能的走向进行分析，并对世界文化的发展方向做出预测。他认为，“西方化是以意欲向前要求为其根本精神的。”或者说是“西方化是由意欲向前要求的精神生产‘塞恩斯’与‘德谟克拉西’两大异采的文化。”[②]“中国文化是以意欲自为调和、持中为其根本精神的。”“印度文化是以意欲反身向后要求为其根本精神的。”[③]而经过西方近代文化发展阶段之后的未来世界文化发展方向，则是“中国文化的复兴，有似希腊文化在近世的复兴那样。”[④]梁氏的具体论断与其结论，当然都有许多值得商榷的地方，但他真正从比较哲学的形上学角度思考了人类几大哲学、文化系统的异同，并对三大文明系统的走向做出了自己的论断。由梁氏所代表的现代新儒家的比较哲学与比较文化的思想表明，20世纪的文化保守主义恰恰为保留自己民族文化的自信提供了一些有益的思想启迪。而从维护全球文化的多元化，反对现代文化的同质化方面，亦为世界文化的丰富性做出了自己的独特贡献。

---

① 梁漱溟：《东西文化及其哲学》，北京：商务印书馆，1999年，第19页。
② 同上书，第33页。
③ 同上书，第63页。
④ 同上书，第202页。

在回顾20世纪中西比较哲学与文化研究的过程中，我们不应该忘记中国共产党人在学术与思想上所做出的贡献。作为中国共产党人集体思想结晶的《新民主主义论》宏文，虽然不是专门的比较哲学与比较文化的论著，但其中涉及的中国新文化发展的大问题，特别是面对外来文化时，恰恰为当代中国的比较哲学与文化研究，提供一个基本的思想原则。在该文里，毛泽东说道："这种新民主主义的文化是民族的。它是反对帝国主义压迫，主张中华民族的尊严和独立的。"①面对外来文化，毛泽东说道：

> 中国应该大量吸收外国的进步文化，作为自己文化食粮的原料，这种工作过去还做得不够。这不但是当前的社会主义文化和新民主主义文化，还有外国的古代文化，例如各资本主义国家启蒙时代的文化，凡属我们今天用得着的东西，都应该吸收。②

毛泽东所代表的中国共产党人，在20世纪40年代就已经站在本民族文化的再造与创新的高度，触及了中西比较哲学、文化研究的根本方向历史任务的大问题。当今中国学术界、思想界所从事的比较哲学与比较文化研究，也不是为了比较而比较，恰恰是为了中国当代哲学与文化创新而从事中西比较、中外比较，尽可能广泛地吸收世界上各民族创造的一切有价值的文化成果，从而为当代中国的哲学与文化建设事业服务。

实际上，在20世纪比较哲学与文化的领域里，可谓是名家辈出，荦

---

① 毛泽东：《新民主主义论》，《毛泽东选集》第二卷，北京：人民出版社，1991年，第706页。

② 同上书，第706—707页。

荦大者有王国维、胡适、金岳霖、钱钟书、张岱年、侯外庐，以及整个现代新儒家群体他们的比较哲学与比较文化的研究成果，扩大了中国人的思想视野与知识视野，丰富了中国人的精神内涵，增强了中国哲学与文化的自身活力与创新能力。自 20 世纪 80 年代以来，伴随着中国社会的改革开放，比较哲学与比较文化研究工作，一方面处在恢复发展阶段，另一方面也表现出一些新的特点。除一些学者个人凭借自己的学术兴趣、语言优势，继续从事比较哲学与文化的研究工作外，如像海德格尔与中国哲学，解释学与中国的解释学等研究成果，一些大型的丛书与杂志也在持续出版，在更大的范围内影响着当代中国的学术、思想与文化。最典型的系列丛书有：乐黛云所开创并主持的比较文学研究丛刊与丛书，刘东主持的"海外汉学研究丛书"，任继愈主编的《国际汉学》系列论文集等。而对于中西哲学比较研究史第一次较为系统的梳理与研究，当以许苏民的皇皇巨著《中西哲学比较研究史》为典型代表。当代中国这些新的比较哲学与比较文化研究形态与具体成果表明，伴随着中国与世界的关系越来越密切，比较哲学与文化的研究也越来越深入、越广泛。但就笔者目前所知的情况来看，比较系统、专门地介绍现代西方比较哲学与文化研究，同时又以此主题展开研究的丛书，目前似乎还未出现。因此，我们希望通过此套丛书一辑、二辑，及至多辑的出版，将当代中国的比较哲学与比较文化研究由比较分散的状态，带向一个相对较为集中、专业的方向，进而为推动当代中国哲学与文化的创新，做一点微薄的贡献。

相对于当代中国哲学与文化的创新与发展的主题而言，比较哲学与比较文化的研究只是一种学术助缘与手段。但在全球化的漫长过程中，比较哲学与比较文化研究将是一个需要有众多学人长期进行耕耘的一个广阔的学术领域。近四百年来西方文化在此领域所取得的成就，从整体上看要超过中国。不可否认，西方现代文化在其发轫期充满着一种对东方及其他非西方文化、文明的傲慢，而在比较哲学与比较文化研究的领域里，有些结论也带有明显的文化偏见与傲慢，像黑格尔、马克斯·韦伯等人对东方、中国哲学的一些贬低性的认识与评论，在西方与国际学术界，均产生了相当不好但非常有力的影响，即使是当代中国的有些学人，还深受这些观念的影响。但我们需要全面、系统地了解现代西方学术中从事比较哲学与比较文明研究的成果，像李约瑟、斯宾格勒、汤因比、雅斯贝尔斯、布罗代尔等人的研究成果，就需要我们系统地研究与翻译，而马克思、恩格斯，以及法兰克福学派的一些有关全球化的反思与论述，也是我们从事比较哲学研究者需要加以认真地研读的系列作品。

正在全面走向世界，并将为世界文化做出新的、更大贡献的中国，需要有更加开放的胸怀，学习、吸纳西方哲学与文化，同时还应该放宽眼界，学习、吸纳全世界所有民族的优秀思想与文化。我们还应该对中东、非洲、南美洲的思想与文化传统有所研究与了解，未来的比较哲学与文化翻译与研究丛书中，也应该有这些地区、国家的思想、文化研究成果。中国的现代化，中华民族文化的现代化，应当是继承欧美现代化、现代文化的一切优良成果，摒弃其中的殖民主义、霸权主义、资本主义唯利是图、垄断等一切不好的内容，从人类一体化，人类命运休戚相关的高度，来发展自己民族的现代化，来创新自己民族的现代文化，为造福世界做出中华民族的应有贡献。

我们希望有更多胸怀天下的学术青年，加入到比较哲学与文化的翻译与研究的领域之中，在现在及未来的相当长的一个时间段里，这将是一个有着勃勃生机，充满希望的学术领地；但也是一个充满艰辛劳作的学术领域，因为在这一领地里工作，要比其他领域付出很多的学术努力奋斗，良好的外语要求，与大量的文献阅读，甚至还要深入异域文化地区进行实地了解，不只是做书斋里的学问。但通过比较哲学与文化的长期研究，我们也会不断地扩展我们的知识视野与思想视野，丰富我们每个人的内在精神，让自己在精神上真正成为文化上有根的世界公民。这或许是比较哲学与文化研究事业在造就新人方面所具有的独特魅力！

是为序！

丛书主编

2019 年 1 月 30 日

中译版序

1988年，我在斯坦福大学宗教研究系的博士论文写的就是无为，所以说《无为：早期中国的概念隐喻与精神理想》（*Effortless Action: Wu-wei As Conceptual Metaphor And Spiritual Ideal In Early China*）一书是从其中演变来的，但我又把全部材料重新整合了一遍，因为我后来接触到认知语言学——尤其是莱考夫（George Lakoff，1941— ）和约翰逊（Mark Johnson，1949— ）1999年出版的《涉身哲学》（*Philosophy in the Flesh*），概念隐喻理论解决了我此前撰写博士论文时遇到的几个基本理论问题，促使我从全新的角度，重新梳理中国先秦哲学的多部重要典籍，这些原典也是《无为》一书研究的重点所在。我高兴地看到，自《无为》英文版2003年出版后，概念隐喻理论已然成为研究中国哲学和比较宗教普遍使用的工具。我更惊喜地知道，中国读者不久也将读到《无为：早期中国的概念隐喻与精神理想》一书的中文版。

翻译文言文、宗教研究术语及认知语言学的专业术语，必然对译者构成严峻的挑战。史国强教授一如既往地迎接挑战，他此前已经翻译出版过我的一部著作，把我的第一部学术专著翻译成可读的、流畅的中文，对此我不胜感激。我还要感谢东方出版中心的编辑刘旭先生。此外，对武汉大学的吴根友（1963—　）教授和万百安教授（Prof. Bryan Van Norden，1962—　）更当谢忱，是他们把我的著作收入了“比较哲学翻译与研究丛书”。

森舸澜

加拿大温哥华

2018 年 11 月 28 日

英文版序

拙著希望达到两大目的，其一与主题有关，其二在性质上与方法论有关。就主题来说，我的目的是系统地描述作为个人的精神理想的无为或“轻松自如”在战国时期中国人的思想里所起的作用，再现无为充当道家和儒家共同理想的过程，同时揭示其固有的概念矛盾，因为这种矛盾推动了战国时期思想的演进。就方法论而言，拙著希望用当代概念隐喻理论来研究古代中国人的思想，当然，这种想法未必成熟。拙著专门研究战国时期的中国，但与其主题和方法论相关的讨论，必然超出对古代中国的研究范围。我在书中提出，晚近东亚宗教思想或西方所谓道德伦理传统，凡是对此感兴趣的读者，无为这个话题对他们来说就不陌生，也可谓息息相关。与此同时，概念隐喻研究法——乃至此法所依据的“涉身现实主义”的原理——还能为比较思想研究、甚至一般的人文科学，提供全新的理论框架和方法论。因此，为人文学和社会科学推荐研究方法，再现身说法，把研究方法应用到宗教思想领域，也是拙著的部分目的。

因为拙著所涉宽泛，所以我试图在写作过程中补充汉学家可能以为大可不必的辅助性的背景知识，使中国思想研究领域以外的学者再读拙著更容易跟随我们所讨论的问题。我还希望在最低限度上讨论文本考据或与之相关的争鸣，这方面凡是必要的材料，我都收入附录。中国思想研究专家可以在我的博士论文，即拙著的原型（Slingerland 1998）中发现更有深度的专业研究。我的写作未必能满足大多数专业读者的兴趣和需求，但我仍然希望拙著能够吸引目标读者的兴趣，同时又没有怠慢其他读者。

作为精神理想的无为是我的博士论文，其长度约为拙著的一半。我想再次感谢答辩委员会成员李耶理（Lee Yearley，1940— ）和毕勒菲（Carl Bielefeldt，1941— ），特别是答辩委员会主席艾文贺（Philip J. Ivanhoe，1954— ），他是我读研究生及之后的导师，没有他的悉心照顾，我的论文和这本书永远也写不出来。由于本书研究方法是全新的，所以斯坦福大学的导师们对论文和此书出现的谬误或改写过程中发生的谬误，不应承担任何责任。当代隐喻研究领域还相当年轻，相对来说，我更是新人，所以我要感谢莱考夫（George Lakoff，1941— ）和约翰逊（Mark Johnson，1949— ）给予的指导和反馈。2000 年 10 月在艾哈曼森倡议的支持下南加州大学（University of Southern California）设立隐喻理论和人文学科工作坊，我对其他参与者也要表达谢忱。拙著修改过程中，以下各位的建议和批评使我获益匪浅，艾文贺、沙林竹（Joel Sahleen）、约翰逊、莱考夫等。我最应该感谢的是何艾克（Eric Hutton）——这位学术领域的"活菩萨"，他不惜施舍大把的时间和精力——他竟然如此仗义，通读初稿，改正其中惊人的疏漏，尽其所能地使拙著更符合哲学家们的阅读习惯。这可能不是很成功，原因是我的固执，而不是他没用力或不高明，我在此先向他道歉。我还要感谢牛津大学出版社的辛西娅·里德（Cynthia Read），因为她相信我的研究，容忍交稿时间因内容增加而一拖再拖，感谢西奥·卡尔德拉拉（Theo Calderara）、鲍伯·米尔克斯（Bob Milks）、牛津大学出版社的编辑团队。最后，初稿变成 FrameMaker（专业排版写作软件）格式，先排版、再修改，这些繁重的劳动都是玛丽·贝希德（Mary Behshid）独立完成的——她是我的朋友、排版女神、方方面面堪称一流的才女——她不但能完成工作，而且还满怀善意，风度不减，我衷心感谢她；同时向法席德（Farshid）、阿拉姆（Aram）、伊曼（Iman），以及罗斯玛丽（Rosemary）说句对不起，因为我耗用了他们太多的时间。

凡　例

如无其他说明，所涉中文典籍或现代亚欧著作的引文，均为作者翻译。所引《论语》《老子》《孟子》的出处，使用标准章句划分，如英文版：

Analects：Lau 1979（《论语》：刘殿爵 1979）

Laozi：Lau 1963（《老子》：刘殿爵 1963）

Mencius：Lau 1970（《孟子》：刘殿爵 1970）

所引《诗经》序号，依照毛诗标准版，如高本汉（Klas Bernhard Johannes Karlgren，1889—1975）1950 英译的《诗经》。至于《庄子》与《荀子》，章句划分尚未统一，所引句子无法一一注明，现依据通行的英译本和中华书局的评注本，注明页码，如：

《庄子》：Wxxx/Gxxx，其中 W 指沃森（Burton Watson，1925—2017）1968 版译文的页码，G 指郭庆藩 1961 版《庄子集释》的页码；《荀子》：KI－III：xxx/Wxxx，其中 K 指诺布洛克（John Knoblock）（1988—1994）版的页码，以罗马字母标明 Knoblock 版各卷（I－III）序号，W 所指为王先谦《荀子集解》1988 版页码。

为行文简洁，“孔子”“老子”等均指作者而非其著作。与文本和作者相关的问题，详见附录。

拙著将部分选用传统上中国论家的评注。与现代学者相比，过去的中国论家不大关注典籍里与史相违的推论，虽然如此，那些学者在典籍研究上倾其一生，必有所得，其见解仍然不容小视。使用传统评注，我尽力避免后古典主义玄学的种种说法（如宋明理学中形上学提出的“原理”[principle]和“物质力量”[material force]），不使其混入我对先秦典籍的解读。

读者可能注意到，我按照口语习惯在句子里使用了“them”（他们）或“their”（他们的），如 Every person has the capacity to realize their true nature（人人皆可实现其本性）。虽然这种习惯在语法上往往被人批评，但语言学家斯蒂芬·平克（Steven Pinker，1954— ）却指出，这种批评源自逻辑混乱（Pinker 1994：378 - 379）。如句子 Everyone returned to their seats（众人落座），其中 their 的作用，不是指示性所有格代名词，非要与其先行词在数上对应不可，其真正的功能如语言学家所说是“约束变词”（bound variable），指代前面出现的量词。因此，该句是说，“对所有 X 来说，X 回到了 X 的座位”。因为 X 并非专指一人，该句的“their”谁也没指，不过是指示性代词的另一表述。平克提出，凡怀疑此论者，不妨改正下面的句子：Mary saw everyone before John saw them（玛丽在约翰看到大家之前看到了他们）。对此平克的结论是（我也同意），这种句子使用复数代词，“其好处是兼顾男女性别，在种类更多的句子里感觉正确”（Pinker 1994：379）。

注释里原有的威妥玛拼音或中国学者的姓名，未予改动，余者全部使用汉语拼音。根据概念隐喻研究的习惯，表述时使用小写的 metaphor schemas 或以“schemas”表述 schema 的复数（而不用更合适但却蹩脚的“Schemata”）。此外，指出特定隐喻图式（metaphor schema）的“entailment”（逻辑推演），也是隐喻研究的通行做法，其含义相当宽泛，与逻辑学研究使用的术语 entailment 有所不同。

目　录

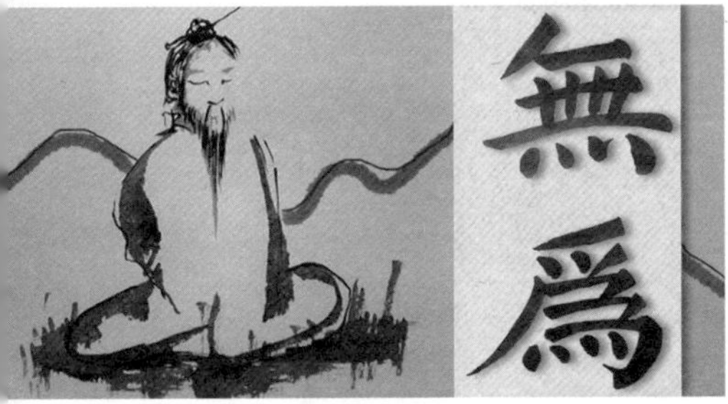

导论

研究中国哲学的学者往往把研究对象当成连续出现的人物——他们生活、行动、教育、死去——而不是当成一片又一片的织锦，其中任何一处经纬都可能藏着问与答的辩证关系。

——倪德卫《儒家的道》

近些年西方学者不再草草地概括中国人的性格或东方思想，他们的谨慎不是没有道理的。大部分的中国思想史因佛教等“陌生”传统的存在而变得复杂起来，不仅如此，佛教传入之前的传统也比西方原来想象得更为复杂、更为多面。如后来墨家的文典等久已失传的典籍再度面世，如此一来，过去所谓“中国人”对逻辑或语言问题不感兴趣的说法就站不住脚了，再如荀子的思想又热了起来，我们从中发现经典的儒家传统要比流行的宋明理学家的描述复杂得多。宋明理学家说，孟子是孔子唯一正统的继承人，所以荀子的再次出场，乃至其地位的变化，宋明理学家能不能接受？不过，我们对古代中国思想的理解却越来越成熟，因此，我们得以继续从几个角度来概括中国人的特点，其中最为主要的是，中国思想家最感兴趣的是与实践相关而非纯理论的问题。但在一定程度上各家各派就理论问题也展开过争鸣，如什么才是好生活，怎样才能从善或变成好人，这也是中国古代思想家一再关注的话题。因此规范善的内涵、厘清善的定义，这种抽象的知识并不重要，重要的是怎样才能以善的方式待人接物。① 习惯上各家各派也不是从理论上捍卫其立场的，他们以典范为榜样，通过人的示范作用来传递价值，即使涉及理论，也是强调其对实践的指导意义。与此相同，说到伦理标准，中国的思想家诉诸的不是一大堆箴言或抽象的原则，而是与亚里士多德的“好人”相仿的标准②——先生（师）提供的样板或来自过去的典范。

我们在中国典籍里发现的宗教典型人物，他们之所以被人推崇，是因为他们在生活中拥有动手的能力，至于他们凭借什么理论为自己的生存方式辩护，这并不是人们所关注的。毕来德（Jean-Francois Billeter，1939— ）在其《论西方思想和中国思想：注视与行动》（*Pensée occidentale et pensée chinoise: le regard et l'acte*）一文里通过对比形容真知的视觉隐喻（ocular metaphor）和行为隐喻（action-based metaphor），提出理论型知识和实践型知识的差异。他指出：“‘目光隐喻’在汉语文本里因为其并不在场而显眼，因此在西方目光隐喻演化出来的认识论问题，也不为人知”（1984：34）。他的说法不免言过其实——在中国古代典籍里，目光隐喻无处不在③——但其要旨还是正确的。对那些重要的中国思想家来说，真知不是抽象的注视——如在柏拉图（Plato，428/427 - 348/347 BC）或甚至宋明理学家那里——看透具体的现实，进而从理论上领悟其潜在（也是更真实）的秩序（order）。相反，真正的“明”（clarity）是照亮我们眼前实实在在的风景，我们凭借“明”穿越其中，因此这种“明”与行动总是紧紧地连在一起的。主体从现象世界后面获得永恒秩序的理论知识，以“注视”来示范的那种再现型知识模式，就被中国人丢到了一旁，他们强调一种与主体相适应的知识，而此时的主体已经通过“行动”接触世界了。这也是郝大维（David Hall）和安乐哲（Roger Ames，1947—　）著名的论点所在：《论语》里的“思”“不应该理解为抽象的推理过程，从根本上说，‘思’要动起来才是，‘思’是一种活动，一定要取得实际结果”。[④]

部分学者提出，这种实践型、接触型的知识应该被理解为“技能-知识”。[⑤]也就是说，在理解古代中国人的知识概念时，我们应该从实践能力的角度来看待知识，这种实践能力塑造的不仅是感知力还有价值观。对技能或实践-知识，当代西方学者如波兰尼（Michael Polanyi，1966）和麦金太尔（Alasdair MacIntyre，1984、1990）进行过相当深入的研究，他们运用自己的概念“缄默的知识”或实践把握（practice mastery），批评近来在西方思想领域盛行的再现型的知识论。其研究的核心是，这种知识模式必然产生与之相对应的至境理想（ideal of perfection）：对娴熟的行动技能而非博大的理论知识的向往。在我们要讨论的古代中国思想家那里，最好的知识不是把握抽象原则，而是拥有生存能力，凭借这种能力，我们能够以完全自发的，但又以使自然和人类社会规范秩序完全和谐的方式，在人世间往来自如——这就是“道”（Dao）或路。这种理想（与其所依赖的新知识模式）使思想家们得以避免各种知识论上的困境，如笛卡尔（René Descartes，1596—1650）那种理想：孤独的主体竟希望百分之百地获得外部客观王国的知识，[⑥]不过毕来德指出，这种百分之百的模式（他将其称为“l'idée de l'act parfait”）必将引发其自身固有的矛盾：

在我们看来，娴熟技能的理念近乎一种理想，在中国对思想形

> 成的吸引力比在其他地方更为强大，推测性的思想（思辨）总是被吸引过去……在中文典籍里，这种理念一般是以隐含的方式出现的，因为其表现方式混合在我们涉及的各种形式之内并掩盖在下面。作为我们出发点的《庄子》寓言（庖丁解牛），好像具有范式价值，虽然这种价值还没有确定下来。确不确定姑且不论，我们的想法还将继续停留在相对武断的基础上，因为在应对众多文本的过程中，我们的想法还没有证明其阐释学的价值。在我们的想法被重视之前，先要以不同的方式予以验证：孤立的章句要解释清楚，不仅如此，还要将其**历史沿革和全部哲学问题**解释清楚；要以更明确的方式发现中国哲学，或最好是各种中国哲学的连贯性和魅力，乃至中国哲学涉及的紧张关系、矛盾、难题。一句话，我们的想法一定要从中国的语境出发，其作用大小不应在（西方的）“视觉隐喻”理念之下。（1984：50；黑体后加）

虽然这项工程在我注意毕来德的著作之前已经启动，但从好多方面来看，我们仍然可以将其视为对毕来德的呼吁的回应。拙著的研究希望说明，无为理想——“轻松自如”或自发的行为，但这种行为又与宇宙的规范秩序一一对称——在好几位先秦宗教思想家观念中是核心的精神理想和哲学问题，他们代表了我所谓“主流”中国思想的核心（据孟旦［Donald Munro，1931—　］的说法）：即孔子（前551—前479）、老子（约前571—约前471）、孟子（约前372—前289）、庄子（约前369—前286/275）、荀子（约前313—前238）。[7]我还希望揭示，无为理想到底为什么能引发毕来德提到的那种紧张关系（tension）——我将其称为“无为悖论”——此外，这种紧张关系或矛盾为什么在战国时期中国思想的历史发展过程中还被视为一种推动力。

在中国宗教的演变过程中,无为概念所起的作用不容低估,但中西学者对此始终不予重视。在题为《先秦无为思想简论》的文章中,李生龙指出:

> 无为内涵十分丰富,包括自然观、政治观、人生观诸方面的内容。它是不断发展、不断丰富、不断完善的。然而,学术界还没有系统地阐述其内容或发展方向(李生龙 1986: 7)。

与此同时,以无为为题的重要著作至少还有一部——安乐哲的《统治的艺术》(*The Art of Rulership*, 1994),作者细致梳理出无为作为治国原则的演变脉络,儒家、道家、法家及杂家(syncretist)文本《淮南子》,无一不在其研究之列。安乐哲对无为的兴趣反映出研究该话题的重要路径——兼顾无为的个人精神维度,但研究重点依然是,作为治国理想或社会管理方法的无为。[8]以此为研究路径的部分原因是,无为二字在绝大多数情况下指的还是理想的治国形式。不把注意力放在无为二字上,对其更大的概念结构不予照顾,必将导致把无为限定在政治语境下。此外,还有个因素也不应不提,在晚期法家和杂家的言论里,无为起过显著作用,其用法被限定在治国原则上,于是无为作为精神理想的功能不复存在。[9]所以拙著还有一个目的,希望把这种研究无为的路径逆转过来。也就是说,我将提出,对我们将讨论的几位"主流"思想家来说,把无为当成个人的精神理想,才是最根本的,而作为治国理想的无为,与这种更基本的概念相比,不过是次要的,乃至可有可无的。

此外,我还要说明,这种普遍的精神理想,轻松自如也好、自如自在也好,可以充当一部有力的透镜,借此我们可以研读这些古代典籍;不仅如此,作为概念的无为,其自身拥有内生性矛盾(紧张关系),这种矛盾在一定程度上推动了先秦宗教思想的发展。矛盾的起因是，无为所代表的轻松自如或自如自在，被描述为一种理想的状态：我们现在还没达到无为状态，我们将讨论的思想家提出各种的建议，目的是把我们从现在“吃力的”状态下拯救出来，进入那种理想的无为状态。为此我们必然遇到一个问题：怎么可能为无为呢？通过精神上的努力达到一种不再努力的状态，这种设想怎么可能实现呢？似乎我们一努力，必然“污染”最后的(无为)状态。

不少学者已经注意到矛盾的存在，[10]但就我所知，仅有倪德卫(David Nivison，1923—2014)一人发现了矛盾中良性的特点。1997年倪德卫撰写出系列文章，探讨无为在古代儒家思想里引发的矛盾，他将其称为“德的悖论”(Paradox of Virtue)[11]。在结构上德的悖论与“无为悖论”不相上下，其所以存在，原因如下：我们不经意之间(非自我意识地)才能拥有德，即一旦我们知道自己实施的行为是德行，德行就不是完全的德行了，这就是矛盾所在。孔子本人没有正面应对这个难题，但倪德卫希望说明，孟子和荀子提出人性的次要理论，在其发展过程中，存在一种动力，即希望化解我们描述过的悖论。[12]拙著的一大目的，不仅要延续倪德卫对悖论良性作用的研究，更重要的是，还要讨论老子和庄子——表明在“无为悖论”周围的那些“问与答的辩证关系”的背后，他们也在起作用。

这种矛盾关系的意义要远远超出我们对古代中国思想的理解。可以说，“无为悖论”生成的矛盾又在中国的佛教里再度出现，那就是“顿悟派”和“渐悟派”之争(以及日本禅道临济宗和曹洞宗之辩)，[13]乃至宋明理学的分支陆王和程朱之间的对峙。[14]所以拙著还要首次描述佛教传入之前的几场论战。[15]此外，与“无为悖论”相似的矛盾在亚洲之外的宗教思想里也出现过。如倪德卫注意到，儒家“德的悖论”与柏拉图难题的相似性，在柏拉图那里“被教育者必须先知道先生教的知识是有用的”(*Meno*，80d ff.)，或与亚里士多德(Aristotle，384—322BC)难题的相似性，即“要成为公正的人，我们必须先实施公正的行为；要成为稳健的人，我们必须先实施稳健的行为”，[16]以上亚里士多德悖论和所谓美诺难题对西方道德伦理发展的作用，麦金太尔(Alasdair MacIntyre，1929—)已有专论。[17]因此，我们有理由相信，围绕“无为悖论”出现的问题与回答，不仅对中国古代思想家有意义，而且，对所有关注修身问题的思想家也有意义——不仅要使个人从理性上接受一些原则，还要把他变成新人。

无为的概念

无为的意思就是“不用力或不努力”，往往翻译成“doing nothing”或“non-action”。不过，我们先要知道，无为指的不是在视线范围内发生的动作，而是人的心理状态。也就是说，无为指的不是做或不做，而是施动者的现象学意义上的状态。如庞朴(1928—2015)所说，无为指的“不是行为的基本形式，而是行为者的心理状态——行动那一刻的精神状态”(1994：15)。无为是一种个人和谐的状态，行为从一个人自发倾向中即时地、自由地流淌出来——不必多想，也不必纠结——然而却与身边环境的种种规定完全适应，有如神助(至少在孔子的语境下)，又与传统的道德规范相和谐。如毕来德对无为的描述——他称其为“l'idée de l'activité parfaite”——代表的状态是，“对外部现实无所不知、完美的效率、百分之百的省力”(1984：50)。无为不是旋生旋灭的状态，而是一系列完全改变后的倾向(性)，与规范秩序高度吻合。这种和谐的无为状态还能在施动者的外部反映出来，因此可以被外人感知。

处于无为状态的人，其正确的行为马上就能自发地表现出来，如同鼻子闻到了气味，他的自在和快乐是无意识的，他的身体仿佛被神奇的旋律深深地吸引了。然而，这并不是说，无为的行为是自动的、完全无意识的或纯粹生理的。[18]《庄子》和《荀子》从现象学的角度对无为作了更多描述，我们从中发现，无为状态涉及的不仅是身体还有复杂的认知，需要从方方面面进行修炼，如身体、情感、心（理）。个人仍然可以选择——甚至可以停下来权衡利弊或预判将来——不过，即使这些活动他也是在自如自在的状态下完成的。如庖丁对文惠君所言：

> 虽然，每至于族，吾见其难为，怵然为戒，视为止，行为迟，动刀甚微，謋然已解，如土委地。（《庄子集释》：郭庆藩 119）

与直觉的或习惯性的行为有所不同，无为的施动者在一定程度上是有意识的，不仅如此，他在回应时还有相当大的灵活性。[19]无为不涉及抽象的反思和推理，但无为也不是“大脑空空如也”的行为，[20]无为是从我们所谓“涉身的心”（embodied mind）里迸发出来的。

无为的特点是自在自如、驾轻就熟，在此之外，我们将讨论的所有“主流”[21]的中国思想家，都把这种个人的心态与可观察到的、几乎是超自然的效率联系起来。正是因为有了这种效率，圣王舜才得以以礼治天下；圣人老子才得以毫发不挫，呼吁天下、抱朴守拙；庖丁解牛十九年，但刀刃如初。如几位学者指出的，西方的自发性大多与主体性相关，但无为引起的那种自发性却与之相反：无为的自发性代表了最高程度的客观性，因为只有在无为状态下，人们涉身的心才能融入比自己更大的存在——天的意志或道的秩序。这便是为何无为状态应被视为一种宗教理想,[22]因为只有达到这种状态,人们才能在宇宙里找到适合他们的位置。

我们发现无为的宗教性质后,就该谨慎对待我们借以理解无为的种种模式。显然,理解无为及与技能-把握相关的知识,可以有力地帮助我们更好地描绘中国古代的思想家,无为往往也是他们使用的隐喻。然而,这种模式必须安排在适当的宗教语境下,不然我们可能被引入歧途。这些思想家看重的技能-知识,不能理解为特定的技能(如弹钢琴或做木工),因为我们可以想象,技巧娴熟的钢琴师,哪怕琴弹得再好,在生活的其他方面也可能不值一提。无为代表的技能是独一无二的、无法超越的至境:拥有这种技能的人,他的价值已经完全实现,他的待人接物无不与道高度协调,所以孔子才重道轻术,哪怕是“高超的技艺”(master-craft)[23]凡是不能实现“仁”的技能,[24]他都是鄙视的,所以《庄子》里的文惠君才能从隐喻的高度理解庖丁的绝妙表演(“善哉!吾闻庖丁之言,得养生焉”)。在古代中国的语境下,要想实现这种理想,就得把个人与更大的宇宙规范秩序联系起来,——此外,还要勾勒出人性与这种秩序的关系,哪怕是轮廓也好——所以我们一定不要低估无为的作用,无为是最重要的精神理想。在宗教世界观方面,我们讨论的五位哲学家都能在古老的中国宗教里找到渊源,那里的天、道、无为、德紧密地联系在一起。

部分学者如伊若泊(Robert Eno)或陈汉生(Chad Hansen)等研究所谓理想的技能,难免存在不足之处,他们不重视或不理解无为在这种世界观里的地位,走向了传统论或甚至道德相对主义。传统论或相对主义在古代中国主流世界观里没有地位。对每一位我们要讨论的思想家来说,要通过德才能证明,他们各自提出的与道相通的方法是正确的。据中国最古老的典籍,德是上天的赐予,谁顺从其意志便赐予谁,此外上天为了在人间实现其意志，还要赐予他力量，所以，对那些思想家来说，过去圣人身上表现的德就是可感知的证据，证明在拯救的路上他能走向成功。因此，尽管无为可以被当成绝技，但无为却不想与这种相对主义的模式纠缠在一起，与无为发生明确关联的，是规范的形而上的秩序和魅力，这种魅力对信仰者和非信仰者都是显而易见的。我们在《论语·卫灵公》(5)里读到："无为而治者其舜也与？夫何为哉？恭己正南面而已矣。"在孔子那里，舜达到了无为状态，他借助德的魅力就能号令天下，这是历史事实并证明孔子的道不仅是可行的，而且还是先进的。

因此，作为精神理想的无为具有强烈的现实感。麦金太尔指出，绝技模式，不论其形式如何，总要为人们提供路径，最后抵达一种独特的现实主义，这种现实主义与笛卡尔(René Descartes，1596—1650)或康德(Immanuel Kant，1724—1804)的知识再现论所说的那种现实主义可谓南辕北辙，而且弱点也比笛卡尔他们的少：

> 制作家具也好，打鱼种地也好，所有技艺的核心特点与哲学的特点都是相通的，凡是技艺的实施者先要在心灵上与一系列客体的存在和特性达成和谐并证明自己称职，那些客体独立于心灵之外。涉身的心在其活动中并通过其活动，先要学会接受自身以外的、由那些客体构成的形式(*eide*)，再以适当的方式变成客体。因此，与那些现实相适应或相吻合的不是对现实的评判，而是涉身的心，是心与客体、物(*res*)、主题的适应或不适应，心以几种方式证明这种适应或不适应，其中之一是，心的评判是真是伪。涉身的心在适应其客体的过程中才能实现其潜能，变成其客体和其自身活动共同希望的面目。(1990：68)

驾驭技能(如制作橱柜)的现实主义在如下方面得到印证:橱柜可以做好,也可以做坏。在物质王国里,这两种橱柜之间的差别是可以观察的。橱柜因柜门关不严或因结构不牢而不能实现其设计功能,据此可判定制作者不称职。我们发现儒家和道家提出修炼技能-知识,其目的是为了道——独立存在于心的施动者之外的规范秩序——发现涉身的心要"适应"这种目的,心就得自如自在(无为),就得拥有可以被观察到的精神力量(德),这时我们就能明白,为什么在中国人那里,技能-知识的理想不能产生相对主义的结果。那些思想家的理念可能互相抵牾,虽然如此,但他们都相当自信,他们自己提出的道才是通向无为的大道。

作为概念隐喻的无为

借用无为二字来指称轻松自如的状态和达到至境的行为(二者都是道家和儒家的理想),乃至指称理想自身固有的矛盾或"无为的悖论",可能并不合适。如,作为术语的无为在我们讨论的一部典籍里从来就没出现过(《孟子》),在另一部典籍里才出现一次(《论语》)——无为出现的那一章,大概还是很晚以后才写进去的。[25]因为无为作为术语出现的次数不多,所以读者可能要问,我们凭什么把一个并不通用的词语当成无为理想的共同表现法,并以无为为题来讨论各部典籍提出的未必相同的理想呢?这正是概念隐喻研究法大显身手的地方,对研究宗教思想的学者来说,概念隐喻法的作用自不待言。[26]无为不能照字面理解成"不为"或"不做",因为从现象学的角度来说,无为是指施动者所处的状态(事实上,行为者还相当活跃),所以我们应该从隐喻[27]的角度来理解无为。我在后文将提出,术语无为是指由隐喻构建的场合,其中的“主体”[28](subject)为了有所作为而不必努力。如我们在第一章讨论的，无为被改造成一般性术语，用来指称不用力的状态，因为无为可以泛指全部概念隐喻谱系，而该谱系里的隐喻又能传递出轻松自如和非自我意识的意思。这些概念谱系涉及“从”或“顺”、(身心的)“安”与外部达成和谐的“宜”以及“忘”(忘我或无己)，“忘”往往也可表述为“非自我意识”或“不知”或发乎强烈情感如“乐”的遗忘状态。

无为是通过一系列特定的隐喻或短语表达出来的深层概念结构，对此有所认识之后，我们就不会混淆概念的存在和特定术语的存在。部分学者正是因为这种混淆才得出荒唐的结论，如在古代中国人那里没有形成“真”(truth)的概念，因为他们没有特定的术语对其描述。[29]过去东西方有不少对无为的研究，因所谓固定的连续性而作茧自缚：为了厘清一个概念，如无为，他们读遍经典、按图索骥，把出现过无为二字的章句都取出来，以为研究之用。正是借助这种研究方法，顾立雅(Herrlee Creel，1905—1994)——他是其中著名的一位——才得出结论：无为是法家思想家申不害提出的概念(1970：59－60)。现今没有几个学者认为顾立雅的说法具有多大的说服力，[30]然而大多数学者依然跟随他的步伐，画地为牢，哪里出现无为就研究那里。有趣的是，顾立雅本人在研究“刑名”概念时也承认，这种办法对思想研究束缚太大：“我以为《申子》残卷确有刑名理念，但刑名二字却从未出现过”(1970：62，N. 76)。可惜的是，他的想法却没用在无为研究上，所以他也没能发现，在古代儒家典籍里，无为对个人和治国的理想所起的作用。

把无为确定为深层概念结构的语言标志之后，我们就可以在表面上不同的理想之间建立起联系，如《论语·为政》(4)描写孔子七十岁时对道德那种自如自发的把握；德与人的倾向之间那种高度和谐，竟然到了“不知足之蹈之、手之舞之”的程度(《孟子·离娄上》)；乃至《庄子》里庖丁在精神上表现出的那种效率(凡此种种在深层概念上都存在必然的联系)。对研究相关文本的评论者和西方学者来说,[31]他们凭感觉就知道这种联系是存在的,但我希望说明的是,当代隐喻理论能为我们提供理论上具体的、连贯的方法论,我们借此可以描述无为等隐喻的概念结构,把无为"谱系"各成员之间的联系逐一再现出来。这种研究方法还使我们得以研究各种文本,梳理出无为概念演进的脉络,目的是说明,无为作为战国时期思想领域的一大问题所具有的核心意义——当目光转向无为时,我们发现这种核心意义被严严实实地遮挡在下面。

观点综述

第一章介绍当代隐喻理论,然后简述无为概念所涉战国时期典籍提到的各种隐喻谱系。无为的概念结构夯实之后,我将从《诗经》和《尚书》里找出几个相关的隐喻,讨论无为的渊源,即儒家之前作为精神理想的无为。第二章至第七章,通过无为各谱系的隐喻,讨论无为理想在战国时期的发展。无为理想具有共同的隐喻结构,但在如何实现无为方面,我研究的每部文本又有其独特的拯救办法,这些办法也是从概念隐喻的角度再现出来的。讨论各种文本时,我将说明"无为悖论"如何以新形式再度出现。其实,为拯救众生,使其达到无为,圣人提出过各种办法,但他们使用的隐喻又相互抵牾,拒绝兼容,新式的"无为悖论"正是在此处表现出来的。我将指出,也是为了回应这种不兼容性,后来的文本为达到无为的目的又提出新办法,指望走出这种概念上的困境。

为了走出悖论,思想家们先后提出"解决方案",它们概括起来为两种,即修身的内在论和修身的外在论。[32]他们各自抓住一个牛角不放。在"为无为"的问题上,内在论者强调无为的一面:他们指出,在一定程度上，我们已经够好的了，所以我们要做的就是，等待内在德性自我成长，庄子、老子、孟子属此阵营。外在论者以荀子为代表，很可能还包括《论语》的作者(们)，他们提出了与内在论者相反的主张：我们一定要努力无为(为无为)。他们指出，我们自身没有实现无为的素质，所以，要达到无为状态，我们先要在传统的外部形式上有所作为，即先要经过漫长而又艰苦的修炼。为此，他们设计出严格的修炼方法，旨在逐步引导我们从最初无知的状态中走出，最后达到精神的至境。可惜，两大阵营对无为悖论的回应各有短长，都不能使人完全满意，两派内部的主张也存在矛盾之处，都要面对各种难题。

我对无为的讨论先从《论语》开始，据传，《论语》是历史上孔子的言论合集，在第二章里我将对此予以讨论。《论语》里的无为融合了儒家之前的两种理想：一是技巧娴熟、身材威武的贵族；一是道德高尚、又不自知的统治者(君)。孔子本人就是这种无为理想的典范，据相关文本的描述，这种无为对礼乐驾轻就熟而不自知，其他的儒家实践经过一生的严格的传统文化形式修炼而获得。谁能以这种方式把握儒家的道，谁就会发自内心地爱上它，还能在实践中得到自发的乐趣。不过，《论语》出现的无为悖论涉及一个问题：我们还没有爱道，如何才能经过修炼而自发地、非自我意识地(不自知)爱上道呢？如果我们生来就已经爱道(弟子颜回和圣人舜显然生来爱道)，那么儒家的拯救(教育)计划似乎就没必要了。如果这种情感通过修炼才能灌输进去，那么问题又来了，我们怎样才能努力无为呢：我们怎么能迫使自己爱上原来没爱过的东西呢？

这种概念上的悖论在一种紧张关系中充分地表现出来，所谓紧张关系或矛盾是两个互不兼容的隐喻造成的，一方是内在论的**作为修饰的修身**(修身如修饰)；另一方是**作为提高技艺的修身**(修身如提高技艺)。《论语》侧重外部技能型的修身模式,希望通过艰苦的修身过程来改变原来不好的或粗糙的材料,或者说,《论语》侧重的是努力或用功,其隐喻是**作为旅程的修身**(修身如旅程),无为则被理解为漫长而又艰苦的旅程走到了目的地。然而《论语》的作者(们)好像感到,无为修炼要想成功的话,先要具备正确的内在动机——从隐喻的角度来说,原料好,雕琢才能成功,或者信念坚定才能走完旅程。如果我们内部没有坚定的信念,经过儒家艰苦的修身过程,我们也可能变成虚伪的人,如同《论语》里提到的"乡愿",他对德并没有发自心底的向往,德行在他那里不过是走过场。为了回应对内部动机的需要,《论语》才出现了如下隐喻图式,**作为修饰的修身**(修身如修饰),其中修身被理解成对原来良好的亚状态进行修饰。这种隐喻遇到的问题是,原来良好的亚状态白白地等在那里,这种等待可能破坏对无为的努力和用功——无论是**作为提高技艺的修身**,还是**作为漫长旅程的修身**,《论语》的作者都不希望对其重要的逻辑推演打折扣。修身如修饰也好,修身如提高技能也好,在相互取长补短方面都能产生重要作用,但这两种隐喻自身似乎没法兼容。

为了对上述矛盾作出回应,我在第三章讨论的《老子》转而崇尚内在论和无为的隐喻。《论语》敦促我们以周朝文化来修饰自己,而老子却提出人要纯真。孔子把修身比喻为雕琢玉石,而老子却提出了著名的"见素抱朴"。孔子提出的拯救设想如同艰苦而又漫长的旅程,要走上一生才能走完,而老子却劝告我们不要再走下去了——赶紧回家,回到原初的母亲那里,回到起源或根本那里。一般来说,老子主张无为,通过自如的、自发的"自然"来消弭《论语》所谓努力和不努力之间的矛盾:我们已经够好的了,等我们不再努力向善、甚至不再努力的时候,我们就能明白其中的道理。按照老子的意思,不论是雕琢还是修饰,不仅是徒劳的，反而会破坏我们的天性。

老子在此处也遇到概念性问题。要说我们生来就是善良的，处在“自然”无为的状态，那么我们为什么还没善良呢？如果老子的拯救之路是那么轻松、那么自发，为什么还要敦促我们？具体地说，形容修身的隐喻出现后，矛盾就出现了，文本中形容努力的隐喻与大多数形容无为的隐喻放在一起，必然显得格格不入。老子敦促我们在行为上要“为无为”，在认识上要“执一”，与此同时，他还系统地批判“为”和“执”。他敦促我们在个人方面要清心寡欲，在政治方面要小国寡民，但他同时又警告我们，人性如同未施人工的原木，不该触碰，还说国家如同“神器”，“不可为也”。《老子》里出现的无为悖论，暴露出概念性的难题，其中最惊人的表现可能就是“为无为”。

凡涉及冥想修炼，《老子》所用的语言都相当神秘，其目的是借助身体，避免“为无为”造成的矛盾，哪怕是部分矛盾也好。也就是说，为应对“为无为”的概念悖论，我们要从认知转向行为：如转向冥想或呼吸，目的是引起自我的心理-生理变化。为了避免与思非所欲纠缠不清，我们要通过纯粹身体的修炼来改变“气”（重要的能量），把欲望的萌芽消灭在生理层面。以上大概是《管子》的“内业篇”和“心术篇”，乃至最近在马王堆发现的医书，描写冥想和呼吸的动机所在。我们在第四章将重点讨论《内业》，我们在其中发现，身体摆出一种姿势就足以达到无为状态：“四体既正，血气既静。”

不幸的是，无为显然没那么简单。“四体既正，血气既静”之后，作者马上又劝我们“一意抟心，耳目不淫”。即使在《内业》等文本里，也需要身心结合才能拥有无为，因此，《内业》建议的拯救办法，如同《老子》，似乎也要把行为和认知结合起来才是。一方面，我们要通过身体的清洁和姿态，把安身的“舍”打扫干净，另一方面，我们还要“静”下“心”来，不能牵挂“气”和“神”。当然，问题依然存在：我们心里没有目标，又怎么能实施目标明确的活动？虽然人们提出了新技巧，希望通过身体的变化走出无为悖论，但《内篇》的作者(们)仍然感到在“劳其筋骨”的同时，有必要从认知的角度来一场变化，没承想也陷入我们在《老子》里发现的悖论：“为无为”的困境。不过，他们确实把新的“心术”传入战国时期的思想领域——这种“心术”或许来自医学或其他自然主义的理论，此时那些精英哲学家也接触到了——他们把“气”“精”“神”当成体内积极的力量，通过改变身体姿态和认知方式，就可加以利用。他们提出，体内的这种生理力量很强大，但通过正确的驾驭，就能完成大部分无为的工作，对此后来所有哲学家都以不同的方式加以利用。

《内篇》之后出现了不少思想家，我们先要讨论孟子，他也是第五章的主题。孟子希望借用一系列与农业相关的隐喻来绕过《老子》里出现的悖论。隐喻图式**作为农业的修身**(修身如种地)不仅相当有力，也相当有效，孟子借此提出一个先天和后天(无为与为)相互和谐的模式：我们身上拥有无为的潜质，从这个角度来说，我们已经是无为的了，但这种潜质——如同幼苗——需要呵护才能茁壮成长、达到目标。孔子的道德是“自然的”，但又不是普通的自然，所以需要关注、时间、努力。从这种角度出发，孟子就把孔子的道德与《老子》崇尚的“自然的”无为模式连在了一起，与此同时，他明确指出，其拯救之路与《老子》的作者(们)——自我保护主义者和原始主义者——的那种设想又是大不相同的。[33]孟子充满活力的“幼苗”(端)取代了老子木讷、迟钝的“原木”，因为幼苗生来就有方向和动力。隐喻发生变化后，孟子就可以把孔子的“文”说成人性正确的、自然而然的至境。其实，老子的原始主义者们对“文”持完全批判的态度，认为其不自然。也就是说，我们能吃上文化的“粮食”，又不必“揠苗助长”(语出《公孙丑》章句上的寓言)。自然界不是一成不变的，自然界有其自己的方向，因此，我们践行儒家的礼乐，如同庄稼长出粮食，是再自然不过的了——事实上，老子他们呼吁返回自然才不自然，因此也违反天意。孟子借用与农业相关的隐喻来应对道家遇到的矛盾：我们为什么要努力自然呢？孟子的“自然”不是现代中国人说的“大自然”，而是施以人工的自然。因此，对孟子来说种植的作物才是人工与自然倾向最好的结合，所以才可以用来比喻“修身”那种道德倾向。

孟子又在农业隐喻之外推出了以水为意象的隐喻谱系，这类隐喻是独立的，但其生动性丝毫不减。依据这些隐喻，我们能找到道德的“源”头，吸纳“浩然之气”，之后我们的德性将自动出现，如同溢过堤坝的河水或从地下涌出的泉水，必然势不可挡。孟子还借助水的隐喻，使其设想与新的生理问题“气”结合起来，为描述无为推演出一批液态隐喻，如“流”或“顺”，孟子也因此拥有了全新的概念图式，以更好地理解德的力量。这批隐喻在“大自然”里无处不在，人人皆知，为孟子提供了相当有用的逻辑推演，如孔子的道德思想是自然而然的、不可阻挡的、毫不做作的。

孟子化解无为悖论的设想看上去很严谨，但我们从中发现了至少两对矛盾或两种紧张关系，孟子以后的两位思想家将矛盾当成批判的靶子。我们先说文本里出现的第一对矛盾，即经过改造的和原初的大自然之间的矛盾。种植的庄稼不是自然生长的，要用心呵护，不然幼苗可能枯萎或被蒿草淹没，所以这种所谓自然的道德模式就可能引起批评。批评者可以从修身的角度提出批评：对我们人类来说，儒家的道果真那么自然的话，我们还有必要反复地修炼吗？如果儒家的道真是自然的，这种道应该是无为的，完全不用努力就能拥有——自然如稗草生长或泉水下山。孟子好像也感到他的说法未必严谨，可能招致非难，所以他又提出不必用力的、如“大自然”的隐喻，如上文提及的下山的水或溃堤的水，以此来形容我们对道德的向往势不可挡。以上对自然的理解互相之间也不兼容，这才是问题所在。如我们轻易就能发现，孟子说自己有“浩然之气”或说舜的德如过堤之水，但他在其他地方又以大禹治水为榜样，说他拥有至德。孟子之所以说大禹大德，正是因为大禹知道，通过努力才能治理洪水，才能改变大自然。孟子是把改变自然的大禹，当成了君子修身的典范。

我将指出，庄子歌颂的则是大自然和人性的“杂草”，如跛子、犯人、丑人等，儒家悉心耕作的田地里是容不下他们的。[34]在庄子那里，改变后的自然不是自然。如果我们发自心底地希望拥有自然性的话，就应该任凭杂草蔓生。我们在第六章讨论的庄子拒绝儒家那种自我意识(自知)的路径，如孟子用心来迫使自我达到“自发的”高度。以庄子所见，凡是控制心的、有目标的、“有以为”的活动，都与无为南辕北辙。如同老子，庄子的拯救路线不希望与“为”的隐喻沾边。庄子提出的路线是要颠覆儒家的努力:“忘”掉道德、“失”去自我、“虚”下心来，如此这般才能接触到此前被压抑在自我里的各种力量——在自我之内清理出一处空间，请规范秩序安顿下来。从隐喻的角度来说，庄子的规范秩序如同一种物质或客人。社会和心对我们施加的影响被清除后，我们就能在大道之上“寓”“适”“宜”，此后自如自在，不必努力，此处的大道如同河水或动力，足以把主体裹挟而去。

庄子遇到的问题与我们在《老子》那里发现的颇为相似，对此我们也不必感到意外：我们怎么可能“为无为”呢？说得再明确些，我们怎样才能以心清心或怎样才能借助心把心虚空下来？我们的心还不是虚的，还没有对大道敞开，这一事实说明，我们需要把自己变成接受者，因此，庄子不得以在轻松自如和非自我意识(不知)之外，又提到努力和修炼，如技能娴熟的庖丁，此前庖丁必定经过漫长的实践，一次次提高层次，最后才达到“神遇”的程度。我们发现庄子的做法与孟子如出一辙，不过是角度有所不同。孟子感到有必要在其修身的隐喻里放入几把“大自然”的辣味作料，而庄子则发现他崇尚的“大自然”显然要辅之以必要的修炼。从庄子使用的隐喻来看，所涉矛盾自动显现出来，其显现的方式与《孟子》那里发生的不相上下：大多数隐喻用来指称刹那间的改变或解脱，如“忘”“失”“游”“解”等，但还有少数隐喻也混在其中，如“养”（生）、“去”（除）知识。

孟子遭遇的第二种矛盾——与第一种有关，但稍有不同——是修身方面内在论和外在论隐喻之间的矛盾。《孟子》里大多数修身隐喻是内在论的，如自身含有目的的“幼苗”，人出生时“幼苗”就已经长在心里，就有内在的正义感，即“非由外铄我也，我固有之也”。然而这些内在论隐喻的逻辑推演又与直觉相抵牾，如道德生活必然在一定程度上要顺从外在规范，此外，外在规范与内在倾向之间也可能发生矛盾。对此，孟子也是知道的，所以他才感到有必要在其大多数内在论隐喻之外再放入外在论的隐喻，如木工的“规矩”，规矩是用来矫正行为的外在标准。在《孟子》里这种隐喻相对少见，但它们的存在可以印证，《孟子》的撰写者也意识到，内在论隐喻可能存在不足之处。

这种内在论-外在论之间的矛盾，正是荀子公开批评孟子的主要原因，对此我们在第七章予以讨论。与孟子那种内在论的、自然主义的农业隐喻相反，荀子强烈主张返回孔子的隐喻，如**作为提高技能的修身和作为漫长旅程的修身**。如同《论语》对无为的态度，《荀子》也把修身当成漫长而又艰苦的旅程，无为是其最后“目的地”，或当成一生艰苦修炼、顺从外在行为和思想规范过程中的间歇或“安”。然而，荀子的外在论隐喻要比《论语》提出的更为明确，我们的天性被当成冥顽的原料，要经过暴烈的改造才可能转“化”成符合外在标准或测量工具的形状：木工的规矩、绳墨或衡(秤)。以荀子所见，炼成无为是大不自然的，所以修身必然是艰苦的过程，因此，可以看出他批评的对象正是孟子和庄子，因为他们崇尚轻松自如和对“自然”或上天的信赖。在荀子那里，要想达到无意识的“安”，必先经过一生的艰苦修炼和顺从外在文化规范。

荀子思想也存在无为悖论，其最基本的表现形式大概就是他把技能改造当成了道德修身的隐喻。亚里士多德曾谨慎地指出，技能生产与品德之间的一大差别是：技能生产的高低，通过其产品是可以评判的，并不涉及生产者在生产过程中的所思所感，与此不同，道德行为从一开始就与行为人的内部状态息息相关。比方说，我们把钱送给穷人，目的是作秀或抵税，这就玷污了送钱的行为——没有慷慨动机的“慷慨”行为不过是伪装的慷慨。这方面荀子与亚里士多德持相同的立场，荀子反复强调，真正的德行必须与“诚”相伴，不然就是伪德。我们从亚里士多德的观点还能推演出更深的含义：一个并不慷慨的人，经过外部教育或修炼，也无法变成慷慨的人。因此，在亚里士多德看来，唯独从小就被灌输了道德的雅典人才是可塑之才。荀子提出了与之相似的办法，如他使用的隐喻“渐”或“充”：希望修身的君子，当初他们身上就有道德萌芽，因为他们“渐”(来)自正确的环境。

荀子提出的方法也不够严谨，按照荀子的想法，合适的“渐”要通过“中介”才能实现，初学者先要选择其社会环境，但不幸的是，他们周围都是虚伪的人和伪装者，他们必须从中挑选出“良师益友”。对那些涉世不深、更不具有道德标准的初学者来说，他们又怎能作出正确选择呢？这个难题与荀子在道德来源上遇到的相差不大：他说，在混乱的自然状态下，人们因恐惧趋向道德。我们不妨反问一句，人们生来内心是混乱的，他们为什么还惧怕混乱呢，为什么不继续与混乱为伍呢？正是为了应对这些矛盾，荀子才偶尔借用几个内在论的隐喻，如我们对道德天生就有“味”（感），能够自然而然地对善作出（回）“应”或被其吸引——这些隐喻与大多数外在论的隐喻放在一起当然不合适。如同在《论语》里发生的，与无为悖论相关的紧张关系，也在《荀子》那里引起了外在论和内在论隐喻之间的紧张关系。

因此，我的研究说明，古代中国传统针对其核心精神理想引发的矛盾，从来没能提出一个始终连贯的或使人完全满意的解决办法（无论是内在论的还是外在论的）。从历史的角度来说，无为理想固有的紧张关系，后来又被向往无为理想的东亚思想流派继承下来。这种持续、顽固的内外分裂——其原因是没能确立连贯的、令人满意的外在或内在立场——告诉我们，“无为悖论”是绝对的悖论，因此，任何解决办法都必然遭遇此前描述过的那种表面的或结构上难题。我们有充分的理由指出，与“无为悖论”相关的那些“问与答的辩证关系”，不仅对中国古代思想家具有意义，对所有关注修身问题的思想家也有意义——他们既要说服人们从理性的角度接受原则体系，又要把他们改变成新人。

注释

① “知道怎样做”和“知道是什么”，两者之间的差别是赖尔（Gilbert Ryle 1949）提出来的。

② 如《尼各马可伦理学》（*Nicomachean Ethics*）1113a（Irwin 1985：65）：“至人对各种事物的判断都是正确的，每次真相都能对他显现出来……至人非同一般，因为他每次都能发现真相，所以至人也是优良与愉悦的标准和尺度。”

③ 如无知往往被形容为黑白不分，被比作瞎子，与此相对，与无为活动相伴相生的理解力，被形容为“明”。

④ 郝大维和安乐哲。读者还可参考他们的其他研究，如西方传统理论与实践及其与儒家思想的关系（1987：30－43），安乐哲对中国思想的概括（其分类取自怀特海[Alfred Whitehead，1861—1947]），指出中国思想重“美学”

轻"名学"(Ames 1985)。中国知识模式的这一显著特点，其他学者也曾提及，如芬格莱特(Herbert Fingarette, 1921—2018)就敦促我们在研究孔子的言论时，要克服西方"唯心主义"的痼疾，要把我们的目光从"人的'内部'……转向人的行为"(1972：54)。吴光明把庄子的理想说成一种"身体-思维"形式(1992)；德国学者蒂尔(P. J. Thiel)发明了术语"Tao-Erkenntnis"("道的知识")，以此来指称中国的知识模式，他将其描述为"生存经验"(Seins-Erfahrung)："不是非理性的，而是一种深层的、与实(体)关联(Wesensgebundene)的知识——这种知识要用全部精神人格才能体验出来"(Thiel 1969：85，n.148)。

⑤ Fingarette 1972：49－56；D. C. Lau 1979：43－44；Chad Hansen 1975：64－65；1983a, 1983b；Robert Eno(1990：8－10 和 1996)；P. J. Ivanhoe 1993b.陈汉生(Chad Hanson)甚至指出，通过技能显示的这种"实践型知识"(knowing how)是古代中国唯一的知识形式，因为中国人对"命题型知识"(knowing that)没有概念。他的说法未免言过其实。何莫邪(Cristoph Harbsmeier, 1993)明确而又有力地证明，古代中国人不仅拥有命题型信念目标，而且"实践型"和"命题型"知识的差别也是古代汉语语法的固定成分。

⑥ 这种观点是郝大维和安乐哲提出来的，他们在研究中指出，孔子强调的实践型知识，避开了困扰现代西方思维模式的难题，如认识论和其他方面的难题："孔子提出的思维模式避开了规范的和自发的思想分裂，其他主要哲学理想还没达到孔子的高度……我们不妨说，他的哲学关乎我们重新理解当代盎格鲁-欧洲猜想过程中遇到的一大困惑"(1987：43)。

⑦ 这些名字在书里始终被当成标签，用来指称先秦文本表述的思想。作者、断代、其他文本问题，将在相关各章予以讨论。

⑧ 当然，例外也是有的。在西方，孟旦注意到，无为还是儒家和道家共同的"理想状态"——一种与天"合一"后的心灵安然的状态(Munro 1969：151, 155ff)——阿兰·福克斯(Alan Fox)说无为是老庄思想里的精神理想(Fox 1995、1996)。读者还可参考 Allinson 1989、Ivanhoe 1993b、Yearley 1996。研究无为的精神维度，在中国和日本则更为普遍(Kanaya Osamu, 1965)、福永光司(Fukunaga Mitsuji, 1965)、森三树三郎(Mor Mikisaburo, 1967)、村上木尾(Murakami Kajitsu, 1969)、林聪舜(1993)、庞朴(1994)、刘笑敢(1998)，此外，还有在西方从事研究的亚洲学者(冯友兰 1952；吴光明 1981、1982)。

⑨ 如在《韩非子》里，无为指的是治国技巧——可概括为"上无为而下有

为”——统治者不必“作为”，因为政府高效运转，诸司各司其职。这种意义上的无为（我们姑且称之为“制度的无为”）与个人的精神理想全无关系，与拙著重点讨论的无为更是风牛马不相及。

⑩ 如孟旦研究过与道家无为相关的“明显矛盾”（1969：143－144），考普曼（Joel Kuppermann 1968）研究孔子思想的“自然性问题”，就与悖论纠缠过。此外，至少还有两位学者——吴光明和森三树三郎——发现这种紧张关系在儒家和道家思想里是普遍存在的（吴光明 1989，Mori 1967：16－17）。吴光明的研究更进一步，指出庄子思想里的“自相矛盾”是“我们在修炼自我时都要碰到的根本问题”（1989：317）。

⑪ 德（如同拉丁语的 *virtus*）最早指某物所具有的力量或特质；《诗经》中，德指吸引他人的魅力，因为有德的人顺应上天的道德标准。从词源学的角度来说，把德翻译成 virtue 或 charismatic virtue 是准确的，但我们不要把德理解为道家语境下的道德说教，道家的用法更为古老，指某物原有的生命力和特性。

⑫ 倪德卫《德的悖论》（Nivison 1997：31－44）。另见《德能自学吗》（45－58），《孟子里的动机和道德行为》（91－120），《四世纪中国的哲学意志论》（121－132）。

⑬ 见尹贵格（Gregory 1987）专论此题的文集。尹贵格（Peter Gregory）在前言中指出，“顿-渐”之分可能指宗教活动的几个方面：开悟的性质、宗教语言的性质等（1987：5－6）。我认为，与无为悖论关系最大者，是他讨论的第三方面：伦理和宗教实践的性质。

⑭ 与此题相关的研究，参见泰勒（Rodney Taylor）的《顿悟/渐悟范式和新儒家的修心》（1990：77－92）。

⑮ 尹贵格在顿-渐之争研讨会上提出：顿-渐对垒引发的分歧，在其他佛教传统里并非没有先例，虽然如此，但其意义在中国佛教传统里最为显著，两派对峙表现出诸多中国特色，实与佛教之外的思维方式相关。这种对峙在中国佛教传统显得格外重要，因为对峙呼应了或复活了中国思想领域内与之相似的、先已存在的对立关系。

⑯ 参考《尼各马可伦理学》（*Nicomachean Ethics*）1105a15－25（Aristotle 1985：39）。倪德卫研究柏拉图和亚里士多德的成果，相关信息参见 Nivison 1997：36－37 和 116－118。

⑰ 重点参考麦金太尔（MacIntyre 1990：62－68，82－86）。

⑱ 请芬格莱特原谅，他曾指出，按照孔子的想法，一旦人们投身“圣礼”，“此后

什么都能'发生'"(1972：8)。芬格莱特又谨慎地解释说，这并非要把人们变成机器人——"严肃和真诚"必不可少，不然其无为的行为就可能不"真实"——但他自己却朝这个方向走了过来，因为在他那里，人们既没有任何形式的内在性(interiority)，也没有选择的能力。对芬格莱特的立场，在此不必过多讨论——也不深究其行为论(action theory)——一句话就够了，在中国人的无为理想里，人们仍然有必要选择或思考。最明显的是，我们生来不是无为的，要经过艰苦的努力和选择(抵制周围的诱惑和堕落)，才能达到无为状态。此外，即使达到了无为状态，施动者仍然有必要——芬格莱特自己相当清楚——继续保持"严肃和真诚"(Finagrette 1972：8)。对芬格莱特所持立场的批评，参见 Ruskola 1992；对芬格莱特的批评及儒家语境下"自由意志"与无为之间关系的研究，参见 Schwartz 1985：124 - 125。

⑲ 道德性情与纯粹习惯之间的差异，与之相关的研究见 Yearley 1990：108 - 110。

⑳ 请沃森原谅，他说庄子的技能典范在生活上"不动脑筋、全无目的"(1968：6)。"不动脑筋"或"没思想"，此话题可能是沃森从福永光司那里拾来的(见 Fukunaga 1966)，最早出自佛教徒对该文本的解释。

㉑ 我借用孟旦的提法，他把古代儒-道世界观称为"主流"(先秦思想家如墨子或韩非子等对此提出挑战或断然拒绝)因为儒-道融入汉文化后对后来中国的宗教思想发展产生了持久的影响。这种主流世界观对外来的思想模式进入中国思想领域后的形态，也产生了深远的影响，从佛教到马克思主义，莫不如此。参见 Munro 1969：160 - 182 和 Nivison 1956，他们研究过古代遗产对当代中国思想模式如毛泽东思想的影响，其研究堪称经典。

㉒ 为"宗教"下定义，学者对此无不感到棘手——多年来他们提出过诸多相互矛盾的模式，当下学界既成事实的定义好像是"眼见为知"——虽然如此，但对我的提法(无为是宗教概念)仍然有必要再补充几句。一种思想体系被贴上"宗教"标志，至少要具有两大特点：(1) 与宇宙之间建立包罗万象的、规范性的秩序，该秩序超越特定的个人或目标(即各种形而上主张)；(2) 设定计划，或是把个人和全社会送回他们在该秩序里应该出现的地方(一部拯救计划)，或是与该秩序保持已有但又不稳定的和谐状态。凡是具有上述特点的思想体系，我都将其称为"宗教"概念(对宗教与此相似的概括，参见南乐山[Robert Neville，1939—]的"序"[Rodney Taylor 1990：ix - x])。我对宗教的理解从查尔斯·泰勒(Charles Taylor，1931—)那里获益匪浅，他对"精神性"的定义涉及存在论的各种主张，我据此才提出"有力的评价"(见

Charles Taylor 1989：3－5)

㉓ 此说法取自亚里士多德，对“高超技能”与安逸生活的讨论，见《尼各马可伦理学》I. 2。

㉔ “仁”的译法(一般翻译成 benevolence)，将在第二章予以讨论。

㉕ 所涉章句为《卫灵公》(5)。我们不必(也不应该)接受白牧之(Brooks)的说法，据白牧之，所涉章句很晚才出现，他推测时间在 305 年前后，虽然如此，但大多数研究者仍然以为该章句是后来才收入《论语》的。

㉖ 当代概念隐喻理论将在第一章予以深入讨论。从认知的角度研究隐喻，并把这种研究方法应用在古代中国思想研究领域，此前并非没人知道。大岛(Harold Oshima)就收集了(Oshima 1983)在研究《庄子》心的过程中使用的各种隐喻模式。大岛虽然没有说出隐喻的全部概念功能，但他注意到，把心形容为镜子的隐喻，“取自共同的经验，目的是澄清原来要描述的模糊概念。该隐喻超出对一个概念的描述，因为我们已经知道概念的意思。相反，该隐喻起到模式的作用，我们借助模式可以对抽象的概念进行想象和构思”(72－73)。大岛的理论灵感来自汉娜·阿伦特(Hannah Arendt，1906—1975)和科林·特贝恩(Colin Turbayne，1916—2006)1970，他们通过隐喻的作用，预见到当代认知语言学的研究方法。

㉗ 上文提到法家“制度的无为”可能是个例外。

㉘ 主体-自我隐喻，详见后文。

㉙ 对汉学研究语境下这种语言决定论的有力驳斥，参见 Graham 1989：389－428。一般性批评，见 G. E. R. Lloyd 1990。

㉚ 如安乐哲指出，“材料有限、考据不足，据此足以证明对无为渊源的探究，不过是勉强的推测”(1994：216)。

㉛ 如事实证明的，无为是中国人自己使用的术语，他们在《孟子》和《庄子》等文本里，用无为来指称浑然天成的行为。

㉜ 我在文中使用的内在论和外在论，指的是修身的内在论和外在论，所以它们与哲学领域与认识论的或动机论的内在论和外在论等论点相去甚远。在哲学系从事研究的克莱恩(T. C. Kline)为了注明两者各有所指，发明了短语“从内到外”(inside-out)和“从外到内”(outside-in)，希望以此取代修身的内在论和外在论(Kline 2000)。不过，他的短语相当蹩脚，所以我将继续使用内在论(internalism)和外在论(externalism)，并对研究哲学出身的读者表达歉意。

㉝ 没有材料足以证明孟子知道《老子》的存在——或孟子写作时知道与现在文

本相似的《老子》——虽然如此，他显然意识到应该批判各种自我保护主义者（杨朱的信徒）和原始主义者（许行的信徒）的主张，因为他们的观点在诸多方面传递出《老子》表达的情感。因此我们有理由推测，孟子熟悉与老子相仿的拯救路线和隐喻。

㉞ 虽然庄子和孟子都没提对方的名字，但他们还算同代人，我们也发现孟子那种隐喻（如心是自我天生的“统治者”）在《庄子》那里是批判的对象。我们还有理由设想，《庄子》的作者（们）也知道孟子那种思想，因此才要予以回应，与“儒家学说”一并批判。

第一章

作为概念隐喻的无为

在讨论无为作为隐喻概念结构之前，我先解释“概念隐喻”，为此，我要简述认知语言学[①]的分支领域，因其与隐喻理论发生关联。

当代隐喻理论

当代隐喻理论大概是通过乔治·莱考夫和马克·约翰逊的著作才进入学者视线的，他们说自己研究的对象是“叙述性的或以经验为依据的现象学”，研究的目的是描写“人类经验的地理构造”(Johnson 1987：xxxviii)。[②]当代隐喻研究，其要旨是人的认知——生产、交流、意义生成——深深依赖于各个域之间的映射。此处的映射应理解为“两组之间的对应关系，分派到第一组每一元素的对应关系，也应分派到第二组”(Fauconnier 1997：1)。另一要旨是，人的认知过程并不依赖语言，跨域映射的语言显现不过是更深层次认知过程的显现。[③]这些映射有几种形式，其中最为显著的形式——也是我在下文着重讨论的形式——是福康涅(Gilles Fauconnier，1944—　)所说的投射映射(Fauconnier

1997：9）。其中一个更为具体或结构更为鲜明的域（the *source* domain，来源域）的部分结构，用来理解和讨论另一个域（the *target* domain，目标域）。一般来说，后一个域更抽象或结构不那么明确。我所说的“隐喻”指的正是这种投射映射，按照这种理解，下文出现的隐喻不仅包括更为具体的、文学意义上的隐喻，也包括明喻和类比。

基本的、结构化的经验与具象王国不可分离，我们通过身体与外在环境互动，在此过程中，我们遇到并改进的种种模式即为我们最根本的来源域。当我们的注意力转向抽象王国时，我们就依靠来源域提供结构。因此，认知语言学家提出，感觉运动结构在塑造我们的概念和推理模式的过程中，起到了至关重要的作用，以上大概是认知语言学家提出的最为核心的主张。[4]感觉运动结构最基本的要素被称为“主要图式”——“以动态类比的方式再现空间关系和空间运动”（Gibbs 与 Colston 1995：349）——主要图式通过经验之间的相互关联，再与抽象的目标域发生联系，生成一系列“主要隐喻”。莱考夫和约翰逊（1999：50 - 54）提出了几个代表性主要隐喻，如“感情是温暖”、[5]“重要的是重大的”，“还有更多”等，以此来说明上述隐喻的感觉运动来源域，以及生成上述隐喻的基本经验关联。我借用两个例子如下：

1. 目的是目的地

主观判断：获得目的

感觉运动经验：到达目的地

例子：“他终将成功，但还没有达到那里。”

基本经验：每天走向目的地，借此获得目的感（如你想喝水的话，需要走向饮水机）

2. 行动是自发的运动

主观判断：行动

感觉运动经验：在空间运动身体

例子："我正沿着目标移动。"

基本经验：在空间移动自己的一般行动（Lakoff 和 Johnson 1999：52－53）

值得注意的是，以这种方式理解的图式，其基础是经验关联，而不是先已存在的相似性，[6]此外，这些图式所代表的是类比或形象"不能缩减的格式塔结构"(Johnson 1987：44)——如实体、属性、关系——而不是命题。因此，"目的是目的地"应该被视为下文的缩写："在经验和理解过程中生成出复杂的关系网络，其出现是经验跨域映射造成的"(Johnson 1987：7)，而非命题性陈述；"隐喻自身不能简化成我们用来指称隐喻的命题"(Johnson 1987：7)。

一般来说，传统的隐喻理论把隐喻描写成一种沟通模式，这种模式相对稀少，还有些"离经叛道"，其目的是为语言添加辛辣的作料，但完全可以简化成对等的逐字逐句的改述。因此，从这个角度理解的隐喻纯粹是可有可无的语言技巧。从认知角度研究隐喻，其重要主张是，从根本上说，隐喻关乎思想，而非语言；对我们这种生物来说，概念隐喻无处不在，没法回避。[7]认知派指出，概念隐喻是我们就自身和时间进行推理的根本工具——在相对抽象或结构松散的领域更是如此。抽象概念如"时间"和"死亡"可能拥有简要的结构，这种结构直接（如以非隐喻的方式）被概念再现出来，但是，在大多数情况下，这种结构还不够丰富，不够详细，不足以使我们借此进行有用的推理。因此，当我们对抽象的或相对松散的领域施以概念、进行推理时，这种松散的结构就要被其他结构充实起来(一般是自动地和无意识地)，这种其他结构是主要隐喻提供的，主要隐喻来自基本的身体经验，身体经验往往与其他主要图式同时使用，构成复杂的隐喻或概念合成。[8]在这种情况下，根本的或复杂的来源域被激活，映射到目标域，此时，来源域概念拓扑的诸多方面——如推理模式、形象的推论模式、显性实体等——存续下来，进而把高层次结构引入目标域。[9]莱考夫将此称为“不变性原则”(Lakoff 1990)。

为说明此过程的演进，我们先来讨论人们对抽象的“生活”是如何理解并进行推论的。莱考夫和约翰逊(1999：60－62)发现，说英语的人对“生活”进行推论或探讨，往往使用复杂的隐喻：**目的明确的生活如同旅行**，这种复杂的隐喻为他们提供了来自身体经验的图式，他们借助图式对抽象概念“生活”进行推论。这种图式来自普通大众的信念，[10]生活中要有目的才是。这种图式的依据是上文提到的两个主要隐喻：目的是目的地、行动是自发的运动——通过经验关联，两种图式进而变成概念“工具箱”的一部分。两种主要隐喻与一个简单的事实(来自我们对世界的一般认识)相结合，此时我们能得到复杂的隐喻图式：**目的明确的生活如同旅行**，对此莱考夫和约翰逊提出如下映射：

旅　　行 → 目的明确的生活
旅 行 者 → 生活的人
目 的 地 → 生活目标
旅行安排 → 生活计划

因此，隐喻(**目的明确的生活如同旅行**)来自我们基本的涉身经验(embodied experience)，我们借此可以对抽象的“实体”[11]进行思考和推论，因为实体“本身”结构相当松散，所以很难对其进行推论。如莱考夫和约翰逊所指出的，全面引入这种隐喻与其自身的逻辑推演是分不开的：即抽象的生活和具体的旅行之间那种隐喻性连接，允许我们从丰富的存储里提取与旅行相关的一般知识，然后再将提取出的知识用在“生活”上。[12]下面再回到莱考夫他们的例子上，在我们与旅行相关的经验里，还有下列几种知识：

> 旅行需要计划到达目的地的路线。
>
> 旅行可能遇上障碍，你应该未雨绸缪。
>
> 你应该为旅行做好准备。
>
> 作为谨慎的旅行者，你应该制订旅行计划，写明你何时到达何地，下一站是哪里。
>
> 你应该知道自己身在何地，下一站身在何地，如何赶到下一个目的地。

将上述知识和一系列推理，映射到抽象的“生活”上，我们能完成下面的逻辑推演。

> 目的明确的生活需要制订达到目的的计划。
>
> 目的明确的生活可能遇到困难，你应该未雨绸缪。
>
> 为追求目的明确的生活，你应该有所准备。
>
> 作为谨慎的生活目标明确的人，你应该制订出全面计划，写明何时应该完成计划，下一个目标又在哪里。
>
> 你应该知道自己已经得到了什么，接下来要得到什么，如何得到。(62)

因此，我们在不知不觉中以为，如同实地旅行，为抵达“目的地”，事先要做好计划，“路上”可能“遇到”艰难险阻，我们应该避免“走偏”或“陷入困境”。如我下意识地从来源域引入推理结构，然后将其投射到目标域：为目前的进取(道路)使出更大的气力(继续前行)，结果适得其反(走得更偏了)；如果我希望有所改变(返回原道)，我先要彻底改变当下做事的方式(原路返回，逆转)，回到过去正确的道路上(回到走偏的“原点”)，然后以与现在不同的方式(朝着新方向)再次用力(继续前行)。从上文可以发现，一个复杂的隐喻可能拥有深刻的实际的含义，足以影响我们的决定，同时为我们提出正确的指引。此外，上文(大多数)文字改述确实很蹩脚，但可以说明，**目的明确的生活如同旅行**这一图式已经深深进入我们的意识：在讨论生活决定时，要回避这一图式是多么不容易。

我们从上面的例子可以看出，一个复杂的概念隐喻结构可以引出一系列特定的语言表述，如在生活中“迷失”，工作走入“死胡同”，或“无路可走”。这些特定的隐喻表述(语言的也好，实物的也好)不是偶然的或各不相关的，而是被共同的概念隐喻激发出来的。以上的确是认知语言学关键的命题：隐喻表述并非一成不变的语言规约，而是一种表层显现，与之相连的是深层次的、活跃的、几乎无意识的概念结构。也就是说，**目的明确的生活如同旅行**这种隐喻结构是独立存在的，不依赖任何特定的隐喻表述，因此可以生成出新的无法预料的表述。凡是知道**目的明确的生活如同旅行**这一图式的人，马上就能领会“死胡同”或“无路可走”等隐喻的意思，哪怕是初次遇上。此外，他们还能借助以上概念图式，生成出相关的但又是全新的隐喻表述，如“生活在快车道上”是新颖的表述，当其进入美国文化后，人们马上就明白了，因为这种说法来自图式**目的明确的生活如同旅行**，而且流行开来，因为美国人可以从中提取丰富的推理模式，然后对具体的来源域进行推理(在快车道上开车，刺激但可能肇事），再利用推理模式对生活进行推理（你的朋友“在快车道上驾驶”，一时痛快，但可能酿出事故，所以他应该在“车毁人亡”之前把速度“减下来”）。

从认知角度研究隐喻的学者引用几种现象为证据，希望借此说明隐喻代表了概念上活跃的、动态的结构。“在快车道上生活”可以被视为“小说案例式的概括”的证据：全新的语言表述是可以被生成出来的，哪怕说法再新颖，有能力的说话者也能马上明白，原因是他们可以借助共享的概念结构。与此相关的证据还有一词多义（我们发现一个词或一种表述在系统上存在相关的意思，如“死胡同”或“迷失”）和推理模式——来自结构完好的来源域（如实地旅行）的推理模式，一般被用来对抽象的目标域（如生活）提出结论。在上述语言证据之外，越来越多的心理实验已经验证了隐喻图式的认知存在，如感官知觉过程所显示的，[13]此外其他几种研究也提供了证据：认知映射其实是大脑的生理外化。[14]种种证据表明，概念隐喻不仅是很真实的现象，而且还是涉身认知必然的一部分。

从此出发，我们站在了“经验现实主义者”或“涉身现实主义者”的立场上，因为这种立场在左右认知语言研究。概念隐喻“是互动的……有结构的理解方式”，其成因是我们涉身的心智要适应“我们周围那种物理的、文化的、人际的环境”（Fesmire 1994：152）。因为世界各地的人体相差不大，又因为人类面对的环境在最重要的方方面面是相通的，所以我们可能发现，在跨文化和跨语言方面，存在高度的相似性，在主要隐喻方面更是如此。如下提法并非站不住脚：人人——不论其文化、语言或所处历史阶段——为达到其目的，都有过希望从 A 来到 B 的经历，所以，**目的是目的地**这一基本隐喻若是在人类文化中普遍存在或接近普遍存在，我们对此不必感到意外。换言之，因为人的经验涉及一大批共享的、涉身的格式塔结构，所以我们应该期待这些共享的结构——作为投射结果。

当然，因为这些格式塔结构是通过涉身心智与周围环境相互作用才产生的，我们也应该期待，环境发生的巨变在新概念隐喻出现的过程中将有所折射。在一定程度上，我们已经目睹过环境发生的巨变对日常生活造成的影响。下面的例子对我们并不陌生，在过去几十年里，电脑的普及应用为大脑和语言处理提供了重要的、影响深远的、全新的隐喻(Boyd 1993：486－487;Lakoff 和 Johnson 1999：251－252)。互联网等现象也在生成全新的人类互动模式，大概这种互动也将形成全新的隐喻映射。人类定居太空现在还不能实现，仍然是科学领域虚构的推测，但想象一下也是有趣的：假设定居太空变成现实，一代代孩子在没有引力的环境下成长，那将会发生什么？他们还能继续使用来自语言或文化保守主义那些陈旧的“以引力为基础的”映射吗？或者他们最终能将这些隐喻扔到一边，使用他们自己全新的——对我们来说相当陌生乃至无法理解的——概念隐喻？

全新的也好，陌生的也好，总之，在过去的几百年里科技取得了巨大进步，对我们的生活也造成了重大影响，但人们共享的基本环境却是相当稳定的。为了取得我们想要的东西，我们还得把身体移动过去；我们获取与世界相关的绝大多数信息，还得通过视觉(常见的主要隐喻的经验基础，眼见为实)，总的来说，现代美国人拥有的全部基本运动和物理互动方式与公元前 4 世纪的中国人，并没有多大差异。尽管我们率先发明了电灯、活字印刷术、电脑、互联网，但是人类身体和环境的基本稳定性(我们被迫与环境进行跨文化、跨时间的互动)使我们可以期待一种高度普适的主要隐喻映射。如我们用认知语言学的种种方法研究中国的典籍，我们将发现现代英语与古代中国概念隐喻之间的相似度是相当惊人的，哪怕是在相当抽象的、在文化上可能是偶发的领域也是如此。虽然从新笛卡尔主义的后现代理论的角度出发——按照这种理论，语言-文化系统（在隐喻方面）应该被视为独一无二的、自发的结构——上述现象好像出乎意料或不大可能，但是从认知隐喻理论的立场出发，这种现象仍然是可以期待的。

我将使用隐喻分析法来揭示，在或多或少是共享的语言和文化环境下，思想者之间的概念关联。不过，如我在结论部分还将讨论的，对从事跨文化比较研究的学者来说，概念隐喻分析也不失为一种激动人心的全新的研究方法。概念隐喻分析以经验现实主义原则（the principle of experiential realism）为基础，这一原则为普遍的比较研究提供了理论依据。探讨概念的“深层语法”（借用乔姆斯基的隐喻），如语言符号下面的隐喻，我们可以有效地逃出后现代的“语言囚室”，以身体和身体经验为桥梁，抵达“他者”（the “other”）。与此同时，共享的概念结构对身体和物理环境是偶发的；没有合成的概念映射为进入“事物自身”提供无中介的途径；映射里存在一定程度的文化变异（cultural variation），理解上述现象之后，我们就能避免那种僵化的普遍主义（universalism），在思想和文化研究方面，普遍主义是启蒙研究法的一大特点。概念隐喻分析法可以被称为“中间路线”，而更为传统的比较研究路径专门指向特定的术语（语言符号）或一般的哲学理论。我希望拙著能够在人文和社科学者中间推广概念隐喻分析法。

隐喻理论在中文典籍上的应用：作为概念隐喻的无为

我将在以下章节讨论概念隐喻理论如何帮助我们厘清无为的概

念。我们将发现，隐喻无为与自我（己）和施动（agency）的隐喻概念紧紧地连在一起，而自我和施动在各种文化里是共享的，这一事实将极大地帮助我们发现无为的认知结构。因此，在讨论无为的隐喻结构之前，先要讨论使自我形成概念的图式。

“自我”概念化的过程

我们做决定时，需要形成概念予以应对，其中最为普通的抽象概念就是我们自己（我们的“自我”）。莱考夫和约翰逊提出几种我们在英语里使用的主要图式，我们借此对“自我”进行推理，使其变成概念，此外——我们在下文将发现——这些图式在战国时代的典籍里几乎都能找得到。

说到现代美式英语里的自我概念，莱考夫和约翰逊指出，为使内在生活概念化，说英语的人并非使用完全统一的方式。为了知道我们是谁，我们依赖各种隐喻概念。不过，不同的隐喻也确实从为数不多的来源域里提供素材，如空间、客体占有、向外用力，以及各种社会关系（Lakoff 和 Johnson 1999：267）。尽管这些不同的图式有时在文字上相互矛盾，但一般来说并非不可兼容——这些图式相互补充，因此共同构成连贯的自我概念。在论证无为隐喻结构的过程中，有必要讨论其中的几个图式。

我们先来检查在自我概念化的过程中最为普通的隐喻结构，也是莱考夫和贝克（Miles Becker 1992）最先提出的，后来莱考夫和约翰逊（Lakoff 和 Johnson 1999：268－270）又予以详述的：主体-自我图式。莱考夫和贝克先检查了现代美式英语里各种与自我相关的隐喻，然后他们得出结论：说英语的人基本上是以如下方式来感知自己的，即主体和一个或更多的自我在遇上隐喻时是分裂的。在这种主体-自我图式里，主体总是被当成人，其存在并不依赖自我；而意识的所在、主观经验、我们的“本质”——才能决定我们到底是谁。这种自我涵盖了个体的方方面面，其表现方式可以是人、物、地点、官能、器官、身体、情感、社会角色、个人历史等。

人	→	主体
人、物或地点	→	自我
关系	→	主体-自我关系

我们想想以下陈述：“我要强迫自己来做”。莱考夫和贝克要说的是，这句话在概念上是分裂的，一方是隐喻的主体（“我”）——意识的所在地；一方是分离出来的自我（“我自己”），后者被“强迫”才能完成主体的指令。以上是主体-自我最根本的分裂。再如下面的表述：“我的恐惧压倒了我”，其中的自我是情感（“我的恐惧”），与主体（“我”）泾渭分明，被概念化为一种主体无法控制的物理外力，然而，“我能走出自我”，其中的自我被概念化为主体落脚的隐喻地点（一种容器），但是，当主体希望反思自己时，主体还能从里面出来。以上表述之所以是隐喻的，原因是(1) 它们并不真实（如没有“我”真能与“我”分开，后者还能“被迫”做什么）；(2)（如下文即将论及）它们从具体的来源域汲取素材——物的关系、物理外力、实在的地点或容器——以此来描述和推论“自我”的抽象王国。

下文将描述与自我相关的隐喻，其中大多数不过是这种单一的、普通的隐喻系统的特殊案例。[15]从现象学的角度来说，这种隐喻系统意义非凡。如莱考夫和约翰逊所指出的，“这种图式揭示的不仅是我们概念系统深层的现象，还有我们内心经验深层的现象，即我们感知的自己是分裂的”(Lakoff 和 Johnson 1999：269)。这种分裂到底是以什么方式概念化，映射中提到的“关系”因素的特点又是什么，凡此种种是具体使用的来源域决定的。几种更为普通的来源域，及与之相伴的更具体的主体-自我隐喻描述，在我叙述普通的主体-自我图式与无为隐喻的关系时，将一并予以说明。

客体控制是我们最先学会的动作，也是我们日后在生活里反复要做的动作。在诸多主体-自我隐喻里，无为也在其中，客体控制充当了来源域的角色。**自我控制是客体控制**(SELF-CONTROL IS OBJECT CONTROL)，是主要图式，因为控制客体的最好的办法是对其施以力量，所以这一图式往往被描述成：**自我控制是客体被外力作用后的运动**(SELF-CONTROL IS THE FORCED MOVEMENT OF AN OBJECT)，现映射如下：

自我控制是客体被外力作用后的运动		
人	→	主体
客体	→	自我
外力运动	→	主体控制下的自我
没有外力运动	→	无主体控制的自我

莱考夫和约翰逊提供的英语例子还有：

I *lifted* my arm(我抬起胳膊). The yogi *bent* his body into a pretzel(练瑜伽的人把身体弯曲成圈圈). I *dragged* myself out of bed(我自己从床上爬起来). I *held* myself *back* from hitting him

(我控制自己才没打他)。(Lakoff 和 Johnson 1999: 271)

如我们所见,自我控制和客体运动图式,说明无为最基本的隐喻概念,即"毫不用力"(effortlessness)。

主要的无为隐喻: 不用力(顺)

一般来说,主体对客体自我施以控制是应该的,但即使在英语里,我们有时说到"没控制的自我"时,依然持积极态度,如一人用力学跳舞,怎么学也跳不好,最后终于会跳了,说:"我终于把自己解脱出来了"。据此,我们可以理解无为的基本隐喻: 其字面意思是"没做/没用力/没投送",从隐喻的角度说,无为指一种状态,行动发生时,即使主体也没有用力。因此,无为自身所起的作用,是对"毫不用力"或"不用力"等概念高度概括的隐喻表述。两种主要的隐喻表述"谱系"共同拥有其(无为)概念图式结构,二者都落在"毫不用力"的名下,但在概念结构上又稍有不同。

"从"字谱系这一谱系的隐喻所依赖的图式,指主体对自我放弃控制或施动,其中最普通的现象如下:

从 following
因 following/adapting to
依 leaning on
顺 flowing along with

在上述隐喻表述里,主体之所以不用力,其原因是"自我"代劳了。这方面最早、最著名的一句话可以用来描写上述隐喻。如《论语 · 为政》(4)

所描写的，孔子70岁时说“从心所欲不逾矩”。一生着力后孔子在此时可以放松下来，允许部分自我——心欲——接管行动权，主体不过是顺其自然。

“安”字谱系　“安”字构成另一隐喻谱系，表达的概念也是无为，但形式稍有不同。“安”字隐喻结构将重点集中在一元的主体上，这时的主体在休息或不用力，其中却没提自我。这一谱系的隐喻排列如下：

安	at ease/at rest
简/舒	relaxed
静	still
息/舍/休	at rest
逍遥/彷徨	wandering/rambling
游	playing/wandering

自我作为行动的成因却没有明确进入其中，虽然从逻辑上能推演出来——依据对实物和运动的认识——因为只有某人和某物接管过去，主体才能“安”下来。其实逻辑推演在《庄子》里通过一系列独有的隐喻已经写明，《庄子》里的一元主体可以“安/息”，被动地“宅”或“寓”，或索性外出“乘”一圈，因为施动者是规范秩序：

休 on the Potter's Wheel of Heaven（天钧）（W41/G70）

宅 housed in oneness and lodging（寓）in what can not be stopped（不得已）（W58/G148）

御 reigns of the discriminations of the six forms of *qi*（气）（W32/G17）

那么，从概念的角度来说，“从”与“安”字谱系之间在结构上差异不大。我们将发现，正因为差异不大，隐喻“从”与“安”往往连用或换用。

这两个谱系的隐喻都与不用力或不做相关，构成了无为谱系的核心，左右其主要概念结构。不过，对基本结构的逻辑推演，反过来又引出其他与概念相关的隐喻。

次要的无为隐喻：非自我意识

客体驾驭不是自我控制形成概念的唯一途径。从客体拥有的角度看（使自我控制概念化），英语（Lakoff 和 Johnson 1999：272－273）和汉语里还有一种常见的途径，映射如下：

自我控制是客体拥有

人	→	主体
实物客体	→	自我
拥有	→	自我控制
丧失拥有	→	丧失自我控制

如英语里的“losing yourself”（迷失自我）或“getting carried away”（忘乎所以），一般来说是负面表述。我们在古汉语里也能找到这种丧失客体拥有的负面表述。如在《庄子》里，我们读到一个二流巫祝遇上真正的大师后，“明日又与之见壶子，立未定，自失而走”（《庄子集释》：郭庆藩 304）。

然而，这种现象不一定总是负面的，在读书或欣赏艺术品的过程中发生“自失”就是值得的、幸福的体验。在这种情况下，从隐喻的角度来说，平时“拥有”自我的状态就变成了限制或负担，消除拥有可以理解为一种解脱。因此，我们可以按照以下方式重新映射图式，提出客体拥有的另一种评价：

主体因客体丧失而逃出自我控制

人	→	主体
实物客体	→	自我
拥有	→	自我控制主体
丧失拥有	→	主体摆脱自我控制

在《庄子》等战国典籍上应用主体-自我和客体拥有图式后，我们可以更好地理解南郭子綦等故事——此人不知通过哪种默想把身体变得如朽木一般，思想如同死灰——对外人说“吾丧我”（《庄子集释》：郭庆藩 45）。不少学者评论过南郭子綦，如吴光明和郝大维，他们将“吾丧我”视为《庄子》存在两种自我的证据：无我与无己（吴光明 1990；Hall 1994）。不过，谢尔贝格（Paul Kjellberg，1963—　）指出，“吾丧我”是流行的文言文，“吾”是标准的第一人称主格代词；“我”一般用做第一人称宾格代词（Kjellerg 1993a）[16]其实“吾丧我”的意思也可以通过第一人称反身代词来表达（吾丧己或吾自丧），句子改变后其哲学意义与英语的“I lost myself”相比，并未发生增减。然而，如我们将发现的是，即使这句英文表述（I lost myself）也是有意义的，因为这句话使得主体-自我和客体拥有生成出概念图式，而中国古文的“吾丧我”就更是如此。那么，从隐喻的角度说，南郭子綦的思维方式已经使他（主体）得以摆脱

自我的控制——这种摆脱也是我们理解庄子无为的一种方式。

虽然客体丧失图式与上文说的无为隐喻有所不同，但是这两种图式在概念上仍然密不可分，原因在于我们感知世界的方式。也就是说，因为你要发力，你就得集中精力，这时所谓轻松自如——对熟悉向外发力的人来说，轻松自如（无为）会自然发生——将与“不知”或非自我意识同时来临。因此，不出我们所料，这两种图式在英语里往往相互关联。如“（在活动里）释放自己”和“（在活动里）失去/遗忘自己”，这两句话在概念上是对等的，我们从中也能发现上述现象。其中对客体不再发力的主体（“释放自己”）与“失去”或“遗忘”（如失去意识）自己的主体在概念上是对等的。[17]我们也可以在《庄子》（无为隐喻取之不竭的源泉）里找到证据，从中发现“失”或“遗”与无为相互关联：

> 忘其肝胆，遗其耳目；反复终始，不知端倪；茫然彷徨乎尘垢之外，逍遥乎无事之业。（《庄子集释》663）
>
> 和之以天倪，因之以曼衍，所以穷年也。忘年忘义，振于无竟，故寓诸无竟。（《庄子集释》108）

“遗忘”的基本逻辑推演是，你一旦遗忘什么，你就不再知道。这种推演允许我们将非自我意识的普通文字表述——不知——划入“失去/遗忘”的谱系。此外还有一种关联：强烈的情感经历往往也能引发一种非自我意识，如主体被自我（以情感的方式）压倒。因此，我们发现强烈的情感也是与“失去/遗忘”谱系发生关联的，这种现象在战国时期的典籍里反复出现，如上文所引那位被吓得“自失”而走的“神巫”。不过，强烈的情感也可以是正面的，如儒家所说的“乐”。我们在《论语》里发现“乐”“遗忘”和非自我意识之间的概念关联被孔子一语道破，孔子说自己“其为人也，发愤忘食，乐以忘忧，不知老之将至云尔”(《论语·述而》19)。

“忘”字谱系 我们可以把下列文字表述划入“遗忘”谱系：

忘	forgetting
失/遗/丧	losing
不知	not knowing/unaware
乐	joy or other overpowering emotion

从客体丧失图式的角度把“自我无意识”理解成隐喻，那么“非自我意识”就与“不用力图式”发生了关联，成为其逻辑推演，我们再通过考察“忘”字谱系的隐喻和文字表述，发现“非自我意识”在典籍里反复出现。最后，轻松自如和非自我意识在概念上和隐喻上共同构成无为活动的两大标志。

相关隐喻

然而，在战国时期的文献里，与轻松自如和非自我意识相关的，还有其他隐喻谱系，如不一并提及，就不能对无为隐喻结构的讨论下结论。这些隐喻与主要的和次要的无为隐喻共同发生作用，协助厘清主要隐喻和次要隐喻或厘清其逻辑推演。

“虚”字谱系 “虚”字隐喻与无为发生关联，往往出现在道家及荀子的著作里，其作用是协助“忘却”谱系的隐喻传递非自我意识的理念。“虚”字隐喻的依据是构成主体-自我关系的另一图式，即作为容器的自我(SELF AS CONTAINER)。这一图式来自我们与有限空间和容器的互动，[18]可映射如下：

作为容器的自我(自我如容器)

人	→	主体
容器	→	自我
容器内的客体	→	自我的品质

从一般的本体论的隐喻出发，品德、恶行、倾向、性格特征及各种知识，被视为可以从自我容器提取或装入其中的物质。容器的自我可以是最普通意义上的自我，也可以是部分的自我，如心或气。

在《老子》或《庄子》等文本里，自我容器被缩减为“虚”，主体借此进入一种轻松自如(无为)和非自我意识(不知)的状态。《庄子》第四章提到的“心斋”颇为有趣，其中的“心”被比作腹，通过隐喻的斋，可以清空。等“斋”结束后，内里所存唯有“气”，“气”是一种虚空，可以接纳外物，“道”可以从中自然地生成出来。这种从心理上对“心”的清洗，可以使主体“入游其樊而无感其名”，“一宅而寓于不得已”(《庄子集释》147)——如此一来，描写“虚”的隐喻就与描述轻松自如(无为)的隐喻联系起来了。

“内-外”字谱系　这一谱系的隐喻以“作为容器的自我图式”(SELF AS CONTAINER schema)为依托，同时将图式与本质自我隐喻(ESSENTIAL SELF)结合起来。按照莱考夫和约翰逊(Lakoff 和 Johnson 1999：282－284)的描述，他们把本质自我隐喻的基础称为“本质的民俗论”(folk theory of essences)：每一客体“内部”所拥有的本质使其成为自己，这种本质是每一客体“自然”行为的因果源(Lakoff 和

Johnson 1999：214－215）。若是应用在我们身上，我们的“本质”往往与主体发生模糊的联系。然而，如下情形也能出现：“我们是谁在本质上与我们的所作所为并不兼容”（Lakoff 和 Johnson 1999：282），但借助本质自我隐喻，可以解释上述情形：

本质的自我

人 1	→	主体，拥有本质
人 2	→	自我 1，真实自我（适合本质）
人或物 3	→	自我 2，非真实自我（不合本质）

请读这句：“今天我判若两人”（I am not myself today）。作为类比或对不理想行为的解释，这种隐喻提出一种理想的关系——主体（“我”）与“自我 1”（“真实的”自我）联系起来——但理想的关系没有成立或被打乱。上文没有明确提及“自我 2”，但是，当不理想的行为续存时，“自我 2”可能正是主体。不过，下文明确提到“自我 2”：“说话的不是真正的我”（That wasn't the real me talking）。文中的“自我 2”已经接管主体，同时暗示“自我 1”也在场：不是“真”我的自我在场，推测是“真我”的自我在场，后者可能已经接管过来，因为主体道歉了。

莱考夫和约翰逊发现，这种隐喻能派生出三种不同的特例，但与拙著研究关系最大的却是内在自我（INNER SELF），其中涉及把本质自我隐喻与作为容器的自我图式结合起来：

本质的自我＋作为容器的自我

容器内	→	自我 1（适合主体/本质）
容器表面外	→	自我 2（不适合主体/本质）

无论在现代英语还是在古代汉语里，这种隐喻都很普通，读者马上就能明白。我们可以说："她看上去很友好，但那不过是表面（掩盖了她真实的[如内在的]自我）。"与此相同，颜回在《庄子》第四章解释了一个图式，他希望"内直外曲"[19]（《庄子集释》143）——以（装出来的）外表敷衍顽劣的统治者，但以保持（真实的）内心正确。

本质的自我与作为容器的自我相结合，再以这种结合充当《老子》自然隐喻的结构基础，这对我们理解无为是十分重要的。所谓自然是指事物顺乎其自身内在本质时所处的状态。从隐喻的角度说，自然所生成的形象"自然地"源于自我容器——莱考夫和约翰逊（Lakoff 和 Johnson 1999：214）在其讨论事件和原因时提出一个隐喻，即自然因果关系是外向运动（NATURAL CAUSATION IS MOTION OUT）。[20]我们将发现这种和自然相关的隐喻在道家典籍里与轻松自如（无为）和非自我意识（不知）相伴始终。

"合"字谱系　这一谱系的隐喻所关注的是一元主体与世界的关系，其中主体和世界是以实物客体存在的。该谱系映射如下：

主体	→	客体 A
世界	→	客体 B
	合适的关系	
主体与世界之间	→	客体 A 适合客体 B

该谱系概念隐喻如下：

宜　fitting，appropriate

合　fitting，matching

和　harmonizing
当　appropriate，fitting
适　appropriate，fitting
配　accompanying，fitting together

将“合”字隐喻推演下去，我们还能得到通俗的“时”字隐喻，其主体行动被视为与形势相“适”或相“应”，其主体经过概念转化而变为物，物又被作为客体的世界所激发或触动（感）。上述种种隐喻借助我们对世界共享的经验与轻松自如（无为）和非自我意识发生关联——也就是说，如果各部分相互适应、服装合身、四季应时，或你面对合适的触动，那么向外用力或有意识的争斗就没有必要。《庄子》里的几句话正好能用来说明这种概念关联，我们从中发现“合”字隐喻与“遗忘”谱系和“内-外”谱系结合起来：

忘足，履之适也；忘腰，带之适也；知忘是非，心之适也；不内变，不外从，事会之适也；始乎适而未尝不适者，忘适之适也。（《庄子集释》662）

隐喻的连贯性

我们读到这里可能注意到，各种隐喻图式在文字层面不是一致的。如主体既可以被视为一元的客体（如在“适”字或“安”字隐喻里），也可以从主体-自我分裂的角度分成两部分。不过，如莱考夫和约翰逊指出的，当隐喻以连贯的方式出现时，我们就不必要求隐喻在字面上前后一致。莱考夫和约翰逊(Lakoff 和 Johnson 1980：87－105)曾描述论点(作为战争的论点、作为旅程的论点、作为容器的论点)等抽象隐喻如何相互抵牾,但相互抵牾的隐喻可以发生关联,形成连贯的论证隐喻概念。从根本上说,因为没有一个隐喻形象能够生成所有逻辑推演,足以应对"论证"这种复杂的抽象的现象并使之形成概念,所以为适应各种形势,需要不同的图式来凸显与特定形势相关的逻辑推演。这些在文字上相互抵牾的图式之所以在概念上连贯起来,原因是在逻辑推演的过程中,你中有我、相互依存,哪怕各自拥有其自己独特的逻辑推演。[21]

我们将发现,与无为及进入无为相关的隐喻也是如此。[22]荀子在其题为《性恶》(《荀子集解》：王先谦 434—449)的一章里,用几个隐喻来概括"人性",足以说明一元概念拥有多种结构。荀子使用的隐喻图式在字面上并不一致,但在概念上却是连贯的,因为每个图式都指向特定的逻辑推演：

1. 人性是一种内力,我们可以相从相顺。

定向逻辑推演：不要让这股力量把主体裹挟走。

2. 人性是实物所在,如同旅程的起点,我们离开起点(离)就不再回来(归)。

定向逻辑推演：我们的出生不过是漫长修身"旅程"的起点；如果我们希望返回母腹,那将是"倒退"。

3. 人性是我们丢了(失、丧)的物品,不能失而复得。

定向逻辑推演：我们先天本性很快就要发生变化；我们再也无法回去,哪怕我们希望回去。

4. 人性是扭曲的东西,我们必须施以外力才能矫正。

定向逻辑推演：修身("矫正"自我)需要刻苦用力,需要彻底改变。

5. 人性是与他人共享的东西。

定向逻辑推演：我们生来是平等的，因此人人都可能成为圣贤。

上面的隐喻图式有几个在字面上并不和谐，但对荀子或读者来说也不是问题，因为通过相似的或互补的逻辑推演，字面上不和谐的隐喻图式在概念上是连贯的。如不论我们的天性是我们离开后再也回不去的“地点”，还是我们失去后不能复得的“物品”，基本的逻辑推演都是相同的：如我们在英语里说的“没有回头路”。同理，虽然把人性描述成与人分享的物质，而描述“失去后不能复得的”隐喻又相互抵牾，但其图式在概念上并不矛盾，因为各自的目标大不相同（机会均等与不能复归），也就是说，各逻辑推演之间并不矛盾。我们可以把人性理解为出生时人人拥有的东西，但我们也知道，成熟后这种东西将“失去”。从这种意义上说，作为共享物的人性这一隐喻，使逻辑推演变得明确了，前面的隐喻和其他几个隐喻至少是不矛盾的，也许是隐在其中的：我们都“离开”同一个地点或都拥有相同的“原料”。

写到这里，我们也要注意，并非所有字面上矛盾的隐喻在概念上一定是连贯的。我们将发现，与战国时期无为思想相关的几个图式——特别是指向无为的修身隐喻——拥有的核心逻辑推演是相互矛盾的。再回到荀子的例子上来，我们在《性恶》一章发现对人性更深入的隐喻概括与我们讨论过的五个图式在概念上并不兼容：

6. 人性是人性恶的施动者，我们知道人性恶，因为人性渴望（欲）或希望（愿）善良。

定向逻辑推演：人性恶。

未必成立的次要逻辑推演：人性具有内在的向善倾向，正因为人性是恶的。我们在第七章将发现，这种例子正好说明内在论的成分，时不时地在《荀子》里闪现，埋下了概念存在矛盾的种子。这方面的例子，我们在原作里将发现不少。如在《论语》里两个与修身相关的主要隐喻之间就在概念上出现了紧张关系，一方是**作为外饰的修身**，一方是**作为技能重塑的修身**。第一个图式的重要逻辑推演是，外饰要发生的话，适当的底物（substrate）必须存在，与此同时，第二个图式涉及彻底改变原始材料——因为其原始结构不太连贯。与此相同，我们发现在孟子那里也出现了紧张关系：一方是**作为农作物隐喻的修身**——其逻辑推演需要长时间的外部努力，才能指引并协助培养我们的内在秉性——一方是把人性视为暴力的图式（洪水或牲畜践踏），这种暴力刹那间就能释放出来。

拙著的部分目的是希望说明，战国时期重要典籍里旨在生成无为的、对修身所作的种种隐喻描述，涉及同一文本内的图式，不仅在字面上互不兼容，在概念上也不连贯，因为这些图式涵盖了矛盾的（或至少是抵触的）逻辑推演。[23]这些概念中的矛盾将引起我们格外的兴趣，因为上述矛盾明确地显现出战国时期修身理想所固有的紧张关系：前言提到的所谓“无为悖论”。一般来说，读者将发现，我们讨论的所有思想家在修身上既使用外在论的隐喻，也使用内在论的隐喻，如此一来，在“为”与无为之间的逻辑推演方面就形成了一种紧张关系。也就是说，如果修身需要从根本上改变人们天性里的“材料”或摈弃（如《庄子》提到的）先天的“情”，那么，一种逻辑推演就是：我们一定要“努力不为”。另一方面，如果从隐喻的角度把修身仅仅理解为释放一种内在的动力或一种内在品质的外饰，那么，其逻辑推演就成了：我们确实不必刻意无为——无为将（自动）发生，如老子的隐喻所说，“自为”。

这两种主要隐喻之间的关系持续紧张，从现象学的角度来说，也是很有意义的。（我将在下文予以讨论）那些思想家的宗教性目标是达到轻松的无为，因此，“轻松自如”的理念需要以隐喻的方式传递出去。与此同时，无为被理解成一种达到的状态，所以每一位思想家不得不为进入这种状态提出一种努力的程序。先秦思想的走向告诉我们，那些思想家的侧重点在修身的外在隐喻与内在隐喻之间来回移动，又各有侧重。然而，不论是哪一方占了上风，我们都将发现，那种对立的隐喻——与不兼容的逻辑推演相伴相生——总要设法再度出现，为矛盾的概念确立一片领地。在后面各章对先秦思想进行描述的过程中，我们将发现其走向是继续努力为自我和修身寻找新的隐喻——这些隐喻来自科技领域或自然运动——目的是消弭概念上矛盾。我们将发现，并非所有目的都是成功的，这种现象本身（如我将在结论部分探讨的）在现象学上也是有意义的。

前儒学传统里的无为

无为一词在战国后期才广泛使用，但其描述的隐喻理想——以轻松自如的、非自我意识的方式同宇宙和谐相处，借此达到神奇的功效，畅行天下，吸引众人——却是《诗经》《尚书》等早期典籍里中国宗教性思想的中心主题。[24]这些典籍在隐喻方面相对模糊，还不成熟，不如我们将要讨论的“大师作品”，即使如此，读者也能发现不少隐喻在后来战国时期无为概念化的过程中扮演了重要角色。

通过和谐高效的行动和外在形象来表现至人，这方面的主题在《诗经》里比比皆是。[25]贵族或君子[26]往往拥有武艺和品德，他们借此达到轻松自如的状态，这种轻松自如又通过娴熟的技能和行为举止表现出来。

从隐喻的角度说，这种现象可以理解为与世界的“高度适应”（宜）。如《诗经》第214篇，一位女诗人对其爱慕者的描述：

裳裳者华，其叶湑兮。
我觏之子，我心写兮。
我心写兮，是以有誉处兮。
裳裳者华，芸其黄矣。
我觏之子，维其有章矣。
维其有章矣，是以有庆矣。
裳裳者华，或黄或白。
我觏之子，乘其四骆。
乘其四骆，六辔沃若。
左之左之，君子宜之。
右之右之，君子有之。
维其有之，是以似之。[27]

再如，《诗经》第106篇也描绘出一幅与上文相似的画面，在与周围相处的过程中，按照“正”和“适”的尺度，他表现出高超的技能和轻松自如的状态：

猗嗟昌兮，颀而长兮。
抑若扬兮，美目扬兮。
巧趋跄兮，射则臧兮。
猗嗟名兮，美目清兮。
仪既成兮，终日射侯，

不出正兮，展我甥兮。
猗嗟娈兮，清扬婉兮。
舞则选兮，[28]射则贯兮，
四矢反兮，[29]以御乱兮。[30]

射了一天的箭，还能“不出正”，这种想法具有明确的道德暗喻——“正”不仅指靶心，也指“正当”或道德“正确”——后来的论者正是从这种角度研读该诗的。然而，诗歌里无为的“贵族”或君子所代表的主要是尚武的贵族的理想——英俊强悍的勇士。

《诗经》收入的另一种诗歌，以更明确的语言来描述无为的道德理想，也颇具典型意义：昔日德高望重的统治者。无论是轻松自如还是非自我意识，都在诗歌里得到彰显。如第 241 篇，我们发现上帝称颂文王：

帝谓文王：予怀明德，
不大声以色，不长夏以革。
不识不知，顺帝之则。[31]

文王能够轻松自如地“顺”从上帝的规范标准，对此又全然不自知。顺乎宇宙使文王站上了道德高地，但他不自居、不炫耀、也不自恃。他从容地、忘我地面对德。与此相同，第 304 篇也描写了玄王练达的道德技巧：

玄王桓拨，
受小国是达，

受大国是达。
率履不越，[32]
遂视既发。
……
何天之休。
不竞不絿，
不刚不柔，
敷政优优。[33]

按照诗句的描写，玄王之所以轻松自如（无为），原因是他能够效法先人（“履率”），进而达到一种自发的高效——也是玄王拥有“休”的标志。我们还发现《尚》开始时描写伟大的圣人-国王尧，也提到这种“休”：“钦、明、文、思、安安”（Legge 1991b：15）。我们还将发现，“安”字隐喻将变成儒家表述无为的惯用语。

通过上文我们注意到，第 304 篇所述玄王轻松自如的道德技巧，其成因是与天之间的特殊关系。《诗经》里其他圣人-统治者也有这种关系。[34]如第 166 篇描写的轻松自如的“宜”与天赐之间的联系：

天保定尔，
俾尔戬穀。
罄无不宜，
受天百禄。
降尔遐福，
维日不足。

据说，诗中这位幸运的统治者还通过“吉蠲为饎”和周到的祭祀安排，聚积起强大的德。德的概念构成了上天与无为之间的又一联系(虽然是间接的)。再说《诗经》第106篇描写的那位贵族射箭者，他娴熟的技巧来自“仪既成兮”(不多不少的分寸感)，他自如自在的能力使他能够射中目标(正)，“以御乱兮”。《诗经》始终把德当成一种领袖魅力，有魅力的人以正确的形式祭天拜地——他们遵循上天的秩序。与上天的秩序相和谐，进入无为状态，他们因此而得到一种力量，不仅个人从中受益，还能凭借这种力量更好地实现上天的意志。[35]把德当成是上天赐予顺天者的力量，这种理念不仅在《诗经》[36]《尚书》里比比皆是，而且也是中国最古老、可证明的宗教性主题，哪怕在中国最早的文字记载里，如商朝的甲骨文和周朝的金文，也能发现这一主题。[37]

我们甚至还可以在《诗经》里发现一种理念的雏形：通过祭祀和典籍表现的传统道德，其来源不仅与天有关，而且还与人们自身的情感和生物性息息相关。我们在《诗经》第260篇里读到，上天造人，其方式是使人们自然而然地与德相呼应：

天生烝民，
有物有则。
民之秉彝，
好是懿德。[38]

在《诗经》第239篇里，“岂弟君子”因品德和正确的祭祀行为而无比高兴，如同“鸢飞戾天，鱼跃于渊”；在《诗经》第252篇里，我们发现相似的“岂弟君子”因无为和高尚的品德而自得其乐，他的品德与实现“人性”或“自然成长”息息相关：

有卷者阿，
飘风自南。
岂弟君子，
来游来歌，
以矢其音。
伴奂尔游矣，
优游尔休矣。
岂弟君子，
俾尔弥尔性，
似先公酋矣。

我们在以后各章还将发现，这种无为、德、人性和规范秩序之间的关系被后来的中国主流思想家一一继承下来。

注释

① 与认知语言学研究方法（cognitive linguistic approach）相关的信息，乃至为认知语言学（指从认知而非其他角度如生成语法研究语言学）提出的辩护，参见 Gibbs 1996。Gibbs 指出，认知语言学研究方法的两大特点："（a）使来自其他学科的经验式发现与语言学理论相结合；（b）研究具体概念知识的内容，而非仅仅研究概念知识的构造"（29）。

② 参见 Wolf 1994：38－41，该研究讨论了现象学与莱考夫和约翰逊著述之间的关联。与当代隐喻理论概论相关的信息，参见 Lakoff 和 Johnson 1980、1990，Lakoff 和 Turner 1989，Johnson 1987、1981，Sweetser 1990，Kovecses 1986 和 1990，Turner 1991。Lakoff 1993 的文章可能最充分地概括出认知隐喻理论的轮廓；Ortony 1993 就隐喻提出各种理论视角，对隐喻研究大有助益。与心理空间和概念映射相关的更为普通的理论，参见 Fauconnier 1997 和 Fauconnier 与 Sweetser 1996。

③ 参见 Fauconnier 1997：1－5，其中提到，把语言仅仅视为与深层的、非语言结

构相连的“信号”，这种研究方法与结构的或生成的语言研究方法到底有何不同。

④ 重点参见 Johnson 1987 对该现象的研究。

⑤ 认知语言学领域的规范是，用大写字母指称隐喻图式。

⑥ 请比较 Paivio 和 Walsh 1993 及 Miller 1993，他们认为隐喻的基础是来源域与目标域之间的相似性。根据认知隐喻理论，隐喻不应被理解为仅仅凸显过去相似性的方式，因为来源域能够积极塑造目标域，“提供目标域原来没有的结构和特点”(Lakoff 和 Turner 1989：123)。另一种反对相似论的基本论点指出，我们在隐喻里看到的“相似性”不是对称的，不是那种真正的相似性；即我们可能说，胡乱张贴的广告如同牛皮癣，意思是“广告牌是风景上的牛皮癣”，但这种隐喻并不涉及对应关系：牛皮癣像广告牌。参见 Ortony 1993：345－348，其观点反对把字面上的相似性当成隐喻的要旨。

⑦ 参见 Lakoff 和 Johnson 1999：122－127，他们批评了下面的观点：隐喻是语言的而不是概念的；隐喻研究的是与众不同的(诗学的)用法，不然就是“离经叛道的”用法；传统的隐喻已经“死了”(如固定的文学表现法)。

⑧ 特纳(Mark Turner)和福康涅指出，在直接的来源-目标映射之外，隐喻往往还涉及构建更为复杂的“混合空间”(blended spaces)，“混合空间”的成分来自各种域(见 Fauconnier 1997：168－171)。我讨论的隐喻大多依据更基本的来源-目标映射，为了言简意赅，即使更为复杂的隐喻，也将压缩成来源-目标映射。用来说明来源-目标映射的那种“骨骼-皮肉”隐喻是莱考夫私下里告诉墨菲(Gregory Murphy)的(其特点是 Murphy 1996：187 发表的)。我们还应注意，不同的——往往也是不兼容的——隐喻图式或混合图式也可能被用来协助一元抽象概念形成概念，到底如何使用，那要依据我们讨论的是目标域的哪一方面。这种现象还将深入研究。

⑨ 我之所以说“诸多方面”，原因是在意识里直接复现的目标域的“骨骼结构”，不仅制约来源域对目标域的映射，还能制约来源域的哪些方面可以被成功地映射出去，哪些方面因与主题无关而被忽略(见 Lakoff 1993：228－235 和 1990：67－73)。

⑩ 莱考夫和约翰逊使用“普通大众的信念”，是指平日的、直觉的、理所当然的、“常识性”的推测，这种推测为特有文化所共享。他们所说的“大众”并无贬义(Lakoff 和 Johnson 1999：352)。有关“大众信念”与“专家理论”之间的关系，参见 Lakoff 和 Johnson 1981：205；及 Wolf 1994 第四章(更为深入的讨论)。

⑪ 当然，把生活当成实体，这一过程已经涉及基本的客体-事件结构隐喻图式，通过图式，事件被概念化为实在的“物”。参见 Lakoff 和 Johnson 1999：196 - 197 对客体-事件图式的讨论。

⑫ 还有人对相似性隐喻理论提出批评，因为来源域与目标域之间是不对称的。我们不可能不从更为具体的域里提取结构，如旅行，以此来推论生活等抽象的域，使之形成概念，但话却不能倒过来说：我们可以说新生的婴儿“开始了人生旅程”，或者，一个凶手对即将遇害的人说他“走到了路的尽头”，但我们却几乎不能说，从洛杉矶到旧金山旅行的人才“出生”，或者，等他们到达旧金山后，他们就“死了”。概念隐喻的来源域和目标域之间的不对称是系统性的。

⑬ 相关证据调查，参见 Gibbs 1994。

⑭ 参见 Sereno 1991 和 Damasio 1994。研究者提出各种理论模式来解释，在认知形象图式下，身体模式（bodily patterns）到底是怎么外化的；参见 Lakoff 和 Johnson 1999：34 - 39。

⑮ 莱考夫他们提出，所有与自我相关的隐喻都是以这种图式为基础的，但在战国时期的典籍里，我们发现诸多一元主体与世界等外部实体在隐喻方面发生互动。

⑯ 有关“吾”和“我”的区别，参见 Pulley blank 1995：76 - 77。

⑰ 从概念的角度说，“遗忘”和“失去”在结构上过程相同，这方面战国时期的汉语比英语说得更明白。我们不妨从《庄子》里选几个例子，“忘”和“失”在平行子句里是可以互换的，如“我忘了答案，因为我失去了问题”（《庄子集释》781），此外还可以构成合成词“遗忘”（《庄子集释》1012）。当然，这种概念上的联系在现代汉语的合成词里也找得到，如“忘掉”。

⑱ 莱考夫和约翰逊（275）描述过作为容器的自我的图式，但映射的方式有所不同，因为他们将其与大不相同的隐喻联系起来。

⑲ 值得注意的是，各文化相通的隐喻，直＝自主的、合适的行为；曲＝迎合的、不合适的行为。

⑳ 请比较，“东欧剧变出现在冷战结束之后”。这种隐喻好像不过是容器＋本质图式的继续：冷战结束被概念化为容器，其内在本质（剧变）出现的方式如同小苗出自种子或婴儿出自子宫。大概这种“自然的因果关系是外向运动”的隐喻来自我们所经历的生殖过程和种子发芽。

㉑ 作为旅程的论点和作为容器的论点，这两个隐喻部分重叠，请重点参见 Lakoff 和 Johnson 1980：92 - 94。

㉒ 如果我们希望完全理解一个概念，就得把用来描写这一概念的各种隐喻图式一并考虑进来，哪怕这些图式有时在文字上互相抵牾。如《庄子》里提到使自我变“虚”或“失”去自我的隐喻，就其自身来说，这些隐喻可能指一种“不知”的画面。不过，我们在第六章将看到，当这些隐喻与作为本质自我的内在自我图式（INNER SELF AS ESSENTIAL SELF schema）一并理解的时候，隐喻指向的“自我”不过是“虚假的”自我，而非“真实的”自我。拉法格也指出了这种现象，他认为《老子》里不少陈述是“格言”，而不是系统的哲学立场，因此，其意思“在指向特定目标时似乎已经耗光”，也就是说，“如果我在不同场合使用（字面上相互抵牾的）格言，我也不一定自相矛盾”（LaFargue 1998：265）。拉法格还注意到，“虽然各种说法……指向不同的目标，提出不同的形象，但其立场和动机却是相当统一的”（LaFargue 1998：271），这与我的提法颇为相似，拙著也认为，字面上不兼容的隐喻在概念上是连贯的。

㉓ 莱考夫和特纳（Lakoff 和 Turner 1989：53）发现英语里形容生活的隐喻也有相互矛盾的逻辑推演（如生活是宝贵的财富和生活是桎梏），但他们相信，这些隐喻在功能上是连贯的，因为它们对“生活提出了大不相同的角度”。与此相反，我要指出的是，虽然上述两个图式都出现在英语里，但它们在概念上并不兼容，如果一位思想家希望对“生活”提出连贯的看法，使用上述隐喻就难免自相矛盾。

㉔ 我将集中讨论《诗经》，因为《诗经》收入的大多数诗歌都是儒家之前出现的，其地位在学者中争议最少，还因为《诗经》是无为隐喻取之不尽的源泉。我偶尔也将提到今文《尚书》各章（大多数学者认为其能够真正代表儒家之前的材料；参见 Loewe 1999：376 - 380）。

㉕ 作为复合词的无为在毛诗版《诗经》里出现过两次——第 70 篇和 145 篇——但含义与我们理解的无为有所不同。第 70 篇才贴边：

有兔爰爰，
雉离于罗。
我生之初，
尚无为；
我生之后，
逢此百罹。
尚寐无吪！

读者也许能从中发现老子无为的原型。不过，在第145篇里，无为的用法就不贴边了，指的是不知所措（按高本汉1950，第92页的译文）。

㉖ “君子”的字面意思是“君王/统治者的儿子”，在儒家出现之前指封建贵族成员。后来孔子从教化的角度出发，使用“君子”，泛指行为如贵族的任何人：表现出与真正的人相称的品德。虽然近来对“君子”的英文译法引起过争论，但传统译法“gentleman”似乎是最贴切的，因为“gentleman”能兼顾原文和“君子”的内涵。

㉗ 据高本汉译文：韦理（Arthur Waley，1889—1966）把“嗣”译成“继续”（to continue）。

㉘ 照字面意思，“他数（选）节拍”。

㉙ 照字面意思，“返（回原地）”（据毛诗）。

㉚ 请比较《诗经》第143、173、174、189篇对君子的描写。“宜”字谱系里的其他隐喻，参见《诗经》第235、243、249篇；与“时”相关的隐喻，参见《诗经》第255篇。

㉛ 高本汉指出，“不识不知”的原则是指“以自然、无为的方式”生活（1950：196）。

㉜ 这种隐喻在《诗经》里反复出现，后来成为中国思想（尤其是儒家思想）的核心：作为有限空间的道德，据此，不道德被理解为“越/过”了正“道”的边线。

㉝ 据高本汉（1950：265）和韦理（1960：277－278）的译文。

㉞ 如参见《诗经》第209、240、299篇。

㉟ 还可参见《诗经》第249篇。

㊱ 如参见《诗经》第157、161、191、209、223、242、256及299篇。

㊲ 参见倪德卫（Nivison 1997：17－30），“青铜和甲骨上的‘德’”。

㊳ 据高本汉（1950：228）译文。

第二章

以德为安:《论语》的无为

无为二字在《论语》里仅仅出现一次[①]——“无为而治者其舜也与?”下文对此还将讨论——不过,在《论语》里我们还能找到与无为同属一个谱系的其他例证。其中最著名的大概是孔子说自己的那句“七十而从心所欲,不逾矩”(《为政》4)。这是无为的经典范例,无出其右者。主体(孔子)不再着力、不再控制、顺从自我(从心所欲)。然而,在大多数情况下,《论语》表达“不再努力”的理念,是通过“安”字谱系的隐喻来完成的,往往与非自我意识(不知)共同构成隐喻,所谓非自我意识也是无为的第二标志。《论语》有时使用的隐喻更为普通,如“忘我”和“不知”,但用隐喻表达这方面的无为,却多用自发的“乐”:那种对身在其中的活动忘我的高兴状态。“乐”字一词多义,既指高兴,也指音乐,因其是双关语,所以也在乐/非自我意识和音乐/舞蹈之间建立起必然的联系,“乐”原是描写无为的隐喻,最先在《论语》里出现,但后来的儒者却对其推崇备至。

然而,在《论语》里,这一谱系的无为隐喻却与其矛盾的隐喻共同存在,后者指用功、努力,甚至对自然倾向施以暴力。我们将在下文探讨各种无为隐喻概念之间的关系，同时，透过孔子的入世哲学，发现无为隐喻与“努力”隐喻是以什么方式发生关联的。

拯救的使命

孔子感叹说：“予欲无言。”迟钝的子贡不知所以然：“子如不言，则小子何述焉?”孔子的回答简明扼要，话语生动，但多少有几分悲凉：“天何言哉？四时行焉，百物生焉。天何言哉?”(《阳货》19)

我们发现上文使用了与社会相关的隐喻，其源头远在儒家出现之前：作为统治者的天，而自然界却被描写成被统治者。[2]天以无为的方式驾驭自然界，但不发号施令。四季往复，万物生长，凡此种种都要依赖天。在社会上与天对应的是昔日的圣王，如舜：

> 无为而治者其舜也与？夫何为哉？恭己正南面而已矣。(《卫灵公》5)

昔日天人和谐的理想状态是指统治者不必行动或言说。他不过是矫正自己，坐在与统治者相称的王位上，天下自然而然地转入秩序井然的状态。以这种方式治国才是真正的君主：即以德治天下。

以这种方式治理人世，如同自然王国的天推动自发的和谐，孔子对此有过明确描述：

> 子曰：“为政以德，譬如北辰，居其所而众星共之。”(《为政》1)

我们发现社会隐喻被用在自然界上(**作为北极星的统治者**)，如此一来，自然界的种种性质又反过来映射到社会上。如同自然界，秩序井然的人类社会无声无息地、不可避免地、非自我意识地运转起来。先民不过是按时祭祀，按道作息，天下便秩序井然。所以孔子发现有必要“说话”——说教、诱导、规劝——哪怕他多么鄙视花言巧语和“巧舌”[③]：理想的人类社会如同自然界，要以不努力的、无为的方式运转才是。正是因为在孔子所处的时代，道已不复存在，所以他才要说话，要把世界拉回到原来不用说话的和谐状态。孔子自己的言论——《论语》里那些对话——是来自天的劝勉，他虽然不想说，但又不得不说。仪封人也是这么看的，他知道孔子的使命是神圣的。[④]仪封人与孔子相见后，对其弟子安慰了几句，其中不乏先见之明：

> 仪封人请见，曰：“君子之至于斯也，吾未尝不得见也。”从者见之。出曰：“二三子何患于丧乎？[⑤]天下之无道也久矣，天将以夫子为木铎。”（《八佾》24）

传统上官吏使用木铎召集人民，然后宣布官府公告。[⑥]我们发现**作为统治者的天**这一隐喻，与一个新出现的隐喻（**作为工具的主体**）结合起来，结合的方式正好说明“不用力”：孔子不过是工具而已，使用工具的是不太说话的统治者，他之所以打破沉默，原因是他要劝勉人民。[⑦]

因此，我们发现孔子一生的使命指向：作为天的木铎，唤醒睡梦中的众人，使其重回周朝盛世那种神圣的无为的和谐。为了这种崇高的使命，才有了日后的《论语》。若孔子在世时就能实现道，他也不用说话了，当然也没必要再把孔子的言论辑成文集。我们理解孔子使命的性质后，就能理解《论语》里“为”的隐喻与无为的隐喻并不矛盾：正如天必须打破沉默，用木铎来唤起众人，“为”对众人来说也是必要的，因为我们堕落了，需要被拯救。不过，这种“为”的最终目的是超越“为”：待人与天再次和谐后，无为自然到来。下面我将探讨孔子使命的具体内容：孔子对其时代堕落原因的诊断；他指出的道路；道路尽头理想国的性质；及这一理想的宗教-政治内涵。

堕落

孔子环顾四周，发现人们的生存状态可怜不堪，不禁惊愕。他想到过去圣王尧舜手下那一大批良臣贤相，又不免心生仰慕，说德的兴盛在周朝达到高潮：“周之德，其可谓至德也已矣！”（《泰伯》20）因为拥有强大的德，周朝的礼乐达到了最高的标准，因此天下太平，秩序井然。孔子被问及禘（周王把禘变成祭祀的重要部分）时说：“‘不知也，知其说者之于天下也，其如示诸斯乎！’指其掌。”（《八佾》11）然而，在孔子所处的时代，禘——在鲁国仍由周朝名义上的继承人继续下来——已经沦落到孔子“不欲观之”的程度（《八佾》10）与礼乐颓落同时发生的，还有公共生活中人民素质的下降。孔子描述了“士”的品德，之后子贡又问：“今之从政者何如？”孔子轻蔑地说：“噫！斗筲之人，何足算也？”（《子路》20）昔日圣王哪怕有不对的地方，也要比孔子的同代人高明。（《阳货》16）

周朝覆灭后，世风日下，孔子的弟子曾子以隐喻的方式概括说：“上失其道，民散久矣。”（《子张》19）我们发现曾子使用了一个在战国时期典籍里反复出现的图式：**作为旅程的生活**，其中的“道”是完成这次旅程的正“路”。顺路走下去，我们可能倒在半路上。（《雍也》10）一般来说，道德成就被描述为“达”或“至”——走完实实在在的旅程。虽然要走的正道仅有一条，但人民好像对道却不以为然。孔子反问：“谁能出不由户？”然后他又愤愤地说：“何莫由斯道也？”（《雍也》17）

从孔子的角度来看,道德“堕落”的原因又在哪里呢? 至少有两大原因。一是我们熟悉的人性弱点:欲望、贪婪、懒惰,等等。这些弱点如同障碍,凡是渴望道德生活的人,必须予以克服。心理-生理障碍影响理想的实现,但《论语》对此讨论并不充分、也不系统,还不如《内业》以后的典籍,[8]不过,这一主题也并没被完全忽视。如我们在《论语》的后面发现人性的各种弱点——欲望、好斗、贪婪——在不同程度上因年龄变化与血和气发生关联。原文很有趣,因为这是《论语》唯一一次把人性弱点与心理-生理因素明确地联系起来。[9]在《论语》的其他地方,如《子罕》(18)也有相似的提法,但语言晦涩,孔子说:“吾未见好德如好色者也。”[10]我们还发现,在孔子生活的时代,贪婪并非仅仅发生在年长者身上,贪婪也是年轻人当官发财的动力:“三年学,不至于谷,不易得也。”(《泰伯》12)

几种人格缺陷似乎是天生的,不可救药的。如在《公冶长》(10)里就出现过一个隐喻(**作为技能的修身**),当初是用来批评宰予懒惰的,孔子因其嗜睡,说他“朽木不可雕也,粪土之墙不可圬也”。如我在后面将深入讨论的,孔子从隐喻的角度把人的性格描写成“文”与“质”的结合——虽然孔子对宰予可能说的是气话,并不相信他的弟子真是“朽木”——但这个隐喻指向一种可能性:一个人的“秉性”可能生下来就有瑕疵。

这种天生的瑕疵似乎是普遍存在、恒久不变的现象,即使在周朝鼎盛时大概也有。对孔子来说更迫切的问题是,造成众人堕落的第二大原因:隐喻所指的“雕木人”或“化妆师”的那种技能——个人身上所接受的传统影响。孔子借用“技”与“饰”这两个隐喻来形容修身,其中重要的逻辑推演是,继承下来的各种礼乐、语言习惯在塑造人品方面起到了不容低估的作用。显然,孔子在世时,周朝的文化传统已经颓败不堪，这种传统反过来又把大众引入“歧途”。至于周朝传统堕落的原因，《论语》对此语焉不详，不过，人们先天的瑕疵在腐败传统的作用下，变得越发明显，这倒是不争的事实。所以后来孔子他们要在人与宇宙之间再造和谐关系就变得更为困难。孔子在《论语》里仅有一次明确地提及人性，在他看来，社会形式对人的影响要大于天性：“性相近也，习相远也。”(《阳货》2)[11]评论者对这句话的意思说法不一，但“文犹质也，质犹文也，虎豹之鞟犹犬羊之鞟”(《颜渊》8)，与上一句含义相通：在“文”的掩饰下，我们在“质”里能找到一定程度的共性。

《论语》似乎在告诉我们，人们固有的瑕疵若是放在秩序井然的传统里并没有什么大不了的——人可以被改正、指引、再造天性，进而使个人与社会、社会秩序与宇宙之间形成和谐的关系，鼎盛时期的周文化即是典范。不过，若是没有秩序井然的传统——或传统已经堕落——人性与生俱来的瑕疵就无法修复。

我们知道，从隐喻的角度来说，上述现象被描述成道德“迷失”，其原因是人们没有找到真正的道。我们还知道，这种迷失针对的是内在的自我和外在的自我。如孔子批评的那些迷恋官位的人，此乃人性使然，然而，只有在崇尚身外之物的社会里，占有欲才能大行其道。孔子抱怨说：“古之学者为己，今之学者为人。”(《学而》24)这句话与下文可以互相印证：“君子求诸己，小人求诸人。”(《卫灵公》21)与本质的自我(与伪装后示人的外表相反)相互关联的是道德品质和修身的程度。虽然在良好的社会里，高水平的修身应该得到外人的表扬，但表扬并非时时发生。因此：

> 子曰：“不患无位，患所以立。不患莫己知，求为可知也。”(《里仁》14)

孔子在上文里表现的情感，与“为仁由己”(《颜渊》1)有不少相似的地方。我们知道，仁是“大写的人”应有的品德，仁来自自己而非他人。

这种自我-他人二分法往往与“作为容器的自我＋本质的自我”等隐喻发生关联，在此过程中，通过“内”省，我们能够发现主体所处的“真实”状态。⑫我们还读到“君子不忧不惧”(《颜渊》4)，因为君子可以“内省不疚”。对照不端的品行，君子还要“见贤思齐焉，见不贤而内自省也”(《里仁》17)。此外，发现自己有不对的地方，君子更要“内自讼”(《公冶长》27)。说到描写这种“内-外”的语言，有时自我容器的身份写得并不明确。如《颜渊》(1)，“己”被说成一种空间，仁可以从里面出来——这种空间与“(他)人”又有所不同。在这种图式里，自我容器的“内”不过是用来形容相当宽泛的关注领域，后者与本质的自我发生联系。另一方面，《阳货》(12)说人“色厉而内荏”，显然这里的自我容器指的是身体。我们将发现，“内省”之后，隐喻作为容器的自我，将变成标准，因身体即为容器，但我们可能也不必再从《论语》里找证据，然后证明我们的说法站得住脚。其实，通读《论语》后，我们就能发现，其中对“内”与“外”的概括是相当连贯的，不论所涉容器是什么：

适当的“内”	**适当的“外”**
己	人
志	禄，物质享受
修身	社会荣誉
儒家的道(礼、研读)	官位
仁	佞，语言技巧

依照孔子的看法，人们专注外在的财物，因而看不到修身后的内在的财物，这是当时堕落的世风使然。当时人们以刻板的方式完成形式上的礼乐、研读诗书，仿佛他们也在真心实意地求道，但他们的所作所为与作秀相差无几。即使与个人息息相关的孝，以孔子所见，也变得虚伪、毫无意义：

> 今之"孝"者，是谓能养。至于犬马，皆能有养；不敬，何以别乎？（《为政》7）

对孔子来说，在他所处的时代，那个著名的"乡愿"是虚伪、浅薄的典型，因为他对传统规定的习俗谨慎小心，外表上从不逾矩，以此沽名钓誉，但内心对儒家真君子向往的道却并不专注。孔子说这种人是"德之贼也"，因为他表面上好像是君子，说自己与德为伴，其实则不然。孔子在下文也表达了对伪饰者的反感：

> 子曰："恶紫之夺朱也，[13]恶郑声之乱雅乐也，恶利口之覆邦家者。"（《阳货》18）

那些低贱的人用混合的紫色取代纯正的朱色，用堕落的郑音取代正宗的音乐，与此相同，也有人把乡愿和利口当成真君子。[14]伪装的品德和堕落的郑音四处流散，而社会上的政治精英却也在敷衍正宗的礼乐。我们知道，在孔子出生的鲁国，禘的祭祀内容已经变质，孔子连看也不想看。统治鲁国的所谓"三家"更是目中无人，把原来属于周朝国王的祭祀特权据为己有，他们践踏宇宙结构，孔子对此既震惊又伤心。（《八佾》1、2、6）

此时天下大乱，但社会最终的走向还不太明朗。虚伪当道，礼乐变质——鲁国三家之过，因为他们公开挑战传统——是世风日下的原因，还是其征兆，对此尚无定论。不过，虚伪的雕木者或丑陋者比比皆是，说明当地真正的雕木者或化妆师并不成功，所以孔子开始从文化习俗上查找病因。若是舜能朝南称王的话，我们可以想象，鲁三家绝对不敢僭越，不仅如此，品德高尚的国王还能把鲁三家教化成安分守己的人。同理，因为鲁三家的大胆妄为，鲁国不知深浅的年轻人也起而效仿（《公冶长》22），孔子时代的统治者轻慢礼乐，在很大程度上也是小官小吏追逐名利造成的。我们回顾孔子提出的拯救方法，这时他要从文化入手拯救乱世的设想就变得越发明确，因为孔子希望先确立正确的典范，至于净化心理-生理的种种办法，还在其次。当然，在一定程度上，二者相互依存：合乎礼乐就能带来内心的变化；而要合乎礼乐，我们先要正心，以正确的心态对待礼乐，此外，我们的"质"也应该是完整的。不过孔子强调的重点仍然放在文化的形式上，因为按照正确的形式，抱有理想的君子才能发现道。

拯救的方向：饰与自我塑造

《论语》的修身隐喻主要是"饰"。作为外饰的修身图式指向两个方面：一是"质"，一是"文"（字面意思是线条、笔画），此外，修身最普通的说法还是"修"——指修饰或装饰外表。[15]这个主要隐喻往往与另一相关隐喻连用或混用：作为技艺的修身，在修身过程中，教育的目的是重塑自我的"质"，而非修饰外表。重塑也好、修饰也好，其典范必须来自堕落之前的理想榜样——也就是说，在理想榜样生活的时代，周朝的礼乐和圣王使人与天达成了和谐。与孔子同时的读书人若是按照周朝文化典范和制度提倡的理想改造自我的话，他们就能超越所处的堕落时代，变成“君子”，乃至“圣人”，德蕴藏的说服力就能改变大众，使其重返正道。

道德上的饰或重塑要经过儒家两种重要的实践才能完成，一是礼，一是学，二者都涉及效法榜样。[16]经过对礼的正确实践，学生可以在各种场合领会理想楷模的所作所为，再经过强化学习，学生可以掌握正确的表达方式，从先圣身上学到他们的思维方式。以上文化形式的塑造作用，被下面的一句话概括出来：“兴于诗，立于礼，成于乐。”(《泰伯》8)“兴于诗”到底怎么个兴法，评论者对此意见不一，[17]不过，后来更为周详的文字，对此提出了可能是最合理的解释。陈亢问孔子的儿子兼学生伯鱼，学没学到特殊的东西(“子亦有异闻乎?”)。[18]伯鱼说没有，但他接下来的描述，所用语言显然来自《泰伯》(8)他接受的“普通”教育：

> 未也。尝独立，鲤趋而过庭。曰：“学《诗》乎?”对曰：“未也。”“不学《诗》，无以言。”鲤退而学《诗》。
>
> 他日，又独立，鲤趋而过庭。曰：“学礼乎?”对曰：“未也。”“不学礼，无以立。”鲤退而学礼。
>
> 闻斯二者。

读完上文，《诗经》的作用就更明显了：我们可以借助《诗经》学会说话。这一主题在《阳货》(9)里又有所延伸，孔子对众弟子说明了《诗经》在说话和行动方面的价值，此前孔子批评他们在这方面的教育有所缺憾：

> 子曰：“小子何莫学夫《诗》? 诗，可以兴，可以观，可以群，可以怨。迩之事父，远之事君；多识于鸟兽草木之名。”

如朱熹的《四书章句集注》对上文所评:“迩之事父,远之事君。人伦之道,诗无不备,二者举重而言。”不仅如此,读《诗经》还能拓宽知识面,知道“鸟兽草木”的称谓,而这些知识一般来说是学生接触不到的。此外,《诗经》还能提高读者的语言水平和社交能力,他们可以从中引用诗句、妙语,还可以从榜样身上汲取营养,演好各自的角色。从以上角度来说,孔子在《阳货》(10)里批评伯鱼(《季氏》[13]也提到),就可以理解了。孔子对伯鱼说:“女为《周南》《召南》矣乎?[19]人而不为《周南》《召南》,其犹正墙面而立也与?”你是人,要是不读《周南》《召南》的话,那不如同对墙站立吗?[20]陈亢和伯鱼的对话(《季氏》13),对礼如何使人“立”没有深入讨论,但其中所涉隐喻引起的想象却与我们接触社会相关。传统的评注对此有所说明。在皇侃(488—545)的评注里,伯鱼坦白说自己还没钻研礼,孔子回答如下:

> 礼是恭俭朴庄敬立身之本,人有礼则安,无礼则危。(程树德:1170)

学生对礼要有立场才是,因为礼对其言行举止设定出种种规范。孔子曾劝告颜渊:“非礼勿视,非礼勿听,非礼勿言,非礼勿动。”(《颜渊》1)孔子自己当然以严格守礼著称,我们知道他“席不正,不坐”(《乡党》12)。

即使在认知领域,传统的育人作用也不可低估。读诗使人出口成章,知礼使人进退有据,同理,经典里汇集的智慧也能夯实思想(思)的基础。[21]芬格莱特——针对葛瑞汉(A. C. Graham, 1919—1991)强调孔子思想对现实自发的反应(Graham 1985)——指出,对孔子来说,现实意识不是凭空得来的,而是与文化和礼息息相关:“礼能协助我们思考及该思考什么”(Fingarette 1991: 220)。不读而思、不知就里,如同对音乐传统一无所知，胡乱弹琴：无数的猴子用无数年也可能创造出蹩脚的乐曲，但最好还是从研读经典开始。孔子自述："吾尝终日不食，终夜不寝，以思，无益，不如学也。"(《卫灵公》31)上文足以证明孔子求知若渴("十室之邑，必有忠信如丘者焉，不如丘之好学也。"——《公冶长》28)，[22]以及他一丝不苟的钻研精神："子所雅言，《诗》《书》、执礼，皆雅言也。"(《述而》18)

如前文所述，用来描写人格形成过程的主要隐喻是"饰"和"艺"。还有一个字也在《论语》里数次出现，那就是"博"，即通过学习或文化和礼的约束来充实学生。如我们读到的"君子博学于文，约之以礼，亦可以弗畔矣夫"(《雍也》27)。[23]从艺的隐喻角度出发，我们知道，习礼的目的是限制或约束(节)人内在情感的"质"，若任凭其自然生长，就可能泛滥开来：

> 恭而无礼则劳，慎而无礼则葸，勇而无礼则乱，直而无礼则绞。(《泰伯》2)[24]

上文提到的技艺隐喻把没有教育价值的学生形容为"朽木"或"粪土"，这种思想在《论语》里是一贯的。在《卫灵公》(10)里，子贡问仁，孔子说"工欲善其事，必先利其器"，在《子张》(7)里，子夏说："百工居肆以成其事，君子学以致其道。"

根据我们对技艺的经验，隐喻作为技能的修身包括几个重要的逻辑推演。为使原料成材或成型，必先施以外力，施加外力后，原料有时被暴力重塑。如此艰巨的任务，需要相当的精力才能完成。我们在《公冶长》(22)读到与重塑相关的逻辑推演，"吾党之小子狂简，斐然成章，不知所以裁之"。[25]此外，孔子还说"举直错诸枉，能使枉者直"，此句孔子的说法与隐喻“模子”的意思相差不大，后者在《荀子》里作用显著。作为隐喻的“直”出现的次数不少，有时指特定的价值（与“正”差不多），但在《颜渊》(22)里指一般道德上的“直”。[26]这里插一句，荀子喜欢的另一个隐喻是雕琢玉石，要改变玉石的外形，不仅艰难还很耗时。在《学而》(15)里，子路借用《诗经》第55篇的“如切如磋，如琢如磨”，以此来形容完人，孔子听后表扬了他。在《子罕》(19)里，修身被说成“为山”和“平地”，半路不能停止，最后，孔子称赞流淌不息的河水，因其“不舍昼夜”。(《子罕》17)

从隐喻的角度来说，放松努力在概念上等同“止”或“休”，这种隐喻也能说明，技艺隐喻与作为漫长旅程的修身图式之间存在概念关联。[27]在《泰伯》(7)里，变成仁德君子的过程，被曾子形容为艰难的人生旅程：

> 士不可以不弘毅，任重而道远。仁以为己任，不亦重乎？死而后已，不亦远乎？

两个图式在《子罕》(11)里合并起来，其时颜回在感叹修身的艰难：

> 仰之弥高，钻之弥坚。瞻之在前，忽焉在后。……虽欲从之。末由也矣。

技艺隐喻和旅程隐喻之间的联系，可以充实上文讨论过的逻辑推演。旅程不仅漫长，而且艰难，我们不能指望一蹴而就。所以孔子才批评那些想要“速成”的弟子（《宪问》44），指出“欲速，则不达”。修身如同行走在路上，也是有始有终的（《子张》12），我们必须横下心来，砥砺前行，避

开干扰或“小道”。“虽小道，必有可观者焉；致远恐泥”，子夏的结论是：“是以君子不为也。”(《子张》4)

前文提到，描写修身最普通的隐喻是“修”，“修”往往是从“文”的角度形成概念的，而“文”又与“质”相互对应。作为外饰的修身图式具有不少我们讨论过的逻辑推演——如要用时间，要用功——修饰同时也具有其独特的、多少有点矛盾的逻辑推演。因为修饰——如同提高技能(雕、曲)——无法改变“质”，所以修饰过程需要在适当的表面或底层上实施。子夏和孔子的对话明确地说出了其中的逻辑推演：

> 子夏问(《诗》)曰：
> “‘巧笑倩兮，
> 美目盼兮，
> 素以为绚兮。’[28]
>
> 何谓也?”
> 子曰：“绘事后素。”
> 曰：“礼后乎?”
> 子曰：“起予者商也！始可与言《诗》已矣。”(《八佾》8)

上文从隐喻的角度把习礼说成在素面上化妆。若是脸长得不好，再好的化妆品也不管用，习礼也是如此，若是我们的“质”不够好的话，再多的修饰也是没用的。这种逻辑推演可以解释孔子的关注所在：文化上的修饰要牢牢地定位在底层上，同时还能解释他宁简不奢的偏好：

> 林放问礼之本。子曰：“大哉问！礼，与其奢也，宁俭；丧，与其

易也，宁戚。”（《八佾》4）[29]

基本情感里的“质”是众“礼之本”，我们还应注意，各种形式的礼无不与其来源发生关联。与技艺隐喻不同的是，与“饰”相关的隐喻还涉及底层材料，而底料并非无形的物质，任凭我们改造，相反，底料还能决定“成品”最终的形态。我们将发现两种隐喻模式构成的紧张关系，也是我讨论《论语》所涉“无为悖论”的基础。

成品：中与成

中　无论借用哪种隐喻图式使修身概念化，最终的目的都没发生变化：和谐与完美。如以礼驾驭情感，达成社会和谐。

有子曰：“礼之用，和为贵。先王之道，斯为美；小大由之。有所不行，知和而和，不以礼节之，亦不可行也。”（《学而》12）

如同英语里的 harmony（和声或和谐），音乐也是“和”的重要指向之一。人们在和谐的乐曲里发现的那种悦耳的平衡，才是“礼之用”的价值所在。[30]不过，如同对待音乐，这种和谐若仅仅诉诸我们天生的性情，是无法实现的。我们还要通过传统的形式，借助“节”（限定）才能实现。《论语》反复提到各种传统形式的限定功能，对呵护真正的、平衡的德是多么重要。

子曰：“由也！女闻六言六蔽矣乎？”对曰：“未也。”“居！吾语女。好仁不好学，其蔽也愚；好知不好学，其蔽也荡；好信不好学，

> 其蔽也贼；好直不好学，其蔽也绞；好勇不好学，其蔽也乱；好刚不好学，其蔽也狂。”（《阳货》8）

孔子所说的“六言六蔽”（“蔽”是“遮蔽”的意思）使我们想起亚里士多德提出的品德及其过度与不足。亚里士多德把品德描述成两个极端的中道：如真诚或耿介处在过度（炫耀）和不足（自贬）的中道（*mesotes*）。[31]孔子讨论品德一般是二元并列（品德与过度），而非三元并列（品德、过度、不足），原因很可能是孔子对《尼各马可伦理学》那种理论描述不感兴趣，但在概念上他们并没有实质区别。“中”的基本概念结构与“和”很相似，其隐喻也是指两端中间理想的一点。

与亚里士多德“中道”（*mesotes*）对应的是汉语的“中”字：“中心”或（其外延）“正中央”。孔子说：

> 中庸之为德也，其至矣乎！民鲜久矣。（《雍也》29）

零散文字拼成的《尧曰》（1），描写尧提倡“执其中”；孔子在《子路》（21）里说，在狂狷之间要“中行”。[32]中字的笔画原指一支箭射中靶心，这也是其主要的隐喻所指：有限空间的中央。所以，与“中”字隐喻发生关联的，主要是图式作为空间有限的道德，因此“中”字隐喻也与形容道德“错误”的隐喻谱系联系起来，这方面的隐喻用来形容越线的行为，其中“过”是反复出现的隐喻，大概在战国时期的思想领域，从概念的角度出发，大多用“过”来形容道德失范。与此相似的隐喻是《为政》（4）的名句，孔子说他“从心所欲，不逾矩”。在《子张》（11）里，子夏规劝我们在“大德”上不要“逾闲”，但在无足轻重的“小德”上，“出入可也”——也就是说，可以不时地来回走走。[33]图式作为空间有限的道德也出现在

《子路》(2)里(如著名的“名正言顺”),其中孔子称颂[34]《诗经》的第一首《关雎》“乐而不淫,哀而不伤”。“淫”原指洪水泛滥,早期多用来形容“过度”或“放荡”。此处正确的道德行为被说成周边有限的容器,不道德的行为被说成“外溢的”洪水。

图式作为空间有限的道德,尽管其主要指“所在地”,但从概念的角度来说,“中”仍然是两端的中间,如,孔子在《为政》(16)里提出神秘的规劝,不要“攻乎异端”,此外,中也指称中间或不上不下的状态。从隐喻的角度理解“中”,《先进》(16)也出现一次,我们发现,完人仿佛是明确的目标线,我们要达到,但又不能越过,因为孔子说“过犹不及”。以“中”为德,使“中”变成概念,这方面还有一个依赖社会隐喻的图式,详见《雍也》(18)对“质”与“文”的讨论:

子曰:“质胜文则野,文胜质则史。文质彬彬,然后君子。”

上文从隐喻的角度描述以“中”为德,仿佛两种社会力量相互对立,不能让一方压倒另一方,文质相兼、各得其所,我们才能成为君子。

完美/完成(成)　拙著讨论传统形式的塑造之功,等到我们研读《泰伯》(8),涉及全文还不足三分之二:我们知道胸怀大志的君子因诗而“兴”,他们向社会表明态度,要“克己复礼”。接下来我们将讨论成为至人的最后一环,即通过音乐来塑造自己。“成”的概念与技艺图式发生关联:“成”人即为“成品”。我们先讨论“仁”,然后才能更好地理解至人的形象。

到现在为止,我既没有翻译也没有解释“仁”为何物,因为如何翻译“仁”,各人说法不一,一般的译法是 benevolence 或 humanity。显然在后来的儒家典籍里“仁”是这个意思,但现在大多数学者认为,《论语》里的“仁”指的并不仅仅是有限的、具体的品德，如 benevolence。在多数上下文里，“仁”指的是一般意义上儒家的最高品德。不论是古代汉语还是现代汉语，“仁”与“人”皆出同源，所以我们最好把“仁”翻译成 true humanity 或 true humanness。[35]若是从次要的品德来定义“仁”的话，那么，“仁”所代表的则是儒家普遍的品德。如樊迟向孔子请教仁，孔子就是从三种次要的品德说起的：

居处恭，执事敬，与人忠。虽之夷狄，不可弃也。(《子路》19)

孔子说“刚、毅、木、讷近仁”(《子路》27)，又说“仁者必有勇，勇者不必有仁”(《宪问》4)，[36]后来孔子更提出，那些实践“恭宽信敏惠”的人，“行五者于天下，为仁矣”(《阳货》6)。

仁人往往指君子，但有时也指“成人”，这种成人拥有所有其他品德，而且能在实践中予以应用。在《宪问》(12)里，孔子从另一个角度借用质/文的隐喻，把“成人”描述为品德的成品，这种成品是从儒家文化实践中提炼出来的：

若臧武仲之知，公绰之不欲，卞庄子[37]之勇，冉求之艺，文之以礼乐，亦可以为成人矣。

因此，君子在其“质”里要拥有儒家的各种品德，再经过适当的文饰，最后完成塑造品德的过程：

子曰：“君子义以为质，礼以行之，孙以出之，信以成之。君子哉！”(《卫灵公》18)

以仁为安：孔子的无为

孔子指出“成仁”的种种途径，上文已经涉及，但说得最明白的还是孔子在《为政》(4)里的自述：

> 子曰：“吾十有五而志于学，三十而立，四十而不惑，五十而知天命，六十而耳顺，七十而从心所欲，不逾矩。”

我们发现孔子的精神成长经历了三个过程。(1) 在第一、第二阶段，胸怀大志的青年投身儒家的道，刻苦学习、实践礼法，最后将传统的形式变为己有，在社会上站“立”起来。(2) 实践者足以驾驭自己新的生存方式，能够理解儒家的道与社会秩序的关系，知道顺应“天命”。[38] (3) 此后，目的明确、身心自如的实践者进入最后两个阶段，其性情与文化规范完全和谐，达到得心应手的程度。如朱熹对 70 岁的孔子评价为：“随其心之所欲，而自不过于法度，安而行之，不勉而中也。”[39]

轻松自如(无为)

我们从朱熹的评价里能找到无为的两个重要标志之一，轻松自如或不再用力。其实，上文是从“从”字和“安”字谱系的隐喻出发，把无为变成概念的。在《为政》(4)里，主体(Subject 指孔子)不再控制，顺“从”(心所欲)自我，又不“逾”越限定的道德空间，与此同时，自我的一部分(耳)不过是“顺”其自然。对“耳顺”的解释，说法各不相同，但大多数解释认为，此时的孔子马上就能亲耳听到自己传授的学说[40]或孔子的思想与圣人学说之间已经达成和谐——因此与下一阶段更明确地联系起来。晋人李充将两种解释合而为一："耳顺者，听先王之法言，则知先王之德行。从帝之则，莫逆于心，心与耳相从，故曰耳顺也。"（程树德：75）

进入这一阶段后，我们能从先人的学说里得到乐趣，进而到达轻松自如的境地。这种乐趣和自如反过来又能巩固来自天命的确定性，如此一来，我们越发坚定，继续摆脱疑惑和外在干扰。[41]

与"从"字和"安"字谱系相关的隐喻在《论语》里比比皆是。在《述而》（6）里，孔子形容理想的处世哲学："志于道、据于德、依于仁、游于艺。"与此相同，（真正拥有仁德的）"至人"安仁，仁在不经意之间从他身上流露出来。颜回显然更接近这种境界，为其他弟子所不及。孔子说颜回："回也，其心三月不违仁，其余则日月至焉而已矣。"（《雍也》7）孔子自己已经超越这种境界，对此我们不仅能从《为政》（4），还能从《公冶长》（26）得到印证：

> 颜渊、季路侍。子曰："盍各言尔志？"子路曰："愿车马衣轻裘与朋友共，敝之而无憾。"颜渊曰："愿无伐善，无施劳。"子路曰："愿闻子之志。"子曰："老者安之，朋友信之，少者怀之。"

三人的对话清楚地再现出一种层层递进的关系，即理想越来越高。子路关注的是身外之物，所谓德之末梢而非根本。颜回显然高子路一等：他的目标是不违反仁，在一定程度上，他对仁已是心领神会。孔子比颜回又高一等，其使命是"安之""信之""怀之"。朱熹在《四书集注》里借程子的话，把三人的对话与《雍也》（7）连在一起，不失偏颇："夫子安仁，颜渊不违仁，子路求仁。"

上面的对话说明，欲速则不达——真正有教养的人并不刻意为之。[42]孔子提倡的道应该弥漫在生活的方方面面，哪怕孔子闲下来也要"申申如也，夭夭如也"（《述而》4），[43]当周朝的道在他的梦里也不再出现时，他才为自己担心："甚矣吾衰也！久矣吾不复梦见周公。"（《述而》5）

非自我意识(无己)

孔子在《雍也》(11)里表扬颜回生活清苦而不改其乐，在《述而》(16)里孔子说自己视心灵自由高于富贵：

> 饭疏食饮水，曲肱而枕之，乐亦在其中矣。不义而富且贵，于我如浮云。

一旦心灵与修身达成和谐，这种快乐会自然来临，使我们从生活中得到真正的满足感。我们发现，孔子听到先圣舜的音乐后被深深吸引，竟然"三月不知肉味"。[44]显然，在音乐、高兴、忘我之间是存在关联的，乐在古汉语里既指音乐也指高兴。[45]庄严的乐章使孔子不能自已——涉及非自我意识的安和自我忘却——因此也是无为生动的隐喻。

乐与忘的关联在《述而》(19)里再度出现，当地的统治者向子路打听孔子，孔子知道后说：

> 女奚不曰："其为人也，发愤忘食，乐以忘忧，不知老之将至云尔。"

至此，与儒家非自我意识相关的三个重要隐喻巧妙地结合起来：

忘、乐、不知。正是这种高兴的非自我意识把真正的实践者与那些还没发现道的人区别开来。在《雍也》(20)里，孔子描写了儒者必然要经历的情感演进过程："知之者[46]不如好之者，好之者不如乐之者。"也就是说，仅仅理解礼乐和道的内容还不够，甚至热爱道也需要太大的精力。最好的办法是与道融合起来，忘却自我与目标之间的所有界限。如此这般，我们才能理解《先进》(26)：[47]

> 子路、曾皙、冉有、公西华侍坐。子曰："以吾一日长乎尔，毋吾以也。居则曰：'不吾知也！'如或知尔，则何以哉？"子路率尔而对曰："千乘之国，摄乎大国之间，加之以师旅，因之以饥馑；由也为之，比及三年，可使有勇，且知方也。"夫子哂之。"求！尔何如？"对曰："方六七十，如五六十，求也为之，比及三年，可使足民。如其礼乐，以俟君子。""赤！尔何如？"对曰："非曰能之，愿学焉。宗庙之事，如会同，端章甫，愿为小相焉。""点！尔何如？"鼓瑟希，铿尔，舍瑟而作，对曰："异乎三子者之撰。"子曰："何伤乎？亦各言其志也。"曰："莫春者，春服既成，冠者五六人，童子六七人，浴乎沂，风乎舞雩，[48]咏而归。"夫子喟然叹曰："吾与点也！"

这次别开生面的对话提供了儒家无为的所有要素。曾皙良好的乐感，连同应答时那种忘我的安然，与其他弟子拘谨的自我表现形成鲜明的对照。他想象的画面足以与道同乐，不免引发出孔子的慨叹。

这种对自发性和乐的张扬，才是孔子没对其他弟子表态的原因，他们的理想不过是身外之物。德行是可以伪装的，但真正的德性发乎内心、恒久不变，可以在生活的方方面面显现出来。儒家圣人的品德——可大可小，还可以轻松自如地流淌出来——妙不可言，可惜，有时普通人发现不了。所以在《论语》里，有时对儒家圣人的描述显然使用了相互矛盾的概念，这种手法不禁使我们想起道家的圣人：

> 曾子曰："以能问于不能，以多问于寡；有若无，实若虚，[49]犯而不校。昔者吾友[50]尝从事于斯矣。"（《泰伯》上5）

如读者发现的，儒家圣人身上悖论式的特点，在《老子》和《庄子》里也将出现，但其隐喻价值却大不相同，道家希望清空自我容器而非将其填满。不过，我们依然能发现儒道圣人之间那种亲和力，因为他们都能轻松自如、与他人和谐相处。如《宪问》(13)，其中描写的公叔文子，传说他从不说、不笑、不取。对此，他的弟子并不同意，因为他们先生太真诚、太自然，所以外面才那么传说：

> 夫子时然后言，人不厌其言；乐然后笑，人不厌其笑；义然后取，人不厌其取。

"时"或"时然"是新出现的。这个隐喻关乎主体与外界的关系，把主体的行为形容为"应时"。我们将讨论这个隐喻，以此结束对孔子无为的讨论。

合时与灵活　我们知道，儒家的真君子在自己天性("质")与外部文化形式("文")之间保持平衡或达成一种和谐。达到平衡后，他就能得心应手，轻松自如，但并不会触碰道德规定的边线。因为君子的道德行为自然而然地发乎自我，所以主体得以实施一定的自主和灵活，而那些仅仅"做表面文章"的人，就没有自主和灵活可言。确实，在我们能够娴熟、准确地应用传统形式之前，谁也不能说自己大功告成。如孔子在

《子路》(5)里指出的：

> 诵诗三百，授之以政，不达；使于四方，不能专对；虽多，亦奚以为？

目标是培养传统文化感，而不是专门渲染传统文化的种种形式。同理，死死抱住与道德行为相关的规章制度，就可能忘了道德本身。最好的办法是牢牢地拥抱正义，灵活地应对变化。孔子说："君子之于天下也，无适也，无莫也，义之与比。"[51]（《里仁》10）在漫长的修身过程中，与礼乐等实践相关的规章制度已经内化(internalized)，所以，君子如孔子者，足以在应用——乃至评价、批评或改变——规章制度方面表现出一定的自主性。如，《论语·子罕》(3)写的就是孔子同意修改礼法：

> 子曰："麻冕，礼也；今也纯，俭，吾从众。拜下，礼也；今拜乎上，泰也。虽违众，吾从下。"

上文反偶像的色彩也可能被后人渲染。[52]不过，我们可以领会其中的含义，同时也要注意孔子根深蒂固的保守主义：祭祀是为了表达一定的情感，因此，根据熟知祭祀程序者的建议，若祭祀不至改变其性质，部分修改是可以的。

孔子在实践中表现的灵活性和自主性，不仅涉及"义"还涉及"恕"，恕在《论语》里似乎起到了平衡作用。恕在孔子思想里的重要性也是显而易见的。在《里仁》(15)里，恕与忠（特定的角色义务）同时出现，孔子说"吾道一以贯之"，一个弟子将其概括为"夫子之道，忠恕而已矣"。在《卫灵公》(24)里，子贡提到"一言而可以终身行之者"，对此孔子的定义是“其‘恕’乎！己所不欲，勿施于人”。孔子在《雍也》(30)里又以类比的方式提到仁，“能近取譬，可谓仁之方也已”。在《公冶长》(12)里，子贡说的“我不欲人之加诸我也，吾亦欲无加诸人”，[53]其要旨也是恕。因此，要理解孔子的救世思想，必先理解恕的内涵。而《里仁》(14)更明确地指出恕与忠的关系。现代学者对忠恕概念的定义多有不同，但以我所见，倪德卫的定义更适合，后来艾文贺对他又有所修正。[54]按照他们的理解，忠是一种品德，指按照礼法履行对他人的义务，而恕则是辅助性的品德，[55]使忠变得更“人性”。恕涉及调节忠的能力——或灵活地坚持原则——不能太刻板，不然就可能“己所不欲”而“施于人”。照此理解，恕可以解释成“同情的理解”。这种解释也能得到《颜渊》(2)的印证，(如艾文贺所说)[56]孔子在解释仁的要义时又涉及忠恕：

> 仲弓问仁。子曰：“出门如见大宾，使民如承大祭。己所不欲，勿施于人。在邦无怨，在家无怨。”

孔子是在劝告对方履行特定的角色义务，显然，若要履行上述义务的话，还需《卫灵公》(24)提到的那种恕。因此“同情地理解”恕，好像与特定的角色义务密不可分，也是仁德的重要方面。[57]

恕指特定场合的为人，既不是守则也不是规则，不能从形式上描述，要通过昔日的楷模或榜样才能判定。孔子在《论语》里说的就是这种作用，因为他始终在现身说法，因时施教。第十章《乡党》(继续描写孔子的行为规范)可以当成圣人的典范，教育我们如何在特定场合灵活地应用礼法。向往儒学的西方学者往往跳过这一章，因为看似不知所云的细节和显然僵化的礼法使他们感到震惊(“缁衣，羔裘；素衣，麑裘；黄衣，狐裘。亵裘长，短右袂。”——《乡党》6)。[58]他们不舒服，因为他们没理解。孔子的礼数，就其程度来说，好像确实（也应该）让现代西方人感到陌生，但我们应该知道，该章刻画孔圣人轻松自如和从容不迫的状态，描写他以这种风度把礼的精神传递到生活的方方面面，再以礼来应对新的、不可预见的场合。孔子灵活地应用礼才是第十章的主题，该章的最后几句可以充当佐证：

> 色斯举矣，翔而后集。曰："山梁雌雉，时哉时哉！"子路共之，三嗅而作。（《乡党》27）

上面的话充满诗意，又显得颇为神秘，[59]应该将其视为该章题旨的概括，不然出现在章尾就不合情理，而此短章又是用来描写行为规范的。"合时"是孔子的长处，他在后人那里（因孟子的作用）也确实以"时圣"著称——他对各种场合的回应从来不失分寸。如孟子所说：

> 孔子之去齐，接淅而行；去鲁，曰："迟迟吾行也。"去父母国之道也。可以速而速，可以久而久，可以处而处，可以仕而仕，孔子也。（《万章下》）

修身济世：无为和以德治国

说到无为在孔子思想里的角色，与此相关的大多数研究集中在其政治作用上。[60]不过，如我们已经看到的，若是从这种角度解读无为，就会遮蔽无为最重要的功能，即个人的精神理想。《论语》大部分内容写的不是如何理政，而是如何修身，如何才能达到一种精神上的高度，使我们的性情与古人的文化规范完全和谐——通过个人努力来挽回堕落的世风。从这个角度出发,我们现在应该讨论如下事实:孔子的理想不仅以拯救个人为终结,他还希望通过教育个人,最终把天下从堕落中拯救出来。正是从这个角度出发,无为的个人拯救目标才能与无为的政治秩序联系起来。

修身齐家治国平天下的理念,在后来的儒家典籍如《大学》里得到彰显,但其源头却是《论语》:

> 子路问君子。子曰:"作已以敬。"曰:"如斯而已乎?"曰:"修己以安人。"曰:"如斯而已乎?"曰:"修已以安百姓。修己以安百姓,尧舜其犹病诸?"(《宪问》42)

众多早期评论明确指出,"安人"的理想与无为而治相互关联,如《卫灵公》(5)提到的舜,他自己守礼而使天下太平,"恭己正南面而已矣"。所以孔子提倡的个人修身,虽然与平天下不一定发生明确关联,但其外延却超出了个人的范围。这种个人——儒家的君子——最终与平天下息息相关,因此,他们也有责任拯救大众,因为后者没法自己拯救自己。孔子对待周朝初期的世界观,以相当激进的方式使其伦理化,之后又在一定程度上使其大众化。他明确提出,凡是希望进取的人,[61]都能成为君子,都能通过德与天命建立起联系,虽然如此,我们也知道,若要真正拥有仁却并不容易,大多数人是办不到的。的确如此,就连孔子提出的道,也是少数精英才能理解的。如孔子所说:"民可使由之,不可使知之。"(《泰伯》9)我相信评论家不应接受对句中所涉情感的负面解读,[62]因为这句话说的不是圣王诱使人民走上正道,而是以德治国。[63]通过德的力量,拯救个人能变成拯救天下。

德的吸引力在《里仁》(25)等章句里明确地表达出来，我们读到"德不孤，必有邻"。其实，德更大的作用是改变。修身成功的君子通过自身的德，使周围人的道德水平也神奇地提高了，德的力量如此之大，甚至连没开化的人也能被改变：

> 子欲居九夷。或曰："陋，如之何？"子曰："君子居之，何陋之有？"(《子罕》14)

上文是说，即使在混乱、好斗的"九夷"那里，君子的存在也能带来和平与秩序，而且还不是一般的和平与秩序，而是与"陋"相反的"文"——唯独周礼或周礼实践者实施的教化才能提供的那种秩序。用德和礼来教育人民，《宪问》(41)明确指出二者之间的关系("上好礼，则民易使也。")，[64]曾子也说："慎终追远，民德归厚矣。"(《学而》9)

君子通过守礼获得的德，又在大众那里得到普及。然而，德出现在两个不同的层面上，其表现形式显然也是不同的。如樊迟想学习"动手的"耕种技能，孔子对他一一答复，我们从中发现，士人以适当的方式修身，百姓也能在生活中自发地转向德，但士人和百姓生活不同，所以德的表现形式也不相同：

> 樊迟请学稼。子曰："吾不如老农。"请学为圃。曰："吾不如老圃。"樊迟出。子曰："小人哉，樊须也！上好礼，则民莫敢不敬；上好义，则民莫敢不服；上好信，则民莫敢不用情。夫如是，则四方之民襁负其子而至矣，焉用稼？"(《子路》4)[65]

这种思想也隐含在《颜渊》(11)里，在所谓理想的国度里，人人应该履行

为特定角色规定的义务:

> 齐景公问政于孔子。孔子对曰:“君君,臣臣,父父,子子。”[66]公曰:“善哉!信如君不君,臣不臣,父不父,子不子,虽有粟,吾得而食诸?”

因此我们发现,因为天是周朝文化形式和君子身上德的来源,来自德的吸引与教化功能,也是以相似的方式发生作用的:这种功能吸引人走出“九夷”(不论是居住在汉族周边的少数民族还是与孔子同时代的那些堕落的人)那种堕落的生活方式,复归正道[67]——曾经在周朝兴盛的道。

济世不一定非执政不可,如颁布法规或招募军队。孔子向来不大相信执法能力或管理技巧就能改变人心,[68]他也不相信仅凭强迫就能使天下回归正道。[69]他相信的是德的教化作用:

> 季康子问政于孔子曰:“如杀无道,以就有道,何如?”孔子对曰:“子为政,焉用杀?子欲善而民善矣。君子之德风,小人之德草。草上之风,必偃。”(《颜渊》19)

从隐喻的角度,上文的德被形容为自然力量,这种隐喻巩固了德与天道之间的关系。相同的表述在《为政》(1)里也出现过,“为政以德,譬如北辰,居其所而众星共之”,品德高尚的人治理天下是代天执政,众人自发地服从,如上天驾驭四季雨雪,如北极星在夜空中统摄其他星宿,众星围绕,但不胡乱拥挤,各居其所,最终接受北极星的吸引。因此统治者先要有德,然后才能使上天的秩序(按照自然界的运行)回到人间。把圣王形容为天，此说法在《泰伯》(19)里更明确地提了出来，尧以无为的天为榜样，吸引人民走上正道，对这种吸引，人民不知如何形容：

> 大哉尧之为君也！巍巍乎！唯天为大，唯尧则之。荡荡乎！民无能名焉。[70]巍巍乎其有成功也！焕乎其有文章！

拥有高尚品德的圣王一旦以德治国，人民将以非自我意识的、非胁迫的无为方式被“吸引”过来，走上正道：他们将被自发地吸入道德秩序，各得其所，连他们自己也不知所以然。因此，最好的治国方式是无为而治，如孔子提出：“正己”而后人正。[71]这也是孔子对“子奚不为政”的回答。其时天下大乱，孔子倾其一生来实践显然是无足轻重的礼乐，其实他应该走出去，为拯救乱世，“有所作为”：

> 或谓孔子曰：“子奚不为政？”[72]子曰：“《书》云：‘孝乎！惟孝，友于兄弟，施于有政。’是亦为政，奚其为为政？”(《为政》21)

最好的“为政”是“不为政”：即无为。在理想的无为状态下，“名”以正确的方式规范道德空间，礼乐和其他传统各得其所，人人进退自如，不必造作或徘徊。

《论语》里的无为悖论

上文从个人和天下的角度讨论孔子的无为，我们发现孔子一再强调“自然性”在道德生活中的作用。在孔子看来，以道德规范强迫自己，不是真正有道德的人：真正有道德的人舒舒服服地生活在道德里，仿佛进了自己的家门，同时，真正的仁人“从心所欲不逾矩”。但这种理想固有的矛盾——为最后进入轻松自如的境界，用一生来演练礼乐——也没有逃过研究中国思想的学者的注意。如考普曼就对孔子的修身安排发问说：“中规中矩的行为需要长时间的演练和自控，又怎么能涉及‘自然性’呢？”[73]他发现“自然性”或“自然的”有一种以上的含义，在讨论术语的模糊性之后，他提出了解决《论语》中“无为悖论”的办法。按照他的理解，对孔子来说，“自然性”不应理解为顺从人们出生时的天性；相反，孔子提倡的“自然性”是人为的自然性，是我们彻底改变原来的情感、性格、敏感性之后才产生的：

> 从“自然是艺术”的角度讨论自然性好像自相矛盾。然而，一旦我们不再把教育仅仅当成“天性”的**外衣**，悖论就消失了。一旦我们意识到，教育可以**改变**人，我们就会发现教育可以在一定程度上改变人性。自然而然到来的，大多是训练和习惯的产物。(Kupperman 1986：180；黑体为译者后加)

我要指出的是，考普曼在以上两种教育模式对比中发现的，是孔子修身隐喻形容的“文”与“技”之间的紧张关系，对此我们已经提及。虽然考普曼对第一种教育模式不以为然，但孔子确实多次把文化修饰说成好底子上面的饰物。**作为饰物的教育**和**作为塑造的教育**之间存在紧张关系，正是在这种紧张关系中我们才能更清楚地发现，“无为悖论”在《论语》里是如何形成的。

“文”与“本”的隐喻

倪德卫在孔子思想里发现一种紧张关系，他将其称为“德的悖论”。

我在第一章指出，在孔子出现之前，德是上天对圣王的赐予——圣王即行为上以礼乐为据、分寸不差的统治者，他们提出以无私、自我控制、自我牺牲和人道的方式实践礼乐。同时，如果统治者希望成为圣王，德赐予的吸引力也是他们应该拥有的。倪德卫发现，悖论正出在这里，胸怀理想的统治者不能处心积虑地寻找德，因为，如果他们做“好”事的目的仅仅是为了拥有德，那么这种行为未必发自真心。真正的德行一定是自发的，不能以回报为目的。所谓真正的德，如《诗经》第 241 篇写文王的高尚品德，只能以完全不自知的方式获取，于是悖论出现了：仿佛我们必须先有德，然后才能得到德。假设文王当初没有顺从上天规定的(原)则，那么，谁又能帮他改变行为呢？要是有人对他说，改变行为对他有好处，这显然与“不知”的方式相矛盾，因为“不识不知”才能赢得上天的护佑。

德的悖论被孔子继承下来，也就是说，仁，乃至与其相伴的德，只有那些为道而真正爱道的人才能实现。然而，要是我们发自内心地热爱德或道的话，那就说明我们已经拥有德或道。如孔子在《述而》(30)所说，“仁远乎哉？我欲仁，斯仁至矣”。倪德卫把这种紧张关系当成(柏拉图)《美诺篇》(*Meno*)面对的学习的悖论：[74]

> 想要拥有道德——希望或很希望扮演你或其他人知道你应该扮演的角色——是拥有道德的关键一环。不过，如果教师要传授、传递这种希望，那么学生先要具备接受教诲的想法。照此推理，学生显然已经有了想法。这个问题的症结如同柏拉图在《美诺篇》里提出的学习的悖论(想要接受知识，我们必须先知道教师要教的是我们要学的，这在一定程度上要求我们先要知道所学的知识)；但是，在中国的道德教育形式下，上述现象变得更为真实。(Nivison

1996：80）

因此，我们还可能在《论语》里找到结构上与柏拉图的"回忆"相似的描述。我们确实发现《论语》通篇都在暗示，修身涉及的不过是装饰在自我中已经存在的种种倾向。我们讲到《八佾》(8)所说的"绘事后素"，习礼被形容为在一张好看的脸上施以粉饰。对孔子来说，先要有正确的"质"，然后才能成功地实施"文"，其中的重要性，我们已讨论过了。这种情感有时也可以通过其他隐喻来表达。林放向孔子请教礼的根本(《八佾》4)，孔子说他问得好，从孔子的回答来看，"质"是"文"的根"本"："礼，与其奢也，宁俭；丧，与其易也，宁戚。"[75]这种隐喻在《学而》(2)里也出现过，其中的"孝弟"也被形容为"仁之本"，有子就说"君子务本，本立而道生"。

为了说明"文"和"质"的隐喻，我们在《论语》里还找到几个地方，其中也提到内在的向善倾向是存在的。如《季氏》(9)指出，有的人"生而知之"。虽然孔子并没有把自己说成"生而知之"(《述而》20)，但至少颜回还能领会道的要旨。孔子在《为政》(9)里说："吾与回言终日，不违，如愚。"后来孔子在暗中观察颜回，发现他的所作所为与道无违。孔子的结论是"回也不愚"。孔子是说，因为颜回对道已有所领会——至少在直觉层面——所以他对所学知识才没有提问题。如此解释也能得到《公冶长》(9)的印证：

> 子谓子贡曰："女与回也孰愈?"对曰："赐也何敢望回？回也闻一以知十，赐也闻一以知二。"子曰："弗如也；吾与女弗如也。"

虽然上面的文字把颜回描写成学生，但他好像能够领悟道，自然而然地与道呼应。其他不论，颜回对吸收那些没法言传的知识充满热情，这在孔子同代人里并不多见。在《雍也》(3)里，哀公问孔子哪个弟子好学，孔子不无羡慕地答道：

有颜回者好学，不迁怒，不贰过。不幸短命死矣。今也则亡，未闻好学者也。

人们中的道德精英自然而然地向往道，对此《阳货》(3)有所提及，“唯上知与下愚不移”，此外，我们还在《子张》(22)里发现，这种内在的向善倾向是普遍存在的：“文、武之道，未坠于地，在人。贤者识其大者，不贤者识其小者。莫不有文武之道焉。”虽然上文可能预示儒学中孟子那种内在德性的萌芽，但我们也发现在先集成的《论语》里，这种萌芽也并非没出现过。

当然，内在-学习论也不是没有问题。设想一下，爱仁有仁，果真如此的话，以颜回明显在孔子之上的天分，又何必苦苦钻研，经历我们在《子罕》(11)里读到的种种困惑呢？此外，绝大多数的人，哪怕是孔子，“生而不知”，要迫使自己用功才能上进，我们对他们怎么办才好呢？这些隐喻提出的问题姑且不论，我们还要解释如何才能使出现的问题与文中无处不在的改变-技能-努力等隐喻和谐起来。如《论语》写颜回以“质”过人，那么，孔子还有必要在《颜渊》(1)里告诉颜回“克己复礼为仁”吗？不仅如此，孔子还严禁颜回：

非礼勿视，非礼勿听，非礼勿言，非礼勿动。

让我们转向另外一对隐喻，借此我们可能矫正饰-本隐喻不严谨的逻辑推演，但下一对隐喻也有自己的问题。

技艺与努力的隐喻

我们知道《论语》偶尔对天资说几句好话，但大多数文字仍然强调修身的难度，所以遮蔽了对天资的表扬。如好几处文字明确否定德是内在能力的产物。我们在《宪问》(33)里读到“骥不称其力，称其德也”，其中传递的信息告诉我们，赛马的成功在德，德是后天努力的产物，仅凭天生的长处不能实现德。与此相似的说法也出现在《八佾》(16)里，孔子指出，按古人的说法，“射不主皮，为力不同科”。也就是说，古人安排射箭演练，其目的是凸显后天练来的技能(正确的目标)，而非仅凭天生的能力，如臂力。[76]在修身的过程中，努力和坚持最为重要，所以孔子才说“我未见力不足者”(《里仁》6)。问题是人们还不够努力。

我们讨论过孔子的济世之道，其中提到**作为技能的修身**和**作为旅程的修身**等图式，以上隐喻都涉及巨大的努力和漫长的投入。修身过程也被形容成“为山”或“平地”(《子罕》19)或对坚玉的“如切如磋，如琢如磨”(《学而》15)，其含义是我们内在的情感先要经过传统形式的“约”和“节”，然后才能变成德。的确，如孔子的精神自述坦言，他自己也在五十五年的连续修身后才达到了真正爱仁的高度(《为政》4)——以无为的方式完全拥有仁德。因此，孔子才在《述而》(34)里说自己：“若圣与仁，则吾岂敢？抑为之不厌，诲人不倦，则可谓云尔已矣。”

不过，孔子弟子公西华发出的感慨正说明技能-努力模式存在内在的紧张关系。他指出孔子的“为之不厌”“正唯弟子不能学也”。公西华的概括传递出很多信息。在漫长的修身旅程上，为达到目的地，我们要坚守信念，砥砺前行。但是，怎么才能把这种信念传授给原来没有信念的人呢？毫无疑问，这也是孔子在乱世需要面对的一大困惑，《卫灵公》(13)说得再明白不过了："已矣乎！吾未见好德如好色者也。"下文(《子罕》24)再次表达出孔子的慨叹：

子曰："法语之言，能无从乎？改之为贵。巽与之言，能无说乎？绎之为贵。说而不绎，从而不改，吾未如之何也已矣。"

形式上向往孔子的道，那是不够的——若要达到无为至境，光理解还不够，弟子必须爱道。然而，你怎么能教人们去爱呢？孔子多少有些不耐烦了，说："不曰'如之何，如之何'者，吾未如之何也已矣。"(《卫灵公》16)对那些连"我该怎么办？"也问不出来的学生，夫子要把激情或爱灌输给他们，当然是难上加难了。概括地说，我们设定非自我意识的(不知)、无为的境界是修身济世的目标，除非学生充满热情，刻苦钻研，不然他们从先生那里也学不到什么，而要想学到真知，学生先要发自内心地热爱孔子的道。这正是孔子版的"美诺问题"——"无为悖论"。

如我们在《公冶长》(10)中看到的，宰予这种人大概也向往孔子的理想，但他成天睡个没完，孔子批评说"朽木不可雕也"。此处——虽然孔子使用的隐喻是**作为技能的修身**——我们发现还有必要强调"质"。我在上文指出，正是在回应这一问题的过程中，"文与本"的隐喻融入了文本。同理，技能隐喻是用来平衡"文"饰隐喻的，其逻辑推演是：孔子的道对人人敞开，但他们需要教育、传统的形式、努力。因此，以文和技的隐喻弥补另一对隐喻的不足，所起作用不可低估，但两对隐喻自身却互不兼容。

如何应对上述紧张关系，办法是对两对隐喻明确表态，也就是说，在修身过程中，谁是决定因素：是先天的质还是后天的文？我们将发现孟子和荀子正是这么做的。当然他们未必想要化解孔子的“无为悖论”，因为他们的使命是拥护孔子的思想，抵御咄咄逼人的其他学派。[77]然而，中国的思想界越来越成熟，要想让儒学站得住脚，必然涉及如何破解“无为悖论”，哪怕是以迂回的方式，因为我们在后面将发现，老子和庄子专好抨击孔子这个理论上的弱点。这两位道家思想家感到，以传统的、人为的方式训练人们，使其行为达到“自然”的程度，是孔子思想的一大弊端，只能导致精神上的虚伪。

注释

① 《论语》收入孔子及其弟子的言论，必是孔子死后集成的。对通用版《论语》——其中的章句显然来自不同时间——的真实性，学者说法不一，不过，我相信《论语》各章都是在公元前 4 世纪初之前完成的，也就是说，《论语》各章代表了孟子和荀子推陈出新之前的“孔子学派”。与《论语》版本相关的简要讨论，参见附录 2。

② 天作为统治者的概念具有隐喻性质，因为，即使孔子或其他古代中国人有意识地相信天是人格化的神祇，可以发号施令，也有喜怒哀乐，但天在字面上毕竟不是人，不能说话、没有情感，这种隐身的隐喻实体结构完全来自具体的社会关系领域。概念隐喻（第一章讨论的那种无意识跨域映射[cross-domain mapping]）往往以文字的形式发生在意识层面，但概念隐喻的性质并未因此而打折扣。

③ 我在上文提到，道家思想家如老庄一般来说是怀疑语言的，不过，过分的花言巧语在《论语》里也是非“无为行为”(non-wu-wei action)的明显标志，后面还将对此深入探讨（如注释⑭）。

④ 不少传统的评论者指出，仪封人实为圣人，他之所以戍边陲，居低位，原因是过去周围的人太堕落，从引文可以看出，他对孔子的高度评价。

⑤ 孔子失去官职，大概是他和弟子离开故国的原因。

⑥ 如见《尚书·夏书》“伐殷”第三节(Legge 1991b：164)。

⑦ 概念“天命”暗指一个相似的隐喻结构：个人无法控制的东西（财富、名誉、健康、寿命）被描述为“天定的”，因此，真正的君子——从隐喻的角度可以理解为忠臣——不怨天不尤人（见《论语·颜渊》4 和 5；概念“命”在早期儒家思

想的作用，与其相关的讨论还可参照 Slingerland 1996)。天作为人格化的存在，既有计划又能显灵，这种隐喻概念是忠臣从中汲取信念的源泉。如孔子深信实现天命是其使命，也正是有了这种信念，他才能克服疑惑，战胜困难(参见《论语·子罕》5 和《述而》23)。

⑧ 参见第四章。

⑨ 如附录 1 所讨论的，这说明《论语》的后半部(第 15—20 篇)集成时，伦理生活开始与心理-生理因素联系起来，我们发现这一主题在《内业》和《孟子》里相当成熟，也相当系统。

⑩ 此说法在《卫灵公》(13)里再次出现。

⑪ 按字面意思，人们在天性上都"差不多少"，但因习惯不同又"相去甚远"——如我们熟悉的隐喻：相似即亲近。

⑫ 芬格莱特(Fingarette 1972)指出，所谓"内"的概念对《论语》来说完全不适用，他的提法不少人都知道，他还指出，内在与外表之间的区别，乃至"内省"等形象，不过是"临时的隐喻"，无法说明孔子对自我的真实看法。认知科学的种种发现告诉我们，不能轻易就说哪个隐喻是临时的。内-外容器的隐喻在《论语》里与自我-他人二分法相互关联，这足以证明，我们研究的是连贯的概念结构——在战国时期自我形成概念的过程中，那些思想家始终在系统地使用上述概念结构。

⑬ 朱色是周朝的颜色，也是传统礼服的颜色，而紫色则更"现代"，后来才流行起来。

⑭ 孔子始终怀疑油嘴滑舌的人。孔子在《学而》(3)里说"巧言令色，鲜矣仁"(这种说法还出现在《阳货》7；比较《公冶长》25、3)，在《卫灵公》(11)里，孔子把"佞人"造成的危险与郑音造成的道德堕落相提并论。倪德卫(1999：751)提出过很有趣的说法，可以说明孔子为什么憎恨那些"佞人"(又见《公冶长》5、《先进》25、《季氏》4)：在古汉语里，ning 的发音是 nieng，与 ren(仁)同源，但字形不同。我下文还要提到，"仁"的原义近似"形式上的高尚"，"佞"是其对应词，指"诱人的或言语高尚的"。《论语》把"佞"当成贬义词，孔子希望把这两种品质分离开来：现在"仁"变成"真正的"(如，内在的)高尚或德，而"佞"代表的却是"仁"的反面：伪或伪装。所以孔子才说"仁者，其言也讱"(《子路》3)和"讷近仁"(《子路》27)，从上面的引语也可读出孔子的情感来，此外，孔子对语言始终持怀疑态度。

⑮ "修"字的三撇，《说文解字》将其定义为"用笔画或写"。"修"的其他意思还有"拭"(如用扫帚)。《说文解字》将"修"定义为"饰"，而"饰"的偏旁部首里

有“巾”，指“布”等。一个字的偏旁部首虽然可以作多种解释，但“修”的基本意思好像还是“饰”或以刷或布擦拭表面。

⑯ 为修身而模仿榜样，众多学者已发现其中的要旨（如 Creel 1960：77；Munro 1969：96 - 112；Hall 和 Ames 1987：97），芬格莱特专门指出西方的“自然法则论”——其要旨是，以道德原则或自然法或抽象的、理性的原则等形式出现的理想的、非个人的权威——与“作为榜样权威”的孔子理想之间的对比。郝大维和安乐哲也提出过相似的看法，他们发现礼所包含的行为原则，不是普通的、道义论的行为准则，只有在特定场合特定人拥有上述行为原则时，这些原则才有意义（Hall 和 Ames 1987：180）。对孔子来说，道德知识的“形式”不在抽象的原则里，具体的制度、文化形式、先人的所作所为才是道德知识的源泉。然而，用三言五语来对比东方西方，以此概括孔子修身的特点，多少有些过于简单，因为西方的“道德伦理”传统（以亚里士多德为代表）也不曾拒绝榜样，西方对典范的态度，与孔子的传统几乎一脉相承，西方提出的理想也不能压缩成一般原则，也要通过道德楷模来传递。因此，芬格莱特和郝大维与安乐哲等学者其实是在回应近来西方历史上排在第一位的道义论或结果论的伦理学说，而不是在回应“西方”和“中国”在世界观和思维方式上的重大差距（他们有时好像在朝这个方向用力）。

⑰ 大多数评论者以为“兴”等同“起”（开始、引起）。虽然不少评论者说“兴”指学习的初始阶段（因此取“开始”的意思），但我仍然据刘殿爵（1921—2010）和黄卓越（Steven Van Zoeren，1949—　）取“被启发”（“兴”）的意思（把“起”当成“引起”）。黄卓越注意到，后来在《毛诗注疏》里，“兴”变成了术语，指《诗经》里一种典型的修辞法，在《论语》的《阳货》(9)里，“兴”也可能作此解。不过，在《泰伯》(8)里，最好按照“兴”在《泰伯》(2)里的意思来理解，如“君子笃于亲，则民兴于仁”。参见 Van Zoeren 1991：36 - 37。

⑱ 因为孔子与伯鱼是父子，提问者感到好奇，生怕伯鱼从先生那里学来其他弟子不曾学到的知识。

⑲《周南》和《召南》是《诗经》的前两部分，在此指代《诗经》。

⑳ 据部分学者，对孔子来说，《诗经》其实并不是规范的所在，他不过是以诗言志，将《诗经》视为语言的源泉。何思孟（D. Holzmann，1948—　）支持此说（1978），但黄卓越（1991）的研究依据更充分，也更严谨。黄卓越承认，在其所谓《论语》的最新层面上（指最后收入的内容），《诗经》对孔子来说具有某种规范性价值，但他同时指出，在“第二和第三层面”（1—2、8—9 及 10—15 各篇），孔子不过是以《诗经》的话为其说教找“借口”，而《诗经》并没被赋予

稳定的意义或道德高度(重点参见黄卓越 35)。按照这种说法,黄卓越又被迫对第二和第三层各章或是跳过或是细读,并不顾及孔子思想的连续性。来自上述层面的一个例子,是"借口说"解释不了的:孔子从《诗经》里引用了两句诗,孔子说,道在其中,但光凭道还不足以使我们成为好人,或(因对原诗理解不同)把道传递出去,因此,我们先要把道付诸实践,然后道才能成为好人(子曰:"衣敝缊袍,与衣狐貉者立,而不耻者,其由也与?'不忮不求,何用不臧?'"子路终身诵之。子曰:"是道也,何足以臧?"——《子罕》27)。不论怎么解释孔子的话,反正他已经关注诗中词语的意义,他也相信其中有道。与"借口说"相矛盾的还有《八佾》(2)、《子罕》(15)及(31)。

㉑ 据艾文贺,"思"指的不是推理的、抽象的、理论的推论,"思"的本义是"使注意力集中,往往集中在要达到的目标或理想上"。从孔子引用的诗(《子罕》30,全诗已散佚)来看,这确实是"思"的本义,因为诗里描写的恋人在"思"他失去的东西或她的感情(艾文贺请读者参考《里仁》17、《宪问》12、《宪问》26、《季氏》10 及《子张》1,其中的"思"也有相似的意思)。艾文贺又说,"'思'确实能把这些目标和理想与思考者的态度和特定场合联系起来,因此,在一定程度上,'思'也是在推理",他同时请读者注意《为政》(15)、《卫灵公》(31)、《子张》(6)或《公冶长》(20),其中的"思"也是这种用法。见 Ivanhoe 1993:12 - 13。如此说来,"思"好像既是集中注意力又是推理。史华慈(Benjamin Schwartz 1985)指出,"《论语》里充满抽象的术语乃至命题,这些术语和命题不仅把具体的例证联系起来,也使得抽象的术语相互联系起来",因此,他的结论是,"'思'的大部分外延与西方'思想'的外延正相吻合"(89)。所以,拙著始终把"思"理解成"思想"或"思维"。

㉒ 请比较《述而》(17)("加我数年,五十以学《易》,可以无大过矣。")和《述而》(28)。

㉓ 另见《子罕》(10)和《颜渊》(15)。

㉔ 比较《阳货》(8),其中"好学"是约束力。

㉕ 另见《公冶长》(7),其中子路因没能"取材"而被孔子批评。

㉖ 有关"直"的一般意思,请见《颜渊》(20)、《卫灵公》(25),其特殊意思请见《子路》(18)、《卫灵公》(7)。与"直"意思相似、但更普通的隐喻是"正",一般指"正直"。

㉗ 最好将其当成第一章讨论的隐喻作为旅程的生活。

㉘《诗经》第 57 篇现有一二句,但没有第三句。

㉙ 比较《子张》(14):"丧致乎哀而止。"

㉚ 音乐在先秦思想里的修身隐喻,见 Cook 1995。

㉛《尼各马可伦理学》1127a - b。

㉜ 其中的理想也变成后世注疏反复出现的主题。如韩愈(768—824)在《论语笔解》里写道:“吾谓礼者,制中者也。不及,则为为劳为葸。过,则为乱为绞。绞,确也。”李翱(772—841)又写道:“‘礼之用和为贵’……此言发而皆中节,谓之和也。”(程树德 514 - 515)

㉝ 我偶然想到,表现“逾”的用语可能发生变化,这正好说明我们研究的是概念结构而非一种固定的说法。

㉞ 虽然孔子往往关注《诗经》的诗句,但此处他好像指的是与诗相伴的歌词和音乐,朱熹(1130—1200)对此评论说:“(孔子)欲学者玩其辞,审其音,而有以识其性情之正也。”(《四书集注 · 八佾第三》)

㉟ 葛瑞汉(此外还有其他人,如徐复观[1903—1982]、林毓生[1934—　]、韦理、信广来[Kwong-loi Shun 1993: 476])指出,在孔子之前的《诗经》等典籍里,仁是形容词,指贵族男子的外表,与“男子汉”或“英俊”大抵相当。葛瑞汉相信,对《论语》里的仁,也应作此解,仁到孟子时才有了道德内涵(Graham 1989: 18)。研究宋明儒学传统的学者如陈荣捷(Wing-tsit Chan, 1901—1994)、杜维明(1940—　)、唐君毅(1909—1978)等指出,仁在孔子之前就指统治者对臣民的善良,所以应该被翻译成 benevolence(见陈荣捷 1969: 2 和信广来 1993: 476 引用的典籍)。显然,《诗经》里出现的仁应该按葛瑞汉的说法理解:专指男子外表。同时也要指出,等《论语》出现时,仁已经充满道德内涵。史华慈对仁的概括最为公允,他认为孔子具有贵族男子的德或男子风度,是孔子使仁拥有了道德内涵:真男人或至德(Schwatz: 75)。

㊱ 孔子是不是相信至人应该同时拥有全部好品德,对此我们还不完全清楚,但至少他相信至人应该拥有多数好品德,此说更站得住脚。好品德全部合在一起,那么至人或完人就应把所有好品德不多不少地集中在自己身上,不能此长彼短。李耶理(Lee Yearley)指出,阿奎那(Thomas Aquinas, 1225 - 1274)的全部品德集成说(Yearley 1990: 34 - 35)不大可信。按照部分品德集成说,如一榜样身上的勇多于智,那他也可以被称为有德的人,不过,他身上的勇要是完全不被智慧所左右,这种勇不过是鲁莽——并非好品德。据此,一个道德真正高尚的人应该部分地拥有全部好品德,不过是这种多那种少而已。

孔子有时谨慎地表扬弟子,说他们有这种德但少那种德,但孔子所见与亚里士多德也有相同的地方,如勇这种品德就很危险,若是勇独立存在的话，就不是真正的勇。我要说的是，以上才是研读《泰伯》(10)、《阳货》(23)的正确方法（“好勇疾贫，乱也。人而不仁，疾之已甚，乱也”）。再如《阳货》(24)“恶勇而不礼者，恶果敢而窒者，”其实孔子是批评品德失范，德行要用仁来指引才是。

㊲ 臧武仲和孟公绰是鲁国的好官，卞庄子（不是我们将在第六章讨论的思想家庄子）在卞国当官，以神勇著称。

㊳ 两个阶段之间的联系——不惑与知天命——在《子罕》(29)里也有所提及：“知者不惑。”

㊴ 程树德：78。

㊵ 持此说者如郑玄、王弼（程树德：75）。

㊶ 当然，所谓走出疑惑，这种理想与道德上的怀疑或犹豫形成对比时才有意义。孔子早年到底有没有疑惑，芬格莱特(1972)提出反驳，指出在孔子那里并没有“选择”或“决定”的概念，对孔子来说，行动不必经过思想斗争（此说得到陈汉生1975、葛瑞汉1989、郝大维及安乐哲等学者的支持）。儒者能够“决断”(49)，按照“原则”（礼/非礼）采取行动。郝大维和安乐哲也提出过相似的观点，说孔子是“事件本体论”(ontology of events)(1987：15)而不是道德施动者，也不必在选择上和伦理上左右为难。芬格莱特的依据是，孔子的道是“没有十字路口的道”：同为可行的价值观，哪怕指向有所不同，对此儒者不必面临选择，他或是坚持正道或是不坚持。上文是说，在同样可行的选项中，没有选择的可能性，所以也不存在“选择”或“意志自由”。在我看来，芬格莱特和郝大维他们把问题混淆了，因为“存在论的选择”，按说是后现代西方人要面对的，他们把这种选择当成了普遍的选择范式；焦虑状态是一个时代的特点，在没有依据的情况下，他们把焦虑状态与“意志自由”模式等同起来。史华慈(Schwartz 1985)和络德睦(Teemu Ruskola 1992)的说法更有说服力：目标已经明确，唯一的问题是选择达到目标的方式，在这种情况下，自我怀疑、困惑、思考、思想斗争是完全可能的；的确如此，这种情况是大多数（即使不是全部）传统的宗教和伦理思想家要面对的。如史华慈在提到犹太传统时指出，“‘道德选择’问题不涉及在‘价值系统’里做出选择或提出自己的价值观，所谓选择是在已知的善恶之间进行的。这与孔子在走正道和不走正道之间进行的选择是没有区别的”(79)。

㊷ 相似的观点也出现在《雍也》(2)里，一个统治者希望“行简”，反倒离“简”更远。

㊸ 请比较《述而》(37)和(38)。

㊹ 孔子慨叹："不图为乐之至于斯也。"（《述而》14）

㊺ 在现代汉语里，乐（le）指高兴，乐（yue）指音乐；高本汉（Karlgren）研究的古代发音分别是 * lak 和 * ngak。

㊻ 也就是孔子提倡的道。

㊼ 他们的对话是扩充版的《公冶长》（26）。

㊽ 据传统评论家，沂水离孔子家不远，舞雩就在沂水上游。

㊾ 如刘殿爵指出的，这句与下面提到的人形成对照，因为他"亡而为有，虚而为盈"（《述而》26）。

㊿ 传统上指颜回。

51 请比较《卫灵公》（17）："君子贞而不谅。"信广来（1993：474）和史华慈（1985：79）都说"义"是评判"正"的标准，而"正"与礼法又相互作用。

52 我们应该注意，孔子同意的改变其实不大，他也没有提出改变礼法，不过是不反对众人的做法（好像还不太乐意）。

53 值得注意的是，孔子的回答（"赐也，非尔所及也。"）说明，恕这种道德境界不易到达，眼下子贡还办不到。

54 详见 *Golden Rule Arguments in Chinese Moral Philosophy*，Nivison 1996：59 - 76 及 Ivanhoe 1990 对其立场的讨论。艾文贺还在文中论及冯友兰、刘殿爵和芬格莱特。

55 重要的是，恕代表一种品德而非法则。倪德卫指出，把恕说成中国的黄金法则是不对的，"恕确实不是'法则'，恕是指引人们塑造理想人格的至理名言。也就是说，恕可以用来形容人们身上的品德，而不用来形容行为是否正确"（1996：75）。

56 私人通信。

57 如艾文贺（1990）指出，在《公冶长》（19）里，子贡（原文如此）向孔子讨教令尹，孔子提到忠，但对仁却"未知"。艾文贺说："少了什么？少的是孔子'一以贯之'的另一端——对恕的道德敏感性"。孔子贬抑令尹，其实也是说给子贡的，子贡在《论语》里的角色，不过是用来印证忠而不恕是不对的：祭祀讲究分寸的孔子说子贡不过是派不上大用场的"器"（《公冶长》4）；后来孔子还批评他待人太严（如，对他人少了几分恕）；最后在《公冶长》（12）里，子贡希望自己能宽以待人，孔子认为他办不到（"赐也，非尔所及也"）。

58 据刘殿爵译文。

59 孔子说"山梁雌雉，时哉时哉"，史上中国评论家对孔子凸显"时哉"的原因感到迷惑（就连智慧过人的朱熹也无话可说，怀疑可能有文字遗漏），而对我们来说，知道孔子关注“时”就够了。

⑩ 西方最典型的例子是安乐哲的 *The Art of Rulership*（Ames 1994）。还请参见戴文达（Duyvendak 1947）、贾东城（1989）、李生龙（1986、1987b）、庞朴（1994）、杨达荣（1994）、赵吉惠（1986）、周道济（1968）。

⑪ 中国文化圈以外的“夷狄”——因此而不知礼乐——生活还没太开化，虽然他们经过适当的教育（见《论语》《八佾》[5]、《子路》[19]）也可能变成“真正的人”。虽然孔子也重男轻女，认为妇女不可能成为圣人，但孔子以后出现的故事（如《列女传》）却明确指出，妇女也能在道德上明断是非，而且往往还能在礼法和道德方面规范丈夫或儿子的行为。不过，到现在为止，大多数儒家典籍提到的“人”几乎专指男子，有关妇女在传统儒学的地位，参见瑞丽（Raphals 1998）。

⑫ 程子指出，“若曰圣人不使民知，则是后世朝三暮四之术也，岂圣人之心乎?”（程树德：532）。“朝三暮四”显然指的是《庄子》第二章养猴人使用的伎俩，相当玩世不恭，有人对此不以为然。

⑬ 如晋张凭所说：“为政以德，则各得其性，天下日用而不知，故曰可使由之。”（程树德：532）

⑭ 比较前文所引《八佾》(11)，孔子以为，凡是知道禘这种祭祀的人，治理国家易如反掌。

⑮ 另见《论语·为政》(20)和《孟子·滕文公上》。

⑯ 也就是说，人人各尽其责，秩序就会自然形成——不必施以专门技巧或“治国”理论。比较《子路》(3)。

⑰ 这句话有必要讲清楚，因为我们读到德的魅力，最先想到的大概是韦伯式的那种充满魅力的人，他们能吸引大批追随者，率领众人走上革命道路，但这不是孔子的概念。儒家君子凭借德把人民引入秩序，他自己在其中也有预定的适当角色。这是前文所引《颜渊》(11)的题旨，“正名”几句亦复如此（《子路》[3]），正名可以生成一定的空间，人们得以在其中活动。

⑱ 在《为政》(3)里，孔子指出，若是通过法来使人们遵守秩序，他们可以暂时免于麻烦，但他们不会有羞耻感。让人们改变自己的唯一办法是“道之以德”。与此相同，孔子在《颜渊》(18)里规劝统治者，后者担心国中盗贼泛滥，想要施以严法，孔子不以为然，劝他注意自己的行为。孔子说得很不客气：“苟子之不欲，虽赏之不窃。”

⑲ 见《卫灵公》(1)，卫灵公问孔子如何排兵列阵。孔子回答说：“俎豆之事，则尝闻之矣；军旅之事，未之学也。”次日孔子动身离开，大概因为他讨厌卫

灵公。

⑦⓪ 尧的德如春风润物,人民自然而然地改变过来,还不知道发生了什么。比较“百物生焉。天何言哉?”及《老子》第十七章。

⑦① 《颜渊》(17):“政者,正也。子帅以正,孰敢不正?”应该指出的是,孔子规劝的还是季康子,后者在《颜渊》(18)里担心盗贼,又在《颜渊》(19)里提出施以严法。

⑦② 此句指孔子没有官职。

⑦③ 参见考普曼(1968:177)。顾史考(Scott Cook 1995:131)也提出相似的观点,当时他注意到,孔子教育计划提出的娴熟音乐,“其中涉及根本性的悖论:一方面,为使音乐达到完美,要不停地在压力下刻苦练习;另一方面,表演时还要轻松自如或在艺术上驾轻就熟”(其实是办不到的)。

⑦④ 柏拉图,*Meno* 80d ff。“无为悖论”与所谓美诺问题之间的关系,拙著结论部分还将深入讨论。

⑦⑤ 从质-文二元论的角度研读孔子的言论,至少可以回溯到晋朝和范宁的评注(朱熹:18)。

⑦⑥ 如杨时所评:“中可以学而能,力不可以强而至。圣人言古之道,所以正今之失。”(朱熹:17)

⑦⑦ 而荀子则抨击“异端的”儒者如孟子。

第三章

自然：《老子》的无为

《老子》(又称《道德经》)[1]阐述的宗教理想在诸多方面与孔子相差不大。老子(约前571—约前471)[2]之所以要写书,因为他发现他身处的社会堕落不堪,与真正的道相去甚远,于是他才提出拯救的办法,希望通过他提出的办法,人和社会可以重新回到天道的和谐秩序上来。他也知道,要达到这种和谐状态困难重重,好在克服困难的办法也不是没有。虽然儒家和道家之间不乏相近的地方,但出乎读者意料,老子却把矛头指向儒家——或儒者提倡的种种获取知识和提高素质的方式方法——批评其为众人堕落的主要原因。《老子》文本对历史人物或学派没有指名道姓,但老子其人对我们今天称之为儒学的术语和结构,却是相当熟悉的。此外,我们讨论《论语》时遇到的那种以拯救为目的的隐喻指向,也与《老子》大相径庭。如《论语》敦促我们按照周礼修身,老子却要求我们见素抱朴。[3]《论语·学而》(15)提到,要像磨玉一般琢磨自我("如切如磋,如琢如磨"),与此相反,老子提出的名言是"朴"。儒家的修身过程被形容为艰苦的、终生的旅程,老子却提醒我们此路不通——要复归原母、复归本源。

老子是先秦思想家，往往与无为理想产生关联，无为作为术语，在《老子》里所起的作用，要比我们后面讨论的其他典籍更大。在这部文本里，无为近乎论战的标枪，目标所指正是儒者：道家把“无所作为”当成理想，其目的是与连续的、有害的“做”或“为”④大唱反调，贬斥那些以传统为规范、欺世盗名的人。因此，在《老子》里，无为理想在字面上与“什么也不做”最为接近，而非隐喻上的“自如自在”。不过，即使在老子那里，这种无为也不该被理解为全然被动的状态，而是代表一种与宇宙相和谐的理想状态，与宇宙和谐之后，个人能力有所提升，最终实现普遍的拯救。此外，我们将发现，即使在《老子》里，无为最终也是从比喻的角度被理解的，也拥有其自身的隐喻结构。如我们所预想的，不用力或非自我意识（不知）等普通的隐喻比比皆是，如“顺”或“从”。此外，我们在《老子》里初次遇到一个新的隐喻系统——“虚”，在“道家”典籍里，这一系统始终与无为连在一起。对老子来说，“虚”要通过“无”才能达到，即从无到虚，凡是世俗的东西都不能牵挂，如名、欲、知识、活动。主体以虚的方式成功清空自我，然后本质的自我才能出现，指引主体进入自然的存在方式。这种自然的行为拥有无为的主要标志（不用力、非自我意识），所以老子的无为——其不同的隐喻姑且不论——在本质上与其他先秦思想家提出的“轻松自如”的理想是一脉相承的，对此我们将在下文予以讨论。

堕落

老子以其著述对时人大张挞伐。第五十三章生动地描述了他那个时代的堕落：

> 使我介然有知，行于大道，唯施是畏。大道甚夷，而人好径。

朝甚除，田甚芜，仓甚虚，服文采，带利剑，厌饮食，财货有余，是谓盗竽，非道也哉！

如同在《论语》里，我们发现上文的题旨是批评堕落的统治阶级误导百姓。对孔子来说，僭礼越轨是“鲁三家”的大恶，但《老子》抨击的却是统治阶级的贪得无厌。《韩非子》[5]的作者在《解老》一章里对当权者的“盗竽”行径描述如下：

诸夫饰智故以至于伤国者，其私家必富；私家必富，故曰：“资货有余。”国有若是者，则愚民不得无术而效之；效之则小盗生。由是观之，大奸作则小盗随，大奸唱则小盗和。（高明：84—85）

众所周知，老子把欲望视为堕落和混乱的重要原因。第四十六章——指出欲望是天下失道的原因——往往也因此而被引用：

天下有道，却走马以粪，天下无道，戎马生于郊。祸莫大于不知足[6]；咎莫大于欲得。故知足之足，恒足矣。

不过，却没有多少人知道，据老子所见，欲望不过是深层疾病的症状，即所谓“知”或来自“知”的“为”。老子批判的“为”是指规范上的、而非仅仅是概念上的差别——人们（格外）看中的东西。这种“为”是人们重此轻彼的原因，因此也是行动的不良动机。[7]“为”足以引起社会混乱，其作用可与贪婪/欲望相提并论，如《老子》第七十五章所述：

民之饥，以其上食税之多，是以饥。民之难治，以其上之有为。

上文批评社会精英，是他们的贪婪造成百姓的饥饿，是统治者的“有为”使其无所不为。这两种疾病——欲望和有为——本质上相互关联，这种关系在第三十四章描述道的过程中，得到更为清楚的阐释：

> 大道氾兮，其可左右。万物恃之而生而不辞，功成不名有。衣养万物而不为主，常无欲，可名于小。万物归焉而不为主，可名与大。以其终不为大，故能成其大。

“大道”并不把自己当成万物的主人，正因为如此，“大道”才无欲，两种因素互为因果，所以能成其大。圣人以道为法，他们之所以能成其大，正因为从不自以为伟大。与此相同的思想也出现在第二章的开始部分，老子说：“天下皆知美之为美，斯恶已；皆知善，斯不善矣。”蒋锡昌把上文与第三十四章对道无名的论述联系起来，因为人们要有所为，所以从原初状态堕落，下文从这一角度描述了名的出现：⑧

> 无名时期以前，本无一切名，故无所谓美与善，亦无所谓恶与不善，迨有人类而后有名，有名则有对待。即有美与善之名，即有恶与不善之名。人类历史愈久，则相涉之事愈杂，则对待之名愈多。自此以往，天下遂纷纷扰扰，而迄无清净平安之日矣。(高明：229)

所以，正是因为名的出现(个人的“为”物化成范畴和标签)和知的创造(也是因名而生)，人们才从原来的无名和纯洁堕落下来，此时欲望和争抢开始暴露其丑陋的面目。如刘殿爵所说，从这个角度出发，欲望的问题可以回溯到更基本的知识或自我意识问题：“欲望在一定意义上是知识派生出来的，欲望依赖知识。正是通过对欲的知，欲望才被激发出来。也是通过知识，新的欲望目标被发明出来。”（刘殿爵 1963：35）当人们逐渐知道美之为美或善之为善的时候，获得美与善的欲望也随之产生。人类好像拥有一种独特的能力，足以把这些人欲无限地翻倍，同时制造出一张越来越大的、必须填满的需求之网。这种自我意识不仅生出各种新奇的欲望，与此同时，还使人们与其本性渐行渐远。第三十八章（马王堆本开始的一章）描写不同程度的堕落造成人们从“上德”（形式纯洁的原“力”）的堕落，自我意识和有意识活动的程度越高，堕落越深——以儒家的虚伪程度最甚：

> 上德不德，是以有德；下德不失德，是以无德。上德无为而无以为。下德无为而有以为。上仁⑨为之而无以为。上义为之而有以为。上礼为之而莫之应，则攘臂而扔之。故失道而后德，失德而后仁，失仁而后义，失义而后礼。夫礼者，忠信之薄，而乱之首也。

我们从上文可以看出堕落发生的详细过程。上古与道和谐，人民拥有并使用上天赐予的原力，上天以无为的方式对待这种力量——上天并不炫耀力量。人民以这种方式和谐地生活，不仅与他人，与他们自己也是如此。他们无为，而且不知无为是何物；他们就是这么生活的，这一阶段是真正的无为和“上德”。这种和谐一旦被打破，德也随之堕落，人民这才意识到德的存在，一旦德变成注意的目标，德也不成其为“上德”。“故失道而后德”是指“下德”的出现——“下德不失德，是以无德”。儒家的品德被提出后，堕落继续下去。仁在上文是最无害的：拥有这种德“行”的人——以“仁”的方式推己及人——对自己或其行为也不炫耀。大概此处老子指的是真正的德行。他们参与公共生活，实践德行，完全出乎自发的性情，而非外力所迫，对自己的善行也不炫耀。

他们与拥有“义”的人形成鲜明的对照。这些伪善的人依照“正确的”的规范，有意识地待人接物；自我意识提高后，他们开始看重自己和自己的行为，他们“皆知善之为善”，而这种自重自爱，如老子在第二章指出的，其实是“恶”。堕落程度更甚的是那种唯礼乐是从的人：在虚伪的“义”之外，他们还希望把所谓的正义感强加在他人身上。虚伪的社会规范在社会生活中实施后，人们也被迫变得虚伪起来，其实质是鼓励人们以空泛的敬代替虔诚的敬、以形式上的爱代替发自内心的爱。对老子来说，这种表象对实质的胜利如同结核病人脸上的红晕——显乎其表，其实却是病入膏肓：

> 大道废，有[10]仁义；智慧出，有大伪；六亲不和，有孝慈；国家昏乱，有忠臣。（第十八章）

儒家的弊病是从两方面鼓励“为”：入世和可评价的“为”。有学者[11]指出，对儒家的礼本身，老子并不想批判，他不过是关注礼的外在形式而非与之相从的德性。其实这正是儒家的立场：孔子鄙视“乡愿”，因为这种人在形式上对道德亦步亦趋，但对其内在精神却一无所有。老子的批判显然更为深刻，矛头所指连儒家视为修身法宝的仁德也不放过。如第五章的“天地不仁，以万物为刍狗；圣人不仁，以百姓为刍狗”。古代中国人把刍狗当成祭品，祭祀时刍狗得到最高的礼遇，等祭祀结束后，刍狗被扔到一边，任人踩踏。《淮南子·齐俗训》对此有所描述：“及其已用之后，则壤土草灾而已，夫有孰贵之?”上文的意思是，祭祀时刍狗被待以厚礼，因为刍狗还有象征作用，祭祀后刍狗复归原物，不过是一文不值的草。老子的立场是，天地不仁——其行为并非发乎善心——天地对待世间万物如同祭祀后的刍狗：原来是什么还是什

么。如高明所说:

> “天地不仁,以万物为刍狗”,言天地无施,则万物自长;“圣人不仁,以百姓为刍狗”,圣人无施,则百姓自养。万物生死,势所必然,无生死之迭续,即无万物之亘延。(高明:144)

儒家的问题是,鼓励人们把刍狗当成其他东西,仿佛它们不是刍狗,因此助长了伪饰,使人民偏离朴实和真诚。因此,我们在第六十五章读到“民之难治,以其智多”。如贾东城所说,“而民之‘智多’[12]正是儒家所倡导的仁义礼乐所致”,“使他们丧失原有的忠厚朴实的天性”,变得“奸邪虚伪”(贾东城 1989:89)。

若要根除虚伪、摒弃争夺,先要消除吸引他们的、有害的外部影响,这才是唯一的办法。只要圣王站出来打破儒家伪饰的桎梏,人们就能复归天性。

> 绝圣弃智,民利百倍;绝仁弃义,民复孝慈;绝巧弃利,盗贼无有。此三者[13]以为文不足,故令有所属;见素抱朴[14],少私寡欲。绝学无忧。(第十九章)

真正的圣王——与道相通——可以修复知识和儒家伪饰造成的损坏。通过逐渐抛弃文饰,人们可以达到无为和无以为的境界,进而从这种生存状态里重新获得“上德”的力量。因为身后拥有强大的德来感染人民,圣王可以引领天下,以“无事”的方式复归朴实:

> 为学日益,为道日损,损之又损。以至于无为。无为而无不

为。取天下常以无事，及其有事，不足以取天下。（第四十八章）

毫无疑问，拥有上德的“无事”者必然与第三十八章提到的那些中毒最深的人形成对照：那种拥有所谓“上礼”的人挽上袖子，迫使他人服从他们的意志（“上礼为之而莫之应，则攘臂而扔之”）。

显然，如果统治者[15]能使自己避免现世的堕落——儒家的虚伪、强烈的欲望、知识的恶劣作用——重拾原来的德，天下就能自正。然而，个人怎样才能达到如此完美的精神境界呢？老子提出了明确的答复：通过把握道借以运行的法则（逆转法则），统治者可以顺从道，进而挽救个人和天下。

道、无及逆转法则

如同在孔子那里，老子所谓拥有上德的人——与道充分和谐的人——也要以道为典范。我们在第二十一章读到：

孔德之容，惟道是从。道[16]之为物，惟恍惟惚。惚兮恍兮，其中有象。恍兮惚兮，其中有物。窈兮冥兮，其中有精。其精甚真，其中有信。

第四十二章说，道生万物，通过其运转，以相同的方式显现出“其中有信”——行为准则：

道生一，一生二，二生三，三生万物。[17]万物负阴而抱阳，冲气以为和。人之所恶，唯孤寡不谷，而王公以为称。[18]故物或损之而益，或益之而损。人之所教，我亦教人。强梁者不得其死，吾将以为教父。

顺从道的运转，我们从中得到更为明确的信息："故物或损之而益，或益之而损。"之所以如此，因为现象世界的性质使然，而现象世界的起源是"无"。我们有必要先来理解"无"和"有"的关系，至于"益之而损"的内涵，我们放在后面讨论。

道生一、一生万物的演变过程，也可以说是"有生于无"的过程。第四十章明确提出道与无的兼容，其中无取代道，成为现象世界的源泉："天下万物生于有，有生于无。"不少学者也注意到道与"无名"[19]的关系，第一章描写无名拥有宇宙起源的力量：

道，可道也，非恒道也。名可名也，非恒名也。无名，万物之始也；有名，万物之母也。故恒无欲也，以观其眇；恒有欲也，以观其所徼。[20]两者同出，异名同谓。玄之又玄，众眇之门。

"无名"和"无欲"状态与"无"相对应，而"有名"和"有欲"指的是"有"。透过这种对应关系，可以更好地理解无和有的关系。虽然部分学者提出，无和有(往往翻译成 Non-being 和 Being)指的是两个不同的存在论，[21]但是从早先引用的原文可以清楚地看到，有和无被用来形容同一生产过程的两个部分。"两者(无和有，或始和母)同出，异名同谓。"如王弼(226—249)所说：

两者，始与母也。同出者，同出于玄也。异名，所施不可同也。在首则谓之始，在终则谓之母。玄者，冥也，默然无有也。始母之

所出也。(高明：228)

虽然有无同出，但有才是无的“尾巴”(借用王弼的隐喻)，从这种意义上说，世上的正关系(“有”“有名”)的性质是由负关系(“无”“无名”)决定的。冯友兰(1895—1990)论及道，也有同感：“不存在(如，无)指体，存在(如，有)指其用。”[22]始、生、母等隐喻可以使读者联想到传统上的生孩子，进而理解有和无的关系。从生产的角度来说，父母的性格决定孩子的性格，那么我们可能通过以上隐喻，提出如下逻辑推演：通过发现无的玄妙，我们可以进入理解的大门，进而把握现象世界。以上推演在第五十二章得到明确的印证：“既得其母，以知其子；既知其子，复守其母。”

不过，有人可能要问，“无”怎么能生出“有”来，或怎么能通过减少来增加(“损之而益”)。要知道，老子是在两个层面上说话的：一是真实的，一是传统的。用传统的话来说，道是无。道没有名、没有形、没有味、没有音。然而正是这种“无”生发出生动的形式、颜色、味道，它们构成了“有”的世界，最后全部的“有”消耗殆尽，又回到原来的始发地“无”。道所代表的无是永恒的，但现象王国所有喧嚣与骚动旋生旋灭。从这种意义上说，传统意义上的“无”，其实要比全部人看重的、追逐的、旋生旋灭的“有”更真实更恒久。因此我们才能理解“损之而益，或益之而损”，通过引号把传统的与真实的区分开来：“故物或‘损’之而益，或‘益’之而损”。真正的王侯自称“孤”“寡”，但事实上他们却是世上最有魅力、最幸福的人。从这个角度来看，传统意义上的减少其实反映的是增加。

有生于无，最后有再回到无，老子将这一过程视为自然法则，用他的术语来说就是“反”(reversion 或 going back)：

反者，道之动；弱者，道之用。天下万物生于有，有生于无。（第四十章）

上文的“无”从隐喻的角度被形容为一个地方，现象世界的万物最终都将回到那里，大概是通过近乎自然的力量，如引力。对物理世界的经验使我们熟知，高高在上的人是以什么方式被永远拖下来的，这也是老子为其山川、河流的隐喻安排的基本图式，对此后面还将详述。无论如何，从高到低的“反”使我们梳理出老子对价值用语选择的脉络。我们在《老子》里读到成对的“高”“低”隐喻：柔与坚，弱与强，虚与盈。史华慈（Benjamin Schwartz，1916—1999）指出，在老子的图式里，（传统标准的）“低”用语，与表面上的“高”用语相比，地位更高，如他所说，“水”比“石”意义更深远（Schwartz 1986：203）。这就是世界运行之道：传统上的“高”（如强大）必将返回“低”（弱），所以真正的力量在于守“弱”。

通过固“本”（拥抱“无”及与之相关的负面的成分），同时不要被拖“上”为和有以为的领地，就能恒久下去。这种逆转法则也可以在第九章形容平衡的隐喻里得到印证，其中提到“倾斜的容器”——据说在周庙（或鲁庙）——空的时候站立在那里，满的时候却倒了：[23]

持而盈之，[24]不如其已。揣而锐之，不可长保。金玉满堂，莫之能守。富贵而骄，自遗其咎。功遂身退，天之道也。

“天道”教育我们“不如其已”——不要走到最高的地方。走到最高的地方后，必然倾覆和毁灭，为避免物极必“反”，应该固守“始”（原初）——在高低的对立关系中，选择传统上“低”的一方。道本身也是从

“低”的角度被描述的，其实“低”却蕴含着与之相反的一方（“虚而满”），所以最好的办法是模仿道，固守传统上低的一方。果真如此的话，高低双方自然达成和谐。

至于宇宙为什么以这种方式运转，老子没有多说，不过他告诫读者，若是不听劝告的话，后果自负。逆转法则无处不在，宇宙万物都逃不出去：

> 勇于敢则杀，勇于不敢则活。此两者或利或害，天之所恶，孰知其故？是以圣人犹难之。天之道，不争而善胜，不言而善应，不召而自来，繟然而善谋。天网恢恢，疏而不失。（第七十三章）

逆转法则好像并不复杂，但不幸的是，对普通人来说，要想把握或付诸实践，实则不易。这也是老子在第七十八章感到惋惜的原因，

> 弱之胜强，柔之胜刚，天下莫不知，莫能行。……正言若反。

在社会上忙碌的人拒绝接受老子的劝告，哪怕其中的真理简浅易懂。连那些士人也不解天道，甚至还冷嘲热讽，遑论普通百姓：

> 上士闻道，勤而行之；[25]中士闻道，若存若亡；下士闻道，大笑之。不笑，不足以为道。

人不解道没有构成宗教问题。在上古与道共生的时代，哪怕普通百姓在平日的生活中也能拥抱道。在那种原初的自然状态下，普通人并不知道逆转法则为何物，他们也不必知道，因为他们已经被指引到自然状

态。对道的认知理解也不是以道为生活方式的先决条件——其时人们生活在圣王的影响下。不过,从认知的角度理解老子传递的真理,还是必要的,不然的话,就不可能在精神上守护堕落年代的道,也没法让天下与道再次达成和谐,而且,好像只有少数精英才能以这种方式把握道的运转。因此老子传递的道也是神秘的真理,把握的人为数甚少。后来在中国的宗教思想和文学作品里反复出现一种形象——衣衫褴褛的圣人却怀揣宝玉:

吾言甚易知,甚易行。天下莫能知,莫能行。言有宗,事有君,夫唯无知,是以不我知。知我者希,则我者贵。是以圣人被褐而怀玉。

老子的无为:行为与认知诸方面

我在前文提到,《老子》描述的无为,较之其他典籍更接近字面的、消极的语汇(如"不做"或"不为"),但《老子》的无为在隐喻方面,也有自发的和自如的意思——与道和天达成一种积极的和谐状态。孟旦(Donald Munro, 1931—)以为,道家的修身和儒家的榜样模仿颇有相似的地方,其不同之处是,道家的"榜样不一定是先生、祖先、圣王。人们可以以道[或(德)]为榜样,在言行中予以实践"。[26]圣人要做到自己身上先拥有道或天的品质,这些品质一般被概括成无为。更明确地说,可以把"不做"(更接近无为的字面意思)看作道及"无以为"的一种特殊品质。[27]道和"无以为"这两种品质,最好被看作一种精神状态的两个方面,一是行为方面,一是认知方面[28],从广义的和隐喻的角度,将这种状态称作无为。如果圣人统治者在行为和认知两方面以道为榜样,达到至境，成功将如百川入海，一定到来。

第六十三章格外推崇无为在狭义和行为方面的价值：

> 为无为，事无事，味无味，大小，多少，报怨以德。

上文的“报怨以德”相当有意思，因为这种提法（未必出自《老子》的作者）在《论语》里遭到严厉的批评（《宪问》34）：

> 或曰：“以德报怨，[29]何如？”子曰：“何以报德？以直报怨，以德报德。”

孔子的理想是通过一定的差别来恢复秩序。每种行为都要有与之相称的回应：伤害应该报以严厉，恩德应该报以恩德。不如此区分的话，必将引起混乱。如皇侃在评论《宪问》(34)时指出：“所以不以德报怨者，若行怨而德报者，则天下皆行怨以要德报之，如此者，是取怨之道也。”(程树德：1017)对孔子来说，要公正(公)就得明辨是非，使人们各得其所。对老子来说，公正是指一视同仁。道对怨或德不偏不倚，以自己的方式作出回应，以平等的方式滋润万物。因此道生出万物，却并不主张孔子那种的“公”正——希望得到回报和感激：[30]

> 故道生之，德畜之，长之，育之，亭之，毒之；养之，覆之。生而不有，为而不恃，长而不宰，是谓玄德。（第五十一章）

所以，我们不应区别对待——在世上推行人的标准——而应模仿道的运行，固守“低”位：在二元的对立成分（如严与慈）中选择慈，因为“低”

最接近道。第七十九章说“是以圣人执左契，而不责于人”。所谓“左契”就是债权人持有的那部分合同，依照孔子的“公”正，合同是要履行的——欠债还钱。然而，老子推崇的圣人是宽容的，如同道在运行，对此我们可以从母亲这个社会隐喻的角度来理解：她赠予人们却不要回报，坚守善、摈弃苛，更不以怨报怨。

当然，正是因为道把生命赐予万物却不要回报，天下的感激和景仰又流回了道：

> 是以万物尊道而贵德。道之尊，德之贵也。夫莫之爵而恒自然也。（第五十一章）

作为母亲的道（万物之母），我们可能也该从这一角度来理解上文那种自发的景仰，我们知道，**道-母亲**赐予孩子生命后还要养育他们，所以（从理想的角度说，至少！）能得到他们自发的爱和感恩。如果圣人能够效法**道-母亲**，他也能成功。因此，

> 圣人不积，既以为人己愈有，既以与人己愈多。

这种对传统上“低”的坚守、对待他人的宽容——凭此在现实中反而更“高”——被老子称为“执一”：

> 曲则全，枉则直，洼则盈，敝则新，少则得，多则惑。是以圣人执一为天下式。不自见，故明；不自是故彰，不自伐故有功，不自矜故长。夫唯不争，故天下莫能与之争。古之所谓“曲则全”者，岂虚言哉？诚全归之。（第二十二章）

“执一”说的是老子理想的行为方面：从完全“不做”（不自见、不自伐、不自矜）的角度来实践无为。这种行为方面是以否定形式构成的——在二元的对立成分里，选择“低”的一方，依照天道，避免物极必反——不过，这种消极多少也有讽刺的意思，因为正是通过“不做”，才无所不为。只是从俗人的角度来看，无为才是“不做”，其实无为是天按照道的运转来作为。

老子理想的认知成分——对应“无以为”——往往也是以相反的形式来表述的，如圣人被说成“愚人”：

> 众人熙熙，如享大老，如春登台。[31]我独泊兮，其未兆，如婴儿之未孩；儽儽兮，若无所归。众人皆有余，而我独若遗。我愚人之心也哉，沌沌兮。俗人昭昭，我独昏昏。俗人察察，我独闷闷。澹兮，其若海；飂兮，若无止。众人皆有以，而我独顽似鄙。我独异于人，而贵食母。（第二十章）

当然，从传统的角度来看，“无以为”的道家圣人外表上不过“昏昏”的、“闷闷”的。其实不然，在其破衣烂衫的下面却是对道的真知灼见，老子将此称为“微明”。老子习惯说反语，但有那么几次他不再冷嘲热讽，而是直接讨论对天的理解，以相当积极的语言提到“微明”：

> 将欲歙之，必固张之；将欲弱之，必固强之；将欲废之，必固兴之；将欲夺之，必固与之。是谓微明。（第三十六章）

上文的“微明”指能够把握逆转法则并为我所用的人。[32]之所以称作“微”，因为“微”与理解道相关，（如我指出的）道是神秘的，不易看见。

"道之为物，惟恍惟惚。惚兮恍兮，其中有象。"（第二十一章）这种"象"是逆转或复归的画面，一旦把握，你就能与天一同运行："执大象，天下往。"（第三十五章）

不过，怎样才能把握这种"象"呢？也就是说，老子挽救世人，其性质究竟是什么？为了回答这个问题，先要讨论老子无为所涉行为与认知诸方面，孰先孰后——学者对此分歧很大。马伯乐（Henri Maspero，1883 - 1945）认为，老庄等"哲学"思想家文化水平更高，他们不过是一场大运动的代言人，运动的目的是得到永生和神秘的力量，为此我们要进行一系列修炼，如呼吸技巧、炼金术、肌肤结合。[33]照此解释，无为的行为方面显然应排在前面，无为将被视为一种心理-生理状态——与出神或催眠相似——要通过身体技巧才能实现。如戴文达（J. J. L. Duyvendak，1889—1954）所描述的，

> 因此持续的生命力和长命百岁是无为的目的和结果。为达到这一目标，特殊技巧是必要的。人们通过呼吸训练尽可能地使**气**（空气、呼吸、生命力）在周身循环，以至以"足"（脚）来呼吸（《庄子》第六章）。性卫生方面，人们以阴阳交合和静止的方式维系生命力。为提高生命力，人们还寻找灵丹妙药，如人参和炼金术，希望炼出神丹。专注此法的道家圣人拥有飘浮的功力：他们可以御风而行，他们被清空的身体不进食也不会消失。（Duyvendak 1947：91）

上文对《老子》的解释，当然可以在古人那里找到渊源，如最早评论过《老子》的河上公。[34]河上公把《老子》形容为隐喻性的长诗，其内容是写个人修炼的。河上公还用浪漫而又神秘的语言提到练功的方法。如第

十章对“天门开阖”的评注是“治身，‘天门’谓鼻孔。‘开’谓喘息，‘阖’谓呼吸也”（高明：268）。有人也把《老子》当成训练身体的手册，大概河上公讨论的一章也是他们引用最多的：

> 载营魄抱一，能无离乎？专气致柔，能婴儿乎？涤除玄鉴，能无疵乎？爱民治国，能无为乎？天门开阖，能为雌乎？明白四达，能无知乎？（第十章）

河上公指出，上文的“一”指“魂”——与之对应的是“魄”——上文所述实为通过严格的呼吸养生法来达成自我二元素的和谐。[35]不少现代学者因此以第十章为依据，证明老子对呼吸养生感兴趣。

然而，细读后可以得出合理的结论，该章关注的重点是，我们应该“毋以知”（不要诉诸知识）。[36]当然，这里的知识是指传统意义上的“知识”：那种足以使人们分出高低的知识，或那种足以使人们评价自己行为的知识，如以为自己堪当大任或配享感激。这层意思被第十章的最后几句再次印证。有些学者往往对该章后面的话不作评论，因为他们以为写的是如何呼吸，这不是他们的兴趣所在：

> 生之畜之，生而不有，为而不恃，长而不宰，是谓玄德。

句中的施动者显然是天或道。天把生命赐予万物，而且还哺育万物，但天并不“知道”还要为此被人颂扬。正是因为道没有被这种传统知识传染，所以，道才能以无为的方式运行，拥有无边的力量，即“玄德”。因此我们可以说，老子救世理想的核心是超越传统的、更高的知识。而知识的重要内容是理解逆转法则，其目的是让我们摆脱有害的“为”，让我们

“抱一”（高低关系中“低”的一方），以无为的方式行走在世上。瑞丽（Lisa Raphals，1951—　）把这种理解称为“元知识”，是《老子》倡导的其他所有要旨的基础：

《老子》全文对元知识的指称何止一二。元知识与道、明、无等存在联系。元知识在孔子和墨子那里找不到对等物。在语言学层面，元知识又与无名发生关联。在道德层面，与元知识相关的是无欲和玄德。最后，在现实层面，元知识被形容为无目的行为（无为），其运作方式是逆转和迂回。（Raphals 1995：79）

研究《老子》的其他众多学者提出，对无为的认知是行为的基础。[37]我们在第四十七章发现，知识（“知”）没有用来反讽，其意思与瑞丽的元知识相同，不仅清楚地与“明”相关，而且在特定的行为意义上也与无为发生关联：

不出户，知天下；不窥牖，见天道。其出弥远，其知弥少。是以圣人不行而知，不见而明，不为而成。

上文并不是说在老子救世助人的过程中，一定程度的身体实践派不上用场，如孟旦指出的，老子的修身很可能既涉及思想，也涉及身体。[38]这种身体修炼可能涉及方方面面，如背诵、呼吸、沉思等。不过，《老子》全文很少提及身体修炼，没法形成严谨的或系统的养生之道，相反，与身体修炼相关的形象大多借用了其中抽象的和隐喻的意思。《老子》一书的主要目的是——通过其提倡的理念和使用的形象——改变读者的心智，希望在读者那里引起一种正确的理解：理解逆转法则，不要提出传统的价值评判。换言之，老子理想的要旨，是认知的和情感的而非行为的。

自然或顺其自然

一旦拥有了“常知”——对逆转法则的理解——并借此达到“明”的程度，就能走入第十六章用一系列隐喻描述的境界：

> 致虚极，守静笃。万物并作，吾以观其复也。夫物芸芸，各复归于其根。归根曰静，是谓复命。复命曰常，知常曰明。不知常，妄作凶。知常容，容乃公，公乃王，王乃天，天乃道，道乃久，没身不殆。

上文主要的隐喻和表达法，大致可以划为三种：(1) 虚与静；(2) 观其复；复归于其根；复命；(3) 常与久。作者(们)明确地使其相互发生关联。保持虚静状态，圣人就不会在乱世胡来。种种活动最终复归于无，因为无论事物离开起源多远，也必定被拖回原来的静止状态。因为圣人从未离开原点，所以他能够静观事物的变化及其复归起源的过程。通过师法道——持静守常——圣人不仅得到特殊形式的知识(隐喻意义上的“明”)还能参与道的恒“久”，活得长久。

与宇宙秩序的关联，第六十八章写得相当清楚，前文提到成对的对立关系，固守或“抱”住其中“低”下的，这种能力被称为“配天”(与天相匹配)。在第二十五章，我们遇到的原则能涵盖我们在第十六章读到的诸多品质，这种原则是世间万物的楷模，显然比道还大：

> 有物混成，先天地生。寂兮寥兮，独立而不改，周行而不殆，可

以为天地母。吾不知其名，字之曰道，强为之名曰大，大曰逝，逝曰远，远曰反。故道大，天大，地大，王亦大。域中有四大，而王居其一焉。人法地，地法天，天法道，道法自然。（第二十五章）

如我在第一章所说，自然这个隐喻的基础是两个图式的结合，一是本质的自我，一是作为容器的自我。从字面上说，自然的意思是顺其自然，指事物的行为发乎内心（本质）。从隐喻的角度说，其形象应为自然的行为从自我的容器里“自然而然地”浮现出来——与自然因果关系是外向运动，这与跨文化的隐喻互为印证。部分学者提出，老子思想里的自然有多层意思。如张钦（1995）提到两层意思：一为“原初”（事物的原始状态）；一为“自生”或“自发”，指未经价值取向（有为）左右或未施外力（如轻松自如的行为）的状态。在此之上，刘笑敢（1999）又提出第三层意思：“内在的”或“长久的”，指通过事物内在倾向发生的状态。可以说，自然的第二和第三层意思（自生、自发与内在和长久）可以直接推演出基本形象图式如下，事物自然地从容器内出现，而第一层意思“原初”的推演，要与其他隐喻结合才能完成，其概念如“婴儿”或未施人工的“朴”，对此，下文还将讨论。

从这个角度理解自然，刘笑敢的第三层意思（内在的推演）才是最直接、最基本的：万物皆为容器，具有决定行为的本质，本质可以自然而然地从里面“出来”。“外在”压力可以压倒本质，使其行为变成被迫的或伪装的。另一方面，若是没有外力的话，本质的自我可以自由自在地显现出来，决定事物的实际行为，这种行为才是自然的，即“顺其自然的”、自生的、轻松自如的。自然的因果关系是外向运动，这种图式可能来自我们的生活经验，如动物分娩或植物发芽，它们好像从母亲或种子的容器里“轻松自如地”自发地出来了（至少从旁观者的角度看来！）。

从这种概念上的关联出发，可以把自然与分娩、母亲、乃至“本”联系起来，后者在我们讨论“道”和“无”的品质时已经提到过。“内因”的作用及其与轻松自如的联系，在我们接触大自然的过程中得到巩固。如水借“内因”流出山谷，流入大海。若是诉诸“外”力，水可以被挡在大坝后面，甚至回流上山。从这种经验推演开去，刘笑敢把“内”与“长久”联系起来：如顺其自然的话，则无须外力，因此行为才得以长久；与之相反，积极地反复地施以外力，改变事物的本质倾向，最后必然以失败告终。堤坝终究要坍塌，水泵终究要失灵。同理，自然行为是“自生的”：没人强迫河水流入大海。所以，与自然相关的隐喻及与之相关的各种逻辑推演，充分说明与大自然互动的结构概念，可以直接映射更为抽象的域。

自然隐喻涉及的“内因”也好，“轻松自如”也好，其逻辑推演都直接来自基本图式。然而，自然一词的其他义项则需要概念的外延，说起来要复杂些。如为什么说“原初”是自然的义项之一？“原初”又为什么被张钦和刘笑敢当成自然的一个方面？先要构建其他隐喻结构，然后才能确定各方之间的关联。正是通过隐喻上的联系，《老子》一书的作者(们)不仅确定了自然隐喻直接的逻辑推演，还引出了一系列派生的逻辑推演。第十六章出现过与上文功能相同的隐喻，其实，使用隐喻的做法在《老子》里是规则而非偶然。如“自然”指称原初状态，还有两个更为有力的隐喻，一是“婴儿”，一是“朴”。第二十八章用它们来形容堕落之前事物的状态：

知其雄，守其雌，为天下溪。为天下溪，恒德不离。恒德不离，复归于婴儿。知其白，守其辱，为天下谷。为天下谷，恒德乃足。恒德乃足，复归于朴。知其白，守其黑，为天下式。为天下式，恒德不忒。恒德不忒，复归于无极。

在两个对立的关系中，取其“低”下的一方，上文从隐喻的角度将其形容为天下的“溪”和“谷”。如此一来，我们就能借助自然的引力，保持足够的“恒德”（可理解为水），确知恒德不会离开，因为如我们所知，水是不会平白无故流上山的。

身在谷底，也可理解为“复归”“婴儿”或“朴”——以上隐喻写的都是人的原初本质。[39]那么对作者和读者来说，这些联系又为什么符合逻辑？因为以上隐喻关联不是偶然的，而是来自对大自然的经验，所以才有力量。如谷的意象在文本里反复出现。我们在第二十八章发现，隐喻上的“低”（雌、辱、黑）与地形上的低互为依存，所以我们可以把来自现实经验的概念结构，以隐喻的方式用在精神世界上：就像落在高地的雨水自然流回谷里，世间万物最终也将回到圣人那里，因为他以道为法，取乎底下。[40]第三十二章说，道与天下的关系“犹川谷之于江海”，因为江海是水的源泉，水从那里来，又自然而然地流回那里。与此相同，第六十六章的江海被形容为百川之“王”，因其“善下之”，从隐喻的角度来说，圣人以此为法，甘为人“下”。所以，通过谷或海等隐喻（推演出的长久和自生），抽象的评价行为和固守传统上低下的价值观就与自然的全部义项联系起来。于是，《老子》提出的万物复归于道（或师法道的圣人），在作者和读者那里就顺理成章了，因为他们对实物地形的共同经验，使得谷海等隐喻引出了“复归”“自然”（取其内因为义项）、“原初”等隐喻。

出现在第十六章的“复归其根”“复命”等隐喻，对“原初”的这层意思也有所提及，此外，第二十五章的道也被说成“先天地生”。第三十八章对堕落的描述，乃至第八十章中圣人向往的农耕乌托邦的描述，都加深了我们对这种原初性认识：

> 小国寡民，使有什伯之器而不用，使民重死而不[41]远徙；虽有舟舆，无所乘之；虽有甲兵，无所陈之。使人复结绳而用之。甘美食，美其服，安其居，乐其俗，邻国相望，鸡犬之声相闻，民至老死不相往来。

文中的"结绳"据说在文字出现之前，是人们记事的原始方法。孔子将失落的黄金时代定为周朝文化的鼎盛时期，而老子却把他的理想时代定在文字出现以前。[42]在社会的原初形态里，知识或与知识相伴的价值评判和过度欲望，还没有污染人们。他们"安其居，乐其俗"。森三树三郎（Mori Mikisaburo）指出，这种原始的和谐状态代表了人类的"原初性"，现在已经失落，但可以再度找回，办法是传播德的教化，实施者应是能够消灭知识和欲望的（圣）人（Mori 1967：12）。因此，虽然老子没有从"性质"的角度明确讨论人性问题，但其对自然的概念却为人"性"描绘出一幅相当清晰的画面。

"静"与自然是文本中多次出现的另一个隐喻关联：

> 道恒无名，侯王若能守之，万物将自化。化而欲作，吾将镇之以无名之朴，镇之以无名之朴，夫将不欲。不欲以静，天下将自定。[43]（第三十七章）

上文"恒无名"的道被说成能够以自然的方式改变万物的原初力量。通过消灭欲望，进而达到静，圣人把自己变成道并获得其力量。与此相同，第五十七章也提到无为、静、自发的教化之间的关联：

故圣人云：我无为而民自化，我好静而民自正，我无事而民自富，我无欲而民自朴。

水的隐喻也曾反复出现，第八章明确提到水与静的关联："上善若水。水善利万物而不争。"从隐喻的角度来说，通过静与水的联系，水的各种"力量"可以转变成静。如老子在第七十八章里说，水不改变其"性"质，所以水流动起来力可移山：

天下莫柔弱于水。而攻坚强者，莫之能胜，以其无以易之也。

上文隐喻的含义是明确的：恒静如水，等你发力时，就能战胜任何艰难险阻。因此第四十五章才说，"静胜躁"，清静（二者均为水的特征）"定"天下。静与"定"天下发生关联之后，静水和静物也连了起来，这种关联在水的隐喻和其他诸多与静或止相关的隐喻之间，架起了一座桥。于是我们发现水与无为或无事之间也存在关联，如"不出户，知天下"（第四十七章）、"不言之教"（第二、二十三、四十三、五十六、七十三章）及文本里的其他意象。柔弱的水还可以和婴儿隐喻（第十章说到婴儿的"柔"）联系起来，婴儿又与"原初"的理念联系起来。

因此，水以其坚韧的、自然的方式流入大海，战胜遇到的所有阻碍，这种精神才是重要的样板，依据这一样板才能理解道家圣人那种"顺其自然"的、原初的、自生的、轻松自如的运作方式。不过，水还不是我们唯一依赖的隐喻。另一重要意象是"无"的隐喻：

三十辐共一毂，当其无，[44]有车之用。埏埴以为器，当其无，有器之用。凿户牖以为室，当其无，有室之用。故有之以为利，无之

以为用。（第十一章）

再如第五章（“天地之间，其犹橐籥乎？虚而不屈，动而俞出”）与第四章的呼应：“道冲而用之，有弗盈也。”其中传递的信息是，圣人虚以待物，蕴藏在虚空里的力量将自然流出。为了从隐喻的角度把有形的“虚”映射到“自我”那里，先要使用容器自我的隐喻：自我是容器，应该清空其中的“为”“以为”“事”“心”“谋”“欲”，乃至“自我”或“身”体。第五十七章（前面已引用）所描述的——圣人在清空“为”“事”“欲”之后，如同风箱向外排风，以轻松自如的方式改变人民——把虚和自如联系起来，而第十三章的内容则解释了虚空与长久之间的关系：“吾所以有大患者，为吾有身；及吾无身，吾有何患！”自我一旦清空，“大患”不复存在，外在的力量再也无法影响圣人。这种理念在第五十章里得到生动的再现：

盖闻善摄生者，陆行不遇兕虎，入军不被甲兵。兕无所投其角，虎无所措其爪，兵无所容其刃。夫何故？以其无死地[45]。

自我从隐喻的角度清空自己，然后主体把自己变得长久而又不受外部影响：因为自我已经空了，所以“死地”也不复存在——谁也找不到攻击或伤害主体的地方。

还有一个与自然相关的隐喻系统也很重要，其意象以“根”（“本”）或“柢”为中心。在第六章不过几行的空间里，“根”与峡谷、女性、容器、绵线、长久等隐喻建立起联系：

谷神不死，是谓玄牝。玄牝之门，是谓天地之根。绵绵呵其若存，用之不堇。

此处的玄牝与峡谷相当，雌/谷精神被形容为“内向的”：自我是其所在地，只有经过大门才能入内。经过这道门等于占有天地的根——大概雌性精神力量创造生命的过程，就如同根系长出植物并予以稳定。因此，雌性和根系是物的起源（即“原初”），二者都能长久，仿佛是绵绵不绝的线。通过第五十九章与植物相关的隐喻，“长久”的概念得到充分的描述：

重积德则无不克；无不克则莫知其极。莫知其极，可以有国。有国之母，可以长久。是谓根深固柢，长生久视之道。

如我们所看到的，《老子》选择与自然相关的隐喻，其来源没有限定在自然的或有形的王国（域），母（亲）形象也是来源之一。我们讨论逆转时提到的母亲，无私地创造生命，抚育后代，同时享受后代发自内心的爱，所以，形容母亲的隐喻吸引读者从母亲的社会维度那里，提取丰富的联想并迁移到圣人身上（见第五十二章）。第二十六章出现了另一个重要的社会隐喻——两个隐喻生动地连在一起——“根”与“君”相提并论：“重为轻根，静为躁君。”我们碰到了作为社会的自我，这个隐喻来自我们对人际关系的经验，特定的社会关系与社会评价发生互动，可以通过上述隐喻，把与之相关的大量知识应用到内心生活上面。第二十六章使我们能够借用评价性社会关系（君主统治）来发现自我的各抽象方面或品质之间的关系——静与动的关系。

与植物隐喻结合之后，社会隐喻的评价逻辑变得更为合理：一如根对植物生长的控制，统治者也应以正确的方式发号施令，管理百姓。

第三十二章也可以提取出与此相同的社会隐喻，“（朴）虽小，天下莫能臣”——万物承认“朴”是君而不是臣。结构上与社会隐喻相同的还有“宗”。在社会生活中，祖宗通过过去的行为和遗传的赐予，能在很大程度上决定后代的品质。一如统治者，祖宗（往好处说）也能享受自发的景仰和服从。在第七十章里，祖宗和统治者构成两个隐喻，统治者的隐喻被用来描写《老子》薪火相传的信息（“言有宗，事有君”），[46]而在第四章里，道也被说成“渊呵，似万物之宗”。

《老子》里与自然相关的隐喻还有不少。如“一”（第十四、五十六章）指起源和混沌；“式”（第二十二章）；“无极”；“基”；“真”。德的隐喻概念也有待更深入的研究，德有时被描述为物质——与自我的其他方面有所不同——德是积极的，可以“重积”（第五十九章）或变“厚”（第五十五章），此外德还被说成可以“反”回去的地方（第六十章），乃至事物返回起源的同伴（“与物反矣”，第六十五章）。[47]其实，知道如下信息也就够了：无为是一种特殊的说法，在复杂的、相互作用的概念隐喻系统里，无为位居中央。当然我们也可以继续张钦和刘笑敢等学者的研究，一一梳理所涉隐喻图式，在不同的名目下，把老子的无为或自然的各种义项提取出来。

不用力(顺)

圣人静似水，但凭借德的力量，却足以“自发地”引起周围发生变化。此时我们自然想到《论语・卫灵公》(5)描写的圣王舜或《为政》(1)的北极星。如同隐喻“静”，隐喻“从”也能让我们联想到轻松自如，如《老子》第二十一章所说：“孔德之容，惟道是从。”此外还有孔子的“从心所欲，不逾矩”（《为政》4），这一隐喻在《孟子》里更是反复出现。在《老子》第三十章初次出现的“居”字隐喻,后来在《庄子》里又多次出现,如“不得已”的“居”。全部与“柔”和“弱”相关的隐喻都以不同的方式指向无为的重要标志:主体的“顺”。

虚/无

老子的虚/无和无为的另一标志发生关联——“非自我意识”——这种意识往往是通过隐喻客体-失落来传递的:忘记、失去自我等。不过,《老子》里的非自我意识要通过容器的自我结构才能变成隐喻:自我是容器,只有把来自外在的东西全部清空(虚),精神才能完全。这些外部东西包括心、欲、事、身、为、以为等。从隐喻的角度来说,先让自我容器“虚”下来,这才是老子所谓的教化,如下面老子的名言所说:

> 为学日益,为道日损。损之又损,以至于无为,无为而无以为。(第四十八章)

值得注意的是,这里的无为是从独特的隐喻角度来理解的。如前言部分讨论的,一般来说,无为是从客体自我图式的角度来理解道,照此理解,无为是指主体不对自我用力或主体顺从自我。但上面的引文是从容器自我图式的角度来理解无为的,指的是自我容器没有东西(为)。因此,这种意义上的无为与“虚”的关联比轻松自如更直接。

然而,哪怕无为的“非自我意识”方面及无为的隐喻结构发生了特殊变化,但“自然”的第一、第二义项与儒家之前或之初相比,并无变化,也与无为的两个重要标志相呼应。后面《老子》给无为谱系引入的隐喻系统才是全新的。

原初(始)

无为及其引发的自然之所以管用，因为它们是“原初的”。前文讨论逆转法则时已经提到，先来的（传统的对立关系中处在下方的、“低”的）是起源和统治者，后来的（传统的对立关系中处在上方的、“高”的）不是起源而是被统治者。从隐喻的角度说，无为和自然的力量来自逻辑上和存在论上“无”对“有”的优先权。若是用隐喻来表现的话，这种原初性就变得更为明显：

1. 移动：复、归、反；
2. 未施人工的：素、朴；
3. 植物的：根、本、柢；
4. 建筑：基；
5. 社会的：母、宗；

当然，上述与“原初”相关的隐喻无一不与儒家的修身南辕北辙。在老子看来，儒家是在修饰或改变原料或人生旅程。照老子的说法，人们原来好好的，只是背离原初的朴素之后，他们才走丢了。第四十七章说：“其出弥远，其知弥少。”

内在本质

自我内部存在的本质能决定主体实施正确的行为，自我的空间清空后，本质自然出现。对老子所谓理想的境界来说，“虚”或“无”不失为恰当的隐喻,因为自我的"容器"清空后,才能自发地充满此前被压抑的内在的力量。[48]后人往往以容器的"内/外"来解读"虚"或"无",但内外二字几乎没在《老子》里出现,虽然如此,这种结构显然也是自然隐喻的一部分。[49]如《解老》第三十八章就从内外的角度来说明"上德不德":

> 德者,内也。得者,外也。"上德不德",言其神不淫于外也,神不淫于外,[50]则身全。身全之谓得。得者,得身也。凡德者,**以无为集**,以无欲成,以不思安,以不用固。(黑体为著者加)

对上文最早的评论可能使用了原著不曾出现的术语,虽然如此,但基本的隐喻概念并没改变:德以"自然的"(涵盖我们讨论过的所有义项)状态生活在自我里,只有通过消灭不自然的外在堕落,纯洁才能到来。

在《老子》里还出现了一个隐喻的开始部分,在后来道家修炼的过程中,这个隐喻变得相当出名:为了免受不良影响,把德留下,对自我关上大门。

> 塞其兑,闭其门,终身不勤。开其兑,济其事,终身不救。(第五十二章,比较第五十六章)

对自我来说什么是内在的、正确的(道与德),什么又是外在的、有害的,此二者在隐喻方面形成的反差在《老子》中反复出现,这种反差在《庄子》那里亦复如此。以上两部典籍提出的理想有一个基本特点,即希望消灭外在的、有害的影响,挽救原初的、"自然的"自我,此外,老庄确信儒家那种刻意进取——目标在于外在的功名和知识——与道家的理想大相径庭。

恒久

作为万物原初的和本质的状态，同时也作为万物被引向的目标，自然或无为状态是恒久的和稳定的。我们在第八十章读到这种主题：生活在原始乌托邦的村民自足自乐，我们发现这一主题与植物隐喻“固柢”发生关联。因为自然的道拥有上述特点，所以道及其法则才是“恒久的”，而对人来说，恒久足以延长圣人的生命。

以上老子无为的创新性——尤其是内在本质——将变成无为隐喻谱系不可分割的一部分。这些隐喻为提高自我而推演出来的内在论，日后任何思想家都不能轻视。有的思想家(《内业》和《庄子》的作者)热烈拥护内在论，有的(孟子)希望从中吸收部分内容为其所用，还有的(荀子)激烈反对，但内在论引出的内外之分，已经变成东亚宗教思想领域对立关系的核心。

“默想”与“目的”互相抵牾的道家学说及无为的悖论

达到无为境界的人获益良多，对此上文有所提及。其实，个人从无为得到的好处何止一二：长生、旺盛的生命力、毫发不伤(见第十五、四十四、五十、五十五章)。显然，《老子》的作者相当关注个人生存，照此推论，个人保全自己，在危险的环境下安然自得的能力，自然是诸多好处里最为重要的，对那些顺从道的人，以上也是老子的承诺。然而，老子如同孔子也把拯救个人看成拯救天下的一部分。因此，老子的拯救理想要比个人多活几年远大得多。李生龙指出，虽然《老子》的救世目标不如《论语》说得明确，但仍然是老子思想的重要成分：

老子反复强调，圣人不仅要救他人还要救万物，通过无为来兼济天下。老子所言"吾言甚易知、甚易行"，实为发自内心的吁请，出自其造福众生的理念，传递出鲜明的急迫感。（李生龙 1987b：21）[51]

第五十四章描述个人"修"身"抱"德的几句话（自然使人想起《论语·为政》[21]、《宪问》[42]及《大学》的开始部分）写到个人的影响，如何从里到外地向家庭、国家乃至天下发散：

善剑者不拔，善抱者不脱，子孙以祭祀不辍。修之于身，其德乃真；修之于家，其德乃余；修之于乡，其德乃长；修之于国，其德乃丰；修之于天下，其德乃博。

通过守护内心的道，获得无为，拥有真正的德，有抱负的统治者就能固守救世的根柢。根柢牢固后，树才能长高长大，最终荫及天下。当然道家圣人的德向四周发散的方式与儒家圣人大不相同。与无处不在的北极星或吹倒草木的大风不同，道家圣人把自己变成众人的榜样，"抱一为天下式"，不炫耀、不自现、不居高。他们甘为人下，借助德的影响来慢慢地改变周围，所以他们才能引领世界复归自然。道家圣人讲究无为而治、不管闲事，所以他们才能守护强大而又神秘的德，用德来逐渐洗去世人身上不自然的行为和欲望。他们现身说法，以无为为方向，拒绝传统知识，最后世人也摆脱了知识和欲望的桎梏，达到无为：

不上贤，使民不争。不贵难得之货，使民不为盗。不见可欲，使民不乱。是以圣人之治也，虚其心，实其腹，弱其志，强其骨。恒使民无知无欲也。使夫智不敢弗为而已，则无不治矣。[52]（第三章）

圣人在生活中唯德是崇，他们有能力引领世人与他们一同回到自然，哪怕他们自己“不争”，也能帮助“万物复归自然”（第六十四章）。“复归自然”就是回到一度鼎盛的“大顺”（第六十五章），这种浪漫的生活——与老子同时代的统治者若是能拥有道的话，还能再次出现——第三十二章以生动的文字描述如下：

> 道常无名……候王若能守之，万物将自宾。天地相合，以降甘露，民莫之令而自均。

第四十三章写一位没有姓名的圣人，他颂扬无为的“益”处，——如先施予他人，最后得到所需的一切——无为必有回报，这一话题引出的紧张关系，不仅在《老子》里十分重要，而且与“无为悖论”密不可分。顾立雅对这种关系的研究相当典型，在其著名文章《道为何物？》[53]里，他说道家学说分为两种，一是“默想的”，一是“目的的”，并在英语汉学研究领域提出二者之间的差别。据顾立雅，这两种道家学说都有自己的无为：默想的无为代表“一种全然无为的态度，其成因是对世人的争斗不感兴趣”（Creel 1970：70），而目的的无为所代表的仅仅是控制他人的聪明技巧。如我在第一章所说，有人以为，无为不过是一种实用技巧，在法家思想家如韩非子（前 280—前 233）或申不害（前 385—前 337）的著述里，相当明确地含有这种观点，顾立雅认为这种无为也是《老子》的一大特色。[54]他觉得《老子》“更关注的不是作为大同的道，而是作为控制技巧的道”（Creel 1970：6）。顾立雅与冯友兰、韦理、戴文达、金谷治（Kanaya Osamu）及拉法格[55]等学者的观点不相上下，也认为《老子》是一部提倡乱世生存、延长生命、有效治理技巧的实用手册。如戴文达所说，道家圣人，

> 选择弱的、低的，避免有意识的努力，也不设定明确的目的。因此，在一定程度上可以说，他也是有目的的。他的无为是熟练的、故意的设计；他之所以如此选择，因为他相信，不如此，事物的“自然”发展对他不利。(Duyvendak 1954：10－11)

戴文达指出，道家圣人看似无害，其实是“不讲道德的”“玩世不恭的”，其程度不在法家之下。金谷治也提出了与戴文达相仿但不那么刻薄的观点，他的划分是：默想的、“宗教”倾向更大的庄子对应更玩世不恭的、更关注现世的老子。金谷治梳理完与逆转法则相关各章后指出，道家圣人不过是以这种法则为我所用。如此一来，道家圣人与普通人确实没什么两样：他身上也有平凡的价值观念，也有生活下去的欲望，他不过是能通过更聪明、更成功的技巧达到目的。金谷治认为，庄子抱有更真诚的宗教理想，与庄子不同，老子的最后诊断并没有真正超越“世俗的”价值(Kanaya 1964：5－6)。与此相似，部分学者(中国大陆居多)认为，从现代科学理论的角度来说，老子的理想是无神论的，“唯物主义的”。杨达荣(1936—　)也提到老子强调逆转法则的重要性，但他同时指出，老子的无为“不过是按客观规律办事而已”(杨达荣 1994：54)，而刘学智(1947—　)则相信，老子的自然“顺从万物固有的独立法则，具有唯物论的意义”(刘学智 1986：72)。

我引用《老子》的不少章句，必定呼应了上述工具论的解释。第六十五章提到的“恒使民无知”，难免有目的不纯之嫌。至于对此到底作何理解，是解释成有目的的，还是无目的的，往往取决于翻译的角度。安乐哲指出，“恒使民无知”一说，可以从两方面来理解：(1) 是统治者愚弄人们的伎俩，因为只有统治者才拥有道；(2) 是统治者引领人民实现圆满的手段，统治者也要帮助人民发现道。安乐哲指出，虽然哪一种解释也不能完全被文本排除(他写道:“《老子》的模棱两可足可推演出两种解释”),但第二种解释“有积极的特点,可以使玄学和文本的政治哲学之间连贯畅通”(Ames 1994：8)。也就是说,圣人-统治者要使其行为符合道的运行,我们在第十和第五十一章里也发现,只有先让万物兴旺发达,道才能达到自己的目的。安乐哲在评论第三章(“弱其志,强其骨”)时对法家的解释提出反驳:

> 在道家哲学的语境下,“虚其心”“弱其志”“使民无知”,不应解释为以政治压迫为目的的愚民政策,不然的话,就是无视道家思想的全部要旨：顺从自然之道……第三章的主要思想是,通过坚守无为,圣人-统治者创造出一种环境,人民在其中可以自由自在地表现其潜质,自然地全面地成长,不必被来自外部的各种“目的”污染。(Ames 1994：42－43)

其他学者也赞成安乐哲的观点。刘笑敢指出,“恒使民无知”指的不是聪明的人利用愚蠢的人,而是使人“朴实和直率”(刘笑敢 1999)。有关第七章(“非以其无私邪,故能成其私?”)和第六十六章(“是以圣人欲上民,必以言下之”)的部分字句,刘殿爵指出,所谓“欲上必下”的说法,有人称其动机不纯,

> 原因是我们已有先入之见,以为《老子》提倡“权术”。一旦对这些字句不抱偏见,我们就会发现(那些说法)没什么险恶用意,仅此而已。即使统治者希望达到自己的目的,他也先要实现人民的目的,不然他自己也不会成功。如果统治者看重自己,他也只能把自己当成外部的他,不然他就没办法使自己的利益最大化。所谓

“统治者达到自己的目的”,这种说法让人联想到对幸福的追求。一个人只有通过追求他人的幸福,自己才能得到幸福,因为只有忘记自己的幸福,他才能够幸福。以上理论从来没有恶意。《老子》也不需要充满恶意的理论。(刘殿爵 1963:39—40)

据此可以得出结论,《老子》一书显然具有工具论的色彩,因此也吸引了后来的法家思想家,[56]即使如此,也不该把《老子》当成实施政治控制的系统纲领。[57]凡是从工具论的角度理解《老子》,都难免忽视一个重要因素,这部文本的深层还有宗教性[58]成分。以上也是刘笑敢的观点,他发现以各种工具论的解读,选取不同的章句,为其所用,却唯独没能领会《老子》的要旨所在:

把《老子》当作政治书、兵书或气功书都不能算歪曲《老子》思想,但这些说法都没有抓住老子思想更深层、更本质、更具有统一性的东西,崇尚自然是道家思想最独特的价值观,是和崇尚努力的儒家理论的基本分野。(刘笑敢 1999:211—212)

贾东城对此也有同感,如他所述,无为确有实用价值——延长生命、打胜仗、使天下和谐——不过:

上面这些言论虽与“无为而治”的政治权术有关,但愚以为它们更重要的是用来讲“善为士者”或曰“圣人”的涵养水平和精神境界的。这表明了老子对较一般诸如政治、军事等有形有声的具体问题更高一层次的精神心性方面的探索。(贾东城 1989:91)

据此，凡是以肤浅的工具论解读《老子》，应一概排除在外，因为道家圣人显然没有凡人的欲望或价值观。不过，圣人又确实拥有圣人的价值观：如他看重的是超凡脱俗或“食母”。老子将这种价值观与大众的价值观剥离出来，因为，与低俗的价值观不同，道和“母”才是应该珍惜的东西。这与上文讨论的元知识正相呼应，圣人拥抱元知识，而对传统“知识”却避之唯恐不及。照此推论，“食母”也可以被视为一种元价值，因为元价值生长的地方与普通人的价值观大相径庭。然而，看中不被看中的，这种哲学仍然带有悖论的色彩，可以说，我们尚不完全清楚，提出“元价值”之后，我们能不能彻底走出两难境地。此后，我们不得不面对《老子》里出现的“无为悖论”。

读完《老子》，大多数读者感到老子的说教有些自相矛盾，所以读者才希望揭开这种悖论，这大概也是《老子》魅力的所在。不过，有必要先来澄清一个司空见惯的说法：老子思想的悖论是其逆转法则。其实这种提法是站不住脚的。老子确实崇尚守弱至强，因为事物一旦变得强大，就开始向弱小转变，乍一看，这种变化是矛盾的。然而，逆转并不是强弱往复，而是指一种复归的法则，即“有”（传统上强大的等）又回到“无”（弱的等）。刘殿爵指出：

> 反（返）是“复归根柢”，根柢当然是顺从的、软弱的。一句话，事物一旦达到其成长的极限，必将返回其出发地，也就是没落。这是不可避免的。复归根柢后必然还要成长，但老子没有言及。（刘殿爵 1963：27）

因此，坚守弱小的一方，才能拥有持久的力量。与此相同，为了强大而选择弱小，一旦明白此“弱小”并非传统意义上的彼“弱小”，表面上的悖论自然消弭。老子的“弱”小和“知”识，有时是反话，有时不是反话，若不分彼此，他的话好像是矛盾的。逆转法则是“似非而是的教义”，但这种悖论不过是表面上的。

深层悖论是指那些仿佛遮蔽内在论立场的悖论。先来说说“自然神学”的问题：[59]如果我们能够与道、“自然”和谐（取“自然”二字的所有义项），那么天下又何以堕落，为什么要用这么大的气力才可能把我们拉回来？第三十七章对此有所涉及：

> 道常无为而无不为。候王若能守之，万物将自化。化而欲作，吾将镇之以无名之朴，镇之以无名之朴，夫将不欲。

欲望是不是自然的？若是不自然的，为什么还频频出现？“把欲望镇压下去”，这不是太不自然了吗？再从另一个角度提出问题，如果我们本质的自我真的与道和谐了——引领我们“自然地”顺从道的运行——那么，自我又怎么能被掩盖起来？道家圣人说：“众人皆有以，而我独顽且鄙。我独异于人，而贵食母”（第二十章）。如果圣人确实与其他人大不相同，他的道怎样才能“自然地”惠及众生？或许反面才是真相：有目的、聪明、不在意“母”，凡此种种对我们都是自然的。上文婉转地规劝我们热爱原初的“母”，这倒好像以最恶劣的方式强迫儿子孝顺，第十八和十九章还对此提出过批评。

与自然神学问题相关的，还有更难解的概念问题：怎么才能为无为呢。老子敦促我们在行为上要“为无为”，在认知上要“执一”或“执象”（把握道的象），而与此同时，他又系统地批评“为”和“执”。[60]他敦促我们从个人的角度减少欲望，从政治的角度压缩国家的规模，而与此同时又警告我们，人性如朴，不应触碰；国家如“神器”，不应握有：

> 将欲取天下而为之，吾见其不得已。天下神器，不可为也，不可执也。为者败之，执者失之。

或许更系统的研读顾立雅对“默想”和“目的”的划分，先要将他的划分视为对“为无为”等深层紧张关系的一种回应。顾立雅在讨论“两种”道教学说时指出，它们

> 不仅有所区别。从逻辑的和本质的角度来说，它们也不兼容。一旦我们想要干预人事，来自无为的那种平静的、安详的、内在的力量，顿时化为乌有……道家典籍巧妙地告诉我们，其实这些活动不是干预人事，而是要使人们回到自然状态，但这种说法并未改变干预人事的性质。(Creel 1970：45)

顾立雅相信，如果我们确实不想为，也没有正常的人欲，那么我们在世上就能有所作为，另一方面，在世上行动的能力，乃至达到一定目的的能力，却说明还存在隐藏的欲望和价值观。虽然我们并不接受顾立雅的划分，但顾立雅已经触碰到《老子》“无为悖论”的关键所在，他对那种“巧妙的”破解“无为悖论”的说法是不以为然的。

众多其他学者也作出过各种巧妙的尝试。洛伊(David Loy，1947—　)专门研究过“为无为”的问题——他将其描述为最基本的道家悖论。他相信，“非双重性行为”是答案所在，因为“主体和客体之间不存在分离：施动者没意识到采取的行动与完成的客观行动有所不同”(Loy 1985：73)。其实他仅仅转移了悖论，因为问题依旧是，怎样才能故作不知。其他学者也从不同角度研究无为，如把无为分成几个层面。如张钦划分出“高级的”无为，其特点是道或天，完全不受意识目的

或目的行为的制约；“低级的”无为涉及排除不自然的行为，不一定非要杜绝有意地、积极地接触世间万物内在的本质（张钦 1995）。不过，张钦的理论碰到一个问题，从不做或无目的的角度来说，天显然都不是无为的。天确实做了不少——其实，天（与地）是世间万物的发动机和养育者。与此同时，天好像也有自己的目的：如抑高抬低，损有余而补不足。即使按照张钦的“高级的”无为，天也不是无为的，我们把无为分成几个层次，这种方法好像也没法化解悖论。

葛瑞汉的研究值得一提。“圣人更希望无欲而非有欲？”葛瑞汉巧妙地从反面提出了答案：“不对，因为那又怎么分析和计算达到目的的手段。明察秋毫的圣人受到吸引，与自然过程的自发性同进同退”（Graham 1989：230）。以上答案是葛瑞汉研究项目的一部分，他希望从纯粹“情景意识”[61]的角度来描写道家的自发性。在此我们不对葛瑞汉的研究做过多评论，但其重点显然是庄子而非老子。应该指出的是，至少《老子》文本与葛瑞汉的研究是矛盾的。道家圣人也有所为——“贵食母”——他的行为得到元知识的指引。圣人把自然过程当成隐喻上的模仿对象，但并不等于圣人自己变成了自然过程，不论自然过程是怎么发生的。此外，葛瑞汉还为“自然过程”假定出一个非人格化的概念，而老子理想里的“自然”（在天或道之内）却有自己的目的，因此也继续拥有一定的人格。

其实，悖论的存在并没逃过《老子》作者（们）的眼睛，他们又是如何对待悖论的，我们不妨一读。马王堆本一开始就提到上述悖论（王弼本第三十八章），“上德不德，是以有德”。再回想一下王弼本的第一章（马王堆本第三十八章）：

道可道也，非恒道也。名可名也，非恒名也。无名，万物之始也；有名，万物之母也。故恒无欲也，以观其眇；[62]恒有欲也，以观其所徼。两者同出，异名同谓。玄之又玄，众眇之门。

如我在讨论以上章句时所指出的，因为无欲，才能走入“无”的王国（即天和道德王国），进而获得在“有”的王国（现象的、人的王国）里成功的秘诀。这种既要无欲又要有欲的状态，好像才是作者所说“此两者同出而异名”的真义所在。因为悖论的存在，所以老子的教义才说“玄之又玄”。阿兰·福克斯（Alan Fox）在研究“玄”时指出，

在现代文化里，我们并不重视“玄”（秘密），我们把玄与侦探小说和电视节目联系起来，我们知道，等故事结束时，“玄”一定能解开。但从传统的角度说，玄不是未解之谜，而是永远也解不开的谜。正是在这种意义上，基督教的三位一体才是秘密——上帝的三个人却被理解为一个上帝。那种无限性、那种深不可测的各种可能性本身就是谜，即事物可以是它们以外的东西，乃至它们的反面。（Fox 1995：11－12）

从正确的角度理解老子的无为，可以说无为就是把顾立雅的两种划分（默想和目的）结合起来，然后再超越。其实《老子》已经表达出玄妙的宗教敏感性，这种敏感性出现在“无为悖论”最深的层面上。无欲的道家圣人进入无的王国，注视逆转法则的秘密；有欲的道家圣人把逆转法则用在世界上，既可以达到自己的目的，又能帮助万物复归自然。顾立雅是绝对正确的，因为他指出两种状态——无欲和有欲——在逻辑上是矛盾的，但超越这种矛盾的能力，才是老子对读者提出的要求。因此，我们在第十章才碰到一系列的问题：

> 载营魄抱一，能无离乎？专气致柔，能如婴儿乎？涤除玄鉴，能无疵乎？爱民治国，能无为乎？天门开阖，能为雌乎？明白四达，能无知乎。

在欲和无欲的神秘中左右逢源——关心人民又不诉诸知识，让自己的“明”照到四方，而自己又是无知的，惠及万物而自己又不居功——才能达到老子理想的精神状态并获得“玄德”的宇宙力量。

以上引文提到的身体修炼，显得格外有趣。我们先前对马伯乐或罗浩(Harold Roth)等人的说法提出过质疑，他们认为《老子》总的来说是默想手册或其他修身手册，以为《老子》的作者(们)，至少是部分章句的作者，熟悉这些技巧或说不定他们自己也练过，马伯乐他们的说法也不是没有道理。第十章提到的“专气”和“涤除玄鉴”说明先人已经意识到默想或呼吸技巧，我们在后面[63]《管子》的《内业》和《心术》等章节还能读到深入的讨论，此外，近年在马王堆发现的医书对此也有描述。[64]那些神秘的语言涉及默想修炼，有趣的是，其中提到通过身体与“无为悖论”发生关联的新方法。也就是说，虽然自然神学的问题尚未解决，但应对“为无为”的认知悖论，还有其他办法，不再与认知纠缠，而是转向行为：如转向默想或呼吸等养生法，这种训练的目的是引起自我的心理-生理发生变化。面对“欲不欲”的难题，纯粹的身体修炼未尝不是破题的办法，因为通过修炼可以改变气，最终在身心层面消灭欲望。

读者可能要说，上文提到的修炼与孔子心里想的有几分相似，孔子就曾提出，读书之初反复提倡的礼乐学，最终能引起“质”和心理-生理性情的变化。不过，《老子》第十章暗示的那种训练是全新的、成熟的，涉及自我的心理-生理结构，而且还有同样高级的、专门的技巧来改变自我结构。重要的是，我们先要一一讨论这些新技巧，然后再研究《孟子》，因为我们在《孟子》里将发现再度出现的内在论，这种内在论不仅要平息老子的无为在概念上的紧张关系，还要通过接纳或拒绝，回应几种改变自我的新技巧，自从《论语》集成以来，那些新技巧就站出来挑战儒家学说了。

注释

① 以下所引《老子》据 1973 年马王堆汉墓出土帛本书翻译，其中一部文本出自公元前 194—公元前 188 年，另一文本出自公元前 195 年，为目前最古老的版本。马王堆帛书适当结合 1993 年发现的更古老的郭店竹简（约公元前 300 年）。与《老子》版本相关的讨论，请见附录 3。

为行文规范，本书所引用的章数与结构据王弼本，因《老子》研究多以王弼本为准。不过，也应指出，帛本书“道”“德”部分与传统相反（帛本书第一章为通行本第三十八章），而郭店残简的“道”“德”并未分开。

② 如前文所说，为方便讨论，“老子”和“庄子”等均指同名书的作者。

③ 请注意与《论语》(3.8)的对比，其中对自我的描述为“绘事后素”。

④ “为”字发上声可指(a)“做”(动词)或(b)“存在”(连系动词)；发去声可指(c)“为了”。取(b)项与“以”(“取”或“用”)字连用，可指(d)“把(此物)当成(彼物)”或(不太照字面)“视(此物)为(彼物)”。老子提倡无为往往不仅取(a)项，还取(b/d)项，这一事实在通行的《老子》里被遮蔽了。如，老子名言“无为而无不为”在马王堆帛书本并未出现，在所有三种(马王堆甲/乙及郭店残简)《老子》的第三十八和第四十八章里，该句为“无为而无以为”，我将其翻译成“not acting (wuwei) and not holding anything in regard”。为指出老子抨击(b/d)项的“为”，英译将辅以中文，尽管(b/d)二项的“为”也要据上下文来翻译。

⑤ 因为《解老》相当同情老子的思想及其对修身的重视(以上正是《韩非子》其他多章批驳的)，有学者怀疑《解老》一章未必出自韩非子。

⑥ 郭店本为“祸莫大乎不知足”。

⑦《解老》的作者——对《老子》的评论入木三分——提出统治阶层的贪欲与“饰智”的联系时，内心必然也有同感。

⑧ 比较《老子》第三十二章对名的描述。

⑨ 为传达出自我意识行为的要素，《老子》里的“仁”最好理解为此书后来定义

的“仁”(benevolence)而非《论语》里的“人性”。

⑩ 马王堆汉墓帛书《老子》甲本《道经》作“故大道废，案有仁义”，案读焉。

⑪ 如见刘笑敢 1999。

⑫ 贾东城按王弼本“以其智多”而非“以其智也”。

⑬ 有趣的是，郭店本第十九章没用孔子的提法，被批评的“此三者”为知与辩、巧与利、饰与思。

⑭ 郭店简作“保”。

⑮ 孔子的济世理想应由谁来实施，我们不大清楚，与此相同，我们也不太清楚文中所说挽救天下百姓是不是一定要由统治者来完成。但可以确定的是，通过德来感化世人，实施者应该是统治者，但我们也可以想象，老子的读者也包括没当政的人，因为接受老子劝告的人，哪怕他们还没当政，其个人的德也可能使其成为统治者。当政也好，不当政也好，显然老子希望读到其五千言的“圣人”应是人民的统治者，而非仅仅是寻求自救的普通人(此话题后面还将详述)。重要的是我们还应注意，按照安乐哲的说法，在老子的世界观里，“如同在孔子的政治理论里，统治者及其社会地位是自然条件”(Ames 1994：41)。也就是说，君主/封建政治结构不是人工制品，而是宇宙自然结构的一部分。

⑯ 译文见附录 3 的讨论。

⑰ 部分评论者不惜耗时费力，希望从形而上的层面确立与“一”“二”“三”的对应关系，如他们提出，与之对应的是“天”“地”“人”，或“终极”“天地”“天地和谐的气”。我完全同意蒋锡昌的说法，一二三的递进，不过是修辞上的比喻说法，用来描述一个渐进过程，非要把几个数字与特定的玄学概念联系起来，可能造成过度阐释。见蒋锡昌的评论(高明：30)。

⑱ 习惯上孤、寡是统治者对自己的谦称。

⑲ 第三十二章说“道常无名”；第二十五章又说“有物混成”“吾不知其名”，所以才冠之以“道”。

⑳ 译文见附录 3 的讨论。

㉑ 参见任继愈(高明：29)和刘学智(1986：70—71)。

㉒ 参见冯友兰(1952：178)。冯以“体用”相分来解释第一章，此法出自王弼。

㉓ 与这种容器相关的更多信息，见刘殿爵(1968)。《庄子》第二十七章提到的“卮言”隐喻大概与其同为一物(见吴光明 1988 和 Watson 1968，n.1)。

㉔ 同理，容器清空后又马上倒转过来。

㉕ 郭店简书作：“勤能行于其中。”

㉖ 参见孟旦(Munro 1969：141)。金谷治把老子的无为说成修道过程的顶点(Yanaya 1964：2-3)，安乐哲观点与其相似，后者指出"道家所谓至人，先要模仿自然之道，最终融入常道"(Ames 1994：39)。在老子思想里，道与无为的关系密不可分，如李生龙所说，"道的基本内容是无为"(李生龙 1987：18)。

㉗ 部分学者划分更细。安乐哲列出圣人统治者需要模仿道的全部八种品质：① 无为；② 无言；③ 虚或静；④ 柔与弱；⑤ 不争；⑥ 取低位；⑦ 真诚；⑧ 不占(Ames 1994：39ff)。孟旦也发现模仿道在老子思想里的作用，他列出要模仿的两种品质：① 无为；② 虚或无。他还指出，两种品质难以分开："其实，道的两种品质(虚和无为)相互关联……'虚'(不分上下高低)是无为(行为无明确目的)的必要条件"(Munro 1969：142)。我同意孟旦的说法，道的品质可归结为两种，不过，我认为"不分上下高低"基本上是通过"无以为"来表述的，如我们所见，"无以为"好几次与无为连用，构成短语"无为而无以为"。两种品质以明确的方式同时出现，但在王弼的通行本里却不够明显(王弼本是孟旦 1969 年读到的唯一版本)。

㉘ "行为"与"认知"的划分出自福克斯(Alan Fox 1995)。

㉙ 此处"德"取其本义"善"或为他人做的好事而不指"领袖魅力"，不过，老子也很可能兼用两个意思，目的是彰显其"德-力"的概念。老子劝人以德报怨，希望德的平抚作用能使违德者无形中有所转变。

㉚ 不要忘了，儒学在《老子》里近乎漫画，是挖苦的对象。如儒家的真君子不能因做好事而"要求"回报。如第二章说，孔子认为，为了道德而实施的德行才是德行。当然，回报也是有的，但不能强求，要以(老子所谓)无为的方式得到。读者可能要说，老子批评的对象更像孔子批评的"乡愿"(伪君子)，而非孔子所说的真君子。我将继续把老子批评的生存方式称为儒学，因为我相信，老子话里话外并不认为"真正的"儒家思想能行得通：因为其基础是"为"和"有为"，所以孔子的道永远也达不到大无大为，最终却必然坠入乡愿所代表的那种虚伪。

㉛ 两者皆为盛大场合，大老又作太牢，指盛宴。

㉜ 比较冯友兰对"明"的描述，冯以为"明"是对宇宙普遍法则(常)的理解，逆转(反)是其最大的法则(冯友兰 1952：181—182)。

㉝ 参见马伯乐(Maspero 1971：201-222)。与中国传统"方术"或"内业"读物相关的讨论，见 Robinet 1984。支持此观点的为当代著名学者罗浩(见 Roth 1991a 和 Roth 1999a/b)。

㉞ 按传统说法，河上公是文帝(前 203—前 157)时人，但公元 3 世纪之前河上公

究竟如何却无从考稽，晚近学者以为，我们读到的河上公最多回溯至公元5世纪。见 Kohn 1992：62－69 对河上公所撰评注及年代的简介，此外 Alan Chan 1991 和 1998 也曾详论河上公的评注并提供其他参考材料。

㉟ 河上公对这句话的评注，见高明：264。

㊱ 此句意思不清，因王弼本最后一行的“毋以知”作无为。

㊲ 见冯友兰 1952：180ff；Alan Fox 1995：8 及 Benjamin Schwartz 1986：193。

㊳ 参见孟旦(Munro 1969：158)。与身体修炼相关的话题，后面还将讨论。

㊴ 如高明所说：“婴儿纯真无欲，乃为人之本原；无雕无琢之朴，乃为木之本原。”(高明：375)

㊵ 比较第六十一章的“牝常以静胜牡”，因牝处在低位，故能胜牡。

㊶ 按王弼本作“不远徙”。

㊷ 安乐哲指出，“与《论语》相反，《老子》崇古不因其文化，而因其无文化”(Ames 1994：8)。

㊸ 比较第四十五章。马王堆本、几部石印本及诸多现存版本作“自正”，而郭店本、王弼本及其他诸多现存版本作“自定”(高明：427—428)。“定”与“正”同义，词源相关，字形相似，抄写时容易混淆。我选“定”，因其与“静”更吻合。

㊹ 换言之，轮子本身也主要是“无”构成的——轮辐之间的空间。

㊺ 此句译文比较《孟子·梁惠王》(上：7)。

㊻ 马王堆甲本此句作“言有君，事有宗”。

㊼ 相对《内业》等典籍，《老子》成书的年代，至今说法不一，在这种语境下，应该指出的是，《老子》使用德的隐喻也不固定。在《内业》及其后的文本里，德作为(与气相关的)液体物质的概念才固定下来，因此也可以从水的隐喻来理解。不妨推论，《老子》成书的时间应在心理-生理理论为众人所知并接受之前，后来的《内业》《孟子》《庄子》颇受该理论的影响。

㊽ 几位学者已经注意到，无为作为消极力量和积极力量之间的关系。刘笑敢就把两种力量区分开来：消极的无为限制人的活动，而自然则是积极的，被用来描写事物状态的演进(刘笑敢 1999：211)，普通人的感知和活动被消极限制后，自然的积极力量(无论是内在的，还是外在的)就无法释放，这种观点在贾东城那里也有所表述，“只有闭目塞听，玄观静览，无私无欲，以素朴人性与诸物本质的自然契合，才能把握事物的根本，才能达到理想的精神境界”(贾东城 1989：91)。

㊾ 第七章的“外其身而身存”对此也有所提及。

㊿ 注意德作为液体的隐喻概念。我们在后文还将读到，在《内业》以后的典籍

里，这种表述已成规范，但在《老子》里却时有时无，没有严格遵守。

⑤1 另见张钦(1995：61)和孟旦(Donald Munro 1969：141)。

⑤2 比较第五十七章(前引)和第六十五章。

⑤3 顾立雅(Creel 1970：1－24)重印。

⑤4 我在前言提到，顾立雅相信，无为概念出自申不害，实质上是法家学说，《老子》不过是后来发展的产物。

⑤5 见冯友兰(1953：175)；韦理(Waley 1945：92)；戴文达(Duyvendak 1947)和(1954：12)；金谷治(Kanaya Osamu 1964)；拉法格(LaFargue 1994)。

⑤6 李生龙认为，老子无为的“客观主义”成分吸引了法家，而儒家或庄子无为的“主观主义”成分就没有那么大的吸引力(李生龙 1987b)。

⑤7 赵吉惠认为，老子思想不如黄老或法家那么系统，而且其本质也拒绝系统化(赵吉惠 1986：64)。

⑤8 请参考前言对“宗教”用法的概述。

⑤9 问题涉及在应该是善的宇宙秩序内，如何解释恶的存在。见 Harvey 1964：236－239 对自然神学的讨论及其从犹太-基督教传统提出的回答。

⑥0 参考第二十九章对“为”和“执”的批判。

⑥1 重点参考葛瑞汉(Graham 1983)和(1985)。

⑥2 见附录 3 对这种译法的讨论。

⑥3 罗浩始终认为，《管子》(特别是“内业”一章)描述的默想技巧是后来“道家”学派最早的雏形，至少“内业”一章的成书年代和演进要早于《老子》和《庄子》(Roth 1999 是其对所持立场最新的说明)。前文提及的原因和拙著第四章的详论及附录 4 使我继续相信，传统上以《老子》为“道家”最早的文本，如此定位最合理。

⑥4 见 Roth 1999，Harper 1998；李零 1993。

第四章

方术：《内业》的无为及墨家对无为的拒绝

在这一章，我将简要回顾战国时期两种思想的发展，这将对我后面的讨论产生影响。《孟子·滕文公下》(9)对两种思想发展的性质有所提及，孟子(约前372—前289)在此勾画出离经叛道的行径，他被迫对其大张挞伐：

> 杨朱墨翟之言，盈天下，天下之言，不归杨则归墨。杨氏为我，是无君也；墨氏兼爱，是无父也。无父无君。是禽兽也。

《孟子·尽心上》(26)也有相同的描述：

> 杨子取为我，拔一毛而利天下，不为也。[1]墨子兼爱，摩顶放踵利天下，为之。

孟子对杨朱(约前395—约前335)、墨翟(春秋末期战国初期)的批判，声色俱厉，足以引发一场论战。我写此章的目的是希望把孟子的描述变得更充实更合理，此外还要提及当时对孟子思想发展似乎起过作用的其他思潮。[②] 我们将发现，这些新的自我概念及应对自我的“方术”，对战国时期与无为相关的论述产生了重大影响。

杨朱和“身体的发现”

我们对杨朱的生平和思想所知甚少，根据他与梁惠王的对话，[③] 杨朱在公元前 370 至公元前 319 年之间可谓大名鼎鼎。与墨子不同的是，杨朱本人的言论没有流传下来，他的学说必定是根据他人转述而重新建构的。《淮南子》第十三章所载杨朱言论，被引用最多，也最有帮助，其中三条基本的信念划在杨朱名下：即全性；葆真；持身(不以物累形)。《吕氏春秋》的部分章节与杨朱学说也有关联。1962 年关锋(1919—2005)确认《庄子》中有三章(28、29、31，葛瑞汉又添上 31)为杨朱伪作。[④] 因为有了后面的杨朱言论，我们才得以研究《淮南子》记述的三个信念。如葛瑞汉所说，如同墨家学说，杨朱学说也关注“利”，但这种利是极端个人主义的“利”：

> [**杨朱学说**]与墨家相同，也是从利害入手，但杨朱学说提出的问题不是“我们如何利天下?”而是“何以利人?”或说得再明白些，“何以利己?”是俗人所说的财富与权力吗？或生命和健康及感官享乐？墨家仅仅关注“有用的”，杨朱学派却要问：“有什么用?”(Graham 1989：56)

按照葛瑞汉的重构，杨朱希望守护的“性”是上天赐予人们颐养天年的能力；“真”是指尚未被文化污染的人们内心的自发倾向；“不以物累形”是指珍视自己的生命,不图显达。如此自我的学说与提倡入世的孔子或墨子可谓大相径庭。所以众多学者提出,其实杨朱学说代表了战国混乱时期出现的激进的新的自我概念:独立于所有社会角色之外的、生物个体的自我概念。爱默生(John Emerson)甚至说,是杨朱在古代中国“发现了身体”(Emerson 1996)。

这种说法显然抬高了杨朱,⑤但其指向是正确的。据葛瑞汉的观点,杨朱在中国思想家里最先把(人)性变成主题,⑥杨朱又与其他中国古代思想家如宋钘(约前 370—前 291)及《管子·内业》的佚名作者,一同改变了中国宗教和哲学话语的走向,走出对社会角色和大众福祉的专注,开始考虑重己的、生命的个体。据说宋钘主张背离孔墨崇尚的行为规范,敦促人们以“心之行”来关注自己。而有些学者则把《内业》当成修身与气等身心因素发展相关的最早的典籍。下面我要扼要地讨论《内业》——很可能是这方面现存最早的文本——目的是勾勒出这种新型自我的轮廓,而所谓新型自我对战国时期的思想产生过重大影响。

《内业》的新型自我

如罗浩和夏德安(Donald Harper)等学者指出的,理解《内业》及其使用的隐喻,要从战国时期的医书、长生秘笈和五花八门的秘方入手(与此相关的大部分古籍在相对较晚的考古文本里才有所保存),因为当初这类文本颇为流行,远非传世典籍三言两语能概括的。夏德安的观点是,这种“自然哲学”和秘方从公元前 3 世纪到公元前 2 世纪相当流行,

如果我们完全从至今为止发掘的古墓里提取证据,借此复原

> 战国时期贵族的世界观，那么，与自然哲学和神秘思想相关的种种想法将占据显著地位——要比依据正宗典籍进行的重构地位更显著，若典籍所收仅为哲学大师言论，就更是如此。（Harper 1999：820）

我们读到的最早的医书刻在十二面的玉石上，名为《行气》，据说来自战国晚期（公元前 4 世纪末至公元前 3 世纪初）。[7]此外我们还有马王堆出土的医书，夏德安最近才把医书翻译出来，依他所见，“不会早于公元前 3 世纪”，马王堆的稿本应为原著面世不久抄写的（1998：21）。这些秘方和理论实际面世的年代可能要更早。夏德安注意到医生与巫医之间的关系（1998：43），蒂尔（P. J. Thiel）、葛瑞汉、施舟人（Kristofer Schipper，1934— ）、裴玄德（Jordan Paper）等学者也把自然哲学和秘方与庄严的中国萨满习俗联系起来。[8]

然而，不论其起源多么庄严，只有在《内业》（也许还有《老子》的部分章句）里，我们才能找到这些秘方流入哲学争论的证据。夏德安承认这些自然哲学和神秘哲学与《内业》等“修炼秘笈”之间存在确定的关系——各自所用术语和隐喻相同（Harper 1995），关注的方向与使用的方法也难分彼此——但罗浩依然希望分清哪些是一般的健身法，哪些又是“内心修炼”（Roth 1999：168－172）。据他推测，萨满教徒和其他术士与先秦各派哲学家相互融合，才使得那些自然主义的、神秘的术语和方术大行其道，所谓的哲学家们或是来自齐国（前 345—前 280 年）的稷下学宫，或是来自秦国吕不韦的宫廷（前 250—前 239），乃至淮南王刘安的宫廷（前 150—前 122）（Roth 1999：168）。术士当中不乏形形色色的巫医和大夫，他们使用的专业术语在新兴的医学领域被广泛使用，此后又逐渐进入普通人的词汇和意识。[9]这种新型自我到底是怎样变成书面语汇的，对此姑且不论，但有一点是清楚的——从《孟子》开始——新型自我就变成了讨论修身的预设模型。于是我们发现孟子、庄子、荀子依托新型自我构建他们的无为概念。⑩

罗浩数十年研究与修身相关的古籍，根据他的意见，修身方面现存最早的著述是《管子》的《内业》。《管子》是一部文集，约公元前 300 年在齐国成书，迟至公元前 26 年还有所增益。虽然《内业》往往与其他三章《心术》上、下和《白心》一并研讨——但罗浩相信，《内业》面世更早，无涉上述其他修身文本（Roth 1999：18）。为行文简洁，我将重点讨论《内业》。⑪

关注身体

虽然《内业》的济世目标与《老子》相仿，如静或和，但其方法却明显地指向生理。《内业》反复提到形（身体）或身体的部分：四肢、耳目、皮肤、筋骨等。摄取食物直接影响气血（91），这种描述颇有生理-精神色彩。《内业》显然凸显出身体的地位，与之相伴的是话语方式稍稍有所改变，使隐喻——作为容器的自我——变成了概念。如我们看到的，这个隐喻在《论语》里出现过，但那里的“内”“外”语义往往更宽泛，超出了身体，把与自我相关的某些行为和社会关系也涵盖在内。《老子》不过是含糊地提到作为容器的身体，但其中的隐喻并没有明确使用“内”“外”等术语。《内业》如其章名所指，系统地、明确地使用了隐喻作为容器的自我，显然这里的容器是由身体构成的。如我们在第十八章里读到：

全心在中，不可蔽匿，和于形容，见于肤色。

引文提到的心好像没有被全部当成身内的物体，因此我们也看不到。不过，心可以被变成“全”的，这也说明心至少从隐喻的角度被部分地理解为与身体器官无关的物质——一种从身内朝外发散的物质。等这种物质变全之后，其存在状态要间接地通过行为和外表显现出来，甚至足以影响“肤色”。我们将发现，心或内德作为物质的隐喻在《内业》以后的著述里是常见的主题，此处的物质能从里向外发散，传递到皮肤或瞳孔。

我们在第二十一章读到：“平正擅匈(胸)，沦洽(论治)在心”(87)。此句心的概念，较之以往所见更具生理色彩：以往出现的心是有形的器官，如胸可能受到胸部机械运动的影响。我们在《内业》里发现，此为心的概念普遍转向的一个方面，从意志、情感、思想(如在《论语》和《老子》里)的模糊的所在地，转向身内更为具体的器官，其功能是安顿意和志——是“心智”而非“心”。在第五章里我们看到，心被形容为器，道可以在里面“处止”，其实我们还可发现“修心”和“静意”之间的联系。还是在《内业》里，我们初次发现“心”被挑出来充当自我各部分的“统治者”，因此也是自我修身的所在地：⑫

何谓解之？在于心安。我心治，官乃治，我心安，官乃安。治之者心也，安之者心也。(第七十三章)⑬

另一个有趣的发现是，第二十一章把气形容为“沦洽”，说明作为水的气这一隐喻开始出现在上层社会的文本里。隐喻作为水的气可能出自《管子》论水一章(《水地》)，部分原文如下：“水者，地之血气，如筋脉之通流者也。”文中的水变成“精”的化身，拥有的神力何止一二——“是以水者，万物之准也，诸生之淡也，违非得失之质也，是以无不满，无不居也，集于天地而藏于万物”——作者继续写道：“故曰水神”（《管子·水地》第三十九；Rickett 1998：100－101）。作为水的气，不论其隐喻概念到底出自哪里，这种隐喻概念以及气与精和神的关联，确是《内业》通篇的主题。文中所说的气在心中“自充自盈，自生自成”（59），以各种方式与精和神发生联系。气与精的关联最为直接——第八章“精气”连用（61）——但气-神的连接虽不那么直接，也足够直接的了。如第十九章写“搏气如神”“精气之极也”（83）。气、精、神之间的概念联系把气的隐喻特点迁移至后者，于是精被描述为“流”（47）。第十五章写圣人聚其“精气”，隐喻作为水的气又借此派生出好几个生动的、新鲜的表现法：

> 精存自生，其外安荣，内藏以为泉原，浩然和平，以为气渊。渊之不涸，四体乃固；泉之不竭，九窍遂通。乃能穷天地，破四海。（75）

此处语句在结构上平行使用，与孟子对修身的描述相似度之高绝非偶然。[14]上文对气及气与精神协调的初次关注，可能是新兴的医学理论和自然/神秘哲学引起的，《内业》之后，这种关注将变成战国时期玄学不可缺少的一部分。

无为和《内业》里的无为悖论

形容无为的标准隐喻，几乎都在篇幅不长的《内业》里出现过。最普通的隐喻来自“安”子谱系——安和静在文中多次出现。在《老子》里，“自为”出现的次数也不少——其中很多过程是“自”发的——《论语》中我们熟悉的概念“时”与“从”字隐喻构成的短语，预示出《庄子》的无为概念：“（圣人）与时变而不化，从物迁而不移。”（59）有关非自我意

识的隐喻倒是并不多见，但也绝非没有，

> 大心而敢，宽气而广，其形安而不移，能守一而弃万苛……宽舒而仁，[15]独乐其身，是谓云气，意行似天。(93)

如同《老子》的作者(们)，《内业》的作者(们)也在一定程度上意识到“无为悖论”的存在。如他们谨慎地指出，无为不能强求。虽然神秘的气可以赐予我们无为的自由和力量，但他们也警告说：

> 是故此气也，不可止以力，而可安以德；不可呼以声，而可迎以意。(49)

“迎以意”的过程好像也不容易，因为这种气还不能刻意求之：

> 思之，思之，又重思之。思之而不通，鬼神将通之。非鬼神之力也，精气之极也。四体既正，血气既静，一意搏心，耳目不淫，虽远若近。(83)

那么，获得无为的关键好像先要知道你已经拥有无为了。“鬼神”虽不显神通，但鬼神足以震慑四方。不过，我们怎么才能发现这种内在的神力呢？上文好像间接提及，似乎摆出一种特定的姿势就够了：“四体既正，血气既静。”不过，我们要注意作者马上又劝告说“一意搏心，耳目不淫”。如此说来，身心并用才对。与此相同的身心并用还出现在上述引文之后。作者先是劝告不要“图”，不然真气可能外泄，文句如下：

> 食莫若无饱，思莫若勿致，节适之齐（适），彼将自至。（85，比较 67）

因此，《内业》的救助之路似乎与《老子》颇为相似，不仅涉及行为，也涉及认知。一方面，我们先要通过正确的健身和姿态，清扫精神的居所（"除其舍"）；另一方面，我们还要"静"下心来，对气或精神力量，不能急于求成，"勿烦勿乱"：

> 有神自在身，一往一来，莫之能思。失之必乱，得之必治。敬除其舍，精将自来。精想思之，宁念治之，严容畏敬，精将至定。得之而勿舍，耳目不淫。心无他图，正心在中，万物得度。（71）

行为方面要做的，好像并不复杂：不过是先"正其身"和节制饮食。但我们此刻也应猜到，麻烦的是如何才能从认知的角度"正其心"。虽然《内业》的作者声称，我们"天生"拥有奇妙的气，但他们也发现，我们中的大多数人并没触碰到这种内在的东西。第三章为这种现象提出了几种解释：

> 凡心之刑，自充自盈，自生自成。其所以失之，必以忧乐喜怒欲利。能去忧乐喜怒欲利，心乃反济。彼心之情，利安以宁，勿烦勿乱，和乃自成。（51）

不过，我们要问，心若是自然相安的话，"忧乐喜怒"又是从哪里来的？说得更明白些，我们一旦被这些不良情绪传染，怎么才能摆脱？上文好像建议我们：拒绝不良情绪，但又不能用力太大，不然我们还得

“图”或“思”。

> 勿引勿推，福将自归。彼道自来，可藉与谋，静则得之，躁则失之。(95)

以上短章显现出的悖论，以其经典的形式再度出现，内在论者对此并不陌生：如果我们内在已拥有一定程度的气、精或无为，那么我们为什么还没意识到？内在论者敦促我们在无为上不要太用力，但是，不用力的话，又怎能抵达那里？虽然通过新的修炼方法可能避开悖论，但《内业》的作者仍然认为，炼身需要与转变认知同时发生，因此，他们仍然没有逃出悖论的桎梏，如我们在《老子》里发现的：我们怎么才能“为无为”，这才是问题所在。好在他们总算把一种新的“方术”引进战国时期的思想领域，这种方术可能来自医药或其他“自然”哲学，但从这里推演开去(哲学家们也办得到)，我们发现了气、精、神，此三者是身内积极的力量，通过身体和认知方式，可以被评价被激发。出乎自我的生理力量是可以驾驭的，能完成无为的大部分工作，这种理念实在强大，我们将要研究的思想家，他们都从不同的角度汲取其中的营养。

墨家对无为的拒绝

墨子及其学派并不把无为当成精神理想，所以我们也不必过多讨论。不过，他的思想与我们的讨论也有部分关联，那就是他极端的理性主义和意志论，二者事实上是对无为的拒绝。在中国思想史上，墨子大概是第一位全心专注辩论形式及其逻辑评价的思想家，后来他的信徒都是出色的名家和语言理论家。在此我们应该注意，墨家关注辩论的逻辑和形式——也是改变自我的新"方术"——为战国时期的话语注入了一系列新术语。葛瑞汉指出,辩、是非、情等语汇在日后的《墨辩》里被用为术语,理解这些术语在《孟子》和《庄子》里所指为何,就不能脱离墨家逻辑概念形成的语境。葛瑞汉说,《墨辩》里的"辩所关注的不是旋生旋灭的事物,而是'是'或'非',牛或非牛,其判断的依据是'名'的严格的必然性"(Graham 1978: 37)。再说"情","X 的情是其定义传递出的全部意思,分毫不差,即其'形''貌'后面所有的东西,不然就不是真正的 X"(179)。

墨子之所以专注辩论技巧,因为他认为,一旦事物被充分证明是正确的,人们就可能或将要信服。[16] 如墨子相信,世风日下盖因不公——任人唯亲、结党营私,他认为是儒家学说造成的。所以他才确信,明智的人能从客观角度考虑其兼爱学说,他们将发现实行兼爱必能惠及众生,仅这种理论信念就足以使他们实行兼爱。修身在墨子的思想里没有地位,因为正确的信念和实践与改变或呵护自我的性情无关,你只要在逻辑上相信一个论点就够了。

我们可以借用墨子使用的隐喻"推"来说明上述现象。从隐喻的角度来说,墨子的"推"是指把我们的理解力从现在的地点推向与逻辑相关的"空间",据《墨辩》对"推"下的定义:以我们不接受的和我们已接受的事物之间的同一性,对前者提出推论(Graham 1978: 482)。虽然这种理解来自后来的《墨辩》,但这种意义上的推,确是墨子本人使用的方法。如他在第十七章批判战争时,其论点就是以推论为依据的:

> 杀一人,谓之不义,必有一死罪矣。若以此说往,[17] 杀十人,十重不义,必有十死罪矣;杀百人,百重不义,必有百死罪矣。当此天下之君子皆知而非之,谓之不义。今至[18] 大为不义攻国,则弗知

非，从而誉之，谓之义。(Watson 1963：51；吴毓江 1993：198)

不明大义的"君子"知道谴责杀一人、十人、乃至百人者，但他们继续支持不义之战(死伤者以万计)，因为他们在同类相推方面还不够深入。

墨子似乎相信，现在人们已经知道他们谴责的例 1(杀一人)和歌颂的例 2(杀万人)之间的推类关系，他们就该马上把谴责从例 1 推向例 2。

按照墨子的理解，推论过程不必用力太多就能完成。所以在墨子那里没有修身的空间：人们因信念不对(他们的理解力位置"不对")才犯错误，这该如何改变呢？墨子认为需要通过理性的辩论，把他们的理解力推到正确的地方。如倪德卫指出的，"对墨子来说，不必诉诸内在心理教育或培养，也能使人们成为道德上正确的人。事实上，他还作出如下推测：人是一种理性的计算器"(Nivison 1997：96)，这种相当激进的理性主义和意志论被第五章讨论的新墨家学派改过了不少，但墨家的立场并未发生大的变化，他们对修身依然采取外在论的道德观，专注理性规劝，对性情的培养，乃至无为不以为然，并以此为其学派的一大特色。我们将看到，孟子有时也是从逻辑的认知的角度来理解"推"，但他往往又从生理的、渐进主义的角度使"推"发生改变，以此来吸收取自《内业》的修身方法。

注释

① 不少评论者指出，此句显然歪曲了杨朱立场：为占有天下，哪怕是伤一毛也不值得——应该把个人安全放在获取官位之上。

② 孟子人性概念形成的背景，与此相关的经典讨论见 Graham 1967。

③ 应该指出，孟子还与其见过几面。

④ 见 Graham 1989：54－55。

⑤ 爱默生的论点，这里不予详论，他以为杨朱之前的中国人对有形的“身体”没有概念，把自我理解为离身的，“由与他人相同的部分组成”，我发现其观点有些奇特。虽然古代中国人对有形的自我或“人格”确实没有成熟的理论，但要指出的是，我强烈赞成威廉斯（Bernard Williams，1929—2003）的观点：“理论不到场非理论不存在”（Williams 1993：27）。著名学者斯内尔（Bruno Snell，1896—1986）指出，荷马时代的希腊人不知道身体由各部分构成，威廉斯对斯内尔的批评可以用来教育那些偶尔过度解读的汉学家如爱默生和芬格莱特等，后者以为我在第二章讨论的《论语》没有内在性。见 Wiliams 1993：21ff。

⑥ 徐复观（1969）和史华慈指出，“一种理念的历史可能大于这种理念最终吸纳的一个术语的历史”（Schwartz 1985：176）——此说法对我们研究无为不无裨益——与孟子相仿的人性观，可以上溯至《诗经》（重点参考徐复观 1969，第一章）。我也认为，我们可以在孔子和老子的思想里找到朦胧但轮廓可辨的人性画面，在墨子那里也是如此。另一方面，不可否认的是，为一种理念发明一个术语，借此我们不仅可以厘清理念的轮廓，还可以使其更为显著。术语可以帮助我们明确思想、提炼并专注辩题。杨朱对中国思想的贡献是，迫使那些希望为其宗教理想辩护的思想家把原来藏在后台的人性概念推上前台，予以澄清和辩护。

⑦ 参见 Harper 1998：125；中文文本请参照李零 1993：322。

⑧ 参见 Thiel 1968，1969；Graham 1989：100ff；Schipper 1993，重点在第 6 页；Robinet 1997；35ff；Paper 1995，第 3—5 章，重点在第 132—140 页（从萨满教探寻庄子“变”的根源）。

⑨ 如马王堆医书的墓主并非医生，但对医药、占星、哲学却很感兴趣（Harper 1998：8）。

⑩ 我们还将发现，其大多数成分——对气的关注、心作为修身所在地的全新概念、明确的生理方法——在《论语》和《老子》里并不存在，这种现象可佐证传统考证，即这批古籍是在《孟子》《庄子》《荀子》之前完成的。详论见附录 2、3。

⑪ 如 Roth 1999 确定的。与《内业》相关的材料，均以罗浩为准。

⑫《管子·心术》一章的标题即为新潮流的标志。

⑬ 如罗浩所言，这种“心中心”的理念说明，《内业》有明显的内在论倾向（151—152）。

⑭ 不少学者指出《孟子》与《内业》在这方面及其他方面的联系。如《内业》的“搏气如神，万物备存”与《孟子·尽心上》(4)的“万物皆备于我矣”何其相似。《孟子》与《内业》之间关系的更多研究，参见 Jeffrey Riegel 1980；Graham 1989：105；Yang Rur-bin 1990，1993；Scott Cook 1995：299 - 301；Kwong-loi Shun 1997：121。Riegel 提出，在孟子时代，人们依据《内业》的语言来讨论气，早已司空见惯。

⑮ 罗浩取“仁”的医学意义“敏感”，其依据是马非百和《黄帝内经索问》(Roth 1999：227，n.112)。这好像很有可能，虽然——考虑到文内对孔子的话还有引用(如 89)——儒家的用法也不能排除。

⑯ 墨子相不相信人人有能力接受这种正确的信念，我们对此尚不清楚。在有些章句里，他间接提及只有少数个人具备这种能力，而普通大众必须通过法律和惩罚才能迫使其行为规范。

⑰ 其字面意思是，“从此出发，继续深入讨论”。

⑱ 文内墨子始终在使用一个普通的隐喻图式，作为旅程的论点：我们与论点同“往”，注意我们到达的地方(当此)，最后抵达(至)结论。

第五章

养端：《孟子》的无为

孟子(公元前4世纪)与孔子相隔几代,他以捍卫儒学为己任,在充满敌意的新环境里,继承孔子的宗教理想。在冠以孟子大名的著作里,[1]我们发现他从容应对来自各方的质疑和攻讦——从新墨家学派到原始主义(道家的)无政府主义者,再到那些不安分的统治者,其实后者感兴趣的不过是权力、财富、疆土。孟子一一回击他们对儒家学说的责难,守护周文化的传统价值和孔子主张的那种无为。

我们在《孟子》里发现的种种无为隐喻,已经在《论语》中出现过,对我们来说并不陌生,如以道为"安"、以道为"乐",但这些隐喻被后来的新隐喻遮掩下来,因为孟子要用崭新的隐喻回击他面临的挑战。其中最出名的大概是孟子那些与农作物相关的隐喻:触碰道德的"本"[2]或养道德的"端"。如此一来,孟子就把孔子的道德理念与《老子》崇尚的"自然的"道德模式联系在一起。此外,他又把这一谱系的隐喻和另外一个与水相关的谱系连在一起,后者同样生动有力:为进入"浩然"正气,寻找道德的"源"头,让道德行为像泉水一般,不可阻挡地、不可逆转地流到地里(达),或如同决堤的水,喷涌而出。水的原始力量也是孟子自我内在力量形成概念的主要模式，这种力量是“不可遏制的”（用水来形容无为，《老子》仅出现过一次，但在《庄子》里却格外重要）。最后，与水相关的隐喻谱系又使孟子得以把自己的理想与生理上才出现的气连在一起，孟子借此进入一系列与水相关的无为隐喻，如“流”或“顺”，并为理解德的力量找到新的概念图式。

把孟子对无为的隐喻概念与《老子》的做一对比，我们从中也能发现不少信息。老子原来使用的是一动不动的“朴”，而孟子的主要隐喻却是动态的“幼苗”（端），后者自然拥有方向和力量。借助这一隐喻，孟子可以描述儒家文化（文）取得的成就（道家原始主义者断然拒绝文化，以为不自然），将其视为改变人性的不二法门。借用《孟子·公孙丑上》(2)的隐喻，我们不用“揠苗”，也可以得到文化“食粮”。自然界不是静止的，也有其运行的方向，因此，人们实践孔子的礼乐如同作物长出粮食，没什么“不自然的”——其实，道家的原始主义者的“复归”才是大不自然。如我在下文还将讨论的，使用这种与农作物相关的隐喻，孟子还可以应对《老子》读者颇感困惑的矛盾：我们为什么要想变得“自然”呢？在孟子那里，自然不是指现代汉语的大自然（人工未施的自然界），而是人工的自然。所以对孟子来说，种植的作物和流淌的渠水才能代表人力与自然倾向的完美结合，也足以充当“呵护”无为道德倾向的隐喻。

修身的障碍

孟子发现的修身障碍，不少也是孔子曾注意到的。与孔子一样，孟子也认为过度的物欲伤害道德（见《尽心上》27 和《尽心下》35），虽然适当的物质享乐与道德生活并不矛盾。孟子也担心对“社会财物”的执念

（如声望等），可能让人走上歧路。的确，这种财物可能比实物财富更危险，因为其引发的堕落发生在深层，更不易被发现。如同孔子，孟子最严厉的批判目标不是享乐者或贪吃者，而是虚伪的“乡原”，这种人与堕落的时代同流合污，但他们还口口声声说自己要走先人和上天的正道。“乡原”为普通人树立的是虚伪的道德典范，其实他是“假先知”，不仅妨碍其自身的道德成长，也把众人引向歧途。孟子在《尽心下》(37)与弟子万章的对话里，详细阐述孔子何以说“乡原”是“德之贼”：

> 万章曰：“一乡皆称原人焉，无所往而不为原人，孔子以为德之贼，何哉？”
>
> 曰：“非之无举也，刺之无刺也；同乎流俗，合乎污世；居之似忠信，行之似廉洁；众皆悦之，自以为是，而不可与入尧舜之道，故曰德之贼也。孔子曰：‘恶似而非者：恶莠，恐其乱苗也；恶佞，恐其乱义也；恶利口，恐其乱信也；恶郑声，恐其乱乐也；恶紫，恐其乱朱也；恶乡原，恐其乱德也。’君子反经而已矣。经正，则庶民兴；庶民兴，斯无邪慝矣。”

引文提到的“邪慝”使我们想起正确修身遇到的一大障碍，孔子没遇上过，但却是孟子的一块心病：“邪说”造成的恶劣影响。我们将发现，墨家和名家提出的一种学说足以使人改邪归正的新理念，孟子是不以为然的，但他深知他们可能迷惑人民，使其走入歧途。于是孟子被迫研究各家学说(《公孙丑上》2)，练就辩术，凡此种种，完全是为了防御。孟子是孔子无为正统的捍卫者，他也不大相信语言，因世风日下才被迫站了出来说话：“予岂好辩哉？予不得已也。”③为了在公元前4世纪的中国保卫孔子的理想，孟子不得不面对形形色色的学说，其中有不少公开与儒家唱对台戏。孔子的文化使命是为后人“继绝世”，而孟子的使命却是扮演卫道士的角色，反击杨朱、墨翟的新异端邪说：

> 世衰道微，邪说暴行有作，臣弑其君者有之，子弑其父者有之。孔子惧，作春秋……圣王不作，诸侯放恣，处士横议，杨朱墨翟之言，盈天下……杨墨之道不息，孔子之道不著，是邪说诬民，充塞仁义也。仁义充塞……吾为此惧。闲先圣之道，距杨墨，放淫辞，邪说者不得作。(《滕文公下》9)

孟子要面对的还不止这些歪理邪说。如我们看到的，与生命体的自我相关理论的兴起，及其后对个人的关注，要求重塑孔子的理想，使其能够适应新兴的修身方法营造的空间，新方法反过来又要求对心和气的特殊功能予以探究。虽然《孟子》和《内业》等文本相对的成书时间，可能永远无法确定下来——杨朱是不是最先研究人性的，这不好下结论——但有一点是相当清楚的，在孟子写作的时代，修身与自我内在的生理作用之间的联系，并没引起足够的重视，其时，生命体人性的主体的问题无法再回避。史华慈指出，等孟子走上前台时，“儒生可能大多接受了通行的道德规范……但人们却无法回避一个问题：从存在论的角度说明这种道德的来源”(Schwartz 1985：262)。过去孔子以相对模糊的方式，提出其希望继承的文化来自宇宙，(如我们在第二章发现的)他甚至还暗示这种文化可能来自人类。然而，孟子却要对孔子的三言两语(如“吾未见好德如好色者也”)进行系统的论证，使好德和好色或其他人欲之间发生关联，维护孔子道德完美的理想——其象征是孔子说的七十从心所欲不逾矩——并把这种理想视为生物学意义上的性情与文化规范的完美结合。周朝文化理想与人类生物之间若能建立起联系,孟子就可以反驳道家/原始主义者对儒学的责难(如批评儒家违反自然),与此同时,他还可能化解《论语》里存在的"无为悖论",所以孟子的设想绝非偶然。

正是为了回击来自各门各派的挑战,孟子才推出了一系列伟大的理论——性善论、心稳定的特殊作用、"浩然之气"——以上思想也是本章讨论的重点。同时,也应知道,我们讨论的孟子,其思想在本质上依然是"孔子的"。因此,第二章所涉及人性堕落有关的观点、君子以道引领世人进入和谐状态的作用、礼乐与典籍在修身过程中的重要性,以及无往而不胜的德,将成为我们研讨的出发点,我们必须从这个角度来评价孟子思想的性质和经纬。

人性善

凡是对中国古代思想略知一二的人都知道孟子的名言:"人性善"。孟子的话到底是什么意思?我们先要判明其中的两个元素。"性"最初是从"生"字派生出来的,这两个字在字形上关系牢固。"生"指生命,是上天的赐予,其内涵是活动和生殖。"性"也有这种动态内涵和上天赐予的意思。按照葛瑞汉的理解,在一定程度上,"性"与"生"又有所不同,因为"性"取走了"生命"里动态的和成长的内涵:"在公元前 4 世纪的语汇里,生物的**性**与**生**不同,是指若不受**外力**阻碍或伤害,再有足够的营养,生命完成其成长的过程。"(Graham 1967;黑体为著者加以强调)因此,一种东西的**性**是指其自然成长过程,此处"自然"的大多数意思,我们讨论老子时已经提道:"原初的",即生来就有的;"自生的"和"自如的",即自发的;"内在的",如不借外力而自然成长。因此我们有理由将其翻译成人"性"。

孟旦注意到，性还有个特殊意思，专指物的典型行为：性质（*ergon*）（Munro 1969：66）。性可以用来指物种的典型行为，知道这层意思我们才能理解《孟子》的对话，因为与性相关的不少辩论，有的取词义(a)，狭义上那些为人所独有的（与道德理想相关的）自然的、成长的特点，有的取词义(b)，广义上人类习性的总和，也包括与动物共有的与道德无关的习性。以上也是《尽心下》(24)的要旨所在，孟子同意，性可以用其狭义(b)，指称饮食等小欲，不过，因为追逐这种小欲非君子所念（他们将其托付给命），所以君子要坚守性的狭义(a)（道德倾向）：

> 孟子曰：口之于味也，目之于色也，耳之于声也，鼻之于臭也，四肢之于安佚也，性也，有命焉，④君子不谓性也。仁之于父子也，义之于君臣也，礼之于宾主也，智之于贤者也，圣人之于天道也，命也，有性焉，君子不谓命也。⑤

我们将发现，在孟子那里，孔子的德并非人为的品质，经过严格的修身即能获得，而是内在秉性的自然外露。然而，我们也不要忘记，一个人的"性"不能与其天生的特点和秉性混为一谈，因为我们还有专门术语"故"⑥用来表示后者。孟子所谓性善，并不是说我们生来全是好的，他不过是说我们为善而生（Ivanhoe 1990a：34）。也就是说，我们的自然倾向——在良好的环境下，若是我们没受损伤，顺利成长的话——将是向善的。

这也是《告子上》(6)的题旨，此时孟子要面对的是提倡新墨家学说的⑦告子：

> 公都子曰："告子曰：'性无善无不善也。'或曰：'性可以为善，

可以为不善；是故文武兴，则民好善；幽厉兴，则民好暴。'或曰：有性善，有性不善……今曰'性善'，然则彼皆非与？"

孟子曰："乃若其情，则可以为善矣，乃所谓善也。若夫为不善，非才之罪也。"

对方问性，孟子以情作答，不少评论者对此感到不解。我想信广来(Kwong-loi Shun)的解释更站得住脚：

> 孟子在《告子下》(6)的话题从性转向情，其目的是要彰显如下事实：**性**可能被公都子对孟子提到的各种影响所左右，但人人皆有**向善的共性，这种共性决定他们到底是谁**，哪怕开发善性的人为数不多。(信广来 1997：216；黑体为著者加以强调)[⑧]

上文好像是正确的——因为前面说过，**性**有不同的意思——但可能还有更好的表述方式。我们应该注意，我加黑的句子说的是**性**的(a)意思，从这个角度理解，我们就能明白为什么孟子转用术语**情**，因为公都子最初的提问，用的是**性**字更宽泛、大概也更普通的(b)意思——在特定环境下，人们可能显露出来的不太好的习性。孟子不想批驳如下事实：在恶劣的环境下，人们可能被"不好的"冲动所左右(确实如此，孟子亲自观察过好几次)，他也不想说人性里没有这种冲动。通过改变术语，孟子真正要说的是：你对**性**的使用太宽泛，让我来换一个不那么模棱两可的术语，澄清一下我所谓的"性善"。

他使用的"情"和"材"是新的、有力的隐喻工具。我们已经几次注意到，**本质自我隐喻**是以**作为容器的自我**为依托的，一个人的本质自我与主体和自我的其他方面(如外部接触)发生关联。孟子把善安顿在**情**

里，因此也间接地使用了“自然”隐喻：人“自然地”待人接物，即为善，此处的自然指我们讨论《老子》时提到的全部意思。我将重点讨论第二个隐喻，因为这个隐喻在《孟子》里大概是最显著最生动的：以农作物为依托的隐喻。这一隐喻谱系对我们理解孟子的人性论至为重要，因为大多数认知工作都是该谱系为孟子和读者完成的，读者可以透过该谱系从形象的域里提取概念结构，对那个域他们相当熟悉（作物及其习性），然后再把概念结构用到他们不熟悉的抽象的道德修身领域。

如众多学者发现的，孟子提出的人性主张，不是指空泛的向善的“能力”，而是指积极的向善倾向，[9]这种倾向是可观察的，就像我们知道幼苗可能长成哪种作物。葛瑞汉指出，人类“可以为善”，一如他们可以活到老：在正常条件下，不发生疾病等意外，人类能够活足天年。有人20岁早逝，原因不是他的“材”质不好，而是其成长遇到伤害（Graham 1967：34－35）。农作物隐喻与道德成长之间的关联，以“牛山”寓言最为明显（《告子上》8），其中才与材的关联并非巧合：

> 牛山之木尝美矣，以其郊于大国也，斧斤伐之，可以为美乎？是其日夜之所息，雨露之所润，非无萌蘖之生焉，牛羊又从而牧之，是以若彼濯濯也。人见其濯濯也，以为未尝有材焉，此岂山之性也哉？
>
> 虽存乎人者，岂无仁义之心哉？其所以放其良心者，亦犹斧斤之于木也，旦旦而伐之，可以为美乎？其日夜之所息，平旦之气，其好恶与人相近也者几希，则其旦昼之所为，有梏亡之矣。梏之反覆，则其夜气不足以存；夜气不足以存，则其违禽兽不远矣。人见其禽兽也，而以为未尝有才焉者，是岂人之情也哉？
>
> 故苟得其养，无物不长；苟失其养，无物不消。孔子曰：“操则

存,舍则亡;出入无时,莫知其乡。"惟心之谓与?

上文描写的好像是"大自然",也没有使用与农作物相关的隐喻——对西方读者来说更是如此,因为他们习惯上把郊区的林子当成公园——但我依然相信,应该把牛山当成木料的来源而不是自然保护地,因此,山里生长的树木需要人为的干预。也就是说,从中推演出的信息不是我们不该在牛山伐木或放牧,而是我们不该忽视对牛山的管护,任由其他人胡来。即我们(作为隐喻上的统治者)不能允许环保压力——砍柴的也好,放牧的也好,都是城郊不可排除的成分——因无章可循给牛山造成破坏。从另一个角度来说,我们需要采取积极行动保护我们自己的和他人的道德性免遭破坏。[10]

因此,牛山寓言在农业语境下把"情"和"故"生动地编织起来:人的情宛如幼苗,必将长成道德,但在此过程中我们要适当地照顾、滋养、呵护,使其免遭伤害。**作为幼苗的道德心**,我们从这一隐喻得出的最基本的逻辑推演是:若是幼苗没能长大,其原因必然是外力干预了幼苗的主要目的。幼苗的故事又把作物隐喻谱系与当时的医药理论和**气**的形成联系起来[11]——这种联系对孟子的修身理想十分重要,所以孟子才一次次地以农作物和水的隐喻对其进行巩固。[12]

牛山寓言也使"善"变得更为充实:在孟子看来,善的在孔子那里就是道德的。我们在《告子上》(8)遇到的**仁义**(字面是仁和义;翻译成道德)是这种道德的速写,[13]《告子上》(6)则是其详述。读者还记得我们讨论该章停下的地方,孟子解释说,人们身上可观察的恶习不是内在的"故"造成的。他指出,这是因为人性有四德,其外在形式是四心:[14]

恻隐之心,人皆有之;羞恶之心,人皆有之;恭敬之心,人皆有之；是非之心，人皆有之。恻隐之心，[15]仁也；羞恶之心，义也；恭敬之心，礼也；是非之心，智也。

在英语里我们习惯上区分对待认知的和情感的能力或倾向，从“智”或“思想”的角度出发，我们指的是前者，从“心”和“感情”的角度出发，我们指的是后者。汉语的“心”确实不好翻译，因为这个器官或心所指的“圆形物”[16]——“心”，我们从《内业》之后就是这么翻译的——在中国人那里既有认知的也有情感的能力和倾向。此外，心还可作为“容器”，承载安顿下来的性情，其中也包括我们所说的“意志”。心的不好翻译还有其他原因，孟子使用的“心”不仅指心脏（意识施动的所在地），还指（如《告子上》6）各种特定的认知/情感倾向（及倾向引起的感情），这些倾向从心里发生，在本质上与心相关。在孟子那里，各种感情的认知内容是相当有限的：对此我下文还将讨论，感官引起的情感（饥饿、欲望等）不过是对目标的关注，然后必定以刺激-反应的机械方式对目标作出回应。不过，还有一种特殊的感情和感情-能力与心发生联系，拥有相当复杂的认知成分。这种感情与其目标的联系方式是显露“目标的存在的意义”（Yearley 1990：96）。这种感情对我们周围的情景作出回应，也是我们采取行动的情感动机。[17]如信广来注意到，是非之心牵涉的“不仅是知道对错……（而且还）涉及同意对的，不同意错的”。[18]孟子把这些特殊的感情和感情能力称为“心”，目的是在次要的情感里把心凸显出来，指出心与被称为心的器官/圆形物之间的特殊关系。

正是这种“道德之心”代表了“储存”在人体内的情。隐喻**内在的情（INNER ESSENCE）**可以推演出如下信息，代表情的心也应该是我们最重要的部分。那么，孟子所说的人性“善”，指的不仅是我们身上的心及其特殊的感情能力，还有心高于我们身上其他部分的地位，乃至与其他部分同进同退的感情和欲望。艾文贺指出,孟子不仅描述了人性的内容,还为人性构建出结构,心位于结构顶部(Ivanhoe 1990: 31 - 32)。心一旦被确定为我们隐喻的情,其显赫地位自在其中,所以孟子才高屋建瓴地敦促人们要多关注心:

体有贵贱,有小大。无以小害大,无以贱害贵。养其小者为小人,养其大者为大人。(《告子上》14)

心的"大"或"贵"在《告子》(下: 11)里表述得相当明确,孟子痛感人们对财物穷追不舍,但对呵护自我却满不在乎:

仁,人心也;义,人路也。舍其路而弗由,放其心而不知求,哀哉!人有鸡犬放,则知求之;有放心,而不知求。学问之道无他,求其放心而已矣。

其实,孟子不必先向我们证明心比鸡犬更有价值,因为这是隐喻作为本质自我的心不言自明的道理。作为道德心理学家他的任务是——通过心与情的沟通,先让人们明白什么才是应该珍视的——然后再让他们知道,对更高的价值"而不知求",是多么悲哀。这一理念在《告子上》(14)的结论部分,通过诉诸植物和医药的比喻,更明确地表现出来:

今有场师,舍其梧檟,养其樲棘,[19]则为贱场师焉。养其一指而失其肩背,[20]而不知也,则为狼疾人也。饮食之人,则人贱之矣,为其养小以失大也。饮食之人无有失也,则口腹岂适为尺寸之肤哉?[21]

孟子的文采以此为最！他循循善诱，指引我们从具体领域（什么是好园丁和好医生）提取价值评判标准，然后应用到更为抽象的道德修身领域。德心即为人情，我们因此才伟大。为了肌肤之乐而忽视德心，这种人不过是可鄙的、无能的。

我们发现，人有四心未必就有四德：人们并非生而有德，他们不过是拥有一种内在的倾向，可能变成有德之人。理解心与其绽放的品德之间的关系，可能才是理解人性"善"，乃至理解孟子无为概念的钥匙——以上并非偶然。《告子上》(6)并没把心与德之间的关系说透，但幸运的是，《公孙丑上》(6)对此有所澄清，为说明四心以四"端"（德的幼苗）的形式已是我们"故"（秉性）的一部分，孟子再次使用农作物隐喻：

> 恻隐之心，仁之端也；羞恶之心，义之端也；辞让之心，礼之端也；是非之心，智之端也。人之有是四端也，犹其有四体也。有是四端而自谓不能者，自贼者也。

我们后面再讨论"贼"的隐喻。我们先来讨论"幼苗"隐喻的逻辑推演，因为这种隐喻为孟子提供了一系列策略，使孟子得以对昏聩的统治者或攻讦者大大方方地证明，他们生来是向善的：因为我们的心如幼苗，幼苗"是自我的一部分，总是显现的和积极的，而不是隐藏的或潜伏的"(Ivanhoe 1993a：27)，因此，幼苗的存在和影响应该以各种形式在我们的行为上显露出来。

孟子在《梁惠王上》(7)里与齐宣王之间绝妙的对话，可谓这种策略的例证。孟子规劝齐宣王做一个"真正的君主"，齐宣王则问孟子自己可不可以成为这种君主。孟子说他当然可以。君主不太自信，反问孟子："何由知吾可也？"我们从他们的其他对话里知道，君主知道自己喜

好(与道德无涉)勇气、钱财、女色,所以他显然以为自己身上没有孟子说的那些良好素质。于是孟子用一个故事来回应君主的疑虑:

> "臣闻之胡龁曰,王坐于堂上,有牵牛而过堂下者,王见之,曰:'牛何之?'对曰:'将以衅钟。'[22]王曰:'舍之!吾不忍其觳觫,若无罪而就死地。'对曰:'然则废衅钟与?'曰:'何可废也?以羊易之!'不识有诸?"
>
> 曰:"有之。"
>
> 曰:"是心足以王矣。百姓皆以王为爱也,臣固知王之不忍也。"王曰:"然。诚有百姓者。齐国虽褊小,吾何爱一牛?即不忍其觳觫,若无罪而就死地,故以羊易之也。"
>
> 曰:"王无异于百姓之以王为爱也。以小易大,彼恶知之?王若隐其无罪而就死地,则牛羊何择焉?"
>
> 王笑曰:"是诚何心哉?[23]我非爱其财。而易之以羊也,宜乎百姓之谓我爱也。"
>
> 曰:"无伤也,是乃仁术也,[24]见牛未见羊也。君子之于禽兽也,见其生,不忍见其死;闻其声,不忍食其肉。是以君子远庖厨也。"[25]
>
> 王说曰:"诗云:'他人有心,予忖度之。'夫子之谓也。夫我乃行之,反而求之,不得吾心。夫子言之,于我心有戚戚焉。"

孟子扮演的角色仿佛是道德心理分析师。通过连续追问,孟子让齐宣王认识到自己的真实动机,此前不仅外人不知道,连君主自己也不清楚。孟子告诉齐宣王,这种动机就是君主以为自己不曾有过的怜悯之心。

孟子还借用“孺子入井”的故事(《公孙丑上》6)，将其理念推及众人，凡“不忍人之心”人皆有之，非齐宣王独有：

> 所以谓人皆有不忍人之心者，今人乍见孺子将入于井，皆有怵惕恻隐之心。非所以内交于孺子之父母也，非所以要誉于乡党朋友也，非恶其声而然也。
>
> 由是观之，无恻隐之心，非人也；无羞恶之心，非人也；无辞让之心，非人也；无是非之心，非人也。

如同在《梁惠王上》(7)里，此处的孟子也想迫使听众或读者，通过反思他们自发的或自动的行为，来发现自己的真实动机。在以上两则故事里，自发因素都是关键所在：齐宣王不杀牛，其想法是自发的，连他自己也不明白，爬向井边的孩子引发的反应也让人来不及多想。刹那间作出反应的自发性，才是自然的标志——既不用强迫也没有外力。

《公孙丑上》(6)的普遍性在《告子上》(10)等章句里也得到印证，其中孟子借用人的行为来说明，舍生取义不仅是他或“道德人士”的理念，在最低层面上，就连那些流浪汉和乞丐也不会拒绝：

> 鱼，我所欲也；熊掌，亦我所欲也，二者不可得兼，舍鱼而取熊掌者也。生，亦我所欲也；义，亦我所欲也，二者不可得兼，舍生而取义者也。生亦我所欲，所欲有甚于生者，故不为苟得也；死亦我所恶，所恶有甚于死者，故患有所不辟也……是故所欲有甚于生者，所恶有甚于死者，非独贤者有是心也，人皆有之，贤者能勿丧耳。

这种自发的是非感在猎场守护员和齐景公之间继续得到印证，前者因不合礼法,拒绝前来迎接齐景公,哪怕被杀头(《滕文公下》1),还有驾车人王良,哪怕回报再大,也不想为不诚实的猎人赶车,因为王良把那看成耻辱(《滕文公下》1)。上述几人让我们联想到我们自己自发的、无为的反应:那种没经过教育的人的行为也能证明天生秉性的存在。出身低下的人很可能从未研习过礼乐,也没读过诗书,因此他们自发的正确行为有力地证明,道德感是内在的和普遍的,如同身上长的四肢。[26]

在孟子与齐宣王的对话里,孟子好像赢了第一轮:他使君主相信,他有内在的道德倾向。不幸的是,这种倾向还不足以保证现实中的道德行为。他不经意地放过一头牛,但他大部分时间却在奴役自己的人民。道德倾向和道德行为之间的差距怎样才能弥合?即齐宣王怎样才能把对动物那种心血来潮的同情转变成成熟的性情,以无为的同情的方式对待他的人民?下文将讨论问题的答案:孟子的修身论。

孟子的推进:推己及人

下面是孟子与齐宣王对话的第二阶段(《梁惠王上》7)。齐宣王承认孟子看透了他不杀牛的真正动机,但仍然不明白刹那间对牲口的恻隐之心与当一个好君主又有什么关系。君主问:"此心之所以合于王者,何也?"孟子以类比作答:

"有复于王者曰:'吾力足以举百钧',[27]而不足以举一羽;'明足以察秋毫之末',而不见舆薪,则王许之乎?"

曰:"否。"

"今恩足以及禽兽,而功不至于百姓者,独何与?然则一羽之不举,为不用力焉;舆薪之不见,为不用明焉,百姓之不见保,为不用恩焉。故王之不王，不为也，非不能也。”

“老吾老，以及人之老；幼吾幼，以及人之幼。天下可运于掌……言举斯心加诸彼而已。故推恩足以保四海，不推恩无以保妻子。古之人所以大过人者无他焉，善推其所为而已矣。今恩足以及禽兽，而功不至于百姓者，独何与？”

孟子教育君主，因为后者说自己没法成为好君主，其实并非如此。孟子遇到的麻烦是，一般来说，人对人（对家人更是如此）的关照来得容易，对动物则不然。不过，齐宣王对动物也动了恻隐之心，相对棘手的难题在他那里却不在话下。[28]因此，他能怜悯动物，却不能把同样的情感用到家人乃至百姓身上，原因是他不想做，而不是不能做。[29]现在君主要做的是，把他的同情心推而广之，由此及彼，从家人再到百姓，这一过程孟子称之为“推”。[30]

在讨论“推”的过程中孟子转向事件-地点隐喻：人们当下的情感状态或性格状态是“地点”，规范的情感状态是理想的目的地，修身过程是一种运动。推的字面意思是“朝前用力”，所以从隐喻的角度来说，推还涉及主体对自我（如“心”或感情）的推动，从此地推到彼地[31]。如我们看到的，“心”既涉及情感也涉及认知的方方面面，所以要朝正确方向推动心，先要实施认知/情感疗法。这种疗法的细节也值得研究。艾文贺注意到，在《梁惠王下》(7)里，孟子不仅关注齐宣王的道德感，他还希望帮助君主发现：(1) 什么是道德感；(2) 其一般特点是什么（与其他动机有何不同）；(3) 如何找到、领会、热爱这种道德感。[32]孟子完成了第一个任务，请君主回忆如何没杀牛——请他通过想象来重构当时的经验，让他有意识地把注意力放在同情心上，因为只有事后回忆，当时的场景才能如此清晰。孟子对君主的行为提出其他解释，以此完成了第二个任务,他引导君主想象他人的心(如龌龊或贪婪),并将不好的情感与“不忍人之心”区别开来,明确指出他的行为出自“不忍人之心”。在《公孙丑上》(6)里,孟子的心里也装了同样的任务,他请读者想象,看到一个小孩爬向井边的反应,读者不得不承认,当时那种心与自私的心是不一样的(如希望孩子父母回报等)。第三个任务涉及提出办法,让君主把注意力放在心上,并予以呵护,孟子的办法是,建议齐宣王推己及人:“老吾老,以及人之老;幼吾幼,以及人之幼。天下可运于掌。”

值得注意的是,上文描述的是渐进的治疗或修身过程。有的评论家强调孟子与齐宣王对话的认知方面,他们指出孟子通过对比两种善(对牛的善与对人的善),从抽象的、理性的角度为齐宣王的道德行为提供理据,如此一来,齐宣王不得不正视自己的道德行为,不然从理性的角度来说他就显得前后不一。[33]我们在《告子上》(10)里也读到相同的论证,孟子痛感人们不能由此及彼,他们反感不合礼数的小事,却不反感不合礼数的大事。联想起孟子说的嗟来之食,即使是流浪汉或乞丐也不会吃那种施舍的食物,哪怕饿死。

> 一箪食,一豆羹,得之则生,弗得则死。呼尔而与之,行道之人弗受;蹴尔而与之,乞人不屑也。万钟则不辨礼义而受之。万钟于我何加焉?为宫室之美、妻妾之奉、所识穷乏者得我与?乡为身死而不受,今为宫室之美为之;乡为身死而不受,今为妻妾之奉为之;乡为身死而不受,今为所识穷乏者得我而为之,是亦不可以已乎?此之谓失其本心。

这两种情形之间形成的概念反差,说明从容易的事物(对嗟来之食的真实反应)到更难的事物(拒绝来历不当的万钟粮)的推理还没完成。此外，相似的认知成分显然也出现在《梁惠王下》(7)里。孟子请君主联想——类的关系——把他对牛的好感与对家人乃至人民的好感联系起来，同时让他对不能推此及彼进行反思。这种办法可以使对方的注意力再次集中，因为他对自己的能力或是不明就里或是一无所知，不过，这种认知方法唯一的目的是，朝正确方向指引君主，使其走上孔子提倡的修身之道。

从推的隐喻结构出发，可以更确切地说，被“推”的是情感自我(气)，而不仅仅是心理意识。我们将发现，尽管我们的意向(志)可能相当“易变”，但真正的德还要求气的参与。气被形容为可流变的物质，需要逐渐积累，或被形容为植物，需要时间才能长大，意向(志)可以把气引到一个方向，但时间不能太短，速度不能太快。所以，即使齐宣王可能从逻辑上理解孟子说的道理——他能够把刹那间自发的善从A(牛)推向B(他的家人和百姓)，那也是因为意识或意向要比自我的其他成分更容易迁移。也就是说，认知理解或逻辑不能独自实现真正的无为。

为回应以上难题，孟子才提出道德改进法，齐宣王借此法可以巩固并领会自己的德心，此法由浅(推及家人)入深(推及百姓)，最终凭借道德的说服力平定天下。其实孟子没下多大功夫向君主证明什么大道理，他是在指引君主的注意力，使其转到正确的方向上，让君主走上正确的道路。在《告子上》(7)里，孟子作了一次对比，一方是我们内在的德，一方是我们喜好的甘食、佳乐、美人：

如使口之于味也，其性与人殊，若犬马之与我不同类也，则天下何耆皆从易牙之于味也？至于味，天下期于易牙，[34]是天下之口相似也。惟耳亦然。至于声，天下期于师旷，[35]是天下之耳相似也。惟目亦然。至于子都，[36]天下莫不知其姣也。不知子都之姣者,无目者也。故曰:口之于味也,有同耆焉;耳之于声也,有同听焉;目之于色也,有同美焉。至于心,独无所同然乎?心之所同然者何也?谓理也,义也。圣人先得我心之所同然耳。故理义之悦我心,犹刍豢之悦我口。

上文推出的隐喻是**作为品位的道德感**(MORAL SENSE AS TASTE),其中圣人好似行家里手,他帮助我们开发道德敏感性。他仿佛大厨帮助我们开发对食物的敏感性,因为原来的你是吃速冻食品长大的,从中得到满足感,现在我让你品位一下更新鲜、更精致、更可口的佳肴,你的满足感应该自然增强。不过,这种认知上的变化不会骤然发生。你最多对自己现在粗糙的品位感到失望,甚至感到尴尬或脸红,于是你希望改变自己的品位。这正是孟子所希望的,也是他希望一名先生能办得到的。因此就圣人的规劝和教诲来说,这本身还不能为我们实施道德行为提供正确的性情或理据,不过是刺激我们推进天生的倾向。

一源,一本

虽然我们拒绝意志论者对孟子"推"演(即认知推理马上能够改变我们的动机)的解释,但这种唯意志论在孟子生活的时代也并非没人知道。如我在第四章所指出的,后来的墨家也正是从这种意义上来理解推演的,而"推"是孟子从墨家那里借来的。然而,等孟子走上前台后,墨家(或至少墨家内部的少数思想家)多少改变了推演的内涵,以道德成长的"双本"(two-root)画面取代了推演。他们的立场在《滕文公上》(5)里显现的不过是其轮廓,其时孟子通过与他人的对话批驳了新墨家学派的夷之。孟子批评夷之厚葬父母有违墨家的“以薄为其道”。夷之回复如下：

> 夷子曰：“儒者之道，古之人‘若保赤子’，此言何谓也？之则以为爱无差等，施由亲始。”
>
> 徐子以告孟子。
>
> 孟子曰：“夫夷子，信以为人之亲其兄之子为若亲其邻之赤子乎？”
>
> 彼有取尔也。赤子匍匐将入井，非赤子之罪也。且天之生物也，使之一本，而夷子二本故也。

上文有几点应该注意，但此刻我们对双本的评论最感兴趣，因为乍一看似乎很神秘。倪德卫建议应该从如下角度来理解：

> 我的基本情感能力，是以基本方式显现出来的——此处指对父母和家人的情感。拥有这种能力后，我就能按照我对情感走向的信念推己及人，即按照我信仰的学说或信仰这些学说的道德理据。从这个角度理解的道德要依赖两个各自独立的条件：我认为我应该做什么，并能用语言陈述和推论；我对几种情感的感知力，我能对其指引和塑造，使其指向我坚守的原则让我去的地方。(Nivison 1997：102；比较 Nivison 1997：134)

按照上述解释，夷之相信道德有“双本”：基本的感情能力指向一个方向(如父母)；来自教育或学说的完全不同的信念，评判这种感情应该指向哪里(如也指向众人)。[37]从这个意义上来说，推理还涉及诉诸天生的情感,因为情感是动机的来源,然后根据外在要求的信念,改变并重塑天生的情感。以上过程要比墨家更为激进的理性主义好了不少,墨家主张为实现理想禁锢情感,但在孟子看来,墨家提出的过程仍然涉及从根本上改变我们内在的秉性,所以还要继续批判。如他在《告子上》(6)所言:“仁义礼智,非由外铄我也,我固有之也,弗思耳矣。”显然,以上是孟子反驳夷之的关键所在,等我们读完《滕文公上》(5),孟子的用意就变得更清楚了:

> 孟子曰:“盖上世尝有不葬其亲者。其亲死,则举而委之于壑。他日过之,狐狸食之,蝇蚋姑嘬之。其颡有泚,睨而不视。夫泚也,非为人泚,中心达[38]于面目。盖归反虆梩而掩之。掩之诚是也,则孝子仁人之掩其亲,亦必有道矣。”
>
> 徐子以告夷子。夷子怃然,为间,曰:“命之矣。”

上文的题旨当然是,义和礼不是从外部学说那里得来的(“非由外铄我也”),而是以自发的方式出自我们本质的心智。因此正确理解的义和礼(及孔子提出的其他核心品德)是一本的,而不是双本的。从这个角度理解“一本与双本”之争,大有必要,因为从此出发还能联系到告子与孟子的人性之辩、义出乎身内还是来自身外的问题、乃至《公孙丑上》(2)对修身的讨论。从本质上说,这场辩论关系到谁的学说站得住脚,是孟子的无为,还是墨子的为。

从《告子上》(1)到《告子上》(6),孟子与告子(有时通过中间人)反复辩论,话题涉及人性的特点和义的来源(来自内部还是外部)。我们已经讨论过《告子上》(6),现在转向其他章句,从“一本-双本”的角度来理解上述话题。

《告子上》(1)

告子曰："性，犹柳也；义，犹桮棬也。以人性为仁义，犹以柳为桮棬。"

孟子曰："子能顺柳之性而以为桮棬乎？将戕贼柳而后以为桮棬也？如将戕贼柳而以为桮棬，则亦将戕贼人以为仁义与？率天下之人而祸仁义者，必子之言夫！"

《告子上》(2)

告子曰："性犹湍水也，决诸东方则东流，决诸西方则西流。人性之无分于善不善也，犹水之无分于东西也。"

孟子曰："水信无分于东西，无分于上下乎？人性之善也，犹水之就下也。人无有不善，水无有不下。今夫水，搏而跃之，可使过颡；激而行之，可使在山。是岂水之性哉？其势则然也。人之可使为不善，其性亦犹是也。"

此时隐喻作为水的气已经变成普通用语，[39]所以说《告子上》(2)对水的描述又多了一层意思。以告子所见，人的气是中性的，没有自己的内在倾向。乍一看，他的见解与《告子上》(4)很难吻合，当时告子好像在说，"仁"是内在的：

告子曰："食色，性也。仁，内也，非外也；义，外也，非内也。"

孟子曰："何以谓仁内义外也？"……

曰："吾弟则爱之，秦人之弟则不爱也，是以我为悦者也，[40]故谓之内。长楚人之长，亦长吾之长，是以长为悦者也，故谓之外也。"

要是我们理解《告子上》(2)讨论的不是内在的倾向，而是对“善”“恶”内在的倾向，那么两段话就连贯起来了。确切地说，告子的论点是，人性自身没有内在的道德倾向。显然，食色等欲望在道德上是中性的，但人身上存在“仁”的倾向，这种提法在告子那里好像还是不能自圆其说。我们正从这个角度把告子当成新墨者的，不如此就不好理解这场辩论。[41]夷之是在《滕文公上》(5)也说对父母的情感发乎自然，这种情感来自道德生活。然而，对夷之等新墨者来说，这种情感本身尚无道德可言，因为动物和同类之间也有情感，若是任其泛滥，可能造成墨子痛恨的那种偏爱和不睦。这种情感只有在外部学说(墨子的兼爱)的指引下，经过塑造和改变方向，才能成为道德情感。按照夷之的道德“双本”概念，我们自然的情感是原材料，应该按照来自外部的教育，塑造成一定的形式。如果把告子当成夷之的同代人来理解的话，《告子上》(1—4)辩论的意义马上就变得清晰起来。《告子上》(1)为“双本”道德模式推出一个技艺隐喻，其中人的内在倾向是原料，要加工才是；《告子上》(2)(和没引用的《告子上》3)说的是，人性没有任何内在的道德方向，其弦外之音：方向必须由外部提供；《告子上》(4)完成了对孟子人性概念的攻击，把“仁”退回到简单的动物情感，指出任何道德秩序必须来自外部。

孟子用很多技巧回应告子。在《告子上》(2)里，孟子推翻了告子的隐喻，指出水若是换个角度看的话，确实有内在方向；在《告子上》(3、4)里，孟子在告子自己使用的术语层面上与其对峙，显示出他熟知后来墨家的理论和用语。我们讲了不少这场辩论的技术特色，[42]经过深入讨论我们对古代中国语言理论知道得更多了。不过，为了继续我们的讨论，不使其改变话题，我仍然把重点集中在孟子的反驳上，即“义是外在的”或“双本的”的道德概念：墨家伦理违反人性自然倾向的事实。

此观点是孟子在《告子上》(1)提出的，他把农作物和水的隐喻，与另一个他喜欢的隐喻合在一处：形容对人性的“贼”(抢或伤害)。《告子上》(1)的隐喻结构清晰可辨：人有一种秉性(道德性)，可以流(顺)向固定的方向，如同柳枝下垂。人要想使其内在秉性逆流(不顺)的话，则会伤到秉性，后果不堪设想，如变柳为器，则伤及柳树。其实孟子基本上是在重复《老子》提过的立场：人自身拥有一种“自然”倾向，如自然界遵循的目的论，与这种自然倾向相左的行为必然失败。在《告子上》(2)里，孟子甚至使用了道家的隐喻——人心向善犹如清泉下山(作为流水的本质自我)——但这一隐喻的逻辑推演在《老子》里却不如孟子来得明确：水可以被迫做出“不自然的”事，如以水泼面或引水上山，但这一过程必须诉诸暴力。生活经验告诉我们，引水上山耗费人力，久而久之必然难以为继。因此孟子提到传奇圣王大禹治水的故事，大禹治水之所以成功，正是因为大禹能顺乎自然：

> 白圭曰：“丹之治水也愈于禹。”
>
> 孟子曰：“子过矣。禹之治水，水之道也。是故禹以四海为壑，今吾子以邻国为壑。水逆行，谓之洚水。洚水者，洪水也，仁人之所恶也。吾子过矣。”(《告子下》11)

川流入海，大禹治水是借用了自然的“水之道”，后来证明大禹的做法对人也有好处。孟子时代不少人的做法和大禹相反，他们对水诉诸非自然的力量，结果对其邻国造成伤害，伤害之深与新墨者提出的“双本”论不相上下，其中最根本的原因是没有“顺”乎人性。在《离娄下》(26)里，孟子以道家的方式把大禹的“顺应”论与轻松自如的理想明确联系起来，以此来说明所谓“智者”造成的伤害：

孟子曰："天下之言性也，则故而已矣。故者以利为本。所恶于智者，为其凿也。如智者若禹之行水也，则无恶于智矣。禹之行水也，行其所无事也。如智者亦行其所无事，则智亦大矣。天之高也，星辰之远也，苟求其故，千岁之日至，可坐而致也。"

上天运行的轨迹是不变的，与天同行，就可以轻松自如地顺应自然的力量。与孟子同时的统治者要是拥有足够的智慧，他们也可以轻轻松松地治国理政：

孟子曰："霸者之民，驩虞如也。王者之民，皞皞如也。杀之而不怨，利之而不庸，民日迁善而不知为之者。夫君子所过者化，所存者神，上下与天地同流，岂曰小补之哉？"(《尽心上》13)

孟子无为的生理维度："浩然之气"

在《孟子》里能找到所有与道家"自然"相关的隐喻成分——不用力、轻松自如的非自我意识(不知)、原初性、内在动机、恒久。但孟子对道家隐喻的使用，可谓推陈出新，因为他能把这些隐喻与公元前 4 世纪才出现的方术联系起来。孟子借用这种联系绕开了《论语》里出现的无为悖论，构建起一个站得住脚的修身模式。从表面来看，孟子的修身模式是虚泛的、不自然的，而实际上这种模式却能使生理力量在自我内部自然增长。在此过程中出现的隐喻以作为水的本质自我最引人注意，孟子借此把儒家的道德成长描述为自然的存在，如泉水下山或江河入海，势不可挡。

《公孙丑上》(2)大概是水的隐喻谱系最充分的例证。该章句写一弟子问孟子，若先生官居卿相，得行儒道，能不能动心呢。孟子回答说，不会动心的，因为我四十以后就“不动心”了。这并不太难做到，因为告子在孟子之前就做到了。二人又讨论了各种形式的“勇”。弟子接下来的问题与我们的讨论息息相关：

曰：“敢问夫子之不动心，与告子之不动心，可得闻与？”

“告子曰：‘不得于言，勿求于心；不得于心，勿求于气。’不得于心，勿求于气，可；不得于言，勿求于心，不可。夫志，气之帅也；气，体之充也。夫志至焉，气次焉。故曰：‘持其志，无暴其气。’”

“既曰‘志至焉，气次焉’，又曰‘持其志无暴其气’者，何也？”

曰：“志一则动气，气一则动志也。今夫蹶者趋者，是气也而反动其心。”

“敢问夫子恶乎长？”

曰：“我知言，我善养吾浩然之气。”

“敢问何谓浩然之气？”

曰：“难言也。其为气也，至大至刚，以直养而无害，则塞于天地之闲。其为气也，配义与道。无是，馁也。是集义所生者，非义袭而取之也。行有不慊于心，则馁矣。我故曰，告子未尝知义，以其外之也。”

上文内容丰富，为我们的讨论提供了不少材料。但先要弄清楚，不得于“言”“心”“气”的主语是什么。对此各家解释有所不同，但几乎可以肯定的是，主语应该指“义”的概念，“义”也是道德修身的关键。[43]告子是从“言”里得到的“义”，这足以证明他是从外在获得的，他的道德论也是“双本的”。孟子已经批评过这种观点,在此他再次对其予以拒绝,不过,他拒绝的同时还找出心理-生理依据,说明所谓外在道德观是行不通的。下面我们复述孟子的观点。

孟子先提出“志”。“志”往往被翻译成“意志”(will),其实翻译成“志向”(intention)或“意向”更合适。如众多评论家所指出的,“志”并非专指一种官能,而是说“指向明确的心”[44]志被描述为与气相互依存的状态。一方面,孟子描述“志”,使用了社会隐喻“帅”,即“气”是普通一兵,“帅”是统帅。其逻辑推演是明确的:将帅统领士兵,士兵若无将领指挥,将乱作一团。其实,孟子在好几个地方指出应对“气”实施管理,不然的话,“气”可能过度专注外部事物。[45]有必要让心来指引并限制“气”,所以孟子才说“不得于心,勿求于气”。另一方面,隐喻作为统帅的志也可推演出如下信息:志/心或多或少地也要依靠气,因为没有士兵,统帅也没法打仗。上面的隐喻还有如下信息:孟子的推(理)与墨家的推“理”相反,前者不能一蹴而就——虽然两种推(理)存在相同的地方,统帅(志)可以据此相信,应该从A处赶到B处,但他仍然需要率领部队(气)逐渐朝那个方向转移。隐喻推演出的相互依赖关系,在具体的生理过程中得到巩固:“今夫蹶者趋者,是气也”,此处的气指“呼吸”,“心”指器官,[46]但心对气的依赖反过来还能充当与医学相关的隐喻,指更深刻的、形而上的依赖。有一种气(“浩然之气”)如细心呵护,就能充满宇宙,巩固“义”。浩然之气支持“义”和“道”,如同“气”以原动力充满自我,也就是说,气如水,这种力量可以提供心理的和身体的动机,实施正确的行为或依道而行。

这种水的形象并非孟子一时兴起提出来的。在《公孙丑上》(2)里,孟子反复使用取自当代医药理论的隐喻:作为水的气,气充体内,逐渐聚集,达到浩然的程度——浩浩荡荡——这时气就可以支持正确的行为。气与水的结合能为德行提供原动力（方向姑且不论），这种隐喻在《离娄下》（14）里再度出现，这次还涉及其他隐喻，如内在本质自我和不用力：

> 孟子曰“君子深造之以道，欲其自得之也。自得之则居之安；居之安则资之深；资之深，则取之左右逢其原，[47]故君子欲其自得之也。”

上文虽然没有提到“气”，但水的意象填补了概念上的空白，内在源泉的形象与浩然正气的概念牢牢地结合起来。[48]只有当源泉发自心底时，无为才能达到自如自在的程度——也就是说，我们的行动要经过心的同意和浩气的支持。上述隐喻的逻辑推演完全支持孟子的论点：修身不能以墨家的方式匆匆完成——义是不能被“巧遇”的。为了蓄水，先要建坝（先要努力），但溪水以匀速流淌，因此，长时间逐渐蓄水，大量的水才会储存起来。再转向社会隐喻，心如同带兵打仗的将帅，可以朝着义的方向指引气，但不能操之过急，不然“士兵”非造反不可。为了明确表述志与气（努力和不努力）之间的关系，孟子在《公孙丑上》（2）的结尾处又转回他信赖的隐喻：作为作物的自我（自我如作物）。

> 必有事焉而勿正，心勿忘，勿助长也。无若宋人然：宋人有闵其苗之不长而揠之者，芒芒然归。谓其人曰：“今日病矣，予助苗长矣。”其子趋而往视之，苗则槁矣。天下之不助苗长者寡矣。以为无益而舍之者，不耘苗者也；助之长者，揠苗者也。非徒无益，而又害之。

抽象的修身过程如同种地，不努力是不行的，但过度努力也不行。宋人的故事告诉我们,气及气呵护的心苗以自然的速度生长,志希望通过外力助其速长,必然徒劳一场。所以,借气来实施正确行为,必须循序渐进,先易后难,如先爱父母,再爱他人。

宋人的寓言清楚地说明,为什么孟子并不指望齐宣王凭借对牛片刻的恻隐之心马上就变成好君主。这么做是对仁施加压力,被施加压力的仁与冷漠相差无几。对此,孟子再次诉诸隐喻作为作物的自我:

> 孟子曰:"五谷者,种之美者也;苟为不熟,不如荑稗。[49]夫仁亦在乎熟之而已矣。"(《告子上》19)

在《尽心上》(44)里,孟子指出,"其进锐者,其退速",在《尽心上》(24)里,他又转向水的隐喻,将修身的过程比作川流入海,在此过程中"流水之为物也,不盈科不行"。在《离娄下》(18)里,水与农业隐喻同时出现:

> 徐子曰:"仲尼亟称于水,曰:'水哉,水哉!'何取于水也?"
>
> 孟子曰:"原泉混混,不舍昼夜。盈科而后进,放乎四海,有本者如是,是之取尔。苟为无本,七八月之间雨集,沟浍皆盈;其涸也,可立而待也。故声闻过情,君子耻之。"[50]

上文水与农业隐喻互用,水从源泉流出的画面在概念上与发自根茎的作物形象相互融合。因为隐喻作为水的气已经被读者接受,两种隐喻同时出现,巩固了气的双重成长模式,既流淌又增长,如我们在《公孙丑上》(2)所见。

孟子在上文把孔子对水的神秘的羡慕转变成他自己的"一本"道德论和新的隐喻修身模式。推动过程一定要循序渐进,因为本质的自我如同幼苗，是按照自身的进度生长的，或如同泉水，要一程一程地流入大海或堤坝。对此过程施以外力，是在实行“双本”论，与宋人的揠苗助长同样可笑。因此，墨家的意志论必然破产。

孟子的无为：作为不可抗拒力的本质自我

作为本质的自我和作为水的自我，这两种隐喻不仅为孟子批驳墨家那种道德提供了逻辑推演，还可以被视为孟子克服“无为悖论”的尝试。一方面，一定程度的努力是必要的：在农业隐喻里，我们要拔草、要灌水（主体需要“修”理自我），在水的隐喻里，我们则要筑堤、要蓄水（主体需用义来填充自我）。另一方面，我们还不能太急：主体不能“拔高”自我，也不能迫使自我流得更快。最后，尽管我们“有所投入”，但整个过程还是“自如自在”的，因为主体允许自我的自然倾向来完成大部分实际工作。

不能从学说里找到“义”的真理，道德概念“双本”论也行不通。因为义是内在的，从外在学说得到的东西，先要在心里“发现”之后才能实践，也只有当心同意之后，才能在心里找到义，才能得到浩然之气的支持。从施动者的角度来说，当我们得到气的支持时，就感到满足或快乐，这种满足感与所有的德行相伴始终。如果我们从正确的行为里得到乐趣，这就说明我们得到了心和气的支持。同理，迫使自己做不高兴的事，气就会受到破坏。这也是孟子的意思，他在提到浩然之气时说：“行有不慊于心，则馁矣。”从道里得到真正的满足，其重要性在《告子下》(13)里再次得到印证，孟子听说一个叫乐正子的人就要当大官了，孟子乐得无法入睡。公孙丑对孟子的反应感到不解，于是询问此人的人品：

公孙丑曰:“乐正子强乎?”

曰:“否。”

“有知虑乎?”

曰:“否。”

“多闻识乎?”

曰:“否。”

“然则奚为喜而不寐?”

曰:“其为人也好善。”

“好善足乎?”

曰:“好善优于天下,而况鲁国乎?夫苟好善,则四海之内,皆将轻千里而来告之以善。”

因为德行必须伴之以真正的快乐,不然的话就可能变成虚伪,“好”善比人品、智力或知识更重要,因为在凡此种种变成现实之前,先要拥有行善为乐的能力。艾文贺指出:“特定行为生成的快乐是其正确的标志。正是这种情感使修身成为可能。至少后一点对所有修身伦理都适用。修身必须以明确的直接的方式生成满足感,不然我们将来就很难提高。”[51]实施真正的德行——过程中出现快乐,得到心的同意和气的支持——使我们逐渐“呵护”那四株幼苗,用越来越多的浩然之气扶植幼苗。从易(孝顺父母,顺从兄长)到难(修饰、管控这些基本感情,将其全部变成孔子的品德),这是一次漫长的认知/情感推进的过程,在此过程中是快乐让我们朝前推进。孟子借用一词多义的乐字,把完成这一过程后的轻松自在与痴迷音乐的愉悦相提并论:

孟子曰:“仁之实,事亲是也;义之实,从兄是也。智之实,知斯二者弗去是也；礼之实，节文斯二者是也；乐之实，乐斯二者，乐则生矣；生则恶可已也，恶可已，则不知足之蹈之、手之舞之。”（《离娄上》27）

一股“恶可已”的力量，这种隐喻在《孟子》里比比皆是，虽然表述有所不同。[52]当然，我们在《老子》里外也遇到过，其表述是“不得已”，这也是《庄子》里出现的习惯用法。尽管其表述有所不同，但其概念结构是相同的：作为不可抗拒力的本质自我，其逻辑推演是自如自在，因为主体被自我轻轻地拉走了。

隐喻作为不可抗拒力的本质自我可以被挑出来，当成孟子无为最一般的用法，其中涵盖了诸多更专门的用法。如隐喻推进的一般结构指从A点移动至B点，至于移动方式却没有明确限定。《梁惠王上》(7)里的那些隐喻——用力“推”或“及”——都有强迫移动的意思，因此，孟子有时为了规劝读者行动起来才使用它们。从这种意义上说，“推”也涂上了部分“意志论”的色彩，此话题与无为悖论一并讨论。不过，在一般情况下，推进的结构是通过水的隐喻来传递的，目的是凸显其自然性和有效性：

人皆有所不忍，达之于其所忍，仁也。人皆有所不为，达之于其所为，义也。人能充无欲害人之心，而仁不可胜用也；人能充无穿踰之心，而义不可胜用也。人能充无受尔汝之实，[53]无所往而不为义也。（《尽心下》31）

“达”本义指空间移位（如其偏旁所示），这里指“通过”或“透过”一地点，“达”在《公孙丑上》(6)里用来描写泉水自发地充盈起来——“凡有四端于我者,知皆扩而充之矣,若火之始然,泉之始达”——“达”在《孟子》里始终与自发的“充”或“扩”等过程发生关联。[54]“达”在《尽心下》(31)和《公孙丑上》(6)里都与“充”连用,《公孙丑上》(2)告诉我们,在“达”流动过程中,气自然填充体内。这两个隐喻使用基本的推进结构,但其方式却与“推”或“及”大不相同:主体不必把自我从一地推到另一地,因为自我自然而然地抵达了另一地,仿佛是泉水涌出地表,或者充满一地与另一地之间的空间,仿佛流下山的水轻松地填满沟渠。

推进的轻松感又与《滕文公上》(5)巧妙地连接起来,那些没能安葬父母的儿子,他们的内心“非为人泚,中心达于面目”。与此相同的思想在《尽心上》(21)[55]也有所表述,孔子提倡的品德(扎根在心里)在君子那里茁壮成长,“君子所性,仁义礼智根于心。其生色也,睟然[56]见于面,盎于背,施于四体,四体不言而喻”。[57]我们可以想象,液态的气生成的德及其生理外化,还有诊断功能:

> 存乎人者,莫良于眸子。眸子不能掩其恶。胸中正,则眸子了焉;胸中不正,则眸子眊焉。听其言也,观其眸子,人焉廋哉?(《离娄上》15)

下面有个绝好的例子,有人(不顾《公孙丑上》[2]的警告)想要“劫取”义,但其生理反应不对,最后露出马脚(《尽心下》11):“好名之人,能让千乘之国;苟非其人,[58]箪食豆羹见于色。”所以,好名者也可能在公开场合出手大方,但其平时的生活细节则能拆穿真相。送人一箪食容易,送人千乘之国就困难了。不做容易的,专挑困难的(因急于出名或皈依学说),即是在“劫取”义。因为这种人身上还没有德所需要的浩然之气,他的努力在各道德层面必然以失败告终:因为在大事小情上没有人品，最终他也无法继续维持在公众面前的伪装。《离娄下》(18)也有个隐喻，因为伪善者必然现出原形，孟子说："苟为无本，七八月之间雨集，沟浍皆盈；其涸也，可立而待也。"

我们看到隐喻作为不可抗拒力的自我被用来表述孟子的无为。在《离娄上》(7)，力量来自不可抗拒的音乐；在隐喻作为作物的自我里，力量来自成长的幼苗；在隐喻作为水的自我里，力量是下山的水或涌出的泉。以上各种隐喻表述的认知方面，是通过隐喻混合来完成的；在隐喻谱系里，还可以再添上《梁惠王上》(6)提到的隐喻，文中说一场春雨过后，干旱的小苗"浡然兴之矣……孰能御之？"。也许舜变成圣人的故事，是对不可抗拒的真德最生动的描述(《尽心上》16)，本质的自我如水一般，稍一触动，就从心底自发地、自如地、充沛地流淌出来：

> 舜之居深山之中，与木石居，与鹿豕游，其所以异于深山之野人者，几希。及其闻一善言，见一善行，若决江河，沛然莫之能御也。[59]

如同七十不逾矩的孔子，孟子规定的道德高尚人士也是在道德的限定内自发地活动。如在描写尧舜时，孟子说："动容周旋中礼者，盛德之至也。"(《尽心下》33)不过，对孟子来说，孔子的道不是从传统里学来的，而是"德盛"[60]的象征——天性充分的外现，而天性则被视为一种隐藏的力量，等到力量足够之后，就能流向四方，其势如决堤的大水。因此，孟子的无为涉及内外高度和谐，心气相通，既是人性的充分实现，也是天意在人间的写照。平时生活中的轻松自如、灵活多变、自发的运动，这些话题对儒学来说并不新鲜，但孟子把它们安放在人类心理的模式下予以探究，如此一来，传统儒家无为的道德理想就得到了有力的、全新的概念隐喻表述。

无为悖论

不出所料，在无为悖论再概念化的过程中，又造成了新的紧张关系。当无为概念在《论语》里出现时，孔子希望达到的理想状态大概与《孟子》倡导的理想难分彼此：让人们的性情充满孔子提倡的品德，道德行为自发地、自然地流淌出来。在这方面《论语》遇上了麻烦，因为要实现上述理想，需要改变文化形式，也就是反复修身，不如此就无法从根本上改变（等待塑造）的天性，将其变成没有瑕疵的道德性。对我们来说也涉及动机问题，因为我们先要渴望道德、热爱道德，不能存有功利心，不然天性是不会发生变化的，然而对善的热爱正是修身的要旨。倪德卫指出，孟子的人心向善论使其至少克服了无为悖论的一个方面："孟子的办法是，人人拥有真正的道德动机。先生的工作是扮演道德心理医生的角色，引导我们做出符合道德的反应……使我们发现自己的真'心'。"（Nivison 1997：40）

如此一来，孔子遇到的悖论自然不复存在。[61]我们已经从心底向往善，不过是需要外人来指点一下。在《梁惠王上》(7)里，孟子与齐宣王对话的目的，就是要帮助君主发现他自己内心深处那株仁爱的幼苗：他要是能意识到幼苗的存在，清除压在上面的杂草，让阳光照过来，让清水流过来，小苗自然会茁壮成长，最后暴君变成好君主。如倪德卫所说，"孟子的理论，其功能大概与柏拉图的回忆不相上下"（Nivision 1997：237），——我们能学好，因为我们内心已经有善，哪怕只是雏形。[62]孟子那些与农业和水相关的隐喻，以及他从自我生理角度对孔子修身的改造，使他足以从悖论边上迂回过去，其方式与《内业》差不多：诉诸修炼，如习礼或读书——从隐喻的角度来说，就是灌水、除草或打开堤坝——幼苗成长的力量或大水的力量便能解决其他问题。正如我提到，孟子的农业模式也能避开《老子》碰到的悖论，因为孟子的模式能解释为什么自然的东西也需要努力："自然"不是一动不动的原木，而是奇妙的、动态的幼苗，予以呵护，但幼苗自身拥有原初的和内在的设定。

不幸的是，无为悖论好像是希腊神话里的九头蛇——砍去一个蛇头，又长出两个。孟子解决孔子悖论的方法，也面临这道难题：他才解决了道德动机问题，至少又遇上两种新的紧张关系，而且，新矛盾还来自互不兼容的隐喻谱系。

野生与驯化的自然张力："唯意志论者"的问题

倪德卫发现，孟子思想还有"意志论的色彩"，他指出"也许所有修身哲学家都有这种色彩，因为他们相信，在一定程度上，我们可以设法改变自己，至少在有效的道德施动层面是如此"（Nivison 1997：132）。这种意志论色彩在《孟子》里俯拾皆是，在有些章句更是如此，孟子以为道德失败是不努力造成的：

> 曹交问曰："人皆可以为尧舜，有诸？"
>
> 孟子曰："然。"
>
> "夫人岂以不胜为患哉？弗为耳。徐行后长者谓之弟，疾行先长者谓之不弟。夫徐行者，岂人所不能哉？所不为也。尧舜之道，孝弟而已矣。"
>
> "夫道，若大路然，岂难知哉？人病不求耳。"（《告子下》2）

身材高大、体魄健壮的青年却成天坐在那里吃米饭，其他无所事事，不幸的是，他身上发生的问题并不少见。与孔子一样，孟子往往也把这种道德失败描述为不上进、不求道。[63]不过，孟子更近了一步，追究道德失败的原因，孟子以为曹交没有运用身上的特殊能力：用“心”去“想”或“思”。[64]

> 仁义礼智，非由外铄我也，我固有之也，弗思耳矣。故曰：“求则得之，舍则失之。”（《告子上》6）

心自然是我们最伟大最重要的部分，因此，其独一无二的能力——思考的能力——也是人类最关键的能力。其他器官如眼、耳、鼻，不过是以几乎机械的方式被动地指向目标，然而心却能选择目标，集中注意力。曹交就是坐在那里吃饭，他与圣王尧的差距是，尧能用心关注其内在秉性，而曹交却在其他器官的作用下，浑浑噩噩的：

> 公都子问曰：“钧是人也，或为大人，或为小人，何也？”
> 孟子曰：“从其大体为大人，从其小体为小人。”
> 曰：“钧是人也，或从其大体，或从其小体，何也？”
> 曰：“耳目之官不思，而蔽于物，物交物，则引之而已矣。心之官则思，思则得之，不思则不得也。此天之所与我者，先立乎其大者，则其小者弗能夺也。此为大人而已矣。”（《告子上》15）

普通人放任自己的天性四处乱走（如孟子在《告子上》[11]说的“放”），他们纵容身上的动物性（被动的器官），不能大体着眼，而大体才是人与动物的区别所在：心。不过，应该做的是用心去思考或聚精会神，如此一来，他身上的“幼苗”就会茁壮成长。所以孟子才批评齐宣王，说“故王之不王，不为也，非不能也”。人人拥有善心，但大多数人并不予以呵护。所以，要想不忘初心，好像还涉及行动的意志。

尽管孟子相信人性“善”，他好像也意识到，把善心付诸行动并不容易。我们的道德潜能与生物潜能还不太一样，前者需要积极推进，而后者却不必。[65]孟子希望以可行的方式把有为与无为结合起来，借此从老子遇到的悖论旁边迂回过去。老子敦促我们要自然，但我们为什么要自然呢？老子又说不出所以然。孟子也敦促我们要自然，我们追问其中的道理，孟子的回答是：我所谓的“自然”，不是指杂草的生长方式，而是指庄稼的生长方式。所以孟子的嘴里才说出：“恶莠，恐其乱苗也。”（《尽心下》37）与此相同，在水的隐喻语境下，大禹的成就是，为灌溉和防洪治理江河。**作为作物的自我**和**作为渠水的自我**等隐喻，把主体的内在理想与外在努力巧妙地结合起来，成为努力与自然互相促进的典范。

不幸的是，孟子还没有完全走出悖论。我们可以想象，道家提出的反驳（庄子确实提出来了）：庄稼是不自然的，孔孟轻视的杂草才是自然的植物，或渠水是不自然的，江河才是自然的。从生理学的角度来说，道家可能要指出，“气”经过“心”的引导和塑造，不再是原初的，几经变化之后，精华早已耗光，一如庄稼失去其质感或渠水失去其能量。道家还可以说，就算感觉器官不能“思考”，它们不过是被事物所“吸引”（《告子上》15），但被事物自发地吸引有什么不好的？难道这不是“气”的内在倾向吗？在此过程中，一旦引入思考或专注，又何谈自发性。从道家的角度来看，孟子提出的“拔草”说，对人性的暴烈的、反自然的程度，与墨家变柳为器何其相似。

确实，不必接触道家的批评也能感到上述矛盾，因为矛盾就在《孟子》那里，其成因是对自然施以相互矛盾的隐喻概念。一方面，我们崇尚经过改造的自然——田间生长的幼苗或被堤坝挡在后面的河水,同时又轻视人工未施的自然。在(《滕文公上》4)里,孟子与陈相对话,后者是原始主义者许行(前372—前289)[66]的追随者,孟子为原初的自然状态描绘出一幅荒凉的画面:

> 当尧之时,天下犹未平,洪水横流,泛滥于天下。草木畅茂,禽兽繁殖,五谷不登,禽兽偪人。兽蹄鸟迹之道交于中国。尧独忧之,举舜而敷治焉。舜使益掌火,益烈山泽而焚之,禽兽逃匿。禹疏九河,瀹济、漯,而注诸海;决汝、汉,排淮、泗,而注之江,然后中国可得而食也。[67]

照孟子的说法,原来的江河并非流入大海,而是在大地上四处"横流",大禹不得不把江河引入大海。人们生活困苦,等到暴虐的自然被治理之后,农耕生活出现、劳动分工,人民才过上好日子。"禽兽"二字反复在《孟子》里出现,用来指称不好的东西和未开化的先民,在《滕文公上》(4)的结尾处,孟子明确地批评原始主义者,[68]倒转历史是世上最"不自然的":"吾闻出于幽谷迁于乔木者,未闻下乔木而入于幽谷者。"还有孟子在《尽心上》(16)里说"舜之居深山之中,与木石居,与鹿豕游",其实他并不赞成舜的原始生活方式,因为等舜找到孔子所说的德之后,他马上告别了过去的生活。

《尽心上》(16)写的正是自然与非自然之间的紧张关系,上文已讨论过相关隐喻。孟子称赞舜的德"若决江河,沛然莫之能御也",然而在《孟子》的其他地方,洪水泛滥却被说成大灾大难,君子的使命就是"治水"。与此相同,"民之归仁也,犹水之就下、兽之走圹也"(《离娄上》9),但是在《告子上》(11)里,孟子却告诫我们要找回"走丢"的心,如同找回走丢的鸡犬。如果我们看到在田里四处行走的动物，羡慕其身上的自发性，那么有人会问，为什么不让我们的心也四处行走呢？的确，那些完全不兼容的逻辑推演，造成了严重的紧张关系或矛盾。孟子偶尔说几句大自然的好话，这或许从另一个方面印证了农业或治水等隐喻有点太顺从，无法关照自然现象的某些重要方面，其实孟子的做法与其一贯使用的那些与后天相关的隐喻也不太和谐。田里的庄稼哪怕再好，也要施以人力，不然打不出粮食，那些杂草因其旺盛的生命力和自发的连续性，倒很有魅力。总之，人为的自然和原初的自然都是无为的典范，两者之间的矛盾也是被人重点抨击的对象。与孟子相反，庄子歌颂大自然创造的多样性，人性中种种的“莠”——跛子、违法乱纪的人、长相丑陋的人，他们都是杂草，被孟子从田地里一把一把地清了出去。

与修身相关的隐喻，内在论者与外在论者之间的矛盾 孟子主张内在论，关注个人与传统的关系，他因此又引发出新的紧张关系。我们注意到，圣人的言论几乎被当成了“道德手册”，如倪德卫所说：

> 我们都有相差不大的自然品位，因为我们都是人。对好看的、好听的、好吃的，我们之间没有什么分歧。同理，我们的心也喜欢相同的事物，即“理”和“义”。传统赐予我们辨别是非的标准——用孟子世界观的语言来说，创造文明的圣王把他们的学说赠予我们。他们不过是先抵达那里。如同昔日的名厨写出了烹饪指南，我们从中选取合适的食谱——因为这位厨师因其品位出众，早已预见到我们爱吃的食物——与此相同，圣人的言论也可以被当成道德指南。(Nivison 1997：41)

艾文贺提出一个隐喻，用来形容传统形式的作用。经典里的礼和言起到“架子”的作用，那四种道德幼苗在上面生长。

> 架子扶持幼苗的成长，等到它们自立为止。但这种帮助并不能改变或阻碍幼苗的自然生长。幼苗平平安安地按照架子描述的路线和形状茁壮成长。(Ivanhoe 1990：94)

毫无疑问，架子在固定植物、助其成长方面是有用的，在这种架子的帮助下，幼苗也一定能长高，结出果实(种过西红柿和豆角的人都知道)。然而，架子不是最重要的，即使没有架子的帮助，幼苗最终也能长出理想的形状。这种道理在《滕文公上》(5)的故事里得到了充分的印证，几个孝子发现父母遗骸在道边上晾晒，于心不安，就草草地掩埋了。毫无疑问，要是他们生活好的话，一定能安排庄重的葬礼：他们也不必难过了，更不必头上出汗(“其颡有泚”)，草草掩埋父母的遗骸，显然赶不上过去的圣人提出的葬礼。好在孝子们还能服从内心的召唤，独自写出了新“食谱”，我们可以推测，他们临时安排掩埋仪式，久而久之他们也能变得越来越周全。

与此相关的问题是，孟子的君子所坚持的传统形式，到底有多大的独立性。这当然不是全新的话题：灵活性、对语境的敏感性、一定程度的自主性，凡此种种都是孔子看重的。确实，通过孟子的努力，孔子变成为人所众知的“时圣”——其努力总是与形势高度和谐的圣人。[69]我们已注意到，对礼乐作出一定程度的改变《论语》并不反对，但前提是这种改变不应伤及礼乐的精神实质。[70]这方面孟子比孔子走得更远，他反复指出，如形势需要的话，君子有责任和权力临时改变，甚至违反礼乐或道德。[71]《离娄下》(6)对此提出过明确而又生动的描述，孟子说：“非礼之礼，非义之义，大人弗为。”[72]显然，按照孟子的理想，君子既要坚持传统规范，又要坚持自主性，这种立场来自孟子从内在论的角度对“义”的概括。如艾文贺所说，从孔子到孟子的演进，标志着权威实施者的转变，道德决定从礼乐转向心（Ivanhoe 1990：92）——从传统规范转向个人的道德直觉。与传统保持相对的独立性，涉及的不仅仅是灵活应用或推迟礼乐，还有孟子对儒家经典所持的阐释学的立场。如《诗经》文本不能总是照字面来解释；关键是我们要通过直觉来理解《诗经》的要旨。[73]一次，孟子甚至拒绝《尚书》的部分章句，因为上面的话与其道德直觉相左。[74]

可以肯定的是，因为一定程度的推想，孟子的内在论才没有沦为极端的唯信仰论或相对主义。对生活在后原教旨主义西方的人来说，他们不难想象，孔子思想里这种鲜明的内在论，可能导致某种道德相对主义，人人按照自己的心各行其是。因此，我们才有必要简要回顾孟子思想背后那些形而上的推想，确切地说，就是孟子为什么相信人性及其道德系统具有上天赐予的普遍性。[75]孟子的人性论我们已有所涉猎，他提出人人具有四株道德幼苗，同时从各方面论证这些幼苗是普遍存在的。从此推演开去，孟子继孔子之后，也主张儒家的道具有普遍性：

> 舜生于诸冯，迁于负夏，卒于鸣条，东夷之人也。文王生于岐周，卒于毕郢，西夷之人也。地之相去也千有余里；世之相后也千有余岁。得志行乎中国，若合符节。先圣后圣，其揆一也。（《离娄下》1）

他们的治理方法当然是相同的，因为方法发乎其心。孟子通过彼此相同的心，从他自己的角度来猜度《诗经》作者的“志”，进而通过考察周围人信仰的学说（《公孙丑上》2），发现心的堕落。孟子在其人性论

(人性的普遍性,如人对肉或美都有相同的品位)之上,又提出这种自然(尤其是其道德方面)来自上天的赐予。[76]孟子把鲜明的动机内在论与强烈的宗教信仰结合起来。因为心与天紧密相连,圣人对心的呵护不仅与最深层的自我相和谐,还能在相当重要的意义上为天出力:“尽其心者,知其性也。知其性,则知天矣。存其心,养其性,所以事天也。”(《尽心下》1)[77]

然而,尽管孟子采取了不少形而上的措施提防自由相对主义或个人主义,他提出的与传统相对独立的主张继续告诉读者,传统上儒家的种种形式,不过是修身过程中的选项,所以大多数儒者才感到不安。孟子本人似乎也对其提出的内在论的外延感到不安,所以他才要继续彰显传统形式及发明这些形式的圣人的必要性。在《滕文公上》(4)里,孟子批驳许行的原始主义言论,为劳动分工提出辩护,因为大家各司其职,圣人才能把注意力转向人民的福祉,孟子描述了在圣王历史性的努力下,文化变得越来越深厚。在可能出自荀子的章句里,孟子指出,一定要通过教育和规范把孔子崇尚的品德教给百姓:

> 后稷教民稼穑。树艺五谷,五谷熟而民人育。人之有道也,饱食、暖衣、逸居而无教,则近于禽兽。圣人有忧之,使契为司徒,教以人伦:父子有亲,君臣有义,夫妇有别,长幼有序,朋友有信。[78]

传统形式不仅对百姓,对胸怀抱负的君子也是必要的。孟子借用荀子的隐喻指出,光依靠个人的自然能力和努力,不重视文化规范,成功是不可能的:

> 离娄之明,公输子之巧,不以规矩,不能成方圆:师旷之聪,不

以六律，不能正五音；尧舜之道，不以仁政，不能平治天下。

今有仁心仁闻，而民不被其泽，不可法于后世者，不行先王之道也。故曰，徒善不足以为政，徒法不能以自行。诗云："不愆不忘，率由旧章。"遵先王之法而过者，未之有也。(《离娄上》1)[79]

上文重视木匠手里的规矩，与此相反，在《尽心下》(5)，"梓匠轮舆，能与人规矩，不能使人巧"。几位评论家注意到《尽心下》(5)所言与《庄子》轮扁的故事颇为相似，两个故事都告诉我们，知识不能通过外部传授，一定要如朱熹所说，经过"心悟"。[80]同理，考虑到《尽心上》(4)的名言"万物皆备于我"，不知我们还有没有必要研读先王的规范。如同孟子借用的意志论，《孟子》里偶尔出现的外在论色彩，与其在道德上的大方向，很难达成和谐。

与意志论(即四株幼苗的成长过程与人长出四肢的过程又不相同)同时出现的，还有散落在《孟子》里的、不规则的外在论成分，这些成分的存在，可以被当成对下文的回应：在道德生活里，外在习惯和言论起到了某种不可选择的作用。问题是孟子的人性模式及其修身安排，不能轻松地驾驭这种来自非倾向性的因素。我相信，李耶理说到了问题的实质，他指出，所谓预防性品德，如勇在《孟子》里没有扮演关键角色。[81]李耶理就此提出一种可能成立的解释，孟子修身的成长型模式使其注意力转向倾向性品德：

这使他认为倾向性品德，如仁，是典型的品德。不仅如此，他还因此想象出真正的德行应该是自发的、无矛盾的、快乐的。然而，普通的勇气是预防性品德；反省力、矛盾形式，与快乐形成的复杂关系，可以限定勇气。(Yearley 1990：145)

我倒希望把话说得更明确，即倾向性品德是孟子承认的唯一品德；倾向性品德不仅是孟子“典型的品德”，也是品德的唯一范式。如勇气为李耶理的预防性品德充当范式。在李耶理讨论阿奎那时，他发现最终通过勇气“神的直接行为能创造出一种状态，预防性品德可以变成倾向性品德”。在那一刻，勇气“不再显示其鲜明的标志”——面对方向不同的善行、左右为难的矛盾意识、反省力、临时克服心理状态的需要——而是变成了全然不同的品质。[82]与此相反，孟子的“勇”似乎从一开始就是纯粹的倾向性品德，需要稳定地吸收“义”，再逐渐充实“气”，最后强大起来，变得“不动心”，牢牢地扎根在浩然之气里。在这幅勇气的画面里，怀疑、后悔或哪怕片刻的迷惑都是没有空间的。这种全然的自信（对阿奎那来说是圣灵额外的恩赐）在孟子的修身理想里似乎无时无刻不是与道贯通的。孟子的圣人始终都是绝对无忧的，然而，一定程度的烦恼（如痛苦地拒绝诱惑或面对相互抵牾的善行左右不是）对道德生活来说好像也是重要成分。

孟子提出的内在论和倾向性，与如下命题发生抵牾：道德生活涉及在一定程度上坚守外在规范，此外，道德生活还可能遭遇外在规范与内在倾向之间的矛盾。从内在倾向的角度似乎也解释不通婚姻等道德现象。在婚姻上，内在倾向当然是重要的。在现代西方常见的婚姻模式下，倾向可能还在扮演主角。[83]依照这种婚姻模式，男女双方主要是以各自的倾向走入婚姻，其成因或是浪漫的爱情或是身体的激情，当然，最理想的是两者兼而有之。然而，即使在这种由倾向唱主角的模式下，坚守外在习俗——至少在特殊情况下——有时也需要诉诸预防性品德，使其压制或对抗不时出现的倾向。习俗的存在好像正是为了以更牢固、更持久的形式来抵消不时出现的倾向。如果仅仅从倾向的角度考虑我们的坚守，那么，作为社会习俗的婚姻几乎就没意义。婚姻是有意识的、“预防性的”坚守。这种有意识的坚守最好与我们的倾向完全达成和谐，但在特殊情况下，我们的坚守可能涉及一定的反省力、不同倾向之间的矛盾——李耶理说得好——乃至“与快乐形成复杂的关系”。

孟子并非不知道，过度依赖内在的倾向，必然引起矛盾，而且他也知道，倾向往往把我们引入歧途。在一定程度上，他清楚地意识到，道德生活往往涉及艰难的选择、紧张的关系、种种决定——不同于植物自然地朝阳光生长或水往低处流，有时人要抵抗自然倾向的吸引才能走向道德。因为孟子那些与修身和道德相关的隐喻主张顺从事物的自然倾向，所以这些隐喻不会轻易达到目的，因此，孟子被迫提出几个与外在相关的隐喻，希望两者互为依托，或提出其他相关的隐喻，希望通过主体对自我施以外部干预，如在《梁惠王上》(7)里出现的“推”的隐喻(主体把自我从一处推移到另一处)。在其他章句里，我们也能发现与外部相关的观念图式，如《尽心上》(4)，孟子敦促我们“强恕而行”，再如在《滕文公上》(3)，孟子敦促滕文公要“力行之”[84]——这些与外力相关的隐喻与“安”或轻松自如等隐喻并不和谐。两种隐喻产生的矛盾在《告子下》(15)里表现得最为明显：

> 天将降大任于斯人也，必先苦其心志，劳其筋骨，饿其体肤，空乏其身，行拂乱其所为，所以动心忍性，曾益其所不能。人恒过，然后能改；困于心，衡于虑……然后知生于忧患，而死于安乐也。

我们发现孟子所说的“动心”与其以往的表述并不一致，此外，他还主张“改”“困”“虑”，贬斥在其他地方推崇的“安”和“乐”。[85]

这种矛盾大概依然是“人为”和“自然”之间的矛盾，不过是表达方式有所不同,二者都涉及无为,也说明孟子思想存在薄弱的地方。人为与自然之间的矛盾,也是庄子批评的对象,后来荀子明确地批驳孟子,其锋芒所指还是内部推动与外部压制之间的矛盾,这种紧张关系促使荀子完全拥护外部标准,从技和艺的角度提出了他自己的修身隐喻谱系。后两章继续从隐喻的角度讨论庄子和荀子对无为理想的重塑,希望在此过程中印证无为悖论存在的各种形态及其无穷无尽的内涵。

注释

① 传统上不少人认为孟子的言论是他亲手集成的,其实我们几乎可以断定《孟子》是其弟子或弟子的弟子编撰的,我们现在读到的《孟子》在公元 2 世纪左右又经过赵岐(? —201)的整理,他也是评注《孟子》的第一人。文本的几处残缺并不严重,后世对文本争议不大。与其他现存先秦典籍相比,《孟子》几乎完好无损,章句井然,所述必为孟子言论。

② "本"的隐喻在《论语》出现过,但孟子更为大胆,把"本"与道德修身的全部隐喻系统联系起来,使其与作物和种植发生关联。

③《滕文公下》(9)。在这种语境下,我们可以理解孟子在《公孙丑上》(2)提出的两种能力——一是理解学说,一是专心向善,如养浩然之气——实为辅助手段:理解学说是消极的办法,可以用来回击异端,发扬"先圣之道"(《滕文公下》9),而养浩然之气则是成为真君子的积极过程。

④ 即物欲和倾向能不能满足,与"命"相关。

⑤ 请对比《告子上》(3)与(a)(b)义项。

⑥ 与"故"相关的讨论,见 Graham 1989:124 - 125。

⑦ 告子的哲学门派,对此有过讨论,详见 Shun 1997:119 - 126。几位学者注意到,《墨子》也几次提到告子,不少学者据此推定,《孟子》里的告子应为墨家。如信广来所指出的,此告子是不是彼告子,我们不得而知;告子是不是墨者,我们还是不得而知。信广来研究过学者们的不同说法,他的结论是,对《孟子》里出现的告子,我们还不能百分之百地确定其门派或身份,此言不虚,但我以为《孟子》里的告子的立场和《孟子·滕文公上》(5)的夷之相差不大,他倒是以墨者出现的。至于《告子上》(4)和《滕文公上》(5)的相似性,我们将在下文讨论。现在需要知道的是,告子和夷之某些观点相同,我将其称为新

墨者，以便把他们与经典墨家区别开来。

⑧ 信广来在其注释里说，这是华霭仁(Irene Bloom，1939—2010)先提出的。

⑨ 如信广来所说，“对孟子来说，伦理语境下的‘可以’……涉及的不仅是能力，还有正确的情感性情”(信广来 1997：219)。这是重要的分水岭，是孟子和荀子最显著的区别，孟子重视积极的向善倾向，荀子关注的不过是能力。信广来(216ff)指出，在这种语境下，孟子使用“可以”和“能”，意思相差不大，而荀子却以为，这正是孟子思想不够严谨的地方。对荀子来说，“可以”指的不过是空泛的行为能力，而“能”不仅指能力，还涉及正确的情感性情。荀子对比两个用语后，在第二十三章(《性恶》)指出，孟子的性善论是错误的。荀子对孟子的批评，第六章还将予以讨论。

⑩ 请比较《告子上》(8)与《梁惠王上》(3)，孟子劝梁惠王为人民多做好事，如“斧斤以时入山林，材木不可胜用也”。从这个角度读牛山的故事，也能得到传统评注的印证。如赵岐为《告子上》(8)写的章句就说：“秉心持正，使邪不干，犹止斧斤不伐牛山，山则木茂，人则称仁也”(焦循 1996：778)。与此相同，焦循(1763—1820)评注《告子上》(8)，说圣人需要“社教”才能保护并鼓励人民的道德倾向(778)。

⑪ 至少在传统中医语境下。

⑫ 见《梁惠王上》(6)、《公孙丑上》(6)、《离娄下》(18)。

⑬ 我们讨论《论语》时指出，孔子使用“仁”的概念，偶尔指 benevolence 或对他人的关怀，但在大多数情况下，孔子的“仁”是普通用语，指人的全部道德操守(“人性”)。“仁”在《孟子》里的用法稍有不同，几乎专指仁德(信广来 1997：49 所引《尽心下》16 属例外)，而泛指道德时往往用“义”。

⑭ 如下文将讨论的，孟子说的“心”既指心脏也指来自心脏的道德感情。我把后一种所指翻译成“心”，主要是考虑行文风格(“四心”听上去有点别扭)，但读者应该知道，原文并无此区别。

⑮ 四心与四德的对应关系是 AB“也”模式，可以用来显示身份(A 是 B)、不确定的关系(A 从属 B)或类属(A 是 B 的一部分或 A 是 B 类的一部分)。各种关系将在下文予以澄清，所以，循刘殿爵旧例，先不予限定。

⑯ 参见 Porkert 1974，该文提出，中国人的“心”等器官一般被理解为能量“球”，而非西方的身体器官。将“心”视为能量“球”，借此我们可以理解为什么孟子能灵活使用“心”字，“心”既可指意识施动的所在(即气的发号施令者)，也可指四心，或用作普通用语，指一般意义上的心(如《告子上》[8]的“良心”或《告子上》[11]的“仁，人心也”)。

⑰ 参照 David Wong 1991。不过,黄百锐提出这种感情是我们采取行动的合理依据,但他的话好像过了(对此说法更有力的批判,请参照 Ihara 1991 和 Van Norden 1991)。“心”发出的动机力量是情感的,而非理性的;不这么说的话,我们就可能把“双本”的道德行为模式当成孟子的(“一本”或“双本”道德行为模式,此话题后面将予以讨论)。

⑱ 参见信广来(1997: 71)。另见刘殿爵(1953: 548)。

⑲ 前者是珍稀树种,而后者为毒草——若任其生长——势必蒿草丛生,挤压树木。

⑳ 即注意力集中在手指上,却不知周身染病。

㉑ 比较《告子上》(13)与此相近的农业类比。

㉒ 即把牛当成牺牲品,牛血用来祭钟。

㉓ 字面意思:“我当时心里是怎么想的呢?”

㉔ 孟子不时光顾宫廷,不知“术”字是不是有意回应宫里盛行的“方术”。

㉕ 孟子之所以怎么说,必定与屠夫低下的社会地位有关,他们成天杀牲,耳濡目染,读者可能要说,屠夫的“恻隐之心”渐渐麻木了,因此,他们也很难成为圣人。从这个角度出发,《庄子》第三章庖丁解牛的故事,未必不是对所引《孟子》章句的讽刺。

㉖ 艾文贺指出,孟子所谓的人性是一般的说法——也就是说,那些人来自“自然的”环境,是其中正常、健康的一分子(Ivanhoe 1993a)。因此,“低劣的”人或“无人性”的行为,还不足以推翻孟子的说法,正如残疾人的存在也不足以推翻人有四肢的说法——有人出生残疾或在战场上丢了双腿,但他们改变不了“正常”人有四肢的事实。隐喻作为四肢的道德感情与我将讨论的隐喻“贼”不无关联,刘殿爵把“贼”翻译成 crippled(伤残)也是有道理的。

㉗ 百钧约为 700 千克。

㉘ 如朱熹所言:故人之与人,又为同类而相亲。是以恻隐之发,则于民切而于物缓;推广仁术,则仁民易而爱物难。今王此心能及物矣,则其保民而王,非不能也,但自不肯为耳。(朱熹 1987,《四书章句集注》,第 10 页)

㉙ 下文将讨论孟子的意志论,重点是齐宣王。

㉚ 如我在第四章所说,“推”作为术语最先是墨家使用的,孟子的“推”与墨家的“推”有何不同,下文予以讨论。

㉛ 引文使用的另一术语“及”,含义更模糊,但在该章句的后半部分,“及”似乎含有因果关系(使东西从 A 移到 B),若作此解,就有强迫运动的意思。

㉜ Ivanhoe (n.d.).

㉝ 见 Shun 1989 和 Wong 1991。与此相关的讨论，参见 Ivanhoe n.d.、Ihara 1991、Van Norden 1991。

㉞ 传说中的名厨，烹制的食物誉满天下。

㉟ 著名乐师。

㊱ 传说中的美男子。

㊲ 我们将发现，这种说法好像是在回应告子的信念：仁（如情感的积极部分）是内在的，而义（如对情感指向的消极限制）是外在的。

㊳ 与“充满”相关的隐喻，下文还将详论。

㊴ 见拙著第四章及后文对隐喻水的讨论。

㊵ 把“悦”读成“说”。

㊶ 就我所知，是倪德卫最先提出的（Nivison 1996，第八章）。

㊷ 对这些章句最深入的研究，见 Shun 1997：87 - 199。

㊸ 见 Shun 1997：113ff 对分歧的研究，信广来的结论在第 118 页。比较 Nivison 1997：125。

㊹ Van Norden 1992：172。

㊺ 见 Schwartz 1985：277。史华慈指出，心失去对气的控制，主要发生在“人通过感觉通道与外部接触的地方”。

㊻ 第四章讨论的医学理论的影响，在此相当显著。

㊼ 字面意思是，“向左向右”。

㊽ 我们在第四章讨论过《内业》，还记得气与德之间的关联。这种关联似乎被大家接受下来，因为从孟子往后，与水相关的隐喻在气和德形成概念的过程中变成了标准用法。通过这种关联，孟子把隐喻作为水力的气变成一种模式，以此来理解德的影响。在《公孙丑上》(1)里，德的发散是通过社会隐喻形成概念的（“速于置邮而传命”），但文中又说如水一般“流行”。在《离娄上》(6)里，孟子先得说赢各阶层，治国是何等容易，他最后的结论是：“故沛然德教溢乎四海”。《离娄上》(9)等章句也传递出德的原力，人民“归”仁“犹水之就下、兽之走圹也”。以上种种隐喻表述为我们提供了相当具体的模式，我们据此可以理解原来相当抽象的概念。

㊾ 产量不高、口感一般，但至少容易生长，收成稳定。

㊿ 比较《尽心上》(29)。

51 Ivanhoe(n.d.)。比较倪德卫对孟子修身的评论（Nivison 1997：106），“道德能让人自然地乐起来，所以道德才能为可能”。

52 如“御”或“莫之能御”。

㉝ 长对幼以“尔汝”相称，朱熹所谓“轻贱之称”。
㉞ 比较《公孙丑上》(1)的“鸡鸣狗吠相闻，而达乎四境”。
㉟ 语言上与《内业》何其相似，此非偶然；比较 Roth 1999：81。
㊱ 赵岐释为“润泽”。
㊲ 比较《告子下》(6)、《告子下》(15)。
㊳ 苟非其人：若不是其性格的一部分。
㊴ 译作“Nothing could restrain the torrential force”。
㊵ 其字面意思指盛满液体的容器，如隐喻作为水的德。
㊶ 在很大程度上，至少信广来注意到，动机矛盾在《孟子》里依然反复出现，其结构与《论语》里出现的颇为相似。如孟子劝齐宣王，有时也是从功利角度入手的：你可喜爱打猎、女色、财富，不过，要是你能与人民分享乐趣的话，你从中得到的乐趣会更大；要是你能与民同乐的话，谁还能夺走你的乐趣呢(见《梁惠王上》1、2)。孟子要说的是，国王轻利终将尽收其利(Shun 1997：167－168)。在《告子上》(16)里也出现了这种矛盾的回音，文中说“仁义忠信，乐善不倦，此天爵也”(另见《公孙丑上》3、《滕文公下》5、《离娄下》19)。然而，这种观点在孟子的理想里却是次要的，他的人性论也可能解决人性的动机问题。
㊷ 当然，与柏拉图相比较也不准确，因为“回忆”还有一层意思：发现那些失去的或忘却的，但完整如初的能力，而在孟子那里，我们发现的不过是全部能力的潜在形式，发现之后还要继续开发。如我所说，后来宋明理学传统的思想家支持人性发现说。此外，对柏拉图来说，我们发现的是知识——引发动机的知识——而对孟子来说，我们发现的主要是动机的来源，至于孟子认为此过程在多大程度涉及知识本身，对此我们尚不清楚(Eric Hutton，私人通信)。
㊸ 见《论语·述而》(15)。
㊹ “思”翻译成 concentration，见 Van Norden 1992：169。
㊺ 如史华慈所说，与身上的四肢和器官有所不同，道德潜力并没有设定在 DNA 的程序里，因此人类拥有“超自然的”力量，使其脱离道德成长的“自然的”路线(Schwartz 1985：289)。如《公孙丑上》(6)，四株道德幼苗(端)被比作四肢：四株幼苗需要“充”实，但四肢就未必。
㊻ 有趣的是，他来自楚国，据说与老子同乡。
㊼ 比较《滕文公下》(9)。
㊽ 更确切地说，是对原始主义立场的讽刺，因为许行和老子都没说过放弃农业或乡村生活。

⑲ 见《公孙丑上》(2)和《万章下》(1)。

⑳ 还有一次(出现在《论语·子罕》3,我们在第二章讨论过)孔子也同意改动。

㉑ 见《滕文公下》(10)、《离娄上》(17)、《离娄上》(26)、《万章上》(2);比较《公孙丑下》(3)、《公孙丑下》(7)、《告子下》(1)及《尽心下》(6)。

㉒ 在讨论孔子时我说过,《论语·子罕》(3)说明,在孔子的思想里存在亚里士多德的"好人"标准("善"通过"好"的行动表现出来),不过,如《离娄下》(6)所述,这种标准(可以称为"至人"标准)在《孟子》里变得更为明显。李耶理在研究孟子思想时指出,"明令禁止的少数行为姑且不论,评价的最高标准是,圣人要在特定的场合完成特定的行为"(Yearley 1990：71)。

㉓《万章上》(4)。孟子拒绝照字面理解《诗经》,其依据是,"故说诗者,不以文害辞,不以辞害志。以意逆志,是为得之"。

㉔《尽心下》(3)。信广来以为孟子的做法并不过分,因为在孟子生活的时代《尚书》还不是文典(Shun 1997)。此话可能有理,但《尽心下》(3)对《尚书》的解释方法与《万章上》(4)对《诗经》所持的阐释学立场是一脉相承的(信广来也承认《诗经》当时已是文典)。当时《尚书》的地位可能不如《诗经》,即使如此,也不应改变孟子对待经典那种取舍自如的态度。

㉕ 应该指出,安乐哲(Ames 1991)认为,孟子实际上有一个从文化角度定义的性概念,所以孟子的性与"连续的诗学过程"(其中"充满可变性")所涉更多,任何共有的人性都不能与之相提并论。以上立场足以证明,不理解认知隐喻重要性的人遇上的麻烦(他们轻视或无视孟子系统地使用与农业或自然相关的隐喻),因此,这种立场在文本里也找不到依据。其他对安乐哲所持立场的批判,见 Graham 1991 和 Bloom 1994。

㉖ 见 Graham 1967 的观点：孟子性的概念,既来自事实,也起规范作用。比较 Bloom 1994 和 Munro 1969：44。

㉗ 比较《尽心下》(38)。

㉘ 以上言论不大可能出自孟子。

㉙ 比较《离娄上》(2)、《离娄上》(15)、《告子上》(20)、《尽心上》(41)。

㊱ 朱熹 1987,《孟子集注》：第 196 页。

㊲ 如李耶理所说,预防性品德和倾向性品德有所不同,"预防性品德通过抵抗妨碍其实现的欲望来保护倾向性品德。倾向性品德则为预防性品德提出进取的目标"(Yearley 1990：14)。预防性品德要应对与正确行为相左的情感。

㊳ 李耶理指出,正常的勇气在此变成宗教勇气。见 Yearley 1990：142－143。

㊴ 在婚姻方面,这当然是相当新的提法,即使今天可能也没超出西欧、北美文

化上相对封闭的地区，后者受到北美和西欧的影响。传统的婚姻制度大概是按照荀子而非孟子的路线构建起来的，与最初的倾向因素无关。

㉞ 比较《告子上》(8)和《告子上》(9)。

㉟ 对比《尽心上》(15)（“人之所不学而能者，其良能也；所不虑而知者，其良知也”）或《离娄上》(11)（“道在尔而求诸远，事在易而求之难”）。

第六章

虚：《庄子》的无为

说到无为的理想，庄子[①]与孟子倒是有几个共同之处，庄子也希望人的行为与人们“自然的”、自发的倾向达到完全和谐。不过，孟子理解自然，其角度是人的等级和继承的文化形式，而庄子的自然是对人的超越——尤其要超越与心相关的范畴和等级，我们知道，孟子对心是何等珍视。如同老子，庄子也是以论战的方式使用无为的：以其为工具，在前人的思想里发现矛盾和难题。孔子和孟子对待“无为悖论”，几乎是三缄其口，而庄子对此却津津乐道。吴光明评论过庄子的方法，庄子说“吾丧我”或从身上抽走“情”，这种提法显然是自相矛盾的，庄子希望借此来彰显早期修身理论掩盖的矛盾，以悖论为工具推动人对自身的了解：

> 这样一想，我们就知道庄子没有发明新的谬误。他只是使用几个新句子（无为、“吾丧我”等）把这种人生碰到语言而发生的困难显明出来而已。儒家贤士没有提到这个人生问题。庄子不但将它显示给我们看，更积极地运用这种困难，玩弄这种问题，以激发

我们的省察、了悟。我看禅宗的公案也许是从这里起源的。（吴光明 1989：317）

我们研究的思想家，无一不把无为当成精神理想，虽然如此，但这种理想（被庄子理解为对人类日常有意识活动的改变或超越）在庄子思想里的作用，要大于其他先秦思想家。还是在《庄子》里，我们发现其无为隐喻概念构成的网络，与其他中国古代典籍相比，更为复杂，可能也是最不易破解的。那些普通的、与不努力相关的隐喻（如“从”“因”“顺”等），又吸纳了新的概念和概念隐喻，如“应”或“游”。此外，我们再次遇到，非自我意识（不知）构成的作为客体占有的自我，在不知的状态下，主体可以“忘”却或“丧”失自我。大概因为《内业》（一种生理学理论）的影响，从隐喻的角度“忘”却自我，又与作为容器的自我图式发生频繁的联系，非自我意识在“容器”内可以使自我变成“虚”空的。我们还将发现，隐喻上的“虚”轮流（依隐喻系统而定）释放本质的自我——此前被压抑的自我部分——或为规范秩序进入自我找到空间，规范秩序指物质或客人。与这种隐喻频频接触后，规范秩序在其他场合变成图式作为地点的规范秩序，主体可以通过“寓”“适”或“宜”等，在不努力的状态下自得其乐。这些隐喻图式在字面上并不兼容，但庄子却能巧妙地把它们连缀起来，变成概念上连贯的救世指南。

堕落

庄子借用鲁侯养鸟的故事来说明世人的愚昧和先人的智慧。此鸟来到鲁郊，鲁侯“奏九韶以为乐，具太牢以为膳”，把鸟当成稀客，可惜的是：

> 鸟乃眩视忧悲，不敢食一脔，不敢饮一杯，三日而死。此以己养养鸟也，非以鸟养养鸟也。夫以鸟养养鸟者，宜栖之深林，游之坛陆，浮之江湖，食之鳅鲦，随行列而止，逶迤而处……彼必相与异，其好恶故异也。故先圣不一其能，不同其事。名止于实，[②]义设于适，是之谓条达而福持。（《至乐》：郭庆藩 621）

昔日的圣人深知，物各不相同，不能强求整齐划一，应该让不同的生灵以其自然的自发的习性繁衍生息。他们以名（语言）指物，仅此而已——他们不滥用语言，不使其变成僵化的概念和范畴。因此，在确定“义”的过程中，他们并不依赖预设的语言或传统的习俗（如以盛宴和音乐款待贵宾是“义”），而是因地制宜。以“宜”[③]助“义”，陆德明说：“义者宜也，随宜施设，适性而已，不用舍己效人。”（郭庆藩 623）[④]一句话，先人知道什么是“适”：知道怎么做才能使物名实相符。庄子在第二篇里将先人的做法形容为知识的最高形式，同时描述了其逐渐堕落的各个阶段：

> 古之人，其知有所至矣。恶乎至？有以为未始有物者，至矣，尽矣，不可以加矣！其次以为有物矣，而未始有封也。其次以为有封焉，而未始有是非也。是非之彰也，道之所以亏也。道之所以亏，爱之所以成。（《齐物论》：郭庆藩 74）

堕落的过程描写得相当清楚：人们先注意到物的存在；然后对物加以区分（“有以封”）；最后他们区分差别，施以评判。这时“道之所以亏，爱之所以成”——人们之间自然的自发的关爱（说明道的存在）被打乱，“爱”变成刻意的行为，人们开始炫耀“仁”。[⑤]还是在第二篇里，庄子认

为堕落的过程是从“为是”开始的：[⑥]

> 夫道未始有封，言未始有常，为是而有畛也。(《齐物论》：郭庆藩 83)

范围越来越大，“有左、有右、有伦、有义、有分、有辩、有竞、有争”(《齐物论》：郭庆藩 89)。上文以老子那种语言呼吁不要再诉诸知识，而要返回取之不竭的自然——《庄子》里的自然与天不相上下：

> 故知止其所不知，至矣。孰知不言之辩，[⑦]不道之道？若有能知，此之谓天府。[⑧]注焉而不满，酌焉而不竭，而不知其所由来，此之谓葆光。(《齐物论》：郭庆藩 83)

庄子慨叹今人已经割断与“天府”的联系。堕落的显著标志是“辩”[⑨]的出现及其后出现的“是”“非”观念。如我们在第五篇看到的，这两个用语字面上指“是”和“不是”。评判事物是否名实相符，这一过程往往就具有规范性的色彩(此物是好的，此人是国王)，因此也使“是非”涂上了规范性的色彩，如我们就把“是”理解成“正确的”，把“非”理解成“错误的”。[⑩]显然庄子并不想对“辩”一概拒之门外，如上面的引文所言，上古先圣也要为物命名。然而——这个“然而”很重要——他们不过是为物命名，到此为止，正确的与合适的相辅相成。此为“大辩”(大辩不言)，通过大辩达到“大知”。庄子说大辩“不言”，他好像在证明，这种方式的辩并没有坚实的依据：在特定的场合，你凭什么说一物是X？

庄子时代的人自以为他们的依据是绝对牢固的，所以他们抱住

"辩"不放，还向他人炫耀——炫耀就少不了说话。先是诉诸意识的"辩"（各种"辩"构成"义"，"义"是系统化的"正确"法典），然后出现了"是非"，对"是非"的评判最后变成固定的标准，因为标准固定所以就不灵活，也无法与"宜"相适应。结果是"小知"及与之相伴相生的种种麻烦：

> 大知闲闲，小知间间。大言炎炎，小言詹詹。其寐也魂交，其觉也形开。与接为构，日以心斗。缦者、窖者、密者。小恐惴惴，大恐缦缦。其发若机栝，其司是非之谓也；其留如诅盟，其守胜[11]之谓也；其杀如秋冬，以言其日消也；其溺之所为之，不可使复之也；其厌也如缄，以言其老洫也；近死之心，莫使复阳也。（《齐物论》：郭庆藩 51）

目光短浅、概念僵化的小知使众人接触不到"天府"和外面的大世界。众人不能以合适的方式对外部做出灵活的反应，所以他们才与外部矛盾频频，身心疲惫：

> 一受其成形，[12]不亡以待尽。与物相刃相靡，其行尽如驰，而莫之能止，不亦悲乎！终身役役而不见其成功，苶然疲役而不知其所归，可不哀邪！人谓之不死，奚益！其形化，其心与之然，可不谓大哀乎？（《齐物论》：郭庆藩 56）

在后面的章句里，庄子说"可怜的"众人失去的东西，是昔日指引先人的"天机"：

> 古之真人，其寝不梦，其觉无忧，其食不甘，其息深深。真人之

息以踵，众人之息以喉。屈服者，其嗌言若哇。其耆欲深者，其天机浅。（《大宗师》：郭庆藩 228）

如同在老子那里，庄子的自然或“天”也是原初的：昔日太平盛世，人民生活的那种原初状态。与老子一脉相承的还有庄子对堕落的态度，庄子也认为，欲望泛滥是今不如昔的根源，如那些不自然的或过度的情感（耆），老子和庄子都对我们所谓的“社会欲望”持轻蔑的态度：追逐名利，与“是非”纠缠，当时还有人以为这些就是“知”。在《德充符》里，无趾说，是上天要惩罚孔子，因为“彼何宾宾以学子为？彼且以蕲以諔诡幻怪之名闻，不知至人之以是为己桎梏邪”（《德充符》：郭庆藩 204）。太多的情感必然伤身，与此相同，追逐名和知也能破坏（荡）德（《养生主》：郭庆藩 135）。我们知道，在《内业》和《孟子》那里，德在概念上被形容为液体，与气相连，通过正确的行为，德应该与日俱增，但庄子却说，我们生下来就有充沛的德，事实上，孟子提倡的那些行为却在减损我们的德。⑬

人们为什么没有发现他们的德在减损呢——也就是说，他们为什么没发现追逐名利是徒劳的呢？庄子指出，因为他们自高自大，闭目塞听——以为自己多么重要，能力多么大。小小的鹌鹑嘲笑大鹏（《逍遥游》：郭庆藩 14），“乡原”洋洋自得，因为他成了村里的名人（《逍遥游》：郭庆藩 14），即使御风而行的列子（《逍遥游》：郭庆藩 17）或吸纳洪水的河伯（《秋水》：郭庆藩 568）也是那么自以为是，对道茫茫然而无所知。所以《应帝王》里的无名人才要劝告天根“汝游心于淡，合气于漠，顺物自然而无容私焉”⑭（《应帝王》：郭庆藩 294），那么，这些现象正是庄子所说的“道隐于小成”（《齐物论》：郭庆藩 63）。“小成”不仅指个人名利，还指对儒家所谓高尚品德的向往：

意而子见许由，许由曰："尧何以资汝？"

意而子曰："尧谓我：'汝必躬服仁义而明言是非。'"

许由曰："而奚来为轵？夫尧既已黥汝以仁义，而劓汝以是非矣。[15]汝将何以游夫遥荡恣睢转徙之涂乎？"（《大宗师》：郭庆藩278—279）

从过去继承的规范和价值，不过是一大堆是非，是非只会遮挡人们的视线，使他们找不到道。从隐喻的角度来说，这也是一种伤害——黥或劓——我们不禁想到孟子用过的隐喻"贼"对自然秉性的伤害，不过，在庄子那里，伤害的施动者发生了变化，这次是儒家文化伤害众人。

实施伤害的不仅是儒家的道德，还有用来描写、存续这种道德的语言，而后者的危害更大。语言是传统思想的传递者，所以庄子认为应该以谨慎的态度对待语言。庄子并不拒绝语言的积极作用（"夫言非吹也，言者有言"，见《齐物论》：郭庆藩63）。其实他自己就是语言大师，善于借用语言传递思想，而且也能自得其乐。人们在一起生活，就少不了语言的参与。然而，语言也可能变成桎梏：语言传递的是非观念可能侵蚀我们的德。在庄子看来，人们可能被是非观念所左右，这种倾向深深地扎根在人的秉性里，他把这种秉性称为典型的"情"（本质，为人所独有），[16]认为道家圣人万万不能沾边：

有人之形，无人之情。[17]有人之形，故群于人，无人之情，故是非不得于身。[18]眇乎小哉，所以属于人也；謷乎大哉，独成其天。[19]（《德充符》：郭庆藩217）

名家惠子（庄子的朋友）对形式格外严谨，他当即就庄子的逻辑提倡质疑：

> 惠子谓庄子曰："人故无情乎？"
>
> 庄子曰："然。"
>
> 惠子曰："人而无情，何以谓之人？"
>
> 庄子曰："道与之貌，天与之形，恶得不谓之人？"
>
> 惠子曰："既谓之人，恶得无情？"[20]
>
> 庄子曰："是非吾所谓情也。吾所谓无情者，言人之不以好恶内伤其身，常因自然而不益生也。"
>
> 惠子曰："不益生，何以有其身？"[21]
>
> 庄子曰："道与之貌，天与之形，无以好恶内伤其身。今子外乎子之神，劳乎子之精，倚树而吟，据槁梧而瞑。天选子之形，子以坚白鸣。"[22]（《德充符》：郭庆藩 220—222）

庄子主张"情非情"。即传统上情的品质（分辨是非的能力）不过是对人的真情——神和精[23]——施以不良影响的瑕疵。庄子提出"无以好恶（因是非引发的情感）内伤其身"，他批评惠子把（精）神晾在外面，此时他使用的是隐喻**作为容器的自我**（自我如容器），他认为这些重要的力量（神和精）从一开始就在身上好端端的，后来因为辩的不良影响才从身上离开或被伤害。

庄子对朋友惠子可谓苦口婆心，他对社会弱点也感到力不从心，但他依然关注世人自讨的苦难。他的目的是希望拯救心的"堕落"，因为"堕落"的习惯割断了人性与道的联系，道才是生命的源泉。他为众人指出一条救赎的路，又从隐喻的角度诉诸各种描述，在《至乐》里，一位庄派作者明确指出，庄子所指的路就是无为：

今俗之所为与其所乐,吾又未知乐之果乐邪?果不乐邪?吾观夫俗之所乐,举群趣者,硁硁然如将不得已,而皆曰乐者,吾未之乐也,亦未之不乐也。果有乐无有哉?吾以无为诚乐矣,又俗之所大苦也。故曰:"至乐无乐,至誉无誉。"天下是非果未可定也。虽然,无为可以定是非。至乐活身,唯无为几存。(《至乐》:郭庆藩611—612)

下面讨论庄子认为人们达到无为状态将遇到的障碍,以及他为克服障碍提出的建议。

庄子无为的认知方面:虚和清

人们怎样才能避免与身上重要的力量分离,或至少恢复失去的力量?也就是说,人们怎样才能抵抗天生的堕落倾向呢?我们知道,语言和语言能力所在的心被庄子指为堕落的根本原因,因此,心及其好辩的倾向才是庄子要改变的主要对象。《人间世》通过孔子(作为庄子的代言人)与其得意门生颜回的对话,详细描写了庄子无为的认知方面。卫国年轻的国君不讲原则,其自私、愚蠢的治国方式使人民深受其害,[24]颜回过来拜见孔子,说他要到卫国劝说卫君,孔子以为他未必能成功,弄不好还要搭上性命。颜回的问题是,他深信从孔子那里学来的教诲("治国去之,乱国就之!"),也深信自己辨别是非的能力,还希望成为道德高尚的人,而孔子则比他更现实。颜回提出好几种办法,被孔子一一拒绝(孔子批评颜回"犹师心者也")。最后颜回不知如何是好:

颜回曰:"吾无以进矣,敢问其方。"

仲尼曰："斋，吾将语若。有心而为之，其易邪？[25]易之者，皞天不宜。"

颜回曰："回之家贫，唯不饮酒不茹荤者数月矣。如此则可以为斋乎？"曰："是祭祀之斋，非心斋也。"

回曰："敢问心斋。"

仲尼曰："若一志，无听之以耳而听之以心；无听之以心而听之以气。听止于耳，心止于符。[26]气也者，虚而待物者也。唯道集虚。[27]虚者，心斋也"。

颜回曰："回之未始得使，实自回也；得使之也，未始有回也，可谓虚乎？"

夫子曰："尽矣！吾语若：若能入游其樊而无感其名，入则鸣，不入则止。无门无毒，一宅而寓于不得已，则几矣。"（《人间世》：郭庆藩 146—148）

上文内涵颇丰，我们要用不少文字对其一一说明。

我们先来讨论"听"的三个层次：用耳、用心、用气。我们最好从《公孙丑上》(2)的角度来探讨上文的几个层次。[28]告子的名言是"不得于言，勿求于心；不得于心，勿求于气"，孟子拒绝上半句，但接受下半句。也就是说，我们先要从心里寻找德或义，然后再转向言或气，因为后者是次要的。孟子还说到怎样养"浩然之气"以固其心，因为心乃"集义所生"。不论庄子是有意正面回应孟子的言论，还是针对当时流行的告子言论，他都是在颠覆孟子的修身路线。倪德卫指出：

孟子说修身，"养"的是气和义。在庄子那里，"养"的是道，道家的"道"。在孟子那里，若是没有"养"的过程，我们的气将"馁"。庄

子对此予以重估，把修身过程变为心“斋”。（Nivison 1997：129）

对庄子来说，我们用耳（言）听到的，不如我们用心（德）听到的有价值，用心听到的又不如用气听到的，因为我们的耳朵听到的不过是表面的言语，我们的心不过是协调听来的言语，而气则不同，气是“虚”的，对外面敞开，气与外面的关系共同构成了道。庄子认为，我们必须“馁”心，从中清除沉积的是非观念，因为是非观念构成语言和传统的正确概念，如此这般才能为“虚”创造空间，让道在其中成长。我们再转向与“斋心”相关的各种隐喻图式，讨论其中的认知部分。

作为客体的自我

颜回认为“虚”就是无我（“回未始有也”）。这也是《齐物论》一则故事的主题，一个叫南郭子綦的人，通过冥想使其形似槁木、心似死灰，然后宣布说“吾丧我”（《齐物论》：郭庆藩 45）。失去自我到底意味着什么，读者对此百思不得其解，近来西方学者倒是提出不少独到的见解。[29]幸运的是，主体-自我图式清楚地勾画出故事的隐喻结构：其基本图式是作为客体的自我，主体可以拥有也可以失去客体。这种结构对英语或其他西方语言来说也不少见，如隐喻作为客体占有的自我控制。[30]在英语里，我们也说“身不由己”或“控制不了自己”。这种隐喻在《庄子》里并不少见，好像是战国时期常用的隐喻。如《应帝王》写一个叫季咸的所谓神巫遇到真正的道家大师奇子后，“立未定，自失而走”。还有《大宗师》写一个追逐名利的人“失己”“身亡”。

在庄子那里，主体维持对“真我”的占有，不允许“真我”被伤害，这些固然重要，但他又似乎感到，大多数普通的自我伤害了主体，因此他才使用隐喻：作为客体占有的自我控制，其主要目的是重新评价自我，同时提出新的隐喻：主体通过消灭客体占有来摆脱伪自我的控制。因此把自我从主体里赶走（至少把伪自我赶走）也是庄子救赎理想的一部分，也应该从这一角度来理解南郭子綦或颜回知道心斋后达到的至境。《大宗师》后面讲述颜回的经历，显然与南郭子綦的故事相互关联，颜回的修身（去文化）过程写得相当生动，再现出他经历的遗“忘”过程。颜回几次向孔子汇报自己的心得（兴致勃勃地说“回益矣！”）：他先是忘了仁义，继而又忘了礼乐。孔子知道后说：“可矣，犹未也。”等颜回第三次汇报成绩时，孔子大有感触：

> 他日复见，曰：“回益矣！”曰：“何谓也？”曰：“回坐忘矣。”仲尼蹴然曰：“何谓坐忘？”颜回曰：“堕肢体，黜聪明，离形去知，同于大通，此谓坐忘。”仲尼曰：“同则无好也，化则无常也。而果其贤乎！[31]丘也请从而后也。”（《大宗师》：郭庆藩 282—285）

从主体的角度来说，这种忘我的行为是在消灭客体自我，或（通过隐喻作为容器的自我）把不合适的杂质从自我身上驱逐出去：如聪明、对形的牵挂、知、好恶、“常”——固守原形。[32]凡是伤害气或神的东西都清除后，现在颜回与“大道”达成了和谐。

相同的主题，写梓庆的故事里也出现过，梓庆做的钟架为众人称道，见过的人都说是“鬼斧神工”。他对鲁侯讲述了制作前后过程：

> 臣，工人，何术之有！虽然，有一焉：臣将为鐻，未尝敢以耗气也，必齐以静心。齐三日，而不敢怀庆赏爵禄；齐五日，不敢怀非誉巧拙；齐七日，辄然忘吾有四枝形体也。当是时也，无公朝，其巧专

而外骨消，然后入山林，观天性；形躯至矣，然后成鐻，然后加手焉，不然则已。则以天合天，器之所以疑神者，其是与！（《达生》：郭庆藩 658）

我们再次发现心斋这一主题，上文写的是"静"而非"虚"，不过，指向没有变化。心一旦静下来，排除杂念，身外的那些功名利禄，乃至形体都被忘却。这时梓庆吸纳山川树木发出的"天性"，让自己的内心（内在的"天"）与道（外在的"天"）达成和谐。

本质的自我 + 作为容器的自我

在颜回和梓庆的经历中，"忘"却与真我纠缠的种种杂念——从社会价值到欲望再到形体——就能达到内心平和的状态。这时我们可以从隐喻作为容器的自我来理解隐喻客体丧失，把忘却过程理解为清空自我，凡是与"情"相关的杂念都要清空：即凡是阻碍我们与道接触的东西，都要排除在外。障碍排除后（自我不再膨胀），主体得以与规范秩序（道、天或大道）重建联系，从此不再堕落，自由自在地活在世上。忘却/摆脱牵挂，让心与道达成和谐，其意义始终为庄子所重视（如《达生》）。孔子也说到凡是习水者，必先"忘水"（后天对水的恐惧），此外他还以射箭为例：

以瓦注者巧，以钩注者惮，以黄金注者殙。其巧一也，而有所矜，则重外也。凡外重者内拙。（《达生》：郭庆藩 642）

还是在《达生》里，吕梁丈夫水性之好绝非世人能及，他出没湍流如履平地，难怪孔子为他捏了一把汗，他从水里出来后，对孔子说，“与齐俱入，与汩偕出，从水之道而不为私焉”。如同在《老子》里，从隐喻的角度清空自我，一般是借助两个表示存在的动词完成的：“有”和“无”。斋戒后的颜回发现“我的自我从来没存在过”（回未始有也），其字面意思是，“我颜回还没开始呢”。《逍遥游》里也说“至人无己，神人无功，圣人无名”。文中的“己”与道家圣人拒绝的功和名发生平行关联，这就清楚地说明，从主体里清除的自我，是指被功名利禄污染的自我。

《庄子》里的隐喻作为容器的自我，与隐喻本质的自我在概念上构成共生关系，这种概念上的融合我们在《老子》《内业》《孟子》里也遇到过，[33]从中可以得出如下概念结构：

容器内 → 真我（适合主体/情）
容器外 → 伪我（不适合主体/情）

如在写心斋的《人间世》里，孔子拒绝颜回提出的设想，因为颜回希望说服的卫君不大可能接受他的说教。孔子提醒颜回，卫君可能“外合而内不訾”。也就是说说，君主可能敷衍（如我们英语说的“表面文章”）颜回，好像接受了他的建议，但内心深处没接受。无论在英语文献里，还是在战国时期的典籍里，“内在”与本质的自我发生联系，“外在”与伪装的自我发生联系，这种联系仿佛是普遍存在的，各国皆然，所以对读者来说也是不言自明的。

因此，通过驱逐（伪的）自我——忘却或清空——我们才能发现真我，就是颜回的“一”或梓庆的“内天”。[34]真我往往与天连在一起，而与伪我相连的却是人，与“情”相关的各种事物——心、是非、名、文化标准、知等。我们发现上述说法在斋心一节也有所表述，颜回对孔子说出自己的想法，“然则我内直而外曲……内直者，与天为徒；外曲者，与人之为徒也”（《人间世》：郭庆藩 143）。至此，庄子用一句话就把作为容器的自我＋本质的自我与社会自我（主体与天或人的关系仿佛是仆人与主人）等几个隐喻及作为道路的生活＋作为路障的外力等图式连在了一起，逻辑推演如下：

直道 → 对（内在）情守真（如与天为徒）
曲道 → 适应（外在）力（如显然得与人为徒）

我们在此不妨稍停片刻，把与自我相关的各种力量和表现一一列出，看看它们在庄子作为容器的自我＋本质自我的图式里的排位：

正确内在成分	正确的外在成分
（与本质自我相关）	（与本质自我无关）
天	人
气	“全部的”心
神	知或谋
德	名或功
真我（身）	仁义
灵	好恶
	死生
	天下
	形
	聪明

这种隐喻图式的力量是，激发一系列与救世理想息息相关的逻辑推演，凡是知道如何使用容器的人，都知道这种隐喻图式所指为何，无须再作说明。

1. 容器内正确的外部事物 → 状态不良的主体

上文形容的现象可能引起“好恶内伤其身”(《德充符》：郭庆藩 221)的风险、为人诟病的“藏仁以要人”(《应帝王》：郭庆藩 287)以及对“谋府”(《应帝王》：郭庆藩 307)的禁止，此外，还可为下面的陈述提供逻辑依据：

> 死生存亡，穷达贫富……是事之变，命之行也；日夜相代乎前……故不足以滑和，不可入于灵府。(《德充符》：郭庆藩 212)㉟

2. 容器外正确的内部事物 → 状态不良的主体

上文形容的现象可以解释“德荡乎名”的风险(《人间世》：郭庆藩 134)和不要“外乎子之神”的原因。(《德充符》：郭庆藩 222)

3. 容器外正确的外部事物 → 状态良好的主体

上文可以用来描述圣人的演进过程：“外天下”“外物”“外生”，最后圣人“入于不死不生”(《大宗师》：郭庆藩 252)。

4. 容器内正确的内部事物 → 状态良好的主体

德的隐喻概念可以充分说明上文的内涵，因为从隐喻的角度来说，德是液态物质（在《内业》以后的典籍里也是如此，后面将予讨论）。在《庄子》里，这种液态物质最初是上天赐予自我的，不能使其外泄，所以我们才要"内保之而外不荡"（《德充符》：郭庆藩 214），所以《应帝王》里的圣人才要"杜德机"（郭庆藩 299）。在自我出生时上天赐予他满满的德；如德不外泄的话，足够我们自己用的，用来"守"护我们的真我，"尽其所受乎天"（《应帝王》：郭庆藩 307）。[36]

基于 1—4 的逻辑推演，再从我们对容器内物质行为的经验出发，还可得出如下逻辑推演：

5. 过去横在内部和外部之间的障碍 → 不理想的状态

上文能解释"纠缠"的成因，因为"纠缠"发生时，"其寐也魂交，其觉也形开"（《齐物论》：郭庆藩 51）。

6. 外部与内部之间没有障碍 → 理想的状态

以上推演间接地说明，圣人宋荣子可以达到"举世而誉之而不加劝，举世而非之而不加沮"的状态，因为他"定乎内外之分，辩乎荣辱之境"[37]（《逍遥游》：郭庆藩 16）。与宋荣子相似的还有列子，列子知道自己无知以后，大为震惊（其理解力也因此达到最高程度），回家后三年不出，最后达到一种精神上的高度，自私等杂念全部被赶走，在内外之间建起了一堵"防火墙"：

> 为其妻爨，食豕如食人，于事无与亲。雕琢[38]复朴，块然独以

其形立。纷而封哉，一以是终。（《应帝王》：郭庆藩 306）

我们还可参考下面两句提示，“使日夜无郤”（《德充符》：郭庆藩 212）或古代真人的写照，据说他“似好闭也”（《大宗师》：郭庆藩 234）。

作为地点的自我，作为人的规范秩序

为使隐喻形成概念，庄子把自我比喻成容器，其中的不良成分必须清理干净，还要严防外部侵入。在排列图式时，庄子说自我容器清空之后，可以用来储存规范的秩序（从隐喻上说也是液态物质，如德），或作为规范秩序或其代表安顿的地点。读者还记得心斋的故事，也读到过“虚以至道”和虚气“待物”。此处的物（气有序的关系构成了道）被形容为来访者，他正式来到自我虚位以待的空间。孔子对颜回说的最后几句话又巩固了上面的隐喻：

> 闻以有知知者矣，未闻以无知知者也。瞻彼阕者，虚室生白，吉祥止止。夫且不止，是之谓坐驰。夫徇耳目内通而外于心知，鬼神将来舍，而况人乎！（《人间世》：郭庆藩 150）

“虚室”当然是指虚空的自我：自我一旦驱逐杂念（即我们一旦理解内部和外部或天与人之间的区别，真伪自我之间的区别也能消失），认知上的光或明就会自发地出现，上天的代表（幸运和祝福，鬼和神）也会下来安家。达到这种境界的道家圣人再也不是被对与错、是与非纠缠的囚徒，对错也好、是非也好，需要我们用预设的感官来理解，用心来验证，其实，若是从上天的角度来看，在道家圣人那里，早已无对无错无是无非。

庄子无为的行为方面：应与适

我们已经讨论过与庄子无为认知方面相关的隐喻图式（如隐喻“光”和“明”），现在我们转向与行为相关的隐喻。在庄子的救赎规划里，认知作用（“心斋”）好像排在首位。庄子希望清空自我，然后让主体与规范秩序发生接触。从隐喻的角度，把这种接触变成概念，其方式各有不同，但最终目的没有变化：主体轻松地、非自我意识地（不知）、完全高效地生活在世上。

作为客体（主体）自动回应另一客体（世界）的无为

我们清醒地看待世界，但我们不必彻底拒绝是非标准，不过是改变角度而已。圣人——已经虚了下来，所以能被道所容纳——不再从是非的角度看待世界，他们也不再借助普通人使用的语言，此时他们是从天的角度看待事物，看到的是事物的本来（自然）面目。[39]因为圣人是清醒的，所以他们超越了人的狭隘，可以直接进入现实。[40]在庄子那里，圣人的清醒（明）使他们的认知理解成为可能，用庄子的话说，清醒能够引起主体对世界作出近乎机械的、自动的反应。如《齐物论》所述：

> 因是因非，因非因是。是以圣人不由，而照之于天，亦因是也。是亦彼也，彼亦是也。彼亦一是非，此亦一是非……彼是莫得其偶，谓之道枢。枢始得其环中，以应无穷……故曰：莫若以明。（《齐物论》：郭庆藩 66）

上文的清醒（明）在主体那里引起的反应，如同严丝合缝的枢轴对外力作出的回应，敏感而又及时，庄子又从隐喻的角度，把对外界敏感而又及时的回应形容为镜子的功能：

> 无为名尸，无为谋府；无为事任，无为知主。体尽无穷，而游无朕；尽其所受乎天，而无见得，亦虚而已。至人之用心若镜，不将不迎，应而不藏，故能胜物而不伤。（《应帝王》：郭庆藩 307）

上文以镜的类比，与隐喻作为容器的自我，正相吻合：镜子本身是“空的”，所以才能自发地照出外来的物形。同理，至人的心经过“心斋”清空之后，对外部敞开，及时回应。因此，镜子-回应在行为上与认知上的虚空或清明是相互关联的。

作为客体（主体）顺从另一客体的无为

在《庄子》里，与正确行为相关的另一隐喻是“从”或“因”（适应）。上文描写圣人不被是非标准束缚，其中已经提到“因”，他们因此才能“常因自然”，我们在下面的庖丁解牛的故事里，还能遇到“因”，庖丁在解牛时能够适应牛固定的结构（因其固然）。把这种“适应性”反应放在更明确的是非标准的语境下，庄子将其称为“因是”，将“因是”用到实践中，可以在混乱的社会上畅通无阻，如热刀切黄油：

> 故为是举莛与楹，厉与西施，[41] 恢诡谲怪，道通为一……唯达者知通为一，为是不用而寓诸庸。庸也者，用也；用也者，通也；通也者，得也；适得而几矣。因是已。已而不知其然，谓之道。（《齐

物论》: 郭庆藩 70)

上文对“顺”的适应自由自在,与非自我意识的题旨巧妙地连接起来,无为的两个重要标志合在一起统称为“道”。下文描写的驯兽员,足以说明“因”在适应方面的作用,此人摆布几个不服管的猴子,碰巧猴子也可以充当隐喻,形容那些普通人,他们“劳神明为一而不知其同也”:

> 狙公赋芧,曰:“朝三而暮四。”众狙皆怒。曰:“然则朝四而暮三。”众狙皆悦。名实[42]未亏而喜怒为用,亦因是也。是以圣人和之以是非而休乎天钧,是之谓两行。(《齐物论》: 郭庆藩 70)

葛瑞汉指出“两”在技术层面有墨家味道,指的是“两边”, 那些主张是非标准的人,必须对两边之间的是非作出选择(Graham 1978: 192 - 193)。圣人“走两条路”(两行),顺从“是”——有条件地、灵活地——最后无是无非,所谓“因是因非,因非因是”。这种认知上的灵活性引向行为上的无为: 圣人可以自由自在地“休”在“天轮”上,通过这种自然的“工具”,理顺各种关系,仿佛陶工用工具抹平陶泥。

作为客体(主体)适应另一客体(世界)的无为

上文提到“圣人和之以是非”,从此出发,可以在《庄子》里发现描写无为反应的其他隐喻,这些隐喻都与实物客体(隐喻上代表主体)发生关联,此客体希望顺应彼客体(世界或道),[43]具体来说是隐喻“和”或“适”。在描写斋戒后的梓庆时,庄子就用了以上隐喻,梓庆从自我那里赶走了私心杂念,静如一面镜子,他也排除了与天相接的所有障碍,与

大树的天性“合”在一起。以上道理在工倕的故事里也能得到印证，工倕的准确度不在规矩之下，[44]因为他能

> 指与物化而不以心稽，故其灵台一而不桎。忘足，履之适也；忘要，带之适也；[45]知忘是非，心之适也；不内变，不外从，事会之适也；始乎适而未尝不适者，忘适之适也。（《达生》：郭庆藩 662）

上文主体对现实的“适”是指衣服大小正好合身，而且“适”通过两个隐喻与认知方面巧妙地联系起来：客体失去（忘）和作为容器的自我＋本质的自我。

在更抽象的层面上，声音也是隐喻，如“和”的隐喻在驯兽员的故事里就出现过。这种隐喻与“顺”或“从”字谱系的隐喻连用，又出现在颜阖的故事里，颜阖将为卫灵公的大公子当先生，蘧伯玉建议说“形莫若就，心莫若和”（《人间世》：郭庆藩 615）。在最抽象的层面上，这种与世界和规范秩序的和（谐），也被称为“宜”。“宜”字的字形是屋檐下、地面上有“很多”的意思，高本汉称之为“家具齐全的房子”（Karlgren 1923：83），因此才有“合适”“适宜”“义”的意思。《应帝王》里的先古真人“与物有宜”（郭庆藩 231）。同理，颜回在心斋之后，放弃对道德所持的僵化概念，才能达到“宜”的高度。

作为地点的无为

斋戒后的颜回在行为上相当自在，我们由此又想到了“为是”的问题。以造作的方式“为是”，就是把“是”变成固定的判断，并以此来左右将来的行为。[46]圣人庄子不需要“为是”提供的一般确定性，他的处世哲

学可谓“是故滑疑之耀，圣人之所图也。为是不用而寓诸庸，此之谓以明”（《齐物论》：郭庆藩 75）。从这种隐喻图式的角度出发，要想“为是”一个立场或判断，就等于在三十年按揭的宅子里安顿下来，与其发生接触。另一方面，圣人也把“因是”付诸实践，采取一种立场，如同旅行者入住客栈：临时的，随时可以继续赶路。[47]圣人从这种理解模式里得到灵活性（如娴熟的技巧），借此他能够感知新场合出现种种细节，因为先入之见还没有屏蔽这些细节。[48]与“寓”相关的隐喻，在《庄子》里反复出现，用来描写以正确的方式持有立场并与外部接触。其作用是把隐喻作为地点的最佳状态和下面要讨论的图式联系起来。

作为不可抗力的规范秩序

孔子对心斋后的颜回澄清“守常”的含义，孔子说，不要安排计划，不要先入为主，重要的是“一宅而寓于不得已则几矣”（《人间世》：郭庆藩 148）。此处的“不得已”可以被当成隐喻，指移动的地方，主体可以临时在里面安顿下来，以正确的方式生活下去。我们在《庄子》里不知多少次读到庄子描写自如自在的状态，这种轻松自如是从规范秩序（或是道或是天，乃至自发的性情）的角度被认知的，这种秩序是一股不可抗拒的力量，足以把主体裹挟进去。

以上是从另一个角度来认知枢轴和天轮等隐喻：圣人拥有枢轴或可以“休”在轮子上，借助这些宇宙赐予的“工具”，为反应提供动力。庄子也使用更标准的无为隐喻（顺），如调教猛虎的方式就被当成隐喻，形容一般意义上如何待人接物：

> 时其饥饱，达其怒心。虎之与人异类而媚养己者，顺也；故其

杀者，逆也。[49]（《人间世》：郭庆藩 167）

隐喻顺往往以此方式与“时”发生关联。我们在《养生主》里碰到过顺与时的结合、容器隐喻、孔子的隐喻“安”，它们都在说明规范秩序被理解成移动的地方，圣人在里面安顿下来，被裹挟走了：

适来，夫子时也；适去，夫子顺也。安时而处顺，[50]哀乐不能入也。（《养生主》：郭庆藩 128）

《大宗师》里有个绝妙的隐喻，其中道被理解为一条象征原初家园的大河，而返回河流的过程与非自我意识发生关联：

泉涸，鱼相与处于陆，相呴以湿，相濡以沫，不如相忘于江湖。与其誉尧而非桀也，不如两忘而化其道。（《大宗师》：郭庆藩 242）

如杨达荣所说（1994：52），孤立无援的鱼、可怜的唾液是庄子用来形容儒家自我意识的、不足挂齿的恩惠，怎么能和回到我们真正的家园后那种非自我意识的快乐相提并论。

庄子他们描写自如自在和非自我意识，最著名的就是“游”字。该字的字面意思是指以轻松自如的方式在世上徜徉——主体不必对自我用力。在《内篇》里，“游”一般是从**作为不可抗力的规范秩序**的角度，形成隐喻结构的，我现在讨论的正是这种图式。即主体之所以能够轻松自如，是因为主体仿佛搭上了规范秩序的顺风车：

若夫乘天地之正，而御六气之辩，以游无穷者……（《逍遥游》：

郭庆藩 17）

乘云气，御飞龙，而游乎四海之外。（《逍遥游》：郭庆藩 28）

故圣人将游于物之所不得遯而皆存。（《大宗师》：244）[51]

当然，《逍遥游》是《庄子》的第一章，这种自如自在的形象在文本里反复出现，往往与非自我意识连在一起："茫然[52]彷徨乎尘垢之外，逍遥乎无事之业。"（《大宗师》：郭庆藩 268）只有当主体不再把自己强加于自我或世界的时候，安然和非自我意识才能成为可能，正如我们所说的"顺其自然"。

作为不可压制力的本质自我

我们讨论过的大多数隐喻，是通过主体的形象来描述自在自如的，主体让世界或规范秩序来完成工作，其工作方式是引起自动的回应或发动，或充当工具，以正确的方式把主体裹挟起来。然而，最后的隐喻"游"在表现自由自在的题旨时，却另有所指：自我的形象，而非规范秩序，以此为行为提供动力。如《应帝王》里的"无名氏"回应讨教者如何让天下恢复秩序，他就把顺的隐喻与"合"的图式、容器图式、"游"字隐喻结合了起来：

汝游心于淡，合气于漠，顺物自然而无容私焉，而天下治矣。（《应帝王》：郭庆藩 294）

上文轻松自如的概念是从主体的角度出现的，主体不再管控自我的特别因素：心得以在满足的状态下畅游，[53]气得以融通宇宙无边的

“漠”。与此相同，在《庖丁解牛》的故事里（后面还要详论），庖丁使其刀游走在牛的关节与筋腱之间——从隐喻的角度来说，他的刀刃变成了自我，面对复杂的关节与筋腱，依然应付自如。我们还在《人间世》里发现有趣的图式混合：“且夫乘物以游心，托不得已以养中，至矣。”（《人间世》：郭庆藩 160）规范秩序运动提供的“乘”，使得主体不再管控心，并且还能修心“养中”。[54]

值得注意的是，两个图式同时存在，相互交织——规范秩序和自我的形象化同时为无为提供动力——因为在读者的印象里，庄子往往提倡一种“无己”的学说。[55]正是因为庄子崇尚“虚”或不要自我，所以读者才有了这种印象。[56]这也可以佐证我在“前言”提出的观点：传递无为等特定理念的各种隐喻图式（其中也有互不兼容的），一定要放在一起研究，不然我们就不能完全理解所讨论的概念。**作为容器的自我**图式及其隐喻“虚”，就其自身而言，也能间接指向不知，其作用如同**作为客体丧失的最佳状态**图式（对自我的“忘”却或“丧”失）。一旦我们理解每个隐喻图式的目的，就能更好地理解一个隐喻图式与其他隐喻图式相互依存的关系。“虚”和“忘”等隐喻的目标是，从身上剔除认知上的瑕疵，因为我们心里装的都是自己，抱着我们的价值和理想不放。如前言提到拉法格的“箴言”概念，庄子的隐喻图式也都有特定的对象，这些隐喻图式在“指向对象时往往耗光了自身的意向”（LaFargue 1998：271）。也就是说，尽管隐喻图式还能把无为解释成不知或无己，但把视线转向那些描述无为行为的隐喻图式，就会发现各隐喻图式相互矛盾。在这些图式里，我们发现所谓“虚”的主体对所谓被“忘”却的自我撒手不管了。表面上互不兼容的隐喻图式同时存在，这种现象说明，其形容的概念还存在真正的紧张关系（矛盾），在这种情况下，两个图式虽然字面上互不兼容，但概念上并不矛盾，因为每个图式在庄子对无为的总体把握上，都有自己的目的或所指的对象。所以，不能从消灭自我的角度来理解“虚”，而要把“虚”理解为主体实施的打扫或敞开，目的是请规范秩序进入自我，或释放被压抑的合乎规范的自我，对此下文将予以讨论。

《孟子》以幼苗（端）来形容本质自我，或本质自我被当成“浩然之气”，这种自我在孟子的无为里起到了推动作用。孟子还通过其他方式来传递本质自我的重要性，即从社会的角度（以意图的形式）来形容心，如对气的统领（“帅”），或（使用植物隐喻）把心比作有价值的树木，但四周生长的却是杂草。而庄子要颠覆的正是孟子的隐喻，[57]孟子说，心是合法的“统治者”或自我最有价值的部分，庄子对此提出明确的挑战：

> 喜怒哀乐，虑叹变蜇，姚佚启态——乐出虚，蒸成菌。日夜相代乎前而莫知其所萌……若有真宰，而特不得其眹。可行己信，而不见其形，有情而无形。
>
> 百骸、九窍、六藏、赅而存焉，吾谁与为亲？汝皆说之乎？其有私焉？如是皆有为臣妾乎？其臣妾不足以相治乎？其递相为君臣乎？其有真君存焉！如求得其情与不得，无益损乎其真。（《齐物论》：郭庆藩 56）

“统治者”（宰）好像确实是存在的，哪怕“不见其形”，难觅其“情”（本质）。孟子以为，统治者就是心，此说未必正确。其实，把心当成统治者，是堕落的原因之一。[58]如我们所知，庄子的救世理想是，摆脱心的统治，听凭另一个“统治者”的指引，而这个“统治者”是“有情而无形”的。

那么，到底谁是统治者呢？庄子在上文也没明说。他在其他地方对这种自我拥有的、从规范来讲正确的力量，说得倒是更明确。我们在讨论堕落时提到“天机”，在芸芸众生那里，天机是肤浅的，但在真人那里，天机应该是幽深的。后来天机在《庄子》里又出现过，百足虫(蚿)对惊讶的夔炫耀自己以万足行走的本领："今予动吾天机，而不知其所以然。"(《秋水》：郭庆藩 593)天机到底是怎么工作的，主体对此一片茫然，但天机显然在工作，这说明自我也能实施自如的、非自我意识的行为。

天机的隐喻在《内篇》里仅出现两次，这种有力的、中规中矩的自我行为被称为"神"。神的工作原理大概是故事《庖丁解牛》的题旨，对庖丁的故事几乎无人不知：

> 庖丁为文惠君解牛，[59]手之所触，肩之所倚，足之所履，膝之所倚，砉然响然，奏刀騞然，莫不中音，合于桑林之舞，乃中经首之会。[60]
>
> 文惠君曰："嘻，善哉！技盖至此乎？"
>
> 庖丁释刀对曰："臣之所好者道也，进乎技矣。始臣之解牛之时，所见无非[全]牛者；[61]三年之后，未尝见全牛也；[62]方今之时，臣以神遇而不以目视，官知止而神欲行。[63]依乎天理，批大郤，导大窾，因其固然。技经肯綮之未尝，而况大軱乎！"
>
> 文惠君曰："善哉！吾闻庖丁之言，得养生焉。"[64](《养生主》：郭庆藩 117—124)

故事里出现不少有趣的现象。[65]先说庖丁解牛的过程，他的动作几乎是自动的。从隐喻的角度来说，这当然是一种无为的表现，是自我(手、肩等)的各种外化在完成主体(庖丁)的工作。故事讲到一半，主体恢复管控，接过自我的一种功能(神)，但并不顾及自我的另一功能(目)，目的是通过神与外界互动。最后，**作为动力的自我**图式再次出现，此时庖丁对文惠君说，"臣以神遇而不以目视，官知止而神欲行"。

庖丁的“神”是自我正确的一方面，“神”也是这个故事的题旨所在。神与气密切相关，同时又能接触到天或道，从这个角度出发，我们能更好地理解神的内涵。**作为不可抗力的规范秩序**和**作为不可抗力的本质自我**，这两个隐喻图式原来并不兼容，但通过天或道，它们之间建立起概念联系，下文逐一讨论。

在《德充符》里，庄子与惠子讨论人的“情”，庄子批评惠子把神和精暴露在外面。神和精之间使用的连词，说明二者相互关联。在这种语境下，值得注意的是，《内业》一开始把“精”说成最纯的气，认为“精”取自神的精华，从天而降，把生命赐予万物：

> 凡物之精，此则为生。下生五谷，上为列星。流于天地之间，谓之鬼神；藏于胸中，谓之圣人。[66]

虽然在《内篇》里，气和神还没有明确的联系，[67]但庄子对惠子的批评表明，至少若隐若现的关联还是存在的，如果我们把《内业》描绘的玄学画面当成《孟子》乃至《庄子》的创作背景，就更是如此。[68]庖丁所说的神可以应对外物，其方式与孔子对颜回提到的气不相上下。我们不妨把神当成气的动态方面——如人体内虚气的运动，向往发散与外物互动。孔子与颜回讨论“听”的三个层次与庖丁描述的精神演进，比照来读的话，神和气之间的关系就变得更明确了。[69]如庞朴（1928—2015）所言（1994），庖丁的嬗变可以作如下理解：

> (1) 官能感知（官）（用眼睛看）：牛为一物。与用耳听相仿。
>
> (2) 诉诸知识（知）（牛非全牛）：牛为各个部分，理解各部的关系。比上一层次更深入，但仍显不足。与用心听相仿（仅此而已）。

(3) 神的指引(“神遇”)：通过虚的气与牛的“天理”接触。在动态气的指引下(神欲)顺乎天理。以上不仅是护刀也是养生秘诀。与用气听不相上下。

庖丁技能的递增与孔子对颜回的劝告之间构成的关联，还可得到下文更充分的印证，此处的“神”取代了气：

无视无听，抱神以静，形将自正。必静必清，无劳女形，无摇女精，[70]乃可以长生。目无所见，耳无所闻，心无所知，女神将守形，形乃长生。(《在宥》：郭庆藩 381)[71]

对庄子来说，不论是感官还是心，都不适合本质的自我。为了从内部找到正确的指引，我们有必要接触外力，如神，因为神是从气里流淌出来的。

“神欲”或“天机”所具有的规范品质是普通人的欲望里所没有的，原因正是前者与天和道相通。正是这种与规范秩序的关联，为**作为不可抗力的规范秩序**和**作为不可抗力的本质自我**等隐喻图式，提供了概念上的联系。“天机”或梓庆的“内天”与规范秩序之间的联系是不言自明的，但神与天/道之间的联系，最好还是通过故事来讲述。《庄子》里诸多写“技能的故事”神与天/道间接地联系起来。在庖丁那里，神欲使其得以进入牛的“天理”。与此相同，梓庆用外天助力内天，人们以为他的作品是“神者”所为。与此类似的不少故事出现在庄子门人撰写的《达生》里。如孔子遇上一个佝偻的捕蝉丈人，他仿佛有超自然的技能，因为他能排除杂念，把注意力集中在蝉翼上面。孔子对弟子说：“用志不分，乃凝于神”(《达生》：郭庆藩 641)。[72]我们提到的工倕，他画出的圈和线能盖过规矩,“故其灵台一而不桎”,这个隐喻是说充满神的心,[73]还有技能超群的摆渡人,他划船好似神助(“若神”)。

显然,这些故事里神与超群的能力相互关联,与天地的大道达成了和谐。庄子的门人还借《达生》把神和天明确地联系起来:

> [至人]其天守全,其神无隙,物奚自入焉!夫醉者之坠车,虽疾不死。骨节与人同而犯害与人异,其神全也。乘亦不知也,坠亦不知也,死生惊惧不入乎其胸中,是故忤物而不慑。彼得全于酒而犹若是,而况得全于天乎?圣人藏于天,故莫之能伤也。(《达生》:郭庆藩 634—636)

上文所述无为的行为出自非自我意识,作者从隐喻的角度将其描写成醉酒,神则被说成酒(至少暂时如此!)无法侵入的物质。我们从中可以发现神与人的心理和气的关联,而该文的另一层意思则指向圣人的天性。有趣的是,该文的神(借用隐喻**作为容器的自我**)变成刀枪不入的内核,内核保护非自我意识的主体免遭外部不良因素的伤害。与此相同的关联也出现在《大宗师》里(变成神与道的关联),是道把神赐予万物:“神鬼神帝,生天生地。”(《大宗师》:郭庆藩 247)

不过,从形而上的角度,以最明确的语言描写神-天/道的关联,还是《外篇》和《杂篇》。如圣人“神动而天随,从容无为而万物炊累焉”(《在宥》:郭庆藩 369),该句使用的图式是**作为不可抗力的规范秩序**。再转向隐喻**作为不可抗力的本质自我**,该章又解释说,“神而不可不为者,天也”。在《天地》一章里,神与精相通,“神生不定者,道之所不载也”(据葛瑞汉,此句应出自庄子门人)。在《刻意》里,“淡而无为,动而以天行”,[74]说的是以道养神,“精神四达并流,无所不极”。[75]我们清楚地发现，神在庄子那里，是主体与天和道之间的桥梁，（与气和精一起）促成自我的外化——从外力的压制下释放出来——以无为的方式，把主体裹挟起来。这种无为的行为来自上天对主体的赐予，所以庄子才说“尽其所受乎天”（《应帝王》：郭庆藩 203）。

最后，以隐喻图式来形容自我的正确行为，我们由此联想到一个问题：庄子对人性有没有概念，要是有的话，又是什么概念。[76] 与孟子不同，庄子并没有明确讨论人性问题，虽然如此，人是行为的施动者——神或天机——哪怕平时被人心的活动所压抑、扭曲，也毕竟有自己的“欲”望，因此，行为的发出地点，也应视为一种“性”。这些精神上的欲望可能包括父母对孩子的爱护，林回的故事即是对父母之爱的间接证明，林回逃出假国，舍玉护子，有人问他为什么把那么值钱的东西扔了，反而保护不值钱的婴儿（“弃千金之璧，负赤子而趋，何也”），林回说，“彼以利合，此以天属也”（《山木》：郭庆藩：685）。父子关系与天相通，其利害关系绝非利所能及，这种理念与孟子相差无几，至少可以说，人的情感是自然的，一旦心对自我的压制放松之后，人的情感会自发地出现，真实的天性也会出现。

天的自由和人的需要

《庄子》对自由和需要的向往，也在印证理解隐喻图式所指范围是必要的。《庄子》提到的“游”是指超越现象世界，说的是“游乎四海之外”或“以出六极之外，而游无何有之乡，以处圹埌之野”。确实如此，在《庄子》里，对自由的歌颂往往以绝妙的形式展现出来，艳羡“造物者”的圣人可以御风饮露。这些描写“自由”的章句依据的隐喻图式，往往是**作为容器的人间世**，其中的自由要走出容器。独立来看，这个图式说明,要达到无为,就得超越我们所知的世界。不过,如我们下面将要讨论的“无己”,这种对自由的隐喻,一定要与其他隐喻图式结合起来理解(如与世界相“宜”或被其裹挟)。若是能从这个角度理解,那么圣人希望逃离的容器,就是人间世,而不是更大的自然界或道。

通过斋或忘,脱离人的情(本质),庄子所说的圣人与天的情联系起来,在先人那里这种联系早已存在。自由来自如痴如醉的忘,孔子等人也只能从远处羡慕,因为他们身陷人的王国和种种习俗不能自拔。在《大宗师》里,我们遇到孔子固执的弟子子贡,他被孔子派出去吊唁庄门死去的朋友,对他们草草对待死者、不讲礼数大为愤慨,回去后对孔子抱怨起来:

> 子贡反,以告孔子曰:“彼何人者邪? 修行无有而外其形骸,[77]临尸而歌,颜色不变,无以命之。彼何人者邪?”孔子曰:“彼,游方之外者也;而丘,游方之内者也。外内不相及,而丘使女往吊之,丘则陋矣。彼方且与造物者为人,而游乎天地之一气。彼以生为附赘县疣,以死为决疣溃痈。夫若然者,又恶知死生先后之所在! 假于异物,托于同体;忘其肝胆,遗其耳目;反复终始,不知端倪;芒然彷徨乎尘垢之外,逍遥乎无为之业。彼又恶能愦愦然为世俗之礼,以观众人之耳目哉!”(《大宗师》: 郭庆藩 267—269)

那些圣人对天地敞开胸襟,以无为的方式“游乎天地”之间。因此,从隐喻的角度来说,摆脱心的桎梏,就是逃出俗世。

我们也可以把出走当成主题,意指主体从不良的自我逃离出去,所谓不良的自我如心、名、辩等。隐喻作为自我囚徒的主体(主体如自我的囚徒),足以证明《大宗师》描述的道家圣人对孔子蔑视的态度:“彼且以蕲以諔诡幻怪之名闻，不知至人之以是为己桎梏邪。”(《德充符》：郭庆藩 204)追逐虚幻的名望，是自我的不良因素，所以自我因为诱惑而堕落。自我的不良因素被形容为束缚主体的桎梏。隐喻“解”也表达了相同的理念，其依据是隐喻**作为桎梏的世界**。吴光明相信，这个隐喻在《庖丁解牛》的故事里是双关，既指“分解”也指“释放”(还有“理解”的意思)。吴光明指出(1990：322)，在《齐物论》后面，“解”字又出现在长梧子好似神秘的独白里：

> 梦饮酒者，旦而哭泣；梦哭泣者，旦而田猎。方其梦也，不知其梦也。梦之中又占其梦焉，觉而后知其梦也。且有大觉而后知此其大梦也，而愚者自以为觉，窃窃然知之。君乎，牧乎，固哉！丘也与女，皆梦也，予谓女梦，亦梦也。是其言也，其名为吊诡。万世之后而一遇大圣，知其解者，是旦暮遇之也。(《齐物论》：郭庆藩 104—105)

以上“解”的主题与**作为梦的无知**、**作为觉(醒)的理解**相互结合，显然扭转了主题与俗世的关系。

从孤立的角度看待上述隐喻图式，研究者难免以为庄子提倡的哲学是“绝对自由”或“彻底自由”，即完全超越物质王国的局限性。[78]其实不然，他们没能在更大的概念语境下理解这种隐喻图式，因此也没能理解隐喻预设对象的范围。“游于外”“解”或“觉”等隐喻的对象，是普通人的局限性，但并不排除还存在更大的、天的局限性。我们知道，规范秩序是作为实在的客体出现的，主体必须与之相“适”应或与之相“合”拍，规范秩序是裹挟主体的动力，也可能是主体要依傍的必然倾向，那么，以神的推动为方向的圣人，就不会完全超越物质王国，不仅如此，此

时的圣人还要自发地与物质王国协同起来。葛瑞汉精辟地概括出这种自发性：[79]

> 纯粹的自发反应只有在特定时间、以一种方式才能完成；实施者等待形势的推动，他发现行动是“不得已”的（没有其他选择），如物理反射。[80]墨派和杨派为正确选择寻找依据，庄子与他们不同，庄子的理想是完全不要选择，因为面对形势，清醒地反省后，你只能做出一种回应（Graham 1989：190）。

上文指出了庖丁或梓庆等人的现象学色彩，同时还解释了与艺术成就同时发生的“不得已”：对成功的艺术家来说，他画的线或涂的色不可能有第二种选择。这种活动与其说是凭空建立秩序，还不如说是发现什么——颜料以合适的方式在画布上混合后再现风景，或运刀解牛的动作。如阿兰·福克斯（Alan Fox 1996：64）所说，“庖丁并没决定在哪里下刀——他能找到骨骼间的缝隙”。庄子提倡的自由，是面对特定形势作出正确反应的自由，因此也是自由与约束的巧妙结合。

对圣人行为施以约束的不仅是外在世界，还有人类社会结构。不少学者以为庄子主张彻底退出社会生活，[81]他们的依据大多来自《外篇》和《杂篇》。然而——尽管退隐是后世自称的庄派信徒的重要选择——庄子本人及其真正弟子的立场，却是多层面的。《达生》等章出现过遁世倾向，[82]但《内篇》各章却以为，逃到世外、追求个人安乐或守护自己的形体（如在杨朱哲学里）是徒劳的。[83]

庄子似乎已经感到，人是特定社会的成员（必然是社会动物），因此，社会生活的有些方面是回避不了的。这一主题出现在与天命相关的隐喻里（但在《庄子》里往往被读者忽视），故事来自《人间世》，篇名大有深意。故事里的孔子对他人提出建议，因为后者即将外出探究命运和社会责任的“不得已”：

> 天下有大戒二：其一，命也，其一，义也。子之爱亲，命也，不可解于心；臣之事君，义也，无适而非君也，无所逃于天地之间。是之谓大戒。是以夫事其亲者，不择地而安之，孝之至也；夫事其君者，不择事而安之，忠之盛也；自事其心者，哀乐不易施乎前，知其不可奈何而安之若命，德之至也。为人臣子者，固有所不得已。行事之情而忘其身，何暇至于悦生而恶死！
>
> 且夫乘物以游心，托不得已[84]以养中，至矣……莫若为致命，[85]此其难者。(《人间世》：155—160)

上文提到孝及孔子的其他道德概念，部分学者据此提出，上文乃儒家或黄老学派的伪托。不过，如果我们坚持认为庄子拥护“绝对自由”、不顾“社会责任”，坚决反对儒家学说，那么，我们就很难把上文提出的主张，与庄子更大的理想贯通起来。[86]对庄子的思想一一梳理后，就会发现上文与其他相似的章句和“道家”标志更鲜明的故事如《庖丁解牛》和梓庆神工之间存在的关联。毕来德就此对上文提出的想法相当深刻，我们不妨一读：

> [《庄子》]往往与无所谓(*l'insouciance*)、放弃、出逃画上等号——一句话，《庄子》与自由相等。其实，庄子从一开始就是不提倡自由的哲学家。他不是说过“唯命是从”嘛，[87]难就难在这里。对庄子来说，确定需要，此外再无自由可言——或更明确地说，在行动过程中，已实现需要为指向，此外再无自由可言。因此，我们

> 读到那些扣人心弦的故事,其依据不是“自由”赐予的任何形式的出逃(必然是虚幻的),而是摆渡人、庖丁、梓庆所必须从事的活动——乃至庄子本人为实现其哲学理想所从事的活动。(Billeter 1993: 558)

高高兴兴地投身现实、面对命运、找到自己在社会上的位置,才是《庄子》的主题之一。以为道家圣人为所欲为,这种理解是片面的,与此相反,道家圣人为所必为,而且是以快乐的安逸的方式为所必为。圣人的心“顺其自然”,即顺从天的秩序才是圣人的自由。这种顺从不能来自外在的压迫,而要来自自我内在规范的动力,这时我们才能宣布至德的实现。

因此,庄子的理想在摆脱人的束缚和顺从更高的需要之间达成了平衡。这种平衡与圣人提出的天人和谐一脉相承。庄子劝说人们“尽其所受乎天”,与此同时,他也知道在自然王国和社会王国不能无所作为,从隐喻的角度来说,他是在号召我们在对待天人时“要走两条路”。这种安排有时是通过社会隐喻传递出来的,如相伴和竞争,此时,昔日的真人达到了一种状态:

> 故其好之也一,其弗好之也一。其一也一,其不一也一。其一与天为徒,其不一与人为徒,天与人不相胜也,是之谓真人。(《大宗师》: 郭庆藩 235)

庄子请我们借助社会关系的知识,来理解天人之间抽象的关系。我们中大多数人都有过如下经历,我们可能与其他人发生社会关联,但这些联结未必和睦,甚至还有矛盾。这时我们很难摆平这种复杂的关系，但圣人却能在天人的矛盾关系中达成和谐，使其各得其所。圣人与天相通，所以（从天的角度）知道万物为一。然而，我们在世上生存，对是非（或然与不然）又不能一无所知——如梓庆就得决定动不动手、何时动手——所以圣人也不能是非不辨。从上天的角度来说，这种“辨”就是“至辨”：临时与特定的是非为伍。庄子将此形容为“知之盛也”：

知天之所为，知人之所为者，至矣。知天之所为者，天而生也；知人之所为者，以其知之所知以养其知之所不知，终其天年而不中道夭者，是知之盛也。（《大宗师》：郭庆藩 224）

因此，庄子的理想多多少少与《新约》（约 17）的“在世不入世”有几分相似。[88]《庄子》借燕子来印证这种生活方式，因为燕子是最聪明的鸟：

鸟莫知于鷾鸸，目之所不宜处不给视，虽落其实，弃之而走。[89]其畏人也[90]而袭诸人间。（《山木》：郭庆藩 692）[91]

要超越人性的不良因素，光凭固执地拒绝俗世是无法实现的，问题的关键是改变自我，即处理好人与天的关系，使其平衡起来。等天人平衡之后，我们就能平稳地走过人的王国，好似空船，即使与他船相撞（“虚船来触舟”），也不会引起不满或注意。庄子借“虚船”说人：“虚己以游世，其孰能害之？”（《山木》：郭庆藩 675）庄子的“虚己”理想在税收员北宫奢身上表现得最为充分。[92]卫灵公要造大钟，北宫奢收钱的技能实在高超，从未遇到反对。如同庖丁故事里的文惠君，卫灵公也感到惊讶，不禁问，“子何术之设？”

奢曰："一之间，无敢设也。奢闻之：'既雕既琢，复归于朴。'[93]侗乎其无识，傥乎其怠疑。萃乎芒乎，其送往而迎来；来者勿禁，往者勿止；从其强梁，随其曲傅，因其自穷。故朝夕赋敛而毫毛不挫。"(《山木》：郭庆藩 677)

与此相同，还是在《山木》里，孔子听从道家人士的劝告，不再讲学，退隐大泽，过起了"衣裘褐，食杼栗"的清苦日子。孔子"入兽不乱群，入鸟不乱行。鸟兽不恶，而况人乎！"(《三木》：郭庆藩 683)。

《庄子》的无为悖论

下面是庄子的无为：把人的因素从自我容器内清理出去，请天进来安顿，然后守护好容器，以便获得自由的主体得以顺其自然，达到完全自在自如的、非自我意识的状态。

当然，这种理想并非没有矛盾。在庄子的无为概念里至少能发现两种紧张关系。第一种集中在天和人的关系上，庄子敦促圣人与天和人双方为伴，不偏不倚。读者先要问，天和人为什么有矛盾？庄子不是敦促有抱负的圣人"尽其所受乎天"吗？其实，为了在天人之间保持平衡，圣人有必要通过斋戒清除人"情"。从根本上说，难道"情"不是上天赐予的吗？庄子可能回答说，神和气才是本质的自我，心、是非、情感、名及所有其他困扰我们的不良因素，不过是"身外物"，必须从自我容器里清理出去。对此，读者会问，身外物是怎么进来的？也就是说，不是上天安排的，又是谁安排的？如果上天要把这些不良因素从自我那里清理出去，那上天当初为什么不把这些东西挡在外面？联系到无为的悖论，我们为什么非要无为呢？

我们可以回想一下庄子与惠子的对话，从另一个角度来回应上述关注，庄子认为是非观既是人的“情”（本质），也是人的一大瑕疵。想到他们的对话，我们不禁要同情惠子的立场。我们可能从惠子的立场出发，修改对话，充实惠子的反驳，问问庄子，既然分辨是非乃人情所在，为什么还要把情赶走呢？说白了，如果人生来就有评判是非的倾向，这（如孟子所言）岂不是他们最“自然的”生存方式吗？再从另一个角度出发，如果评判是非是“反自然的”，那我们为什么生下来就“反自然”，又为什么非要改成自然的呢？读者可能对惠子巧妙的反击点头称是，“不益生，何以有其身？”人生下来好像就是要解决问题的，他们运用理性和工具性思维来驾驭环境，提高生存能力。难道这不是我们在世上自然的生存方式吗？读者也可能注意到，《知北游》提到，道无处不在，哪怕在“屎溺”里也存在道。果真如此的话，天赐的理性里怎么就没有道的影子？天人之间的这些矛盾，变成了荀子批评庄子的靶子，因此荀子才批评“庄子蔽于天而不知人”。[94]

第一种矛盾与第二种矛盾相关，可能后者更为复杂。我们接触了隐喻图式**作为不可抗力的规范秩序**或**作为不可抗力的本质自我**，它们被用来传递庄子无为的行为方面。不过，这些隐喻的问题是，稍稍回望战国时代庄子的同代人，不难发现作为行为动力因素的规范秩序，好像早已名存实亡。如果充满道的河水等在那里把我们运走，我们中的大多数为什么还不顺流而下呢？

答案当然是，我们先要有些什么，然后才能顺流而下，也就是说，我们先要无为。如此一来，在老子和孟子那里碰到的问题又出现了——内在论者的通病——我们为什么非要无为不可，或者，非要无为的话，又怎么可能。通过心来心斋，这不是自相矛盾吗？以有欲求无欲，这不是难上加难吗？

现代学者希望调和上述悖论。方法一(颇似顾立雅研究老子的方法)提出两种不同"形式"无为,一种是"积极的"(如工具性的),一种是"不积极的"("冥想性的")。森三树三郎指出,庖丁等故事说明《庄子》里存在第一种无为("活动自然性"),即经过无数次努力可能达到的自如自在,不过,第二种无为("非活动自然性")更为普遍,也能更好地表达庄子的真精神(Mori Mikisaburo 1967;比较 Mori 1972: 61)。第一种无为通过练习可能达到,但第二种通过练习是达不到的。我们在讨论《老子》时说过,以这种方法研究悖论,并不能真正化解矛盾,因为在"冥想性的"或"非活动性"的无为那里,矛盾依然存在。另一种方法提出几个层次的自我或不同的施动者。吴光明借用胡塞尔(Edmund Husserl, 1859—1938)和梅洛-庞蒂(Maurice Merleau-Ponty, 1908—1961)的理论,说庄子的圣人达到无为,要经过辩证的递减过程。在此过程中,圣人(在"经验自我"的左右下)从"为"的状态出发,经过努力,最终达到身心自如("自我"):

> 自我可以被当成努力王国的存在,也就是"为"。从里面出来,就是无为的行为,也就是把"为"重新安排到新的高地上。这是"为"的"为",使自我走出"为"的王国的一次努力,在"为"的王国里,存在为和无为的矛盾(吴光明 1981: 148)。

以上想法是有趣的,吴光明的其他研究也是如此,如他提出圣人从"为"到无为经历了两个层次的自我"吾"和"我"。不幸的是,从这种角度理解庄子的无为,好像并不比第一种方法更成功,因为两种方法不过是把矛盾变成了不同的哲学称谓。

《庄子》确实提出过我们要为无为——无为代表了长期练习后达到

的至境。如在庖丁的故事里，庖丁先要经过多年的劳动，一次次把牛肢解开来，其技能逐渐递升，最后达到出神入化的程度。我们发现庄子也在玩孟子的游戏，但角度有所不同：孟子感到，有必要为其修身隐喻涂上少许“大自然”的色彩，而庄子对“大自然”的崇尚，却显然添上了修身的成分。先说庄子的隐喻，所涉矛盾消失的方式与《孟子》也不相上下：不少隐喻是用来形容骤然的转变或释放（忘、失、游、释、解），与其同时出现与“努力”相关的隐喻却为数不多，如“养生”或“去知”等。

以此为依据，葛瑞汉指出，庄子感到我们应该练习，然后才能发展并实现我们的真性——因为“我们出生后并没拥有无私的镜子般的客观性，所以没法保证每次促动都来自天上”（Graham 1981）。葛瑞汉为证明自己的立场，从“外篇”引用一句话：“性修[95]反德。”（《天地》：郭庆藩 424）其实，《庄子》也一再明确指出，无为不是想修就能修成的，如《田方子》里虚构的孔老对话所说：

> 孔子曰：“夫子德配天地，而犹假至言以修心。古之君子，孰能脱焉！”老聃曰：“不然。夫水之于汋也，无为而才自然矣；至人之于德也，不修而物不能离焉，若天之自高，地之自厚，日月之自明，夫何修焉！”（《田方子》：郭庆藩 716）

有趣的是，“修”是最具孔子特色的隐喻，但（作修身或修饰讲）在“内篇”才出现过两次（郭庆藩 139 和 267），两次出现都与儒家相关，而且都是贬义的，然而，庄子的后继者在“修”的用法上出现分裂：有人用其褒义，指庖丁那种努力；有人明确拒绝“修”，以为“修”是对“道家”理想的颠覆。

上述现象似乎说明，如何对待《庄子》已形成两大派系，我们姑且将其称为“渐进派”和“顿悟派”。其实，我们在“内篇”就能找到证据，证明矛盾越来越激烈。如颜回和孔子的对话，《人间世》和《大宗师》的写法就大不相同。在《人间世》里，两人有过一次对话，孔子提到“心斋”，提纲挈领，但显然引起了颜回的顿悟，他马上摆脱了自我的桎梏。而在《大宗师》里，对话的过程则长得多，每次对话后颜回都要离开孔子，他显然又去修身了，至于怎么修我们不得而知。颜回最后一次汇报说，他达到了“坐忘”的高度，赢得孔子的好评。“坐忘”涉及“堕肢体，黜聪明，离形去知”。《大宗师》的对话结构，不仅涉及更积极的隐喻，还间接地提及坐修，读起来更像改写过的《人间世》，其中描写的是“渐进”或实践。[96]

研究《庄子》悖论的方法，最后应提及森三树三郎等学者，他们强调“信赖”[97]在庄子思想里的作用。森三树三郎与金谷治希望我们不要从“世俗”工具论的角度研读无为，而要注意庄子无为里“更为宗教的”底色。[98]他们的依据是，从根本上说，无限信赖自然的道，才是庄子思想的基础。森三树三郎与金谷治对无为悖论所持立场可以概括为：“反修炼”。他们指出，在庄子圣人那里，技能或目标都是无所谓的，他们固守天的意志，如《达生》里的丈人，纵身跳下翻腾的吕梁瀑布，信赖自然流淌的河水能把他平安地送达目的地(《达生》：郭庆藩 657)。我相信，通过强调信赖在《庄子》里的作用，森三树三郎他们帮助我们理解的不仅是庄子的无为，还有无为精神理想在我们讨论过的其他中国思想家那里的生成与演变。

从“醉者之坠车”和“安之若命”等章句出发，森三树三郎明确指出：

> 绝圣弃智以后，无边的神圣的向往正是“道”的所在。主体行为里那些世俗的欲望被压制下来，上天自然的神圣的力量得以显现出来。因此信赖自然的上天，乃道家哲学的根本基础……其实，

> 庄子的立场要比老子更具宗教色彩，他主张以命运的形式接受自然性。因此，庄子的无为/自然性理想具有如下内涵：抛弃所有形式的知识，与命运相伴始终。(Mikisaburo 1967：7)

从这一角度理解无为，对理解古代中国人的思想也大有裨益，因为先有信赖(信念)，然后才能专注孔子的修身或拥抱老子的逆反原理。儒教和(也许包括)老子的道教，要比《庄子》更重视实践，虽然如此，但孔老都提出，先要对其理想的可行性抱有信念，不然我们连"道"的方向也找不到。我在后面还要指出，即使在荀子严格的修身设想里，这种信念也是存在的。与其他古代中国思想家相比，庄子确实与众不同，因为他把信念转变成必要性，最终变成其宗教理想的唯一指向。孔老把相对明确的修饰安排交到信徒手上，允诺说，他们要是一一照办的话，必能在个人、社会、政治等方面结出硕果。这方面庄子对信众的允诺并不多。他有时允诺信众完满、健康的生活，但有时又予以推翻，说真正的自由和幸福，要按照天的变化来改变自己，至于自我到底能发生什么，却不必多想。可是庄子又说，唯独圣人才能完全地实现自我，但在此之前先要对自我实施严格地管教。也正是从这个角度，我们才说庄子把无为理想推到了他人无法企及的高度，把无为本身设定为目标，而非达到其他精神终点的桥梁。圣人不人，与天同在，如同酒后的追车者，对未来乃至自己绝无他念。

不幸的是，即使全身心地拥抱信赖，这种无为模式好像也不能使我们完全走出迷宫。森三树三郎(Mikisaburo 1967 和 1972)两次提到庄子、佛教禅宗、中国佛教的净土之间的相通性。净土宗与无为的关联，此前少有提及，但净土宗对我们现在的讨论也有帮助。读者可以参考森三树三郎(Mikisaburo 1967 和 1972)的研究，但目前我们仅仅提出，净土宗出现的矛盾或紧张关系，与无为悖论颇为相似。在日本的语境下，净土宗的重要言论是法然（1132—1212）提出的，即“他力”（other-power）胜过自力（self-power）：过去（低级）的佛教相信，人通过自己的努力可以成佛，但净土宗却说，人太软弱太堕落，只有委身弥陀佛的恩典，人才可能被拯救。因此，净土宗的办法并不复杂，念佛而已，众生通过念佛来表达和体验对弥陀佛的绝对服从。不过，在念经方面，宗派内意见不一：有人相信，真经念一句就够了，而其他人却坚持反复念，念经还要伴以善行。最后两派分道扬镳，法然的弟子亲鸾（1173—1263）自立门户，创建净土真宗。法然及其传统的弟子相信，不仅要时时念经，还要施以戒律（即信念与善行合一），亲鸾却相信，依赖善行说明信念不够坚定，不相信弥陀佛能消弭所有瑕疵。片刻间虔诚的（矛盾在此！）皈依，“自然”能达到入定。至此，我们又遇上了另一种形式的“无为悖论”。对净土宗的信徒来说，为了虔诚地念佛，内心不能稍有存念（即不能有私念），必须达到无私无我的高度。我们又怎么能“无我”“无私”呢？

法然及其更传统的弟子拥护渐进主义和外在论的方法（善行和坐禅），而亲鸾则拒绝这种必然引向虚伪的技巧，提倡顿悟和内在论的方法。[99]不过，矛盾依然存在，所以，把无为理解成皈依，我们仍然走不出“无为悖论”。如我反复提到的，这场辩论的普遍性和艰巨性足以说明，我们面对的是真正的悖论，借助理性是无法克服的。然而，最后一章将讨论先秦思想家的最后一次尝试，荀子希望从外在论和渐进主义的立场出发，解开“无为悖论”，哪怕这种立场也未必就能自圆其说。

注释

① 与《庄子》文本相关的问题，见附录 4。拙著的研究主要依据“内篇”七章及确

定为庄子学派所撰各章与“内篇”题旨相呼应的章句。为行文简洁，人名庄子指各章的撰写者（们）。

② 名止于实。名和实乃古代中国哲学术语，即葛瑞汉 1978 所说的“name”和“object”。

③ 在古代汉语里，这两个字同音（高本汉重构为 * *ngjie*），而且在古代典籍里，这两个字的字形区别不大，“宜”往往可当“义”用。

④ 我们可以联想到“宜”与无为的“义”，见第一章讨论的诗歌。

⑤ 这当然是《老子》的一大主题，如我们在第三章所见。

⑥ “为是”经葛瑞汉研究被确定为哲学术语（他将其翻译成“it is”），字面意思是“deeming that ‘it is’”。这个术语后面还将予以详论，“为是”与“适应性的”或“回应性的‘因是’形成对比”。

⑦ 或“尚未形成言论的辩”。

⑧ 蒂尔（P. J. Thiel）注意到，“天府”在《周礼》里指负责国库的官员。“天府”也指一星宿，据说与人的大阴脉对应。蒂尔并不认为“天府”在此处指大阴脉（Thiel 1969a：46，n. 71），但“天府”与脉相关，因此也可能与实践相关。

⑨ 葛瑞汉将“辩”翻译成“disputation”，目的是与同源的“辨”（discrimination）区别开来，后者字形里没有“言”字。不过，disputation 在我看来，负面意思太重，因为庄子并不反对一种“bian”，即不言的“大”辨。discrimination 似乎能更好地传递“辩”可能具有的非语言性质。我把“辨”翻译成 distinguishing（区别）。

⑩ 这两个术语在不同的上下文里，译法各有不同，但不会混淆。

⑪ 据葛瑞汉，后世墨家典籍里的“胜”是技术性术语，指在“辩”中取胜，他从后世墨家典籍里取出几句话：“辩者，此曰是彼曰非；与实合者胜”（Graham 1978：35）。

⑫ 如何准确地翻译“成”字（此字在古汉语里有很多意思），等讨论“成心”时再说。

⑬ 孟子与庄子大致为同代人，但他们并没提到对方的名字。显然，庄子反对孟子的不少主张（如心为身之主，或以事物内在品质为基础的心，能辨别是非），《庄子》的一些章句，其实是在嘲笑《孟子》里的故事。冯友兰（1952）相信，二人知道对方的存在，庄子批评的儒生孟子也在其中，孟子批评“杨派”庄子也在其中（孟子视庄子为杨朱信徒）。这种说法未必全无道理，孟子诸多主要言论，庄子不仅知道，还要批判，但就我们的讨论而言，知道这些就够了。

⑭ 顺物之自然。

⑮ 黥和劓,古代中国常见的刑罚。

⑯ 如同在《孟子》里,"情"在《庄子》里也应按墨家的意思理解(见第四章),不应理解为"感情"(feelings),哪怕该字往往被翻译成 feelings。

⑰ 注意葛瑞汉提到的"形"与"情"的典型对比,对此第四章有所提及。这种对比在"内篇"反复出现(见后面讨论的"真君"),说明"情"应该从墨家技术的角度来理解。

⑱ 庄子往往主张失去或忘却自我,但他却从积极的角度对待"身",主张呵护"身",所以"身"在庄子那里,地位明显高于普通代词"我"或"己"。文中的"身"始终翻译成 true self,以示其地位特殊。

⑲ 独成其天。

⑳ 显然,惠子从严格的逻辑角度提出问题:既然一物没有 X 属性,你为什么还称其为 X? 这进一步证明,"情"应被当成典型的"本质"(essence),因为还没有先验理由证明,人不可以没有"感情"(feelings)。

㉑ 此句惠子所说的"身"应指"身体":如果我们不益生,又怎么能活下去。惠子与庄子对话,部分读者可能更同情惠子的立场,因为惠子的立场更合理:如果人的"情"能分辨彼此,从事活动(益生),我们可能得出结论:通过修炼(提高)能力,就能达到最高的精神状态,对此我们在第七章予以讨论。

㉒ 坚白是一般术语,指鲜明但互相渗透的性质。古代中国名家探讨这种合成的性质及其存在方式。坚白也用来形容毫发之差或吹毛求疵,在《庄子》里更是如此(《齐物论》:郭庆藩 75)。对坚白的全面研究,见 Graham 1978:170－176。

㉓ 下文将深入讨论"精"和"神","精"和"气"的关系也一并讨论。

㉔ 艾文贺注意到(私人通信)这次对话与《孟子·尽心下》(4)的一次对话之间存在平行关系,孟子与宋牼相遇,后者将劝说国王不要打仗,对国王说打仗对双方都不利。孟子敦促宋牼用义或德取代利。

㉕ 据张君房本及注文(郭庆藩 146)。

㉖ "符"原指双玉相配。"心"若使用得当,其作用要超出以名对物(比较上文所引,"名"若使用得当,就不仅仅"止于实")。

㉗ 沃森和葛瑞汉都把这句读成主动语态,取"道聚集虚"的意思。但不幸的是,意思讲不通。因此,该句似乎最好读成"唯道集于虚"。王叔岷引《淮南子·诠言训》一句的"道寓虚",其结构与"道集虚"同,可以佐证(1976:34)。

㉘ 与该句相关的研究,见 David Nivison 1996:128－130 和 Scott Cook 1997:

534 - 536。

㉙ 如对南郭子綦的研究，吴光明（1990）和郝大维（David Hall 1994）据此证明《庄子》存在两种类型的自我：吾的自我和我的自我；蒂尔对心的研究也提出，“不要经验主义的自我（*das empirisches Ich*）”（Thiel 1969：50）。不过，谢尔贝格（Paul Kjellberg）却说，“吾丧我”是完全正确的文言文，吾是主格第一人称代词，吾是宾格第一人称代词，所以，“吾丧我”也可以通过反身代词或第一人称宾格代词来表述（如吾丧己或吾自丧），与英语的“I lost myself”相比，“吾丧我”的哲学意义不多也不少（Kjellberg 1993b）。我们知道，英语的 I lost myself 可以表现主体-自我概念隐喻图式，文言文的“吾丧我”也是如此。不过，因为“吾丧我”是最无意识的隐喻，所以在主体-自我图式里，说话的人不必有意识地相信自我的明确“类型”。

㉚ 见 Lakoff 和 Johnson 1999：272 - 273。

㉛ 沃森说，大概庄子在此是以幽默的方式回应孔子那句“贤哉！回也！”。

㉜ 见《齐物论》的“仁常而不成”（郭庆藩 83），也就是说，对道德体系（孔子的也好，墨子的也好）的仁施以限定，可能使仁僵化，最终变得虚伪：而真正的仁向外流淌，是自发的、无自我意识的（“大仁不仁”，郭庆藩 83），所以才能泽被四方。

㉝ 如第一章所述，这种现象在英语里也存在，仿佛在人类经验里具有普遍性。

㉞ 规范秩序和内在“真”我的关联，下文将全面讨论。

㉟ 比较《应帝王》：郭庆藩 301：“名实不入”。

㊱ 比较《齐物论》：郭庆藩 115。

㊲ 定乎内外之分，辩乎荣辱之境。

㊳ 雕琢，大概是指孔子的修身隐喻（见《论语学而》15）。

㊴ 根据“天”来看待事物和从“天”的角度看待事物，二者不能画等号。不少学者将其混为一谈。庄子希望我们从“天”的角度看待事物，即是从“万物为一”的立场出发，持这种立场的著名学者如冯友兰、福永光司（Fukunaga Mitsuji）、陈汉生（Chad Hansen）等。这种立场在几个方面并不坚实。先说文本，庄子的例子总要涉及一定形式的“辩”，选择一种行动路线，拒绝另一种行动路线等。再从逻辑的角度说，这种立场也不易提倡，如葛瑞汉所言，“万物为一，这种命题马上把自己与自己以外的世界一分为二”（Graham 1969：70）。此言在理，因为庄子自己也嘲笑采取这种立场的人（《齐物论》：郭庆藩 79）。庄子以怀疑是非闻名——从天的角度望下来，怀疑论就出现了——因此，怀疑论对圣人来说仅仅具有安抚心灵的作用：通过颠覆人类范畴明显

的客观性，这些范畴对其束缚必然松动下来。有人晚近才提出，庄子是彻头彻尾的持怀疑论的相对主义者，好像同意这种提法的不过是少数现代西方学者(著名者如陈汉生、伊若泊、李耶理)。这种说法在中国的所有注疏里也没有，从郭象到现在，从来没有。大多数现代西方学者(吴光明、葛瑞汉、史华慈、艾文贺、爱莲心[Robert Allinson]、蒂尔、毕来德、谢尔贝格、阿兰·福克斯等)都认为庄子的怀疑论以此为限(如语言描述现实的局限性)，其目的不过是抚慰心灵。与此相关的一般性讨论，参见 Kjellberg 1993 和 Ivanhoe 1993 及 1996。

㊵ P. J. Thiel 1969a 指出，这种"知"涉及庄子的"清"，颇似威廉·詹姆斯(William James, 1842—1910)的神秘经验概念(蒂尔称之为"*Alleins-Erlebnis*"["Absolute Experience" or "Pure Experience"])。这种神秘经验能使圣人马上进入现实："理性知识，乃至感官知识，要借助中间环节(感官印象、概念、理念、意象)，如鸟要借助翅膀才能飞走。然而，在 *Alleins-Erlebnis* 的时刻，'没通过中间环节'，也能经历存在——我们触碰的是原初的存在(*das nackte Sein*)"(50)。

㊶ 传说中的美女。

㊷ 据 Graham 1981。

㊸ 隐喻"宜"在《庄子》里的作用，见 Fox 1995 和 1996。

㊹ 说到我们对《孟子》和《荀子》外在论成分的讨论，值得一提的是，工倕拒绝外部工具，因为他不需要。工倕的故事是不是针对《孟子》的，还不好说，但木匠的规矩是传统上用来形容外部标准的隐喻。

㊺ "适"也可以翻译成 according with(适合)或 feeling comfortable(舒适)，引文涉及"适"的所有意思。

㊻ "为是"大致与老子的"为"/"有以为"相呼应。

㊼ 另见葛瑞汉对"寓言"(来自寓所的言论)的讨论(1989：201)。

㊽ 如吴光明所言，"因是"是对"如其所在，从其角度"的推定(1990：203)。

㊾ 字面意思指"逆流"。

㊿ 此句在《大宗师》再次出现(郭庆藩 260)，也指顺应规范秩序。

51 比较《齐物论》：郭庆藩 96；《大宗师》：郭庆藩 268；《应帝王》：郭庆藩 293。

52 据成玄英(郭庆藩：270)。

53 比较"游心乎德之和"(《德充符》：郭庆藩 191)。

54 据成玄英(郭庆藩：163)。

55 庄子圣人的"无己"说(no-self)在拥护佛教的评论者那里最为普遍(如 Mori

Mikisaburo 1967 或 David Loy 1996)。此外，还有学者相信，为达到虚境，庄子圣人先把与人相关的种种从身上清洗出去，变成上天的通道，借用阿兰·福克斯的隐喻，要变成道的“超级导体”(Fox 1996：64)。庄子圣人被外来的精神“占据”或变成道的被动的导体，与此相关的论述还可参见 Graham 1983；Yearley 1996；Forke 1927；Thiel 1969a；常为群 1993。

㊻ 因为“虚”被佛教翻译者借用，翻译成“空”或“不真”。在佛教传入中原之前，“虚”与“空”各司其职，但“虚”涵盖“空”“稀”“少”，如《吕氏春秋·论》所说的“于是令贵人往实广虚之地”，或《庄子·人间世》所说的“国为虚厉”。因此，“虚”是指稀少而非绝对的无。

㊼ 庄子的隐喻图式是否明确指向孟子，对此还难下定论。

㊽ 请比较，庄子拒绝把心比喻成统治者或先生(《齐物论》：郭庆藩 56 和《人间世》：郭庆藩 145)。

㊾ 文惠君的到场说明此乃祭祀活动。

㊿ 如沃森所言，“桑林之舞是商汤传下来的祈雨舞，经首乐曲是尧传下来的大型乐章的一部分”。因此，我们知道庖丁的动作与先人的道完全和谐——全无当时的堕落。

(61) 无非牛(未据赵谏议本的“无非全牛”)；郭庆藩：124 校①。

(62) 未尝见全牛。

(63) 官知止而神欲行。

(64) “得养生(的秘密或方法)焉”。此处动词“得”与《孟子·公孙丑上》(2)“不得于言”的“得”相同。二者的关系后面再论。毕来德(Billeter 1984)指出，文惠君此语道出了庖丁活动的范式性质。我们在第一章注意到，这一事实——连同对庖丁道技对比的理解——好像与陈汉生和伊若泊所谓庖丁为小“道”的说法相左。

(65) 如庖丁在文惠君面前解牛，可能是对《孟子》所述齐宣王释牛的讽刺。张聪东(1982：496)指出，庖丁的镇定自若，与孟子“君子远庖厨”的大惊小怪形成鲜明的反差。

(66) 比较 Rickett 1965：154；Roth 1999：47。

(67) 《庄子·刻意》间接提到气与神的因果关系(葛瑞汉称之为“汇合论”，刘笑敢称之为“黄老”)，我们发现圣人拥有“全德全神”，因为“忧患不能入”，所以“邪气不能袭”(《刻意》：郭庆藩 538)。由此可知，忧患伤德，邪气伤神。

(68) 古代“道家”典籍如《内业》等所述神、“精”、气之间的关系，读者可参考 Roth 1990、1991、1999：101－110，其研究堪称详尽、绝妙。

⑲ 两段文字的平行关系，因庞朴(1994)我才注意到。

⑳ 注意抱神护精之间的关联，与上文所引《内业》在语言上的呼应。

㉑ 葛瑞汉以为，此文是正宗"庄派"言论的开始部分，成文时间在《在宥》"原始主义的"开场白之后。然而，关注长生、皇帝的出现、该章后半部高度成熟的玄学用语，凡此种种使我更倾向接受刘笑敢的说法，此言论出自"黄老"人士(葛瑞汉的"汇合论者")。该文与《人间世》孔子对颜回的劝告，两者之间存在的相似性，确实发人深省。

㉒ 凝神或神凝，字面意思指液体凝固，如水结冰。"神凝"在《逍遥游》里也出现过，姑射山上的神人通过"神凝"来保护生灵不得病，护佑五谷丰登(《逍遥游》：郭庆藩 28)。此处和其他多处的神被形容为液态物质，如此一来，神与气和德的关联也能得到巩固。

㉓ 灵与神为同义词；司马彪说灵台是"心生神塔"(引自王叔岷 1988：713)。灵在《德充符》也出现过，文中说，为达到"才全"的目的，不能让外面的东西破坏和谐或"不可入于灵府"(《德充符》：郭庆藩 212)。

㉔ 动而以天行。

㉕ 与水相关的意象再次出现。《刻意》显然是后来汇合论者所为，虽然如此，但我们仍然能在"庄派"各章发现所引文字表现的主题。如在《田方子》里，我们读到古之"真人"的神可以畅行世上，"充满天地"(《田方子》：郭庆藩 727)。在《知北游》里，精神合用，与无为和天道相连，"生于道"(《知北游》：郭庆藩 735 和 741)。

㉖ 现在看来，大多数学者认为，庄子对人性至少勾勒出了一幅和蔼的画面，其证据是，庄子的圣人(能触碰自己真实的人性)，继续以其自发的方式不与传统道德发生龃龉。大胆的学者(常为群 1993、P. J. Thiel 1969a——大概也包括——吴光明 1982、Allinson 1989)认为，庄子的人性画面与孟子的很相似，不过他们接触人性的方式各有不同。谨慎的学者如考普曼(Kupperman 1996)或艾文贺(Ivanhoe 1993、1996)发现，没有任何文字可以证明，"忘德"必然损德，或《庄子》描写的所有典型人物，其活动是和蔼的，间或是仁慈的。立场相反的学者如森三树三郎(Mori Mikisaburo 1967)和葛瑞汉(A. C. Graham 1989)则认为，没有证据显示，庄子相信我们拥有天生的倾向性或人性，但庄子的圣人一旦拥抱天道，他们将自发地以无私的、基本上遵循"道德的"的方式待人接物。最后，伊若泊(Robert Eno 1996)和李耶理(Lee Yearley 1996)等学者认为，指引庄子圣人的"神欲"完全与道德无关，如"杀人与杀牲引起的精神自发性，可能彼此彼此"(Eno 1996：142)。这种极端的

超道德立场在《庄子》里好像找不到证据，其来源主要是陈汉生的“众道”说，附录1对此说讨论后予以反对。

⑰ 外其形骸，形骸露在外面。

⑱ 冯友兰说庄子提倡“彻底的自由”(1952)，福永光司(Fukunaga Mitsuji 1969：10)认为，庄子的理想是，人要拥有“自由的自我，不被周围的规定所束缚”。林聪舜(1993)相信，在“不完全的无为”(被动地顺从那些不良的“不得已”的外部制约)之上，庄子还提出一种深层的“彻底的无为”，这种无为超越所有束缚和局限性。

⑲ 如葛瑞汉所言，这种“自发性”与西方浪漫的自发概念又有所不同。他解释说，“道家的理想是被目标意识所规范的自发性”，他指出，西方浪漫主义对理性(客体的)和自发性(情感的、主体的)不是画等号的，而“这种两分法对道家并不适用。道家希望在自然里继续存在下去，如动物般自发地活动，希望被激发而非主动选择；另一方面，道家蔑视情感和主观性，看重事物的客观形态，道家冷静、清醒，仿佛是科学家”(Graham 1983：10－11)。毕来德(Billeter 1993)同意葛瑞汉以上说法，但他相信，我们不应使用“自发性”一语来描述庄子的理想状态，因为庖丁表现的技能不是“非理性的”或“神秘的”，而是相当“理性的”(如顺应了客观现实的结构)。

我原则上也同意二位学者的立场，但是，要说庄子的圣人“相当理性”或风格如同科学家，就未免言过其实。他们的说法掩盖了事实：神和天的运动确实是神秘的，拒绝理性的探讨(所以才超越了人心的限度)，他们的说法还无视顺从的重要因素，没有顾及在无为状态四周徘徊的自我还要时时拒绝顽劣的自我。

⑳ 参见葛瑞汉(Graham 1983：9.1)。这与葛瑞汉“物理反射”的提法难免抵牾，因为庄子理想涉及的那种反应，要比物理反射更灵活、更成熟，但我相信，葛瑞汉总的立场(即这种反应是一种“身体的心照不宣”)是站得住脚的(如提出“身体语言”的想法，请参考吴光明1992)。

㉑ 如见Maspero 1971、Creel 1970：4、傅献群1993、Lee Yearley 1996《激进的庄子》(*Radical Zhuangzi*)。

㉒ 我们读到过圣人的“弃世”“无累”(《达生》：郭庆藩632)。

㉓ 不少学者(从马伯乐开始)确实在《山木》里读到一则逆“反”的故事，青年庄子遇到一次震撼，发现在宇宙中接受自己的处所，是守护“真我”的先决条件(《山木》：郭庆藩695—698)。葛瑞汉(Graham 1985)以为，此故事说明庄子比杨朱高明，因为庄子发现“事物生来相互关联”；倪德卫(Nivison 1991)也

认为故事描写的是庄子从其初期杨朱那种遁世哲学里毅然转回身来。读者可参考艾文贺(Ivanhoe 1991)与此相关的研究(对故事的解读也许最使人信服),此外还可参考爱泼斯坦(Epstein 1998)对《庄子》所涉逆“反”的全面讨论。

㊹ 乘物以游心托不得已以养中。

㊺ 沃森注意到,在这种语境下“致命”可作“执行命令”解,也可作“服从命运”解,两个意思都有道理。他还注意到,“文中的孔子好像为一次外交使命提出建议,其实始终在传布庄子的成功行为法典”。

㊻ 当下中国大陆的大部分研究都说,庄子坚决反对所有形式的文化、道德或社会参与(如林聪舜 1993、常为群 1995、陆钦 1962),即使大学者如森三树三郎,也在文中指出,“内篇”的庄子与老子站在同一立场上,拒绝所有积极社会参与和文化的形式(Mori 1967)。然而,在与“大戒”相关的章句之外,我们还读到其他文字,描写庄子圣人以自己为统治者,如《大宗师》(郭庆藩 232)和庄派门生撰写的《田方子》(郭庆藩 718;720－722;726－728)。谢尔贝格(私人通信)注意到,庄子最著名的两个典型,庖丁和梓庆,通过从事孔子提倡的活动(祭祀和造祭祀用的钟架子)与道达成了和谐。此外,《人间世》的孔子并没拦下颜渊劝说顽劣的国王,而是建议他以正确的方式劝说,以上事实好像在告诉我们,在儒教和庄子的理想生活之间,不应该泾渭分明。

㊼ 上文据我本人的翻译,毕来德的译文多少有些不同:“Rien n'importe davantage que d'agir selon la necéssité”。他把“命”翻译成“必要性”,因为他想使《庄子》不再神秘,或使其理性化。显然他希望把“命”当成“发号命令者”,使其脱离天的社会隐喻,乃至脱离所有自身携带的宇宙关系,如此一来,他的译文就遮蔽了庄子的宗教色彩。

㊽《天下》里的一个短语,大致可以翻译成“The Way of being Caesar with the heart of Christ”(内圣外王之道;乘物以游心托不得已以养中)。

㊾ 这种灵活的疏离关系,与传说中(未必真实?)的捕猴陷阱,倒是可以对比一下,据说,不知哪国人设计捕猴,他们先把食物放入小口容器,再把容器固定在地上,等猴子把爪子伸入容器,抓到食物后,爪子变大,无法从小口拔出,哪怕村民迫近,猴子也不想放弃手里的食物,猴子最后被人捉走。庄子一定喜欢这个寓言。

㊿ 此短语与章名《人间世》正相呼应,《人间世》写的大多是,活在世上如何守德如初。

91 参见对“大人”的描写,他知道自己的“命”,能与天和谐,与人无伤(《秋水》:

郭庆藩 574)。

㉒ 收税的成了完人,多么不和谐的现象,有趣的是,克尔凯郭尔(Søren Kierkegaard, 1813—1855)在其《恐惧与战栗》里也提到税收员。在评论“每两人”就可能有一个“信仰骑士”的神秘现象时,克尔凯郭尔说,他要是遇上这种完人的话,一定不相信,惊呼:“仁慈的主啊,是他吗? 真是他吗? 哎呀,他长得像收税的!”(Kierkegaard 1954: 49)。

㉓ 指列子回家的故事(《应帝王》: 郭庆藩 300)。从隐喻的角度讲,雕琢当然指孔子的修身。

㉔《荀子·解蔽》(王先谦 393)。

㉕ 出自《论语》的隐喻,读者应不陌生。

㉖ 如我在前言所说,在庄子思想的巨大影响下,当佛教被中国化之后,无为的精神理想——有时被当成涅槃(nirvana)的翻版——被中国佛教继承下来,成为禅的一部分。我们知道,这种精神理想自身也有包袱,其中最显眼的即“无为悖论”。《庄子》里出现的悖论进入禅宗,因修炼与开悟的关系,持续引发矛盾,在派系和学说上分化成“渐进派”和“顿悟派”。两派论战时间长久,错综复杂,不妨概括如下:“顿悟派”以为,修炼必然干扰开悟,而“渐进派”却提出,因为我们身陷愚昧,若不修炼,又怎么能开悟。“顿悟派”因《六祖坛经》和慧能的传播“赢得”论战,但他们拒绝退场——后来在日本的禅宗里又分裂出临济宗的“顿-顿悟派”和曹洞宗的“渐-顿悟派”——我们从中也可看出症结的顽固性,破解矛盾几乎是不可能的,至少在思想上和学说上还办不到。

㉗ 此处的“信赖”应更多地从 *fiducia*(信心、信任)的意思、更少地从 *assensus*(对真理的赞同)的意思来理解。*fiducia* 与 *assensus* 在基督教传统里的对立关系,与之相关的简论,请见 Harvey 1964: 95 - 98。

㉘ 明确地说,这些学者想把宗教理想一分为二,一种理想拥有特定的社会和政治目标;另一种拒绝提出这种目标,他们并不想把无为分成“世俗的”或“宗教的”。

㉙ 这种分裂好像反映出普遍存在的宗教问题——不仅是净土宗(Jodo Shu)与净土真宗(Jodo Shinshu)的对立问题,还涉及基督教传统的论战,即信赖与善行孰重孰轻。

第七章

直枸木：《荀子》的无为

荀子公开反对当时的自然主义理论——其证明是他歌颂“有意识的活动”，拒绝道家和孟子那种无为——所以，要说荀子(约前313—前238)[①]也把无为当成精神理想，似乎就不大合适。然而，他又确实把无为当成了精神理想，不仅如此，他还认为，经过长期不懈的修身磨炼之后，才能达到无为的境界，即无为是修身的最高境界；与孟子的无为理念相比，荀子的理念很可能更接近原来孔子对无为的设想，哪怕现代大多数中国人习惯上以为，孟子才是孔子正统的继承人。当然，荀子思想的诸多方面好像是“反孔”的：荀子曾经专门讨论如何强国或富国；[②]他主张以严刑峻法来管理人民；[③]乃至他深入研究军事策略。荀子思想的上述特点与他回应当时的种种挑战有关，我们要从这一角度研究荀子才对，他要保卫孔子理想，不仅要反击孟子遭遇的敌手(墨派和杨派)，还要反击当时兴起的形形色色的新思想。[④]秦国的成功——秦以法治国——全新的军事理论和治国理念的盛行，在这种形势下，荀子先要证明孔子的道与时代演变息息相关，不然他就没法予以捍卫。为此，荀子吸纳了不少思想，墨家的、法家的，乃至老庄的，不一而足。[⑤]然而最后荀子依然是不折不扣的孔门弟子。或许他成功地吸纳了法家、墨家、道家的思想，将其纳入儒家的框架才是他最大的功绩，这种兼容并蓄是为了守护孔子的核心信念，如德的有效性、礼乐等级的合理性、无为理想的可行性，与此同时，他还改造各家思想，使其适应当时的关注与风尚。⑥

荀子以捍卫孔子学说为己任，不仅要面对儒家以外的反对派，还要面对非正统的“伪儒”，后者在孔子逝世后的几代人里纷纷登场。⑦我们转向荀子对无为的概念，就会发现一系列隐喻与《论语》里出现过的何其相似，但显然这些隐喻在《孟子》里却相对陌生。一如在《论语》里，《荀子》里的无为也被形容为漫长旅程的“目的地”或苦练一生、顺应外在的行为和思想方式才能抵达的“安”或歇息地。不过，荀子的隐喻相比《论语》里出现的隐喻，在外在论方面旗帜更鲜明，如我们的天性被他理解为不服管的原料，要经过暴烈的改造才能转“化”成符合外在标准规定的造型，所谓标准就是木匠的规矩、绳墨或衡（秤）。荀子（如我期待的）还对心提出了更繁复的隐喻概念，这是《论语》所不及的。他也能把哲学对手的隐喻信手拈来、为他所用，最后形成成熟的论据，总而言之，《荀子》从外在论的角度走向无为——尽管宋代转向孟子——在很大程度上决定了中国古代理解儒学、建构儒学的方式。

堕落：传统的核心作用

如同我们讨论过的所有思想家，荀子也明显感到自己生活在堕落的时代，与先人的道可谓南辕北辙。如同孔子，荀子重点关注的也是传统礼乐形式的丢失或堕落，所以才造成天下大乱：

> 水行者表深,表不明则陷;治民者表道,表不明则乱。礼者,表也。非礼,昏世也;昏世,大乱也。故道无不明,外内异表,隐显有常,民陷乃去。(《荀子集解》: 王先谦 318—319)

上文使用的两个主要隐喻图式,颇似《论语》里出现的**作为旅程的生命**(“道”乃旅程的正“道”)和**作为有限空间的道德**,同时提出“中”的隐喻。此处的道被描述为湍流边上的标志,礼乐就是河堤。在《礼论》里,我们读到与此相似的有限空间:

> 故君子上致其隆,下尽其杀,而中处其中。步骤、驰骋、厉骛不外是矣,是君子之坛宇、宫廷也。(《荀子集解》: 王先谦 358)

君子“居住在”有限道德空间的中央,生活在其中,仿佛君主生活在自己的宫廷里,自得其乐。

这种**作为有限空间的道德**图式在文本中俯拾皆是,往往还与“中”同时出现,被描述成君子安居的处所。[8]我们在《臣道》里又读到,君子“安礼乐利,谨慎而无斗怒,是以百举不过也”(《荀子集解》: 王先谦 256—257)。[9]荀子往往从有限空间隐喻的角度来描述礼乐的规范作用。他写道:“子言有坛宇,行有防表,道有一隆……是君子之所以骋志意于坛宇宫廷也。”(《荀子集解》: 王先谦 146)我们在《大略》里发现与此相似的描述,其中对道的理解被形容为限制非正统学说流布的碗或锅:“流丸止于瓯、臾,流言止于知者。”(《荀子集解》: 王先谦 516)

作为有限空间的道德隐喻,可以推演出如下信息: 为了在规范秩序面前摆正自己,有必要知道哪里是不能逾越的边线。这能说明荀子的关注所在: 标明分寸——尤其是面对四处横“流”的非正统学说——

确定正确的指示语。我们知道孔子在《论语・子路》(3)里对“正名”的关注，他还劝告子路不要“苟”“言”，不然，“民无所措手足”。孔子也对正确的语言规范感兴趣，不如此就不能标示出道德空间。荀子把“正名”继承下来，变为术语，用一章来讨论“正名”。荀子注意到，“故王者之制名，名定而实辨，道行而志通，则慎率民而一焉”，但他生活的时代，名混乱不堪，哪怕在文化精英那里，亦复如此：

> 今圣王没，名守慢，奇辞起，名实乱，是非之形不明，则虽守法之吏，诵数之儒，亦皆乱也。(《荀子集解》：王先谦 414)

在荀子对语言功能的隐喻概念里，名(names)是物(things，社会的或思想的物)，可以与其他物(objects，世界上的实物)以正确的或不正确的方式组合起来。虽然对语汇来说，不存在内在的“义”，因为语汇是社会传统习俗的产物，但语汇对世上差异的描述，还是相当真实的，因此，名一旦确定，必然涉及“宜”(appropriateness 或 fit)的问题(《荀子集解》：王先谦 419—420)。荀子说，名根据(随)物的限定性特征(征)确定下来。他使用社会隐喻来解释感知过程，选取的对象是多义词“官”字：官员或感官。当天官/感官把限定性特征正式列入(薄)对应的“类”之后，心才能知道限定性特征(《荀子集解》：王先谦 417—418)。[10]这些自然的类，来自事物之间的差异(异)，《荀子》一再劝告我们，正确的辨、别、分是何等重要，不能颠倒，不然，名就没法正确地确定(定)下来，所以，先要划定有限道德空间，人们才能走上正道。[11]待荀子等圣人确定了是非之后，百姓才不再疑惑(《荀子集解》：王先谦 401)。

有趣的是，确定和划分那些传统规范，在《孟子》那里却没那么重要(虽然也存在)。其中的原因，从荀子的话里也能猜测出来，荀子认为，名的混乱造成是非标准模糊。对孟子来说，道德知识（包括是非知识）的最终来源是我们自己的心；与告子不同，孟子认为如果我们从心里得不到，就不必再从言里找了。从这种内在论的道德概念出发，孟子必然鼓励人们从内在寻找并发现道德的幼苗——对他来说，传统文化形式或学说的堕落，不是永远不变的，等我们发现并呵护内心的道德幼苗之后，堕落就不会继续发生。⑫与孟子相反，在荀子那里，人完全没有孟子所谓内在的道德幼苗，因此，河边上传统的标志一旦倒下，不能指望人们自己扶起来，他们一没动机、二没热情。

荀子对传统规范的关注，通过他对道的隐喻逐一传递出来，他把传统规范形容为外在标准或测量工具。我们看到，道、礼或圣人多次被形容为木匠的规矩、绳墨或秤（衡或权衡）。⑬正是借助这种外在标准，圣王才使方方面面各得其所。

> 程者，物之准也，礼者，节之准也；程以立数，礼以定伦；德以叙位，能以授官。（《荀子集解》：王先谦 262—263）

人性恶

对有抱负的圣人来说，从先人那里继承的传统就是重要的工具。⑭若传统的学说和文化不能传续下来，灾难必然发生，世风必然日下，如果我们希望自己变成有道德的人，圣人和真儒的言论是绝对必要的，他们能帮助我们理解各种学说。确实，荀子一再指出，君子或圣人的伟大之处，不在于他们比普通人高明多少，而在于他们能够“假于物”（借助外力）：

> 吾尝终日而思矣，不如须臾之所学也。[15]吾尝跂而望矣，不如登高之博见也。登高而招，臂非加长也，而见者远；顺风而呼，声非加疾也，而闻者彰。假舆马者，非利足也，而致千里；假舟楫者，非能水也，而绝江河。君子生非异也，善假于物也。(《荀子集解》：王先谦 4)

我们人类的长处是能够使用外部工具来提高我们不足称道的能力。有抱负的圣人通过研究先王的道来发现"工具"，这种工具是重要的，没有工具就不能明辨是非；因为依赖我们自己的直觉，就是自找麻烦：

> 道者，古今之正权也，离道而内自择，则不知祸福之所托。(《荀子集解》：王先谦 430)

依靠外在标准，荀子借此也在为他主张的人性恶寻找证据——"故性善则去圣王，息礼义矣"(《荀子集解》：王先谦 441)。荀子相信，"去圣王，息礼义"不是明智的选择，我们不必多想也应知道。于是，荀子发问，想想我们的欲望，然后再想象一下，要是没有外在限制，任凭我们胡来，又将发生什么：

> 今人之性，生而有好利焉，顺是，故争夺生而辞让亡焉；生而有疾恶焉，顺是，故残贼生而忠信亡焉；生而有耳目之欲，有好声色焉，顺是，故淫乱生而礼义文理亡焉。然则从人之性，顺人之情，必出于争夺，合于犯分乱理而归于暴。故必将有师法之化，礼义之道，然后出于辞让，合于文理，而归于治。用此观之，人之性恶明矣，其善者伪也。(《荀子集解》：王先谦 434)

此处荀子要说的是,我们生下来身上存在不可抑制的、不良的自我私念,如果顺从或允许私念把主体裹挟起来,主体将被拖回(归)混乱和无序状态。我们在孟子或道家那里读到的无为隐喻图式,荀子也用了不少,但都被他颠倒过来,如"顺"将造成灾难而非救赎,可以猜测,"归"不是还乡,不是回到平和的农业乌托邦,而是进入残暴状态。因此,对伪(有意识的活动)的崇尚,与无为理想可谓南辕北辙。[16]

众多评论者指出,荀子的名言"人性恶"和孟子的"人性善"没有实质的矛盾,两位思想家不过是在强调道德理念的不同方面,[17]或从不同但互补的角度探讨人性的实质。葛瑞汉甚至指出:"确实很难发现他们立场相左的证据。"[18]然而,通过梳理上文,我们却不难发现他们立场相左的证据。如孟子以为仁和义来自人类前反思的倾向,这方面其最著名的论述出现在《孟子·尽心上》(15):

> 人之所不学而能者,其良能也;所不虑而知者,其良知也。孩提之童,无不知爱其亲者;及其长也,无不知敬其兄也。亲亲,仁也;敬长,义也。无他,达之天下也。(《孟子正义》: 897—899)

此处孟子从经验的角度出发,讨论人天生的情感——人们生下来就有仁和义的萌芽,爱和敬是其自然的、自发的存在形式——荀子对此不以为然,他用了整整一章(《性恶》)来反驳孟子。孟子以为,哪怕在自然状态下,弟弟对兄长也有一种自然尊重和敬爱,而荀子呈现的画面却大不相同,若是任凭兄弟顺从其自发的倾向:

> 假之有弟兄资财而分者,且顺情性,好利而欲得,若是,则兄弟相拂夺矣;且化礼义之文理,若是,则让乎国人矣。故顺情性则弟

兄争矣，化礼义则让乎国人矣。(《荀子集解》：王先谦 438—439)

上文的抨击的目标正是孟子的《孟子·尽心上》(15)。依荀子所见，呵护我们内心天生的幼苗，最后长出的只能是一片杂草：竞相争夺、混乱不堪、暴力频发。孟子认为，最初的恭和让就在我们内在的感情和反应里，而荀子却坚定地指出，只有在先生或先圣的影响下，经过礼乐和道德原则的指引，温良恭俭让等品质才能出现。孟子从经验的角度来出发，可能指望孤岛上一帮孩子至少也能初知礼义，但荀子却知道，这帮孩子最后演出来的必定是如噩梦般的《蝇王》(*Lord of the Flies*, 1954)。那么再想想葛瑞汉的说法，我们不妨说，在重要问题上，两位思想家的立场确实不一样。[19]

若是从概念隐喻而非经验角度讨论的话，两位思想家的差异恐怕就更明显了。荀子和孟子对心的隐喻(尤其是修身)一经对比就能发现哲学上的不同之处，这种隐喻上的反差将是下文讨论的话题。

心的概念

因为内在没有幼苗生长的土壤，不能过上道德生活，所以才要在良好的传统上做文章——正名、立标。孟子也要反击墨家和杨朱的“邪说”，生怕他们把百姓引入歧途。然而，对荀子这种外在论者，邪说构成的危险更为系统，所以才要批判伪言，并将此作为中心任务，小心翼翼地、循序渐进地予以完成。为此他足足写了两章：《非十二子》和《解蔽》。在后一章里，荀子借用并发展了庄子的隐喻(显然以普遍的隐喻图式眼见为知为依据)，说人的堕落源于视觉片面才造成了“蔽”——从一个角落眺望大道：

> 凡人之患,蔽于一曲,而闇于大理。治则复经,两疑则惑矣。天下无二道,圣人无两心。今诸侯异政,百家异说,则必或是或非,或治或乱。乱国之君,乱家之人,此其诚心莫不求正而以自为也。妒缪于道而人诱其所迨也。私其所积,唯恐闻其恶也。倚其所私,以观异术,唯恐闻其美也。是以与治虽(离)走而是己不辍也。[20]岂不蔽于一曲而失正求也哉!心不使焉,则白黑在前而目不见,雷鼓在侧而耳不闻,况于使者乎！[21]（《荀子集解》:王先谦 386)

荀子与庄子都认为,片面的学说可能把心遮蔽,大众因此而走入歧途、迷失方向,无法接触真正的道。陷入这种境地后,心凭自己很难摆脱遮蔽。然而,荀子的济世策略与庄子不同,荀子没有提出通过心斋把不当学说都赶走,相反,荀子希望劳其心智,进而拥有真正的学说,即孔子的道。庄子的"两行"目标或临时安顿,在荀子看来正是问题所在,因为庄子的策略使民众偏离经典的标准(经),陷入迷惑。所以荀子坚定地反击所有形式的内在论学说,不论这些学说是从心底还是从神里寻找方向。从先王传下来的、经孔子继承的言论和文化形式,才是真德的唯一可信的来源。重新树立被推倒的先人"标志",标志的地点还写在典籍里,还存在儒生的智慧里,不如此,众人就不能摆脱迷茫和暴力的纠缠。在此过程中,我们内在的倾向无能为力,所以凡是希望复归"大道"的人,有必要用心来改变天性,这一逐渐改变欲望、驱逐执念的过程,被荀子称为"伪"(有意识的活动)。

我们知道,以荀子所见,任凭天生的直觉和情感的摆布,兄弟之间也会你争我夺,为了物质利益,他们不会自责。不过,荀子指出,还是兄弟二人,等他们经过礼和德的教化后,他们就会知道谦让,哪怕是让国(《荀子集解》:王先谦 439)。这就是圣人那些传统形式释放的伟大力量，即人人按其能力，改造自己的天性。然而，传统形式不会自动发生。若要把传统形式变成自我的有效成分，先要通过心予以加工。李耶理指出，在荀子那里，对心有两种截然不同的看法：一、心是活动的指路人；二、心在更大程度上是被动的接受者。[22]其实，以上两种隐喻概念都不是荀子自己提出的，他很可能是从哲学对手那里借过来的。我们知道，孟子把心比喻成自我的"宰"或"帅"，庄子的"心斋"是为了使心变"虚"，好让道在里面安顿下来。而荀子的独到之处在于，他能把心的两个隐喻与自己的构思结合起来，为心提出一个有力的、全新的理想，使其既能驾驭自我，又能完全接受传统。因为荀子的心具有两种功能，所以他才能把自己鲜明的意志论与色彩同样鲜明的保守主义结合起来。

作为接受者的心

在讨论遮"蔽"时，荀子把被动的心比喻成接受者，"蔽"可以把心遮挡起来，使众人看不见"道"。荀子呼吁"虚"下心来，合在一处(一)，平静如水(静)，目的是把"蔽"赶走，在此过程中，荀子把图式**作为容器的心**与庄子的隐喻**作为静水的心**和**作为可操控物质的心**结合了起来。[23]

人何以知道？曰：心。心何以知？曰：虚壹而静。心未尝不臧也，[24]然而有所谓虚；心未尝不两也，然而有所谓壹；心未尝不动也，然而有所谓静。人生而有知，知而有志；志也者，臧也，然而有所谓虚，不以所已臧害所将受谓之虚。心生而有知，知而有异，异也者，同时兼知之。同时兼知之，两也，然而有所谓一；不以夫一害此一谓之壹。心，卧则梦，偷则自行，使之则谋。故心未尝不动也；然而有所谓静；不以梦剧乱知谓之静。未得道而求道者，谓之虚壹而静。作之：则将须道者之虚则人（入），[25]将事道者之壹则尽，尽将思道者静则察。知道察，知道行，体道者也。虚壹而静，谓之大清明。（《荀子集解》：王先谦 395—397）

上文所用的多种隐喻图式合在一处后，生成出连贯的心像。图式**作为容器的心**和虚的隐喻告诉我们，心能储藏记忆和知识，与此同时，心还有空间容纳更多的信息；借用庄子的形象，虚下来的心仍然有足够的空间把道安顿进去。心被当成可以"分开的"物质，如此一来，可以把"分心"理解为外物对心的"划分"，把聚精会神或专心致志理解为对外在干扰的抵制。在荀子看来，下面这句话不同一般："天下无二道，圣人无两心"（《荀子集解》：王先谦 395—397）。荀子的圣人也不想看到心被片面的学说或角度遮挡起来，他们借用庄子的话来描述纯洁的、敏感的心，对他们来说，道并不是以杂乱无章的、不可言说的方式对事物作出回应，与此相反，道是有迹可循的价值体系，圣人借此可以明辨是非，再把相关知识用在世上：[26]荀子引用《诗经》的第三篇，一位女诗人的诗作，以此来强调（专）一的重要性，女诗人思念戍边的丈夫，心绪难安：

采采卷耳，
不盈倾筐。
嗟我怀人，
寘彼周行。[27]

"倾筐易满也，卷耳易得也，然而不可以贰周行。故曰：心枝则无知，倾则不精，贰则疑惑……类不可两也，故知者择一而壹焉。"（《荀子

集解》：王先谦 398—399)

虚与一相关，即在荀子那里，道是心必须接受的外在标准，不然心就不能正确地分辨外在事物，圣人也不能专心致志。在《解蔽》里，荀子以“县衡”为隐喻，把道的外在性和普遍性描述为独立的评判标准：

> [**圣人**]兼陈万物而中县衡焉。是故众异不得相蔽以乱其伦也。何谓衡？曰：道。故心不可以不知道。(《荀子集解》：王先谦 394)

荀子的圣人把自己虚下来，接受外在标准，然后他们才能权衡事物，分门别类，逐一对应。而庄子的救赎理想，讲到虚心为止，等心虚下来之后，其他都听凭神和天的安排。对荀子来说，心的状态(如倪德卫所说)是“清楚思维和正确判断的方式，而不是宗教目标，心本身不是目的”(Nivison 1991：136)。

“县衡”要“正”，不然不能正常工作。我们在上文看到，荀子告诫说，心不能“倾”斜。用“倾”来形容心，这种隐喻又把“一心”和“县衡”与静和清等隐喻联系起来，因为水在平碗里是静的、清的，碗倾斜后水才动。这种关联在后面的《解蔽》里写得更为明确，静和清的特质更牢固地与明和镜子的隐喻连在一起：

> 故人心譬如槃水，正错而勿动，则湛浊在下而清明在上，则足以见鬒眉而察理矣。微风过之，湛浊动乎下，清明乱于上，则不可以得大形之正也。心亦如是矣。故导之以理，养之以清，物莫之倾，则足以定是非决嫌疑矣。小物引之则其正外易，其心内倾，则不足以决庶理矣。(《荀子集解》：王先谦 401)[28]

清明的静水如同镜子，能照出形象，所以隐喻镜子与图式**作为光源的心**和隐喻“明”连在了一起，即是对讲英语的读者，其间的关联也容易联想，更不用说对战国时代的读者了，对他们来说，镜子不仅聚光反光，还能发光。[29]正是这种来自静水或明镜的自然的“明”，被邪说或其他错误的理解遮蔽起来。与庄子酒不伤神的说法形成鲜明的反差，荀子发现，酒后的人感知力发生变形，酒乱了我们的神，他以水/镜子的隐喻来形容内静与正确理解之间的关系：“水动而景摇，人不以定美恶。”(《荀子集解》：王先谦 404)[30]

作为统治者的心　为形容作为接受者的心，荀子使用一系列的隐喻，从这些隐喻能推演出荀子的关注所在：心需要敞开才能学习，才能接受外在标准；心必须专一，必须静。然而，就其自身来说，接受者图式为心的概念涂上了太多被动的色彩，所以荀子需要更积极的隐喻图式予以修正。图式之一是工具使用者。心虚下来之后，接受道的“县衡”，此时心有必要积极运用工具来评判事物。运用工具的隐喻对荀子来说还有一大功能，他以此来传递在道德活动中，应用与努力的必要性。

在《性恶》里，据说人的道德(潜)能，是一种可以“用”的(工)具，但却不能“使”，如不能以代理人或特使来完成一种使命(《荀子集解》：王先谦 443)。也就是说，我们的潜能是惰性物质，需要积极管控；而不是自主的施动者，能够承担使命。荀子往往通过社会隐喻来传递主体施动的必要性。如荀子以隐喻的方式把心形容为社会的上级，进而使心最重要的能力“可”(可以的“可”)形成概念。心经过虚的过程接受道的“经典标准”，之后心必须采取积极行动，确定事物是不是与道和谐。心这种“可”的功能，使心的积极概念和消极概念之间发生关联。《解蔽》说，“心知道，然后可道；可道然后守道以禁非道”(《荀子集解》：王先谦 395)。此处的心是人的施动者，它大权在握，判定可与不可，下令“以禁非道”。

心拥有的这种自主性足以证明，荀子心的概念与孟子的各有所取，[31]哪怕他们使用的社会隐喻都是**作为统治者的心**。在孟子那里，心是自我最有价值的部分，是其他部分的统治者，虽然如此，但孟子的心与情感和欲望息息相关。在孟子那里，心具有重要的能力“思”，但运用这种能力后，心必将（以“觅之得之，弃之失之”的方式）走向构成那四株幼苗（端）的道德理想。孟子的心多少具有意志论的色彩，如心可以选择专注或不专注，但是，这似乎说明心的创新力：专注并不能引发认知上的创新，其作用不过是“开启”并呵护道德理想。想想《孟子·告子上》(15)，其中的听觉和视觉器官被自动引向目标，而心却不同，心可以专注下来：“心之官则思，思则得之，不思则不得也。此天之所与我者”。虽然心可以选择专注或不专注，但心一旦专注下来，马上就能指向正确目标——心“得”到了“天之所与”（如那四株幼苗）。所以在孟子的设想里，心的角色主要是扮演启动者和内在感情的呵护者——借用一社会隐喻来形容心，心是相当宽容的统治者，所起的作用不过是（指）“使”或引导各官能。

孟子的统治者相对软弱，因为《孟子》里的道德和欲望不是泾渭分明的。如同庄子，孟子把欲望（特殊的欲，但毕竟是欲）当成道德实践主要的、合适的推动者。对此荀子提出激烈的反驳，他指出，人的正确行为不是欲望而是由“可”来决定的：

> 欲不待可得，而求者从所可。欲不待可得，所受乎天也；求者从所可，所受乎心也……[32]人之所欲，生甚矣，人之恶，死甚矣，然而人有从生成死者，非不欲生而欲死也，不可以生而可以死也。故欲过之而动不及，心止之也……欲不及而动过之，心使之也……

故治乱在于心之所可，亡于情之所欲。（《荀子集解》：王先谦 427—428）

万百安（Bryan Van Norden 1992：174）注意到上文开始几句与《孟子·告子上》（10）的相似性。孟子提到舍生取义，以此来证明还存在更高的道德理想：心的欲望。在孟子的道德实践里，宁可饿死也不接受嗟来之食，这时对礼义的向往就盖过了动物无所顾忌的求生欲。荀子却以为，仅仅关注道德的"欲"，说明没有从根本上理解道德生活。如同对待欲望和自我的其他方面，荀子也不时地把"心"形容为"物"，不过，他描述心的角度，更多是从**作为统治者的心**出发的，以此来说明，心与自我的其他方面不仅大不相同，也更为高级：

心者，形之君也，而神明之主也，出令而无所受令。自禁也，自使也，自夺也，自取也，自行也，自止也。故口可劫而使墨云，形可劫而使诎申，心不可劫而使易意，是之则受，非之则辞。故曰：心容其择也，无禁必自现，其物也杂博，其情（精）之至也不贰。（《荀子集解》：王先谦 397—398）[33]

因此，与身体的其他部分相比，心是全然不同的实体；心作为统治者能够决定可与不可，这种力量也与欲望全然不同。心统领各种欲望，经过心的同意，欲望才能得以实施。心可以选择欲望，启动或终止身体其他部分的活动，巩固其对身体、"明"或"智"实施的意志。因此，心作为一种器官，在荀子那里要比在孟子那里更为强大、更具意志力。

与此同时，可与不可的正确标准却是心之外的道，如先圣和夫子树立的典范。[34]于是，荀子形容心的两种隐喻相互联系起来：先出场的是图式**作为容器的心**，其作用是为道的平“衡”制造空间，因为世间万物都需要按照道的标准来评价，之后出场的是**作为统治者的心**，其作用是对不安分的内在欲望和倾向实施评价并规范行为。通过“辨说”，心能够理解先人言论所弘扬的道，然后在实践中实现先人的言论，如同技工按照工具的标准或取或舍：

> 辨说也者，心之象道也。心也者，道之工宰也。道也者，治之经理也。(《荀子集解》：王先谦 423)

所以我们说荀子的心具有两个方面，其功能既有意志论的色彩，又不至跌入相对主义：虽然心有能力积极地创造和选择，但心的接受性又把圣人的“经典标准”视为人性与环境因素达成和谐的不二法门(Ivanhoe 1991b)，按照这种路线走下去，心即可完成对自我的塑造和规范。

救世设想：通过有意识的活动和外在规范来实施教化

如“道之工宰”，心可以使人们实施有意识的(伪)活动，改变人自己的天性。在荀子看来，心的(选)择力——作为统治者的自治力——是人们思维能力(虑)的基础，同时也是荀子所谓有意识的活动的基础。以上关联在《正名》提出的一系列谨慎的定义里明确地再现出来：

> 生之所以然者谓之性。性之和所生，精合感应，不事而自然谓之性。性之好、恶、喜、怒、哀、乐谓之情。情然而心为之择谓之虑。心虑而能为之动谓之伪。虑积焉，能习焉而后成谓之伪。(《荀子

集解》:王先谦412)

荀子对人性的表述方式,我们并不感到陌生,因为在讨论庄子的无为时我们已经接触过,如"和""合""应""为"等表述。此处荀子关注的是,分清正确的活动(伪)与"和合应为"等表述的关系。上文荀子使用的"伪"[35]有两层相互关联但又各不相同的意思,其根据是心的两个主要隐喻图式。第一层意思引发图式**作为统治者的心**,指与心相关的思维、选择、命令等个体行为。这些行为并非天性自发产生的,所以需要施以一定的应用(事)。第二层意思引发图式**作为容器的心**,指已形成的性情,其成因是反复实施有意识的活动(积)。久而久之,这种有意识的活动变成了习得来的第二天性。

外部重塑:檃栝和砻厉

作为一种有意识的活动,伪是荀子用来反驳的工具,目标是反驳孟子和庄子等人提出的对欲望被动的依赖,此外,伪也是荀子用来对抗"应"和"自然"等无为隐喻的一种方式。[36]如引文所述,这些隐喻准确地描述了感官回应刺激的方式——如"不事而自然"——但在荀子看来,这与道德没有关系。因此,孟子绝不该把道德比作食色,因为道德是意识活动的产物(涉及反思和选择),不仅与感官反应风牛马,与心的内在倾向也大不相同:

> 若夫目好色,耳好听,口好味,心好利,骨体肤理好愉佚,是皆生于人之情性者也。感而自然,不待事而后生之者也。夫感而不能然,必且待事而后然者,谓之生于伪。是性、伪之所生,其不同之

征也。(《荀子集解》：王先谦 438)

哪怕是未开化的人遇到爬向井边的小孩或待杀的公牛，也能抱有同情心，这种本能的、动物式的反应，这与真正高尚的性情几乎毫无关系。在荀子那里，这种反应来自原初的“朴”(老子的“朴”)或内在的“资”(《荀子集解》：王先谦 436)，唯独孟子他们才能把“朴”或“资”与真正的品德混淆起来。人的本性是“生而离其朴，离其资”，等人们成熟后，这些内在的品质“必失而丧之”(《荀子集解》：王先谦 436)。

因此，修身不必依赖这种原初的品质。老子习惯用朴来比喻无为，庄子也一再使用朴的隐喻，但荀子与其相反，他把修身的过程比喻成塑造自我原料。[37]他数次引用《诗经》第 55 篇——“如切如磋，如琢如磨”——子贡在《论语·学而》(15)引用过，而且得到孔子的赞许。我们在《大略》里读到，“人之于文学也，犹玉之于琢磨也。”

诗曰：
“如切如磋，
如琢如磨。”
谓学问也。(《荀子集解》：王先谦 508)[38]

与农夫悉心呵护幼苗般的自然倾向不同，荀子的圣人好像是使用外部工具的技工，施以外力塑造不服管教的材料。孟子把修身比喻成幼苗的成长或溪水下山，而荀子却要直枸木、染布料，塑弓弩或磨钝刀。[39]上述形象与告子在《孟子·告子上》(1)里使用的形象有太多相似的地方，告子主张从人性里提取道德，如同用柳树制成“桮棬”，两人所用形象如此相似，道理绝非偶然，因为荀子和告子都相信，必须从外部

对人性施以道德教育。因为人性生来就是弯曲的,必须施加外力才能使其变直:

> 故枸木必将待檃栝、烝、矫然后直,钝金必将待砻、厉然后利,今人之性恶,必将待师法然后正,得礼义然后治。(《荀子集解》:王先谦 435)

天性如同曲木,要施以"檃栝",使其弯曲的形状发生变化,从广义上理解,就是通过孔子的道来改造人性。我在上文提到,《荀子》里的道好似外在的测量工具,自我的"材料"要经过工具的测量。从君子修身的角度来说,礼教是主要的外部工具,在荀子那里,礼教被形容为"道德之极",其作用如同绳墨、衡、规矩(《荀子集解》:王先谦 356)。建造结实的建筑,离不开普遍适用的标准,如报出固定的价钱,或画出完美的方圆。同理,君子的言行要想中规中矩,礼教是必不可少的过程。内在情感和欲望——不论其破坏力大小——都不能从人性里赶走;荀子曾敏锐地注意到,"有欲无欲,异类也,生死也"(《荀子集解》:王先谦 426)。全然压制情感和欲望,必然适得其反。所以圣王制定礼乐,目的是让普通人把情感和欲望以井然的、正确的方式发泄出来,如发泄丧亲之痛(《荀子集解》:王先谦 377)。礼乐与我们天生的情感息息相关,我们天生的情感也是礼乐的基础,但是,如同原料与成品的关系——有意识的活动尚未根据先人规定的形类予以修理——原初的情感还不成熟,也找不到方向。因此,经过礼乐规范的情感,才是有意识的活动改造天性的典范:

> 若夫断之继之,博之浅之,益之损之,类之尽之,盛之美之,使

> 本末终始莫不顺比，足以为万世则，则是礼也。[40]非顺孰修为之君子莫之能知也。故曰：性者，本始材朴也；伪者，文理隆盛也。无性则伪之无所加，无伪则性不能自美。性伪合，然后（成）圣人之名一，天下之功于是就也。（《荀子集解》：王先谦366）

如同在《论语》里，此处的礼也被形容成内容和形式的完全和谐。如果没有礼的形式，任凭天性妄为，人将变成禽兽；礼出现后，自我才能“雅似”。[41]

因为礼的“质”（内在情感）自己找不到德的方向，所以，凡是要想达到“中”的人，就得仰仗传统规范。因为这种外在论使然，荀子（如同孔子）也是坚定的传统主义者。如荀子在《王制》一章所言，凡是希望统治天下的君主，必须从方方面面继承“后王”风范，不然他就很难成为真正的王：[42]

> 衣服有制，宫室有度，人徒有数，丧祭械用皆有等宜，声则非雅声者举废，色则凡非旧文者举息，械用则凡非旧器者举毁。夫是之谓复古。是王者之制也。（《荀子集解》：王先谦159）

荀子强调严格再现从先人那里继承的传统形式，这种主张在孟子那里就没出现，倒是与孔子最初的立场遥相呼应。荀子指出，有人拒绝传统标准，在道德方面自以为是，其行为如同想要分辨颜色的盲人：

> 故非礼，是无法也；非师，是无师也。不是师法而好自用，譬之是犹以盲辨色，以聋辨声也，舍乱妄无为也。（《荀子集解》：王先谦34）

传统形式不仅包括礼的形式和作为榜样的夫子，还包括圣人所传全部经典的内容。虽然文典的地位在《论语》里已相当崇高，但不少学者认为，荀子最先确定了经典读本，不仅巩固了经典的地位，也使孔子与经典的关系更为系统。在古代儒家的著述里，论及典籍对个人塑造的作用，文字之周详、细节之繁复，应以荀子为最。荀子发现，人们日复一日，对自己的行为并无长远规划，这种人必将陷入困境：

> 况夫先王之道，仁义之统，《诗》《书》《礼》《乐》之分乎。彼固为天下之大虑也，将为天下生民之属长虑顾后而保万世也……其流长矣，其温厚矣，[43]其功盛姚远矣……夫《诗》《书》《礼》《乐》之分，固非庸人之所知也……以治情则利。（《荀子集解》：王先谦 68—69）

经典里的知识完全超出我们自己的理解能力，而且还有秘传的性质（“固非庸人之所知也”），所以我们必须仰仗夫子的引领：

> 《礼》《乐》法而不说，《诗》《书》故而不切，春秋约而不速……故曰：学莫便乎近其人。（《荀子集解》：王先谦 14）

孟子对自己的理解力充满信心，荀子却与其相反，对读者与经典的关系，荀子的立场可以说是相当保守的：[44]若是离开传统的形式和言论，读者将一无所知，他们需要夫子的点拨，不然的话，在那些标准和规范面前，他们将茫茫然无所适从。夫子不仅能解读文典，还能规范他们的礼仪。荀子劝告说，礼后面的道理相当深邃，要是我们诉诸逻辑分析，[45]必将“入焉而溺”，要是我们想要予以引申，必将“入焉而丧”（《荀子集解》：王先谦 356)。夫子身上传统的权威才能不使礼仪走入歧途："礼者所以正身也，师者所以正礼也。无礼何以正身？无师吾安知礼之为是也？"(《荀子集解》：王先谦 33)[46]在孟子那里，经典章句究竟是什么意思，或礼仪正不正确，凡此种种都不是问题，因为我们用自己的心来评判就够了。荀子却把这种评判能力(则)收回来，赠与夫子，因为夫子是外部传统的继承者，于是夫子的评判取代了孟子的"良知"。[47]

循序渐进的努力：作为漫长旅程的道

荀子继续以自我的修或饰来形容修身，此外，他还习惯用文章二字来做文章，此处的"文"指绿红相间的标志，"章"指红白相间的标志(《荀子集解》：王先谦 180)。在《富国》里，荀子说，古之圣王"为之雕琢、刻镂、黼黻、文章，使足以辨贵贱而已"(《荀子集解》：王先谦 180)，他还引用《大雅》的第 238 篇：

雕琢其章，
金玉其相，
亹亹我王，
纲纪四方。

可以说，荀子明确拥护修身过程中人为的"饰"，因为依他所见，圣人制定文化形式，一如陶工塑土为器——用普通的原料塑造出完全人为的物品，而不是助长人们天性里的什么倾向(《荀子集解》：王先谦 437)。

因此，在修身的过程中，不仅需要应用外在标准，还需要长时间反复用功——为了达到荀子的无为，确实要付出一次次的努力。荀子通过修饰和技艺等隐喻提倡努力用功和渐进主义，此外，他还反对“顺”“从”“因”等隐喻。荀子警告说，顺乎人的内在倾向将引向灾难（《荀子集解》：王先谦 434），他还相信，孟子之所以对此没能理解，原因是他混淆了天性和有意识的活动。与此相同，荀子批评庄子“蔽于天而不知人”（《荀子集解》：王先谦 393）。在《天论》里，荀子说，上天所赐（我们内在的天性）也需要教化和控制。对人来说，正确的选择是，通过人的活动（伪）来改造并利用上天所赐，而不是被动地坐在那里等待变化：

> 大天而思之，孰与物畜而制之！从天而颂之，孰与制天命而用之？望时而待之，孰与应时而使之？因物而多之，孰与骋能而化之？思物而物之，孰与理物而勿失之也？愿于物之所以生，孰与有物之所以成？故错人而思天，则失万物之情。（《荀子集解》：王先谦 317）

我们发现荀子拒绝“从”和“因”，以为人不该如此。与庄子相反，荀子的人不是“物”，不应被动地随波逐流。如他在《解蔽》里所言，“由天谓之道，尽因矣”（《荀子集解》：王先谦 393）。天道不言不为而推动万物，但那是天道，不是人道。在世间万物里，人有其独特的作用：他们应该站在自发的人性之外，发现其内在的特点并予以利用，不然的话，就找不到世界的“情”（本质），也找不到人在世间的位置。荀子一再使用社会隐喻“职”来传达上述思想，如在《天论》的开始部分，他把无为与天连在一起：

> 不为而成，不求而得，夫是之谓天职。如是者，虽深，其人不加虑焉；虽大，不加能焉；虽精，不加察焉：夫是之谓不与天争职。

(《荀子集解》：王先谦 308)[48]

荀子的至人“明于天人之分”(《荀子集解》：王先谦 308)，知道必须经过漫长的修饰才能有所成就。至人既不关注天与无为的种种神秘，也不为命运的变化而惴惴不安，他所专注的唯有修身(《荀子集解》：王先谦 308)。

荀子批评孟子和老子思想里弥漫的被动性，我们发现此时的荀子不仅拒绝“从”字谱系的隐喻，连“安”字谱系的隐喻也一并拒绝了。所以《劝学》一开篇，荀子就引用《诗经》第 207 篇——“嗟尔君子，无恒安息。靖共尔位，好是正直。神之听之，介尔景福”——他又在《天论》里劝告读者“若夫君臣之义，父子之亲，夫妇之别，则日切瑳而不舍也”(《荀子集解》：王先谦 316)。

形容“轻松自如”的隐喻，老子的也好，孟子的也好，都有个通病，他们都没能说明修身过程的艰巨性和长期性。[49]人类堕落的原因，不是他们不注意自己的道德天性，也不是他们找不到天的存在，因为天就在我们的心底，可以如泉水般流出。人类之所以堕落，是生来注定的；他们的道德感，与天生就埋在心底的性情格格不入。要想成为道德高尚的人，必须刻苦用功，要以始终如一、坚忍不拔的精神拥抱道。荀子指出，众人恶如桀跖，因为他们“陋也。尧禹者，非生而具者也，夫起于变故，成乎修修之为，待尽而后备者也”(《荀子集解》：王先谦 63)。史华慈对比两种圣人后发现，孟子的圣人“如湍流中的强壮的泳者……马上就能从人性最深处的倾向里得到后援”，而荀子的圣人通过协调的、持续的、长期的努力，塑造、规范、重塑自己(Schwartz 1985：299)。凡是希望成为陶工的人都要学习、研究、实践，同理，凡是希望成为真君子的人，也要从我们混杂的天性里，提取出高尚的品质。

荀子形容修身，也喜欢使用隐喻，其中的一个隐喻即使在《论语》里也不陌生：**作为漫长旅程的修身**，其来源是战国时代常见的隐喻图式作为路的道。如同在《论语》里，荀子也可以从上述隐喻里推演出丰富的内涵。下文选自《修身》：

> 夫骥一日而千里，驽马十驾，则亦及之矣。将以穷无穷，逐无极与？[50]其折骨绝筋，终身不可以相及也。将有所止之，则千里虽远，亦或迟或速，或先或后，胡为乎其不可以相及也？
>
> ……
>
> 故学曰："迟彼止而待我[51]，我行而就之，则亦或迟或速，或先或后，胡为乎其不可以同至也？"故蹞步而不休，跛鳖千里；累土而不辍，丘山崇成。厌其源，开其渎，江河可竭。一进一退，一左一右，六骥不致。彼人之才性之相县也，岂若跛鳖之与六骥足哉？然而跛鳖致之，六骥不致，是无他故焉，或为之，或不为尔。
>
> 道虽迩，不行不至；事虽小，不为不成。其为人也多暇日者，其出入不远矣。（《荀子集解》：王先谦 30—32）

在上文的隐喻里，荀子仿佛已跋涉千里。虽然修身是"漫长的"过程，但凡是坚持下来的人，都能修炼出来。与名家和有神论者散布的邪说不同的是，儒家的道能够抵达目的地——回报是必然的，最后不虚此行，因为道确实引向一个地方，走到最后的人可以幸福地歇息，不会徒劳一场。内在能力的大小，与成功无关。不专一、不修炼，（更重要的是）不努力，哪怕是神马也不能抵达，与此相反，哪怕是驽马跛龟，只要坚持走下去，必能抵达。题旨：要以跛龟为榜样，不歇息、不动摇，我们终将抵达目的地。[52]

隐喻**作为漫长旅程的修身**还有其他逻辑推演，如要想最终抵达目的地，我们应尽早动身，其实荀子（如同亚里士多德）是在强调改造人格的过程要从小开始："少不讽诵，壮不论议，虽可，未成也。"（《荀子集解》：王先谦 509）[53]如同现实中的旅程，先要走到 A 点，然后才能到达 B 点，与此相同，儒家的修身之路也有"始"有"终"，其间还要经过设定的步骤。荀子在《劝学》里将上述推演引申开去，与其他图式结合起来，如**作为积（力）的修身**（下文讨论）和**作为有限空间的道德**：

> 学恶乎始？恶乎终？曰：其数则始乎诵经，终乎读礼；其义则始乎为士，终乎为圣人。真积力久则入。学至乎没而后止也。故学数有终，若其义则不可须臾舍也。（《荀子集解》：王先谦 11）[54]

隐喻作为路的道很容易就能与**作为有限空间的道德**结合起来，但我们先要把路当成轮廓清晰的空间。荀子从此出发，又系统地把其他推演纳入隐喻**作为旅程的修身**，如与迷途风险相关的推演，所谓迷途风险是指走到了规范之外，即"逾矩"。在湍急的河边立上标志，通告涉水者哪里安全（《荀子集解》：王先谦 318—319；488），这种隐喻即为上述结合的一种，在《大略》里也出现过，不过，概念形式稍有变化："礼者，人之所履也，失所履，必颠蹶陷溺。"（《荀子集解》：王先谦 495）变化后的隐喻说明，作为路的道在认知上相当灵活：我们走到路外就可能逾矩，如形容河边标志的隐喻，或者失去我们的"履"。

我们在《劝学》里读到荀子其他形容努力和渐进的隐喻："积"。这种隐喻在《孟子》里也出现过，但孟子的"集"一般指堤坝储水，并无多少努力可言，实乃渐进过程，因为堤坝筑起后，水会自动流进。但从隐喻的角度来说，荀子的"积"是渐进但又持续用力的过程，如筑山或积物。[55]还是在《劝学》里,荀子把修身过程形容为"积土成山",或者把"积"与其他图式结合起来,如**作为漫长旅程的修身**的图式,再使用**事件目标**隐喻(EVENT OBJECT),把行动理解为物质——"不积跬步,无以至千里。"(《荀子集解》:王先谦 7)荀子从隐喻的角度明确修身的性质,然后他才指出,"积善成德,而神明自得"(《荀子集解》:王先谦 7)。我们在此又遇到庄子的宗教理想——神明——不过,荀子达到神明的方式与庄子正好相反:通过"积"而非"斋"。

在一定意义上,积的过程并不困难,因为运一篮土或走一步路,对谁来说也不困难,难的是大多数人望不到终点。这正是《强国》论述"集微"的要旨所在,此章引用《诗经》第 261 篇以明题旨:"德輶如毛,民鲜克举之。"(《荀子集解》:王先谦 305)显然,荀子以为孟子太乐观了,所以荀子希望反复说明,要成为有学识有道德的人,必须投入一生的时间,持之以恒,即使是伟大的圣人也没有捷径。在《大略》里,那些被比作"天府"的人"学问不厌,好士不倦"(《荀子集解》:王先谦 508);而通过"虑"发现真正目标的心,则被比作寻找针的人:他能成功,不是因为他目光犀利或有其他本领,而是因为一次次的用心寻找,所谓"心之于虑亦然"(《荀子集解》:王先谦 501)。在《儒效》里,荀子用隐喻"积"来表现其专注、持续、长期的修身过程,故意与孟子的修身形成反差,但他并没提孟子的名字:

> 人无师法则隆性矣,有师法则隆积矣,而师法者,所得乎积,[56]非所受乎性,不足以独立而治。性也者,吾所不能为也,然而可化也,情也者,非吾所有也,然而可为也。注错习俗,所以化性也;并一而不二,所以成积也。习俗移志,安久移质。(《荀子集解》:王先谦 143)[57]

作为旅程的修身和**作为积的修身**，读者可以从以上隐喻推演出如下信息：修身过程必然是渐进的，在此过程中，勤勉的、专注的、持续的努力必不可少。

外在论的道德伦理：塑造后天的“人性”

在道德方面，荀子坚持外在论，但他同时也提倡修身。也就是说，他的目的与意志论者如夷之或告子不同，他并不想让我们从理性上接受一个命题，然后马上按其原则采取行动，与此相反，他希望我们长时间地参与修身过程，接受永恒的规范和行为方式，最终使心和情感都发生变化。这种理念对其道德理想产生两方面的影响：(1) 因为我们要改变性情，所以过程必然是渐进的(因此才有了相关的隐喻)；(2) 等过程结束时，我们的性情、欲念、信仰将发生彻底改变。以上两方面也能印证孟子的道德伦理设计。不过，在第一点上，荀子希望划清与孟子的界线，因此，他反复强调修身过程的艰巨性。

荀子坚持外在论，但他又与墨家或其他唯意志论的外在论者有所不同，对荀子来说，修身过程一旦完成，我们的人格必将发生改变。如隐喻直枸木所形容的，君子经过道的修炼，其身心将发生永恒的，不可逆转的改变：

> 木直中绳，輮以为轮，其曲中规，虽有槁暴，不复挺者，輮使之然也。(《荀子集解》：王先谦 1)[58]

以儒家的道为人生理想，时间一长，人的“质”就会发生变化，所谓“安久移质”(《荀子集解》：王先谦 143)。荀子描述这种儒家实践引发的变化过程,所用隐喻是**事件-地点**(EVENT LOCATION):变化涉及自我从A点迁"移"到B点,自我抵达B点后,再也不会退回原位(反或复)。荀子往往使用"化"来形容这种一劳永逸的"移",如他在《大略》里把学习过程比作破茧成蝶:"君子之学如蜕,幡然迁之。"(《荀子集解》:王先谦505)

这种变化性质剧烈,但最后的状态却相当稳定。荀子通过"基""本""原"等隐喻来表现这种稳定感。他指出,"将原先王,本仁义,则礼正其经纬蹊径也"(《荀子集解》:王先谦16)。荀子和孟子都青睐"原""本"等隐喻——的确,这些隐喻都具有鲜明的标记,可以把战国时代的道德伦理家与提倡理性的墨家和名家区分开来。我们在第五章提到,孟子在道德上主张"一本",反对新墨家的"二本",其实他是在捍卫道德伦理的修身模式,反对的是理性主义外在论主张的道德行为模式。荀子在此与孟子理想相近,哪怕他的"本"在我们身外。但他们使用"本"的隐喻,也各有所指,其中的反差颇为有趣,如在《荣辱》里,荀子引用一句话,"短绠不可以汲深井之泉",对此他解释说,"知不几者不可与及圣人之言"(《荀子集解》:王先谦69)。以上说明荀子的"原"在井底,要达到井底的话,不得不使用外部工具,如长绳,不能光凭"短绠"。荀子的说法与孟子的"原"形成鲜明的反差,孟子的水可以自然而然地从地下汩汩涌出。

然而,如同孟子,荀子批判墨家的道德没有"本""原",因为墨家的学说并未考虑人性的固定倾向或人与自然界的正确关系。要是让墨子来管理的话,大到天下,小到一国,他实行的"非乐""节用"[59]必然造成灾难,使官民陷入混乱。

> 若是则万物失宜,事变失应,上失天时,下失地利,中失人和,天下敖然,若烧若焦,墨子虽为之衣褐带索,嚽菽饮水,恶能足之乎?

既以伐其本，竭其原，而焦天下矣。(《荀子集解》：王先谦 186)

以这种方法治国，“先王圣人为之不然”。他们对人的情感性质和世界的性质，都能明察秋毫，所以他们确立的标准，使人和外界完全和谐起来，他们提出的道德理想，既有“本”又有“原”：

论法圣王，则知所贵矣；以义制事，则知所利矣。论知所贵，则知所养矣；事知所利，则动知所出矣。二者，是非之本，得失之原也。(《荀子集解》：王先谦 452)

虽然先王圣人所说的本和原都在外部——他们的道德模式与发乎心底的模式有所不同——但他们的本原最终会与人的性情和欲望和谐起来，融入自我。荀子以为“义”最初在自我之外，虽然如此，但他与孟子都在关注如何才能得到“义”，因为“义”是抢不来的。理想的道德行为，光凭严格执行外在规范是不够的，因为道德行为还需要灵活性和反应性，要等到这些规范的“本”“原”在自我里(哪怕最后)生成出来，灵活性和反应性才能成为可能。因此，荀子理想的“王者之人”应该，

饰动以礼义，听断以类，明振毫末，举措应变而不穷。夫是之谓有原。是王者之人也。(《荀子集解》：王先谦 158)

对至人来说，德的“原”在身上，其反应性将永“不穷”尽。

上文也能说明荀子为什么要关注音乐，为此他专门写了一章(《乐论》)。大概音乐这种传统形式，对情感和欲望能施以最直接、最有力的改造，所以，改造后的欲望知进知退，以“中”为轴，若固守此轴，必能达

到理想的和谐。荀子从"乐"字的一词二义出发,指出传统音乐形式的根本作用:"夫乐者,乐也,人情之所必不免也。故人不能无乐。"(《荀子集解》:王先谦 379)因为音乐与强烈的情感快乐息息相关,所以音乐最能改变人的情感。虽然礼最终也能改变情感,但礼却不如音乐,与内在情感之间缺少直接的、必要的联系。[60]荀子使用隐喻**作为容器的自我**,以此来说明和谐的音乐是最好的方式,先王圣人通过音乐来营造和谐盛世:

> 夫声乐之入人也深,其化人也速,故先王谨为之文。乐中平则民和而不流,乐肃庄则民齐而不乱。民和齐则兵劲城固……如是,则百姓莫不安其处,乐其乡,以至足其上矣……是王者之始也。(《荀子集解》:王先谦 380)

音乐的感染力之大——非礼所及——足以马上进入自我,从里面改变自我。音乐的内在感染力是区分道德伦理派与意志派的标志。人们要是以为,从理性上接受一种信念或学说,就大功告成,那么听什么音乐也就无所谓了。人们还可能以为音乐太奢侈,没必要再听下去,如墨家所提倡的。然而,要是人们希望改变内在的情感,让情感为道德服务,即要是人们以无为为目标的话,那么,音乐的感染力就不能小觑。荀子和孟子都反复指出道德修身模式的优越性,因此,他们也是在捍卫无为作为精神理想的可行性。

荀子的无为

对荀子来说,道德至境即为修身的顶点,若是从隐喻的角度理解,即为漫长旅程的终点。我们在修身方面取得的成绩,证明我们所处的

层次，荀子将此称为人的三个等级（人伦）：[61]

> 志不免于曲私而冀人之以己为公也，行不免于污漫而冀人之以己为修也，甚愚陋沟瞀，而冀人之以己为知也，是众人也。志忍私然后能公，行忍情性，然后能修，知而好问然后能才，公修而才，可谓小儒矣。
>
> 志安公，行安修，知通统类，如是则可谓大儒矣。（《荀子集解》：王先谦 145）

我们在《修身》里又读到与此相似描述，但所述三个等级，起点更高，其组成包括士人、君子、圣人：

> 好法而行，士也；笃志而体，君子也；齐明而不竭，圣人也。人无法，则伥伥然；有法而无志其义，则渠渠然；依乎法而又深其类，然后温温然。（《荀子集解》：王先谦 33）[62]

几个层次的划分虽然不尽相同，[63]但主题还是相当明确的。最底层者自私自利——众人——对待这种人，或是以后果相胁迫，或是（对待永不改悔者）以刑罚震慑，诱其修身。位居中间者对儒道的内在价值有所感知——他们开始从感情上理解儒道能够引发内心的善良——但他们还没有克服内心的矛盾，没能彻底改变自己的性情。所以他们还是“小儒”，是“士”。他们的地位也不低，但他们还没达到最高层次，即“大儒”或圣人的高度。“大儒”已经彻底改变自己的性情，以彻底无为的方式与儒道同在。

如我们讨论过的几位思想家，荀子无为的最后状态，既涉及行为/

生理方面,也涉及认知方面。

行为/生理方面

荀子生活在《内业》以后的国度,必然与稷下学宫的医师和术士有过接触,所以他才能从生理的角度提出修身设想,这种设想在《论语》里已现出轮廓。我们已讨论过形容重塑自我的技艺隐喻和积少成多的容器隐喻,荀子在《劝学》里,也是使用容器隐喻,把学习比作进入君子体内、管控身体的物质:"子之学也,入乎耳,着乎心,[64]布乎四体,形乎动静。"(《荀子集解》:王先谦 12)《修身》把儒家的修身说成"治气养心",还说人的血气循环,通过礼和师的影响,可以达到平衡。与此相同,《乐论》说礼乐的作用是为平和自我的内在生理:"故乐行而志清,礼修而行成,耳目聪明,血气和平,移风易俗,天下皆宁,美善相乐。"(《荀子集解》:王先谦 382)

因此,荀子的修身可以改变自我的生理状态。血气与道德和谐之后,修身者就不再迫使自己固守礼仪或其他传统形式——此时传统形式已然成为自我的一部分,修身者能以自发的、愉快的方式予以再现,仿佛未开化的人在满足动物的欲望:

> 圣人纵其欲,兼其情,而制焉者理矣。夫何强、何忍、何危?故仁者之行道也,无为也;圣人之行道也,无强也。(《荀子集解》:王先谦 404)[65]

上文读起来颇似《论语·为政》(4)——王先谦甚至提出把"纵"读成"从",使其与孔子的"从心所欲"相呼应。隐喻结构稍有变化——上文提到的欲望，被主体完全释放出来，在概念上与主体顺从欲望并无多大差别——但不论怎么读，我们都能从《荀子》里找到孔子原来使用过的所有隐喻。荀子反对内在论，矛头所指是“从”和“安”字谱系的隐喻，虽然如此，在描述儒家修身的最后成就时，他又改变态度，与“从”和“安”相关的隐喻达成妥协。如《非十二子》对君子的描述，不禁让读者联想到《论语》的第十章：

> 士君子之容：其冠进，其衣逢，其容良；俨然，壮然，祺然，蕼然，恢恢然，广广然，昭昭然，荡荡然，[66]是父兄之容也。其冠进，其衣逢，其容悫；俭然，恀然辅然，端然，訾然，洞然，缀缀然，瞀瞀然，是子弟之容也。（《荀子集解》：王先谦 102—103）

荀子后来指出，因为圣人“宗原应变，曲得其宜”，所以他才能如此的自如自在（《荀子集解》：王先谦 105）。

这种高度往往需要内外和谐，与“应”和“顺”等隐喻发生关联。《大略》的几句话与礼相呼应，“文貌情用，相为内外表里，礼之中焉”，这句名言后面说的是，“礼者，本末相顺，终始相应”（《荀子集解》：王先谦 497）。有些章句必是荀子亲撰，其中的隐喻“应”与隐喻“当”和“时”结合起来，如“当时则动”（《荀子集解》：王先谦 233）。《儒效》写得更有意思，上述所有隐喻悉数出场，把圣人的无为和“应”比作轻松自如、发乎自然的过程：

> 修百王之法若辨白黑，应当时之变若数一二，行礼要节而安之若生四枝，要时立功之巧，若诏四时，平正和民之善，亿万之众而博若一人，如是，则可谓圣人矣。（《荀子集解》：王先谦 130；比较《荀

子集解》：王先谦 100）

荀子对圣人和圣王的刻画，有时与老子或庄子大同小异，如荀子对“天子”的描写：

> 故天子不视而见，不听而聪，不虑而知，不动而功，块然独坐而天下从之如一体，如四胑之从心。（《荀子集解》：王先谦 239）

与此相同，我们还读到君子“起如日月，天下应之如雷霆……隐而显，微而明，辞让而胜”（《荀子集解》：王先谦 129）。[67] 荀子把人间的圣人与天和宇宙现象等同起来，这种做法不免有自相矛盾之嫌，因为此前在荀子那里，人与天是泾渭分明的，这也正好说明，不兼容的域之间还存在混乱，荀子为此还批评过庄子和孟子。不过，我们换个角度，从具体的语境来理解那些“自如自在”的隐喻，以及对神秘宇宙现象的描述，上述矛盾就能化为乌有：把那些隐喻理解为艰苦修炼、长期实践、改变自我的最后成就。再换个角度，我们可能看得更透彻，如同孟子，荀子也借用舞蹈来形容圣人的无为至境：

> 曷以知舞之意？曰：目不自见，耳不自闻也，然而治俯仰、诎信、进退、迟速，莫不廉制，尽筋骨之力以要钟鼓俯会之节，而靡有悖逆者，众积意謘謘乎！（《荀子集解》：王先谦 384）

《孟子》里与舞相关的隐喻，并没提到练舞：“足之蹈之，手之舞之”，舞者自发地回应节奏，仿佛在呼唤听者原始的反应。因此，孟子那里的无为至境，不过是全部实现了人的自然反应。对荀子来说，无为并不容易：

在跳舞的过程中，形式与情感达到完全和谐，这是难得的成就，非成年“积”月的修炼、顺从文化的形式，又怎能取得？而通过修炼与顺从才能把原来固执、丑陋的人性，改变成和谐的、美丽的源泉。

认知方面

因此，荀子的无为至少要部分地修筋炼骨。与此同时，种种生理变化又与普通的习惯有所不同，因为生理发生变化时，修炼者的理解力也在提高。如同钢琴师在琴键上熟练地运用手指，仿佛没有用力，其实这是平日练琴与深刻理解乐理相互作用的现象，荀子的修炼者也是四肢运动与认知理解相互结合的产物。因此，荀子的圣人之所以能对外界应对自如，不仅因为身体发生了变化，还因为他们对修炼的理解也在发生变化。圣人、君子、“大儒”，他们知道宇宙和儒家文化形式后面蕴藏的“理”，其实这些文化形式与“理”相通，与“理”和谐，所以他们才能在行为上和认知上，与外界相“宜”：

> 法先王，统礼义，一制度，以浅持博，以古持今，以一持万，苟仁义之类也，虽在鸟兽之中，若别白黑；倚物怪变，所未尝闻也，所未尝见也，卒然起一方，[68]则举统类而应之，无所儗怎，张法而度之，则晻然若合符节，是大儒者也。(《荀子集解》：王先谦 140)

荀子描述圣人的认知力，我们能从字里行间读出老庄的思想来。如同老子的圣人，荀子的圣人也能“坐于室而见四海，处于今而论久远”(《荀子集解》：王先谦 397)；[69]如同庄子的圣人，荀子的“大人”的理解力，也能“明”照四方：

孰知其极？睪睪广广，孰知其德？涫涫纷纷，孰知其形？明参日月，大满八极，夫是之谓大人。（《荀子集解》：王先谦 397）

一如庄子的圣人，荀子的圣人甚至也能顺应形势，灵活地提出“辩”：

有圣人之辩者：不先虑，不早谋，发之而当，成文而类，居错迁徙，应变不穷。（《荀子集解》：王先谦 88）

然而，如我们讨论过的行为方面，在这种相似性的下面，还隐藏了各种显著的差异。与庄子的圣人有所不同，荀子的“大人”在认知方面达到灵活自如的程度，靠的不是绝圣弃智，而是提高知识水平：[70]

疏观万物而知其情，参稽治乱而通其度，经纬天地而材官万物，制割大理，而宇宙里矣。（《荀子集解》：王先谦 397）[71]

荀子的圣人倒是与老子的圣人有几分相似，因为前者的圣人能对自然原理[72]的“常”作出回应，以此取得在世上的成功。不过，老子的圣人运用这种知识，目的是把自己变成完人，进而把天下安定下来，但荀子的圣人更积极，他们运用自己的知识对外界施以秩序和管控。荀子的知识类型也与老庄对知识的概念大相径庭，荀子的知识来自文化。荀子的圣人回应外物，可谓得心应手，这种反应力并非来自天的精神或与道神秘的和谐（与道和一），而是来自完全内化的文化建构和“义”的外部法典。对此荀子自己说得再好不过，他也使用在《庄子》里一再出现的隐喻“宜”，但两个同源字用法却大不相同：对庄子来说，特定场合的“义”与不义，其评判标准取决于圣人当时当地对“宜”的理解，而荀子的圣人能适应(宜)所有场合，因为他们从文化里汲取的知识告诉他们什么是“义”的外在标准：

> 以义变应，知当曲直故也。诗曰：“左之左之，君子宜之；右之右之，君子有之。”此言君子能以义屈信变应故也。(《荀子集解》：王先谦 42)

在一定程度上，荀子和庄子都清醒地意识到，个人获取知识的能力是有限的。对此他与庄子都有同感：个人是有限的，知识的目标可能是无限的，以有限对无限，必将是徒劳一场(《荀子集解》：王先谦 406)。庄子对此的回应，是号召个人不要抵抗，而是要把有限的知识融入更高的存在秩序，如天或(精)神的神秘感应。荀子也呼吁个人在一定程度上不要抵抗，但他的不抵抗是与信仰相伴的。对荀子来说，更大的力量是人的道，而不是天，所谓信仰是对先王传统和制度的信仰。对荀子来说，世人固执地拒绝道，所以才世风日下，他们顽固地坚持己见，以为凭他们自己就能评判是非(《荀子集解》：王先谦 408—409)。然而，荀子并不主张放弃是非观念，而是呼吁人们接受圣人发现的是非标准。“(是非)谓合王制不合王制也”(《荀子集解》：王先谦 408)。等人们接受了圣人的是非标准——等人们的性情和情感经过礼乐的洗礼变得和谐后，等心专一下来，与经典和师言提倡的秩序呼应之后——他们在行为和认知方面才能最终进入完全和谐的状态。

《荀子》无为的悖论

荀子对修身和无为提出的隐喻概念，其自身也存在矛盾。我们将重点讨论两种矛盾。

外在标准隐喻的问题

读者可能要问，外在标准最初是怎么提出的。也就是说，没有尺子人们画不出直线，果真如此的话，又是谁最先发明的尺子？这个问题也可倒过来问：人性姑且是恶的——人自身没有道德因子，必须依靠外在提供道德标准——那么，圣人（也是人）最初是怎么拥有道德的？各路学者对这个问题或荀子的立场提出过不同的批评，[73]但刘殿爵的概括最为精当，荀子不是把圣人比喻成陶工嘛：

> 对荀子来说，圣人或圣王发明了道德。他们从人性里提取出道德，如同陶工用陶土制造陶器。陶工能做想要的，但他不是作为人而是作为陶工，与此相同，圣人能做他想要的，但不是作为人而是作为圣人。（刘殿爵 1953：562）

问题来了，在道德出现之前，圣人也不存在，有的不过是人。刘殿爵指出，这就是说，“要是有人发明了道德，他必定是作为人发明的，而不是作为圣人。”[74]荀子发现了矛盾所在（《荀子集解》：王先谦 438），他的回答是，道德是圣人有意识活动的产物，而不是人性的产物。如果请荀子直接回应刘殿爵的批评，他可能说，人变成圣人与人变成陶工没什么不同的地方：无论怎么变，都要通过有意识的活动，创造出新的性情或技能；以为道德是我们人性的一部分，或以为制陶的技艺是我们身体的一部分，这两种说法都是愚蠢的。后来的学者也指出，在荀子那里，发明尺子或制陶的技艺的不是一个圣人；那些外在标准或技能，是众多圣人长期努力的产物。[75]

荀子的回应能站住脚吗？对此仁者见仁。大家讨论的语境往往是荀子对人性提出的主张。[76]就无为悖论来说，我们讨论的重点依然是，希望修身的人如何才能发现指向道的标志。礼当然是从此安全渡河、抵达正道的标志，但我们也知道，荀子明确指出，凭一己之力找不到渡河标志，要依靠夫子的扶持才是：

> 礼者，所以正身也；师者，所以正礼也。无礼何以正身？无师吾安知礼之为是也？[77]……故非礼，是无法也；非师，是无师也。不是师法而好自用，譬之是犹以盲辨色，以聋辨声也，舍乱妄无为也。故学也者，礼法也。夫师，以身为正仪，而贵自安者也。[78]（《荀子集解》：王先谦 33—34）

如上文所言，为了找到礼的标志，先要找到先生所代表的正确标准（“正仪”）。

此处正是外在标准/标志隐喻显现的地方。说到字面上的标准，我们要找到“正仪”相当容易。如正确使用绳墨（铅垂线），找到垂线的“正仪”并不难，或者（借用荀子惯用的隐喻）一杆秤（衡）总能告诉我们物体的相对重量。然而，隐喻上的标准——如品德等用手是碰不着的——就要复杂得多，因为品德不是实在的物，不是看得见的绳墨或衡，因此要分出真假并非易事。当然，我们也可以照字面来理解隐喻，坚持尺子确定的社会标准如同实物标准，是具体的、外在的、容易应用的。其结果必将涂上韩非子法家的色彩。确实，在《荀子》里也不难发现法家色彩浓厚的言论。[79]荀子偶尔确有法家倾向，但从本质上说他依然是主张修身的思想家，关注的是内在的、抽象的无为品德，因此，他并不反对如下提法：“内在的”品德在外部未必看得见，或所谓的品德未必是真。

《荀子》虽然没提到被孔孟批判的“乡原”，但荀子显然注意到了“伪装者”。如荀子在《不苟》里就谴责那些“盗名”的伪装者，因为他们的行为甚于盗财(《荀子集解》：王先谦 52)。[80]荀子又在《非相》(此章写从外部评判人格是不可信的)里对“腐儒”大张挞伐，因为这种人不过走走过场，对道并不感兴趣(《荀子集解》：王先谦 84)。荀子还在《非十二子》里批判了“今之所谓处士者”：

> 无能而云能者也，无知而云知者也，利心无足而佯无欲者也，行伪险秽而强高言谨悫者也。(《荀子集解》：王先谦 101)

荀子也清楚地意识到问题的两面性：

> 君子能为可贵，而不能使人必贵己；能为可信，而不能使人必信己……故君子耻不修，不耻见污；耻不信，不耻不见信；耻不能，不耻不见用。是以不诱于誉，不恐于诽，率道而行，端然正己，不为物倾侧，夫是之谓诚君子。(《荀子集解》：王先谦 102)[81]

我们因此发现，修德的外在标准隐喻有时失灵了，因为与字面上的标准不同，品德涉及看不见的内在要素，所以品德不如具体标准那么容易辨识。伪装的品德专门在外在走过场，但内在并无动机，[82]另一方面，内在的“诚”实也可能不会被人“在外在”发现。

等我们讨论技艺隐喻时，还将继续探讨与诚实相关的各种因素，现在我们重点讨论与“发现”相关的问题。与字面标准不同，隐喻标准是可以伪装的，如此一来，刚刚修身的学生怎么知道正确或不正确，乃至怎么开始修身？荀子的回答是，真正的学生在接受教育之前应该先有一定的知识。对此《劝学》提供了有趣的解说：

> 问楛者勿告也，告楛者勿问也，说楛者勿听也，有争气者勿与辩也。故必由其道至，然后接之，非其道则避之。（《荀子集解》：王先谦 17）

到现在为止，上文应是对初学者提出的劝告，目的是使其远离不良的伙伴，所以与普遍意义上的人可不可教无关。上文继续写道：

> 故礼恭而后可与言道之方，辞顺而后可与言道之理，色从而后可与言道之致。（《荀子集解》：王先谦 17）

上文好像还是一般性陈述，虽然据其语境我们仍然可能将其理解为对初学者的劝告。不过，我们再读读下面取自《大略》的文字：

> 君子也者而好之，其人……[83]非君子而好之，非其人也；非其人而教之，赍盗粮，借贼兵也。（《荀子集解》：王先谦 512—513）

上文不能排除一种可能性：对理想的君子，我们持不偏不倚的态度（我们是中性的），我们仍然是可教的，但是——若是与偏重内在论的章句联系起来读的话——其含义却是，唯独热爱理想的人与理想相遇后才能拥有理想。

如此看来，我们在一定程度上多少要有向往无为的内因，不然就不能达到无为至境。如前言所述，此处的“无为悖论”与麦金太尔在奥古斯丁教育体系里发现的矛盾颇为相似，即学生与典籍之间存在的矛盾：

> 在中世纪奥古斯丁主义里，文化典籍与其读者的关系是双向的。读者研读文本，但在研读过程中他们还应发现，文本也在研读读者。从文本的角度来说，读者要对自己有所了解，即通过研读文本足以改变自己的读者，才能以正确的方式研读文本。于是，读者如**同任何技艺-传统内的学习者**，一开始就遇上了明显的悖论——柏拉图《美诺篇》悖论的基督教翻版：只有通过学习文本，学生才能读好文本，但是，只有读好文本，学生才能学习文本。(1990：82；黑体为著者后加)

这种奥古斯丁的悖论与荀子面临的悖论具有相似性，我认为不是偶然的，对荀子来说，如果完全没有内在的道德感，又怎么能修身——又怎么知道修身的必要性。麦金太尔注意到，奥古斯丁传统对这种"悖论"的回应是，学生要绝对相信自己的老师，然后胸怀抱负的读者才能"接纳某种态度和性情，某种品德，然后他才知道品德为何物"(82)。我们已经注意到，荀子传统对夫子(师)的倚重，但我们也发现其做法不过是把矛盾朝后面推了推，因为矛盾依然存在，如不知深浅的学生又怎么知道谁是称职的老师，或谁是君子谁是乡原？

对以上矛盾，荀子借内在论的隐喻以回应，其实这些隐喻与其一贯的立场未必兼容。如，荀子在《非相》里提出，要正确地理解礼，就应该以先王为典范，但大多数时人对此浑然不知，因为他们被"诬欺"了。荀子反问道，圣人为什么没被欺骗呢？因为"圣人者，以己度者也"(《荀子集解》：王先谦 512—513)。我们熟悉与"度"相关的隐喻，但我们却不知道"度"到底在哪里。读者可能会说，这是特殊场合，圣人能够反省，因为其自我已经被外在标准变"直"了。如此理解荀子的言论，还是无法解释初学者如何才能避免被"骗"。再说，这种理解与其他章句也无法连贯起来，如荀子说有些人天生就聪明。《大略》引《尚书》一句：

> 舜曰："维予从欲而治。"故礼之生，为贤人以下至庶民也，非为成圣也，然而亦所以成圣也。不学不成，尧学于君畴，舜学于务成昭，禹学于西王国。(《荀子集解》：王先谦 489)

从上文知道，舜等伟大的圣人未必需要礼，他们的言行合乎规范，因为他们内心原来就有这种"欲"。研习与礼仪，是对普通百姓来说的，因为他们生得不那么聪明。这种不同一般的人，在《宥坐》里也出现过，"贤不肖者，材也"(《荀子集解》：王先谦 527)。荀子一般不大看好人的内质，但与以往不同，他在《法行》里却借玉喻人："故虽有珉之雕雕，不若玉之章章。"(《荀子集解》：王先谦 535)我们在此处发现，照荀子的说法，自然的"材"比"雕"琢或外部修身更重要——与荀子提出的隐喻标准正好相反。

读者可能要说，与"材"相关的章句，在少数精英那里适用，在普通人身上就不适用，如《大略》所言。即使如此，荀子的立场也站不住脚，因为圣人就其天性来说与我们普通人不相上下，他们比我们高明，因为他们能够运用外在标准。如我们在《劝学》里读到的，"君子生非异也，善假于物也"(《荀子集解》：王先谦 4)。所以，即使少数人具有天生的"材"，荀子的逻辑推演也要打折扣。此外，我们在《荀子》的其他地方也读到过，因为内在的向善性情，普通人也知道谁是好老师谁是伪装者，也向往德释放的影响：

> 师术有四，而博习不与焉：尊严而惮，可以为师；耆艾而信，可以为师；诵说而不陵不犯，可以为师；知微而论，可以为师。(《荀子

集解》：王先谦 263—264）

那么，X（尊严、年龄）怎么能激发出学生的 Y 呢？接下来荀子借用自然隐喻予以说明："水深而回，树落则粪本。"此句可以回答我们提出的问题：学生怎么才能看出好老师呢？"水深而回，树落则粪本"，能达到这种水平的就是好老师。不幸的是，这是内在论者对问题的回应：学生必须内省，才能对好老师做出评价，学生要借助内在情感反应——敬畏或信赖——才能分清真假。在《致士》稍前的章句里，荀子对德的内在感，也有相似的提法，（上进的）君子回"归"礼和德，如同鱼鳖复归深水或鸟兽复归茂林（《荀子集解》：王先谦 260）。这些隐喻不是孤立的：如《不苟》写君子吸引"同焉者"，如同邻居的马回应其他马匹。该文最后指出，从身上祛除不洁的东西（"新沐者弹其冠"），是"人之情也"（《荀子集解》：王先谦 45）。《大略》也提到，道德高尚的朋友相互吸引，如"均薪施火，火就燥；平地注水，水流湿"，该句的结论是"夫类之相从也"（《荀子集解》：王先谦 514）。[84]

这些自然的回应、自发的运动、形容"复归"的隐喻，仿佛来自孟子或老子，不像是荀子写出来的。因此我们可以设想，孟子当初描述内在论的道德观，就没法彻底摆脱外在因素，与此相同，因为"无为悖论"的使然，内在论的隐喻也悄然在《荀子》里出现。[85]这方面的隐喻，可能就是从《孟子》借过来的。如《荣辱》所述，身处乱世的人民对道德秩序的反应，仿佛吃糠咽菜的人看到了牛羊盛宴：

> 今使人生而未尝睹刍豢稻粱也，唯菽藿糟糠之为睹，则以至足为在此也。俄而粲然有秉刍豢稻粱而至者，则瞲然视之曰："此何怪也？"彼臭之而无嗛于鼻，尝之而甘于口，食之而安于体，则莫不

弃此而取彼矣。(《荀子集解》：王先谦 65)

把对道德的反应与对佳肴的反应相提并论，荀子的说法确实奇怪。[86]《大略》也有不能自圆其说的地方，如对礼的概括，“礼以顺人心为本”，哪怕没有《礼经》，“而顺于人心者，皆礼也”(《荀子集解》：王先谦 490)。

上述反常的、内在论的隐喻，如对食物的“自然”反应，最好理解为对荀子所遇悖论的一种回应——先要发现正确的外在标准，然后才能深究其理(但不深究其理，又不知外在标准为何物)，此其悖论所在。荀子借助那些与自己的立场不兼容的隐喻，这说明他那些与“外在标准”相关的隐喻并不严谨。

技艺隐喻的问题

部分学者发现，荀子描述修身，进而实现无为，其方法并不严谨。对刘殿爵等学者来说，荀子思想里掺杂的外在论，是最大的瑕疵。刘殿爵指出：“人们在自己身上发现道德之后，才能顺从道德，汲取营养，不必担心落空。”(刘殿爵 1953：564)刘殿爵相信，荀子对人们灌输了不少肤浅的习惯，人们遇上难度大的道德行为，那些习惯几乎派不上用场。虽然刘殿爵并没发现，荀子的修身设计，最终希望在自我内部为道德找到一个“源泉”，但他确实发现了荀子思想的内在矛盾：荀子的技艺隐喻指望通过外在改造自我，如此一来，难免出现乡原似的伪君子——“伪”的有意识的活动必将还是(虚)“伪”的。

我们已经看到，荀子的隐喻把人性概括成不服管的材料，需要来自外部的矫正，从此推演开去，不难发现荀子所谓人性在其“原初”状态，对品德绝无向往的迹象。也就是说，要通过后果论的允诺或不读经如同禽兽的胁迫，才能诱使初学者参与修身过程，[87]但久而久之对道的热爱最终(至少是理想地)取代了自私的动机。麦金太尔写过孩子练棋的经历,荀子的修身过程与此相仿,大人先用来自外部的糖果哄孩子,初始阶段,激励孩子的就是“外部的”糖果,孩子先发现“糖果与练棋的关系”,等孩子棋艺大增之后,他又发现练棋的其他原因:不仅要打赢一场比赛,还要精通棋道(MacIntyre 1981:176)。在荀子那里,修身者的长进如同棋手晋级。他是用技艺隐喻来形容这一过程的。如直枸木的隐喻,起初需要施以外力,等过程结束后撤下外力,木料再也不会变形。

不过,麦金太尔练棋和荀子的技艺隐喻都有问题,因为品德就其实质来说与下棋或生产过程又有明显的不同。先说下棋,对这种技艺来说,因外部动机引发的训练,最终能不能使棋手内在性情发生理想的变化,对此我们不必多想,因为没人非要新手喜欢下棋然后再练棋。也就是说,哪怕新手不知棋道,也没人说他的不是,因为理解棋道是渐进过程,要等那些基础性的、机械的训练完成之后才能有所感悟。因此,就下棋的技艺来说,新手先要把技能练熟——不顾其最初的倾向,反反复复地练棋——然后才有希望练就真性情。把话再说得明白些,内部动机与最后的技能(或被亚里士多德称为“技艺”的那种活动)并无关联:我们可能浪漫地设想,我们与围棋大师赢棋时体验的快乐同样崇高,等我们发现大师心里想的并不崇高、不过是希望下棋赢钱时,我们几乎也不好说他的不是。赛棋靠的是实力,与棋手的内心状态无关。

然而,**道德美德**(moral virtue)与上文所述却大不相同。我们仿佛很清楚,强迫自己下棋或研读先圣——不管对我们来说多么乏味、多么压抑——迟早会提高我们的棋艺,但是,一边搀扶老人过马路,心里一边抱怨,我们能因此而变得更有爱心,或勉强捐几个小钱,我们能因此而变得更慷慨,对此我们就不太清楚。这是因为道德的或高尚的行为从一开始就与行为者的内心状态纠缠在一起。如我捐钱的目的是为了面子或为了抵税，这就玷污了捐款的行为——并非发乎慷慨动机的“慷慨”行为是伪装的慷慨。这种现象亚里士多德在讨论“技艺-知识”（即技能）和品德的差异时也有明确解释：

> 技艺无论如何绝不是美德。因为技艺的产品，因其自身性质，决定产品生产得好不好；所以产品被生产时处于正确状态就够了。但是，对品德适度或正确（因此也就是好）的行为来说，其本身处于正确状态还不够。行为的实施者在实施行为时也必须处于正确状态才是。（Irwin：39－40）

就道德品德而言，内在状态是至为重要的，所以亚里士多德才提出，“如果我们所做的是正确的或适度的，那么我们自己先要正确或适度”（Irwin：39）。当然我们碰到的问题是，为了实施正确的行为，人们必须在一定程度上已经是正确的——或者至少具有正确倾向的萌芽——果真如此的话，那就不大容易理解，怎样才能通过教育使人们拥有此前没有的美德，至少对被教育者来说几乎是办不到的。

荀子对此并非一无所知。他把人分成不同的“等级”，因此我们知道，荀子确信只有无自我意识的、纯粹发乎动机的行为才称得上真正的品德，我们甚至还可以把荀子的等级与亚里士多德的几个范畴相提并论。如荀子把人分三级，“众人”（不能实施道德行为）、“小儒”（能强迫自己实施道德行为）、“大儒”（能自发地轻松地实施道德行为）（《荀子集解》：王先谦 490），与此相同，亚里士多德也把人分成：不能自制的人、能自制的人、品德高尚的人。荀子还用术语“诚”来形容与真正的德行同时发生的内在动机：[88]

君子养心莫善于诚，致诚则无他事矣。唯仁之为守，唯义之为行。诚心守仁则形，形则神，神则能化矣……谓之天德。天不言而人推其高焉，地不言而人推其厚焉，四时不言而百姓期焉。夫此有常，以至其诚者也。君子至德，嘿然而喻，未施而亲，不怒而威：夫此顺命，以慎其独者也。[89]善之为道者，不诚则不独，不独则不形，不形则虽作于心，见于色，出于言，民犹若未从也；虽从必疑。（《荀子集解》：王先谦 87—88）

德行需要与诚相伴，不然就不好解释荀子的"著诚去伪，礼之经也"（《荀子集解》：王先谦 382）。

即使对荀子来说，与德行相似的外在行为，必须以真诚的、无为的方式予以实施，不然就不是真正的美德。我们又回到了亚里士多德的悖论：人们必须已经是正确的，他们才能实施正确的行为。亚里士多德通过文化移入来应对矛盾：对贵族的雅典人，我们才能"教育"他们德为何物，因为他们已经接触到德。而荀子使用的隐喻"渐"不免使人联想到亚里士多德：

兰槐之根是为芷。其渐之滫，君子不近，庶人不服。其质非不美也，所渐者然也。故君子居必择乡，游必就士，所以防邪辟而近中正也。（《荀子集解》：王先谦 6）

在《大略》里，"渐"的隐喻与技艺隐喻同时出现：

乘舆之轮，太山之木也，示诸檃栝，三月五月，为帱采敝而不反其常。君子之檃栝不可不谨也。慎之！兰茝、槁本，渐于蜜醴，一

佩易之。正君渐于香酒，可谗而得也。君子之所渐不可不慎也。（《荀子集解》：王先谦 507—508）

“渐”的隐喻好像是被动的、非自我意识的，荀子似乎想用“渐”来替代更为积极的技艺隐喻，再说，“渐”的隐喻往往要与技艺隐喻连用。但与技艺隐喻不同的是，隐喻“渐”的逻辑推演允许我们绕开内部动机。至少在最初的环境选择过后，主体不必为改变自己付出额外努力，因为所有工作都被外在因素代劳了。所以在《性恶》里，习惯才要与非自我意识发生关联：

夫人虽有性质美而心辩知，必将求贤师而事之，择良友而友之。得贤师而事之，则所闻者尧、舜、禹、汤之道也；得良友而友之，则所见者忠信敬让之行也。身日进于仁义而不自知也者，靡使然也。今与不善人处，则所闻者欺诬诈伪也，所见者污漫、淫邪、贪利之行也，身且加于刑戮而不自知者，靡使然也。传曰：“不知其子视其友，不知其君视其左右。”靡而已矣！靡而已矣！（《荀子集解》：王先谦 449）

从这种意义上说，“渐”或习惯的功能与亚里士多德所谓雅典人的教养颇为相似：以轻松的、非自我意识的方式教育人们在习惯上以德为始，此时的德仅需夫子稍加提炼就可以了。

不过，读者可能已经发现，荀子偶尔借用“渐”的隐喻，但他仍然没法彻底走出无为悖论。如果荀子把“渐”当成主要隐喻，他势必削弱积极的努力（至少在最初环境选择之后），我们将再次面临困扰内在论者的种种难题。“渐”的隐喻还能颠覆人人可为君子的设想，因为没有经过适当的“渐”，谁都不合格。此外，“渐”还涉及辨识力的问题：即使荀子的初学者希望经历"渐"的洗礼,但他们没经过修身过程,又怎么知道谁是良师益友,谁是伪装者和虚伪的人(他们人数应该更多)?

再回到更重要的技艺隐喻,我们还有一个解释不了的问题:外在压力如何才能产生真正的品德?如真"诚"对真正的无为美德来说是绝对必要的,但"诚"是教不了的。从这种意义上说,"诚"的概念又彻底推翻了技艺隐喻:其实,遇上不诚实的人,多大的外在压力永远也不能把枸木(他)直过来。若是没有真诚的话,努力终究还是努力——向无为的过渡永远不会实现。前景如此黯然,子贡与孔子在《大略》里的对话对此有所提及。子贡说他不想再学了,希望"息"下来,从事其他活动,但又不伤正道。他提出几个想法——"愿息事亲""愿息于妻子""愿息于朋友",乃至"愿息耕"——但孔子一再对他说,这些活动也不是想"息"就"息"的。

> "然则赐无息者乎?"
>
> 孔子曰:"望其圹,皋如也,嗔如也,鬲如也,[90]此则知所息矣。"(《荀子集解》:王先谦 510)

读者可能以为,上述对话是荀子他们故意安排的,目的是激励我们继续努力,其实,激励的作用几乎为零。自在的、快乐的圣人,他的理想到底发生了什么?前景黯然,努力永远也没法停"息"——荀子理解的那种修身过程,永远也不能抵达无为妙境——所以,在后来的中国思想里才要继续诉诸内在论的立场。

注释

① 与其他先秦思想家相比,荀子的生平、理想、思想脉络,我们知道得已相当多

(见 knoblock I：1－35 的荀子小传)。在本章讨论的过程中，《荀子》1 至 26 章(篇)以荀子原著对待，而 27 至 32 章，或出自荀子或为其弟子所为，其中年代更久的章句或出自荀派的教学材料。

②《荀子》设专章讨论“富国”和“强国”，其“反孔”的方面，本章也有所涉及；另见 KII：94ff。

③ 见 KII：94ff。

④ 齐设稷下学宫，荀子参与其中，因此接触到不少治国安民的最新理论，其思想必然受到影响。荀子到达齐国时，馆中多为田骈、慎到等法家信徒，其时众多道家和新墨家的思想也在馆中传播(见 KI：11－16)。

⑤ 墨家的影响，如彰显好人(KII：94ff)或压缩用度(KII：121)；老子(或与其思想相似)的影响，可在《王制》的兵道中得到印证(KII：108－109)。法家的影响遍及《荀子》各章，第 9 至 16 章最甚；庄子的影响等我们说到荀子的心论时再予以讨论。

⑥ 如在《强国》里，荀子讨论的目标和关注，一般来说与法家或军事科学相关，但他同时又指出，德而非罚或法才是赢得人心的唯一选择(KII：236－240；为德理想辩护的地方还有 KI：225；KII：70 和 208；KIII：36 和 265)。与此相同，荀子讨论严明法律的必要性，但他同时也强调，法律本身不能执法(与法家相反)，而要儒家的君子来执法才行(KII：177－211)；荀子讨论战术等话题(孔子对此类话题嗤之以鼻)，也继承了孔子的精神，从大处着眼，评说普遍的军事原理，而且这些原理的基础应是德、仁、礼(KII：211－234)，如史华慈所说，“凡兵者必以士气为先，无信则奖惩不出辕门，荀子的这种态度，其实是在捍卫孔子道德修身的理念”(Schwartz 1985：320)。

⑦ 荀子抨击孟子次数最多，虽然如此，但诺布洛克(KI：52－53)指出，在荀子那里，孟子的思想不过是当时众多非正统的伪儒学说之一种。对荀子来说，孔子那位寂寂无闻的弟子子弓才是正宗(据学者初步考证，子弓即为现存《论语》提到的弟子冉庸；KI：53 和其他页码)。

⑧ 重点参照 KI：174－175/《荀子集解》：王先谦 39—40。

⑨ 比较 KI：135/《荀子集解》：王先谦 2。

⑩ 感官被比喻成官吏，他们各司其职，这种隐喻在战国时期相当活跃，所以也为荀子所用。

⑪ 荀子继续使用社会隐喻来传递秩序社会的理念，即世间万物各得其所，各司其职，如与之相应的“职”(《荀子集解》：王先谦 308)、“官”(《荀子集解》：王先谦 400)、“位”(《荀子集解》：王先谦 397)。

⑫ 孟子对传统形式的爱护，证明内在论和外在论之间的紧张关系，对此我们在第四章有所提及。

⑬ 详见《荀子集解》：王先谦 49；209—210；325。

⑭ 诺布洛克、沃森及其他众多西方译者和评论家都把“恶”翻译成 evil；德效骞（Homer Dubs，1892—1969）把“恶”与奥古斯丁（Augustine of Hippo，354 - 430）的原罪（original sin）相提并论（dubs 1956：216）。如艾文贺所言（1993：39 - 40），因为 evil 的内涵具有与 good 相反的正向力（positive force），古代中国人理解的恶或坏，又是从“缺少”（善、良好教养等方面）而非“恶”自身的正向力出发的，所以，我们最好把“恶”翻译成 bad 而非 evil。与此相同，古代中国人（至少是古代的儒家）比较乐观地相信人类有能力改变自己，他们从来也不觉得有必要乞灵形而上的力量来拯救他们。即使按照荀子的设想，人最终也能通过有意识的活动改变其“恶”性，但奥古斯丁拒绝这种可能性。然而，德效骞的说法不无道理，荀子的性恶论在其思想里扮演结构目的的角色，其作用与奥古斯丁的原罪说相似：把视线从个人的一己之力转向对传统的依赖。本章将对此予以详论。

⑮ 比较《论语・卫灵公》(30)。

⑯ 见 Antonio Cua 1977、1978；Donald Munro 1969：80 - 81。

⑰ A. C. Graham 1989：250；D. C. Lau 1953、1970.

⑱ A. C. Graham 1989：250.

⑲ 另见 Van Norden 1992 和 Ivanhoe 1994，其中提到对孟子-荀子关系“同化论”的批驳。

⑳ 据王念孙（1744—1832），“虽”应作“离”（《荀子集解》：王先谦 387）。

㉑ 据俞樾（1821—1907），“使”应作“蔽”（《荀子集解》：王先谦 387）。

㉒ 参见李耶理（Yearley 1980：473）。李耶理把“心”形容为“观察者”，但我们下文将发现，把“心”视为“接受者”更恰当。

㉓ 心“自游”也可被视为隐喻作为人类施动者的心，但这个隐喻在文中并不显著。

㉔ 即人的意图是其一生所获知识或意识的“集成”。

㉕ 据杨倞，“须”应作“待”解；据王引之，“人”应为“入”（《荀子集解》：王先谦 396）。此段句读颇多争议；日本学者的建议，可参见 KIII：330，n. 41 - 43。

㉖ 如荀子在《正名》里所言，他相信圣王有能力“定名”，与此相反，庄子则以为名无定法。

㉗ 可食用的青苗。

㉘ 比较《荀子集解》：王先谦 461："水至平，端不倾，心术如此像圣人。"
㉙ 见 Oshima 1983：74 - 76。
㉚ 比较《荀子集解》：王先谦 404："凡观物有疑，中心不定，则外物不清。"
㉛ 见 Van Norden 1992。
㉜ 据 Van Norden 1992：174。
㉝ 据诺布洛克建议修改（KIII：330 - 331，n. 49）。
㉞ 即修身的初期。这些标准最后都被圣人或君子消化在心底。
㉟ "伪"原指"人为"。在大多数情况下，"伪"可翻译成"有意识的活动"，不过，天和人对比时，或许"人为"更准确。
㊱ 此处我们说的还是胸怀大志的圣人。我们知道，荀子使用"应"等概念来描述其无为理想，但他并不相信如此被动的概念对修身还有多大帮助。
㊲ 另见 Jonathan Schofer 1993：72，荀子"改变"礼仪及使用技艺隐喻，该文对此有所涉及。
㊳ 另见《荀子集解》：王先谦 316，比较隐喻"砥砺"（《荀子集解》：王先谦 239）。
㊴ 见《荀子集解》：王先谦 1、435、449。
㊵ 请比较，荀子把礼描述为"断长续短，损有余，益不足"（《荀子集解》：王先谦 363），又把礼和德说成对人的情性的"矫饰"（《荀子集解》：王先谦 435）。
㊶《荀子集解》：王先谦 473（引自赋）。"雅"既指高雅，也指与古代标准相和谐；因此翻译成"classical"（比较《孔子・述而》[18]，"子所雅言，《诗》《书》、执行，皆雅言也"）。
㊷ 诺布洛克指出，"对荀子来说，后王论道的说法实属少见"（KII：28）。其他思想家一般用"先王"，荀子此前也是如此。不过，如诺布洛克所说，荀子在复古方面渐渐希望与墨家和道家分道扬镳，他们习惯上用"先王"指上古人物。荀子继承孔子的思想，以为我们对上古所知甚少，不能以上古人物为典范，我们应该效法"后王"——崇尚三代，其实是以周为主。即使荀子说到"先王"，他心里想的也是三代。相关讨论参见 Knoblock II：28 - 31。
㊸ "温"指有热度或加温；比较《论语・为政》（11）（"温故而知新，可以为师矣"）。
㊹ 德效骞言之在理，他指出，荀子对待人性如奥古斯丁，他要渲染儒家的"权威性"，但孟子更重视个人，在一定程度上弱化了儒家的"权威性"。
㊺ "礼之理诚深矣，'坚白''同异'之察入焉而溺。其理诚大矣，擅作典制辟陋之说入焉而丧。"
㊻ "礼之为是"指用哪种礼，或如诺布洛克翻译的，"哪种礼是正确的"。

㊼ 在此语境下，孟子与荀子引用《诗经》第 261 篇的角度却大不相同：

天生蒸民，
有物有则。
民之秉夷，
好是懿德。

《孟子・告子上》(6)引该诗证明圣人对人性的理解与孟子相同：规范(则)是人与生俱来的内在原则，自然而然地把人引向善。《荀子・荣辱》仅引用第一句，第二句为释义："夫天生蒸民，有所以取之。"(《荀子集解》：王先谦 59)之后写的是外在典范，如"志意致修，德行致厚，智虑致明"，"是天子之所以取天下"的依凭。显然，荀子把诗歌里的"则"视为外在的文化标准，其作用是规范普通人的人"性"，而孟子确认为"则"是天赐的道德性情，与生俱来。

㊽ 这种以人为本的根源，显然出自《论语》(如《论语・先进》[11]"未能事人，焉能事鬼?""未知生，焉知死?")荀子也批评过讲究迷信的人，他们遇上流星和日食等天"怪"，吓得战战兢兢，竟然忽视了做人的职责(《荀子集解》：王先谦 312—313)。

㊾ 荀子批评他们那些形容无为的隐喻，针对的主要是"先天论"。肖弗(Jonathan Schofer)指出(Schofer 1993：126ff)，从根本上说，荀子的道德楷模依然是预防性的。

㊿ 荀子在后面又明确指出，他的"逐无极"指的是名家没完没了的斗嘴或对超自然力的向往。

51 译文据诺布洛克，他采用了桃井(Momoi Hakuroku)对词序的改动(KI：278，n. 60)。

52 比较《荀子集解》：王先谦 8；509；526。

53 比较《荀子集解》：王先谦 537："少而不学，长无能也。"

54 比较《荀子集解》：王先谦 356—357。

55 以液态物形容德或以德为水的隐喻，在《大略》里也出现过："夫尽小者大，积微者箸，德至者色泽洽。"(《荀子集解》：王先谦 506)

56 原"积"字处为"情"字，后改为"积"。

57 比较《荀子集解》：王先谦 63(已讨论过)；351。

58 比较《荀子集解》：王先谦 507："乘舆之轮，太山之木也，示诸檃栝，三月五月，为帱采敝而不反其常。"

⑲“非乐”“节用”为《荀子》二章名。

⑳ 诺布洛克也有同感，因为他也发现“音乐要比礼更深沉，因为音乐触及我们的内在状态而非外在行为。我们可以强迫他人笑，但他人却未必快乐。礼可以使我们以特定的方式待人接物，但礼却不能使我们的感觉和行为相和谐”（KIII：79）。他的话并非全对，因为礼最终的目的，还是要打动我们的情感。不过，音乐与情感的关系更直接，所以音乐才更“深沉”，至少从改变性情的角度来说是如此。

㉑ 据王念孙，“论，读为伦。伦，类也，等也”（《荀子集解》：王先谦 145）。

㉒ 比较《荀子集解》：王先谦 125（“彼学者，行之，曰士也；敦慕焉，君子也；知之，圣人也”）和《荀子集解》：王先谦 129—130。

㉓《哀公》未必荀子亲撰，其中人分为五等：庸人、士、君子、贤人、大圣（《荀子集解》：王先谦 538），不过，五等人既可渐次升达轻松自如的层次，也可渐次降为自我意识的层次。

㉔ 此句可能针对《庄子·人间世》所说的“斋心”，孔子劝告颜回不要用“耳”或“心”来听。

㉕ 比较《荀子集解》：王先谦 19。应该注意的是，该文是对孟子的批评，荀子以为孟子修炼意志，但对道却无真知。一句话，荀子批评孟子，因为后者没有无为理想。

㉖ 句中及后来出现的形容词到底如何翻译，评论者众说纷纭，有几处我根据诺布洛克的译法。

㉗ 另见《荀子集解》：王先谦 165；287；400；251—252。

㉘ 间指《论语·述而》（8），孔子表扬颜回举一反三。

㉙ 比较《荀子集解》：王先谦 49：“故君子不下室堂，而海内之情举积此者，则操术然也。”

㉚ 如孟旦评价荀子的概念“一”，“显然，对荀子来说，‘一’不是神秘的，而是智慧的；圣人发现万物相互关联构成有序的整体”（Munro 1969：157 - 158）。

㉛ 另据荀子对“理”解释，“理”涉及世上的方方面面（《荀子集解》：王先谦 500），不仅涵盖现世，还通达永恒（《荀子集解》：王先谦 82）。又见《荀子集解》：王先谦 163，“以类行杂，以一行万”。

㉜《天论》一开始就说，“天行有常，不为尧存，不为桀亡”（《荀子集解》：王先谦 306—307）。

㉝ 傅斯年（1896—1950）指出，人类从事意识活动的能力与性恶论相矛盾；劳思光（1927—2012）也说，圣人有能力制定礼乐、崇尚德行，足证人性非恶。参

见 Shun 1997：227 - 228 对相关批评的概括。

⑭ 同上。

⑮ 章学诚(1738—1801)最早提出，倪德卫予以发展 1996：205。另见 Ivanhoe 1994：168。

⑯ 见 Van Norden 1992、Munro 1996、Kline 2000、Wong 2000、Hutton 2000。

⑰ 如前文所述，此句可翻译为“which ritual to use”或如诺布洛克所译：“which ritual is correct”。

⑱ 译文据何艾克(私人通信)。

⑲ 如荀子讨论过工作表现与工作描述，他也提到统治者的无为(不行动)，因为政通人和，没必要干预(见《荀子集解》：王先谦 214、230—231、224、243、246、468—472、504)。另见诺布洛克所述荀子思想的法家色彩(KI：103)。

⑳ 何艾克(私人通信)。

㉑ 比较《荀子集解》：王先谦 511 的“国将衰”。

㉒ 比较对伪儒的描述，他们“直而不见知者，胜也”(《荀子集解》：王先谦 54)或稷下学宫的“贱儒”，他们“正其衣冠，齐其颜色，嗛然而终日不言”(《荀子集解》：王先谦 104)。

㉓ 君子也者而好之其人也。

㉔ 另见《荀子集解》：王先谦 10、298。

㉕ 孟旦(1996)也以为荀子的人性学说前后相左，如《王制》里(《荀子集解》：王先谦 164)著名的“生命阶梯”就说人身上存在道德“感”。何艾克(2000)以足够的证据反驳孟旦的立场，指出“生命阶梯”所说的“义”是指外部文化制品，而非内在的感知。但何艾克的说法也不能完全排除《荀子》里内在论隐喻的存在。另见倪德卫(1997：210)对荀子和帕斯卡(Blaise Pascal，1623 - 1662)的研究及对天生“责任感”必要结构的评论。

㉖ 比较《荀子集解》：王先谦 518，“言味者予易牙，言音者予师旷，言治者予三王”——三王的道普及天下，如同易牙的美味为人所爱，这种比喻《孟子·告子上》(7)也出现过。

㉗ 重点参考荀子的如下理念：真王的规定允许所有人最终满足其欲望(《荀子集解》：王先谦 210—211；216—217)；礼和德对欲望的约束，是最终实现欲望的唯一途径，因为唯利是图必将一无所成(《荀子集解》：王先谦 299—300；429)，选择儒家的道不吃亏——通过顺应道，我们可以“以一易两”(同时实现个人的和公众的目标)，因此，凡是拒绝道的人，都“不明其数也”(《荀子集解》：王先谦 430)。

⑱《荀子集解》：王先谦 356 从外在论的角度来概括“诚”，此处的“诚”指正确的方向或对绳墨或尺子等外在标准的调整，但是，即使这种外在论的概括，又被下一句打了折扣，因为下文强调的是圣人崇尚道的重要性。也有学者对“诚”提出他解，大意如“常”，此段译文也有不同之处，参见 Hutton 2001。

⑲ 即生活中无处不谨慎，非特以示人。比较《论语·为政》(9)。

⑳ 诺布洛克指出，这几句如何理解，评论者尚无定论。现据郝懿行。

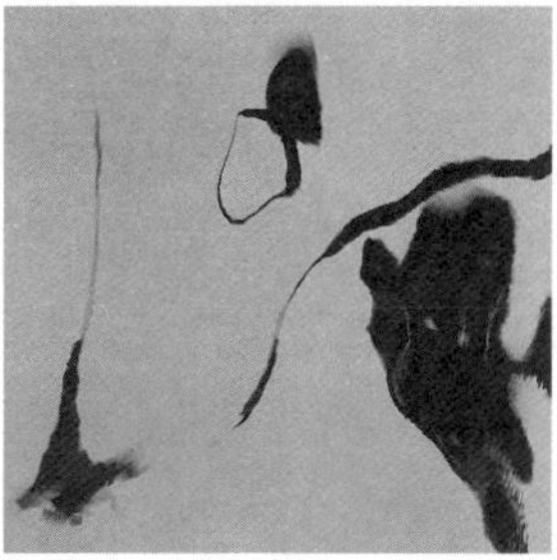

结论

不妨再次回顾一下古代中国人对“无为悖论”的回应——以及这些回应遭遇的各种问题——以此来佐证我们的立论：无为理想及其自身生成的矛盾，可以为我们充当一部透镜，借助这部透镜我们可以理清古代中国思想发展的脉络。如我在前言里所说，可以从内在论-外在论分裂的角度，对悖论的“解决办法”进行一般性的概括。[①]

当然，每种回应所应对的不过是矛盾的一个方面。无为是内在论者的牵挂，他们关注的是，我们怎样才能不努力就能变成好人：他们说，在一定程度上，我们已经够好了，所以我们要的做应该是等待内在的品德自己生长出来，庄子、老子、孟子同属此阵营。与此相反，以荀子为代表的外在论者(《论语》的作者们也应包括在内)指出，为无为才是重要的。也就是说，我们自身并不拥有达到无为的素质，那么，要想达到无为，我们就得在传统的外在形式方面，经历漫长而又艰苦的修炼。他们为此制订出严格的修炼计划，希望把我们从原初的无知状态引领出来，达到精神上的至境。不幸的是——如我们所讨论过的——以上对悖论的两种回应，都不太严谨，甚至从内在的角度来说，自身还有前后龃龉的地方，而且两种回应在外表上和结构上也都遇到了麻烦。

如儒家的内在论者孟子就遇到了外在的问题，他认为道德权威应该在人的内部，如此一来，传统儒家的礼乐和文典就是可有可无的了。显然，在孟子那里，礼乐和文典等文化源泉在道德修身的过程中不过是工具而已，必要时可以弃之不顾，最终还是要服从我们的内心，[②]即个人内在的道德标准。荀子批评孟子的思想，其矛头所指也正在这里。但孟子的思想对道家来说就不是问题，因为道家学说的宗旨就是要颠覆儒家的传统。

内在论者——儒家的也好，道家的也好——不得不面对更深层的结构上的问题，他们要回答的问题是：姑且说，我们已经在根本上够好了(善)，可是我们的所作所为为什么又不那么好呢？世风日下、人心不古，又怎么能证明我们“内在的”善良，从这个角度来说，内在论者的立场就站不住脚了，而外在论者的办法倒显得更合理。为了最终达到“不为”(not-do)的目的，我们显然应该有所作为。于是所有古代中国的内在论者都感到，我们有必要时不时地退回到内在论的立场，拾回努力的必要性，乃至外在的修炼。我们发现这种更深层的、结构上的矛盾在《孟子》等文本中频频出现，如形容修身的隐喻图式之间就存在互相抵牾的逻辑推演。孟子习惯使用的图式是**作为农业的修身**(修身如同种庄稼)，以此作为教育过程的主要模式，这一隐喻的逻辑推演也能支持其一贯主张的内在论立场：幼苗无须外部指引，在内在目的敦促下，也能成长起来，为了更好地达到这种内在目的，幼苗需要的不过是良好的环境。不幸的是，这种模式没法解释如下事实：顺从我们所谓发乎内在的促动(如向善)，对人类来说，就要进行一场实实在在的战斗——说白了，为了变成道德高尚的人，我们要以孟子希望的方式，努力变得“自觉”起来。

我在上文说过，为了回应这种明显的矛盾，孟子偶尔借用外在论的图式来巩固其内在论的隐喻，但外在论图式的逻辑推演是完全不同的，与内在论也不兼容：如**作为技艺的修身**（修身如技），即人的所作所为需要外在标准的指引（《孟子·离娄上》1、2）。[③] 与此相同，老子和庄子虽然相信自发的、自然的倾向——其表述方式是各种轻松自如的或"大自然的"隐喻——但也要提及外部实践和结构原理的必要性，不然我们在现实中就难以实现无为，他们用过的隐喻如"固""修"或其他形容努力的说法。这方面的矛盾更为明显，如老子神秘的短语"塞其兑，闭其门"或庄子的指示"心斋"，不论其原来指的是不是具体的、身体的修炼，但后世的道教信徒却是照此理解的，后来老庄的说教又演变成繁复的外部体系，瑜伽、打坐、炼丹、禁欲等养生法，无不脱胎其中。

因此，修身过程中遇到实际问题，可能使外在论的立场变得更具吸引力。然而，这种立场有时又不能自圆其说，因为其自身也遇到了结构的和外表的问题。如荀子遇到的外在问题是，若是人类从来就没有内在的道德源泉，最初道德又是如何出现的呢？我们知道，荀子是儒家的信徒，他在理论上自然要坚守儒家的立场：那些崇尚礼乐、撰写文典的圣人，如我等，不也是人吗？我们说这种问题是外表的，因为西方基督教外在论者可以迂回过去，他们索性把道德的来源定位在人类以外的地方。

关注修身的外在论者（不仅是儒家，基督教亦然），面临的深层问题是，真正的道德行为似乎需要初学者已经（至少同时）或多或少地具有内在的道德性情，他才可能从未开化的状态下被引导出来，慢慢走上道德至境。我们在第七章已经讨论过技艺（外在论者惯用的隐喻）与品德之间存在的巨大反差；对此，亚里士多德提出过相当明确的说明：

> 技艺无论如何绝不是品德。因为技艺的产品，因其自身性质，

> 决定产品生产得好不好；所以产品被生产时处于正确状态就够了。但是，对品德适度或正确（因此也就是好）的行为来说，其本身处于正确状态还不够。行为的实施者在实施行为时也必须处于正确状态才是。（Irwin：39－40）

真正的道德行为不仅要生产出正确的外在“产品”（行为），而且在生产过程中，实施者还要具有正确的内在性情。所以，外在论者在探究品德时遇到的问题是，学生在一定程度上先要拥有品德——或至少拥有品德的幼苗——然后才能以合乎品德的方式待人接物。这个问题是任何坚持外在论的老师都想回避的，也就是说，学生怎样才能从道德行为的实施者转变成道德高尚的人，其过程颇为神秘。这一转变过程可能无法按设想完成，生产出来的不是道德高尚的人，而是伪君子，道德在他那里不过是装饰品。出现伪君子的可能性——对此儒家的感触不在道家之下——才注定了内在论立场的永恒魅力。

以上是孔子和荀子共同关注的话题。孔子就关注过所谓“乡原”——这种人如同乡下的“窃贼”或伪装的君子，他们严格遵守道德的所有外在形式，但内心却丝毫没有道德性情——而对荀子来讲，真正的道德行为必须与“诚”和对道的热爱同时发生。如我们所知，《论语》和《荀子》都在关注正确的道德性情，但在一定程度上，其隐喻之间却是相互矛盾的。孔子和荀子形容修身，使用外在论的隐喻次数最多，但他们偶尔也要吸纳内在论的隐喻。这种隐喻上的矛盾，在《论语》里更明显，不过，考虑到《论语》的成书过程，我们也不必感到惊讶。《论语》很可能是不同宗派的弟子，甚或孔子的对手在相当长的时间里集成的，相互矛盾的隐喻出现其中，外在论的或内在论的，大概是因为早期儒家在思想上还存在矛盾。下面的现象更能说明问题，《荀子》里竟然出现了诸如

"自然的"回应或道德"味"感等内在论的隐喻,其中大部分必然出自一人之手,他是思维严谨的思想者,他在公开与内在论唱反调。

因此,我们的讨论间接地证明,古代中国传统对其核心精神追求引发的矛盾,从来也没有形成前后一致的或一劳永逸的解决方案(不论是内在论的,还是外在论的)。如我在前言里所述,从历史上说,中国古代的无为精神理想后来又传播到东亚,各思想流派再把无为当成理想继承下来。这种矛盾在佛教禅宗那里演变成顿悟和渐悟之争,在日本的禅宗那里是临济宗与曹洞宗之辩,在东亚宋明理学那里则是程朱与陆王的对峙。这种矛盾相当顽固,因为任何流派或学说都没能解决。如佛教禅宗的南派(顿悟派)胜利后,希望以内在论/顿悟派的方式解决问题:他们提出,人人生来都有纯洁的佛性,也就是说,为了达到开悟(或读透经文等)而进行的修炼或借助的其他外部手段,都是肤浅的。然而,矛盾并没这么容易结束,后来在佛教和宋明理学那里再度出现(宋明理学接受佛教提出的解决方案,即接受原初的纯洁性),临济宗内部发生分裂,出现了更专注内在的"顿-顿悟"派,曹洞宗出现了更专注外在的"渐-顿悟"派,再就是程朱与陆王的继续对峙。分歧一再出现,其原因就是没有完全一致的或一劳永逸的内在的或外在的立场,这种现象也证明,"无为悖论"是十足的悖论,不论哪种"解决方案"都必然陷入外表的和结构的困境。

在讨论过程中我几次提出,"无为悖论"的意义已经超出我们对中国或东亚思想的理解之外,因为"无为悖论"引起的矛盾不仅在亚里士多德那里出现过(要成为正义之士,我们必须先有正义之举),而且在柏拉图那里也出现过(要学好知识,先要对所学知识有所理解,即所谓"美诺悖论")。似乎与"无为悖论"相似的东西将继续困扰所有被称为道德伦理者的思想家,即所有从规范性性情至善的角度接触伦理生活的人。④所以我们有理由相信，与无为悖论相关的“玄妙探究”，不仅对古代中国思想家有意义，同时对所有关注修身的思想家也有意义——不仅要说服人们从理性的角度接受原则体系，还要把他们改变成新型的人。如此说来，我们讨论中国人的无为理想，其意义已经超出汉学研究的范围，因为我们的讨论如同一扇窗户，透过窗户可以更好地发现，古代传统的种种理想和相互关联的问题。

不过，在结束对“无为悖论”的讨论之前，应该考虑一下“无为悖论”到底有什么实际意义——也就是说，这种概念上的不兼容性，在多大程度上与旨在产生自发的、规范性状态的修身过程发生关联。吴光明在古代儒家那里发现了与我们所谓无为悖论相似的现象，他后来提出，这种矛盾是我们说到修身时所用语言的产物，而非修身过程本身使然：

> 儒家圣人敦促我们“修己”……这种“修己”是修身行为。修身需要两种人，一是“修理者”，一是“被修理者”。然而，修身过程显然涉及的是一种人——我自己。所以，一般来说，这种矛盾和困难是语言矛盾造成的。因为语言显然是我们理解他物时使用的工具，所以每当我们真要理解人的生存状态时，就碰到了问题，我们因此而跌入悖论的陷阱。（吴光明 1989：316—317）

吴光明提到“修理者”和“被修理者”，其实他触及了基本的主体-自我隐喻图式。吴光明又指出修身过程中的“两种人”，以为“涉及的是一种人”。用我们的话来说，吴光明的意思是无为悖论是**主体-自我**隐喻的产物：一旦我们意识到，这一图式仅仅是隐喻（其实**主体-自我**并没分裂，还是一个人），所谓主体对自我施加作用的问题，自然不复存在。

不过，矛盾好像还相当顽固。吴光明说无为悖论不过是“语言矛盾”，但我们发现**主体-自我**图式不仅是语言上的，也是概念上的。即无论出于什么原因，人类施动者都是从概念分裂的角度来感知自己的。不过，我们不妨改变一下吴光明的立场，指出悖论既是语言的也是概念的，悖论在实践中自然不复存在。换言之，为修身模式提出的隐喻——内在论的也好，外在论的也好——好像都不能解释修身过程的所有方面，因此，总是需要其他隐喻在场，协助逻辑推演（但不幸的是，有时发生矛盾）。然而，读者也不妨说，即使这种概念-语言上的难题依然存在，但道德教育仍将发生作用。也就是说，一想到或说到品德或品德教育，就会遭遇那些理论问题，虽然如此，但社会至少还在继续造就出品德高尚的人，哪怕他们人数不多。如果我们讨论的悖论仅仅是语言和认知上的产物，那么，我们或许还可以因其无足轻重、因其无聊乏味而不予理会。

这种立场是不对的，事实依然是，作为公民、教育者、政策制定者或哪怕是个人，其行为必然要被概念隐喻所左右。我们已经讨论过认知语言学家的立场，他们以为隐喻不过是橱窗上的装饰品，修辞而已。其实不然，隐喻是我们对抽象事物进行推理的基本手段，因此，隐喻对我们的现实决定和社会政策，必然施以实实在在的影响。如一位教师的教学理念是，**修身如种庄稼（作为农业的修身）**，那么，他在教学实践中运用的技巧和教学思想，与另一位教师就有所不同，因为后者相信，**修身如提高技艺（作为提高技艺的修身）**才是“真理”。前者更像提倡蒙台梭利（Maria Montessori，1870—1952）教学法的教师，而后者更像天主教教会学校的教师，他主张以奥古斯丁的模式，[5]对教学实施严格管理。当然，不论从哪个角度来说，孩子也不是幼苗或原料，但这不是我们要讨论问题。如果认知语言学的种种发现是正确的，隐喻和其他形式的认知投射就不是我等生物应该选择的了。为了推进或引导教育或修身等抽象的过程，我们不可避免地要参照这种或那种隐喻图式，与此同时，我们使用的图式也将生成相应的逻辑推演，就我们的实际行为来说，这些逻辑推演将起到最决定性的作用。因此，吴光明以为所谓悖论是我们想到和说到修身时所用语言的产物，他的说法可能是正确的，这种产物与我们塑造规范的性情息息相关，所以我们不得不说上几句。

认知语言学、当代隐喻理论和比较研究

请允许我就方法论先说几句。写作之初，莱考夫和约翰逊的研究，乃至认知语言学领域其他人的研究，我都不熟悉。我原来想把研究写成传统的学术史。基本结构没变，诸多基本观点也没变：无为是战国时代少数思想家共同拥有的精神理想，无为概念具有内在的基本矛盾，这种矛盾促进了战国时期中国思想的发展，后来东亚的思想家将此矛盾继承下来，这种矛盾与西方的道德伦理传统在结构上有相似之处。但原来的研究没有连贯的理论依据。即研究的思路是从我自己（当然还有他人）的感知出发的，如孔子七十自述、庖丁解牛、孟子的圣人好乐忘己，凡此种种再现的是“一件事”，这件事以一定的方式与自发的道德理想发生关联，这种道德理想也是西方道德伦理传统所推崇的。不幸的是，因为我找不到前后连贯的术语，所以没法再现这种关联，只能把要说的话堆砌起来：把无为的故事连缀起来，指出其相似的地方。不过，我可以指出这些故事都有几种抽象的特点——最显著的，如轻松自如和非自我意识——从故事里找出这些特点，就其本身来说，也未尝不是阐释的产物。如《论语·为政》(4)写孔子七十自述，仿佛就是在写自如自在和非自我意识，这些特点原著里并没明确提及。

借助隐喻理论进行研究，这个念头让我兴奋不已，因为隐喻研究法

使我在方法论上找到了依据，可以更生动地再现原来那些若隐若现的关联。[6]凡是与无为相关的故事，都通过特定的隐喻谱系贯通起来，各个隐喻之间在概念上也相互关联，可以干干净净地划入更大的隐喻谱系，即无为或“不动”。《论语》的孔子自述也好，《庄子》的庖丁解牛也好，都使用了“从”字隐喻，其基础是更普遍的**主体-自我**图式，我们借此可以在具体的、语言的层面上把故事连贯起来。隐喻研究法还有一大好处，我过去发现无为理想存在种种紧张关系或矛盾（即“无为的悖论”），那些形容修身的隐喻之间时或发生抵牾，从这种不兼容性出发，各种矛盾就一一显现出来。所以，我们讨论无为就有了新的角度，研究其历史演变也更有说服力。

我希望拙著能够证明，通过检验中国思想家使用的各种隐喻，借助隐喻研究法，在不同的思想家之间建立起概念上的联系。

就这次讨论来说，我们研究的思想家生活在其中的文化和语言环境相差不大。我想建议的是，哪怕此地不易实施，同一种研究方法也可以用在更大的范围上，如研究时间、语言、文化相距更远的思想家，发现他们之间在概念上的关联。[7]从隐喻的角度，我们可以研究佛教禅宗或宋明理学，他们使用隐喻必然各有所取，相互抵牾，我们就能从中发现他们在概念上的矛盾。再如，《六祖坛经》所述慧能（顿悟派神秘的始祖）与神秀（渐悟派的代表、北宗禅的始祖）之间在教义上的矛盾。他们之间的故事相当出名，凡是对此熟悉的读者还应记得，他们大多以诗“论”法：[8]

身是菩提树，
心如明镜台。
时时勤拂拭，

莫使有尘埃。

从隐喻的角度来形容努力的必要性，几乎无出其右者。后来的六祖命一僧把诗读给他听（他自己当然不识字），发现其中的疏漏，于是又回了一首：

菩提本无树，
明镜亦非台。
佛性常清净，
何处有尘埃。

现在我们应该明白，我们见证的是一场隐喻大战，那些隐喻是用来形容心的，而对修身来说，每个隐喻都有重要的或矛盾的逻辑推演。

形容自我、心、修身的隐喻在东亚宗教传统里如川流不息，如果对其进行一次从上到下的梳理，我们一定会发现有些隐喻图式会反复出现，还有些隐喻图式将发生演变，因为出现了新的玄学理想，作为其结果（或原因？），也会出现新的隐喻。[9]如《六祖坛经》以镜喻心，相关隐喻大概来自《庄子》，但《六祖坛经》的用法却相当新奇，把镜子当成了新的佛教模式的产物。月亮的出现也可用来说明隐喻的变化，他们用月亮比喻我们当初洁净的天性，此外，我们还在朱熹那里发现，茅舍被用来比喻我们被遮蔽的心智。在佛教之前的儒家典籍里，以上隐喻就从来也没出现过，说明佛教“悟”的修身模式已然走入中国的宗教话语。[10]

认知语言学的研究方法也可能允许我们把这些东亚的话题与西方的道德传统更有力地联系起来。在我们讨论终极状态（发乎内心的美德）的过程中，我已经说过几次，中西传统具有普遍的相似性。我们不妨深入研究这些相似性——在《尼各马可伦理学》(*Nicomachean Ethics*)或奥古斯丁的传统里,寻找形容修身和自我完善的隐喻图式,再把这些图式与《孟子》和《荀子》里的隐喻图式进行比较。在神学精神和政治理念方面,东方西方确实存在诸多差异,但在差异的下面,我大胆地猜想,东西传统在形容自我和修身的隐喻模式方面,可能存在深层的相似性。这当然超出了拙著的研究范围。但在这种语境下,我们不妨再说说亚里士多德对美德和技艺(*techne*)的比较。亚里士多德的比较研究,可以被当成概念上的关联,连接的对象是**作为技艺的修身**(修身如提高技艺),也就是古代儒家典籍里出现的那个隐喻,与此同时,亚里士多德所谓技艺与美德的不可比性,还能帮助我们理解和阐释中国文本里存在的、尚未深入研究的矛盾。发现概念上的关联后,我们可以促成不同传统之间的对话,哪怕文化不同,语言不同,这种对话有助于让双方更了解各自的立场。

在普通的人文科学领域,应用认知语言学的方法论,从这种角度出发,我们可以探索所谓认知的无意识——高度结构化的图式,这种图式结构引发并驾驭有意识的理论-构造,而意识并非总能抵达图式那里。可以说,以上设想具有巨大的可能性,以这种方法研究学术史,角度更新、兴趣更大,也就是说,这种概念上的"深层语法"在诸多方面要比明确的理论本身,更具说服力,也更有意义。[11]

此外,如前文所说,隐喻研究法不仅为跨文化比较研究提供了有力的、具体的、新鲜的方法论,还为比较研究工程本身提供了合理的、连贯的理论基础。也就是说,如果涉身的现实主义者提出的认知语言学是正确的——如果我们的基本概念图式来自涉身的经验——那么,他们的主张就能解释,我们为什么希望在深层概念结构里面发现高层次的跨文化相似性,从此以后,永远告别后现代的"语言囚室"。在认知语言学模式下，在语言及其他概念结构表现法后面的基本图式，是身体和所在环境触发的——这种现象不论古今，人类皆然——因此我们才有了通向“他者”的桥梁。那么隐喻就可以充当语言“标志”，指引我们走向没有“标志”就无法进入的、共有的、深层的概念结构。莱考夫和约翰逊指出，“有的文化与我们大不相同，那里的人内心生活究竟怎样，我们不得而知，虽然如此，但我们却知道他们的隐喻系统，知道他们如何使用隐喻系统进行思维”(Lakoff 和 Johnson 1999：284)。同时，这些结构是由身体和环境决定的，没有固定的概念图式提供直接进入“事物本身”的通道，图式里存在一定程度的文化变种，以上三种认识使我们得以应对文化迟钝派或僵化的存在论，不论是文化迟钝派还是僵化的存在论，都反对从启蒙的角度研究思想和文化。至少，认知语言学的研究方法应该让人文学科的学者进入共享的概念语法，允许他们与其他文化进行真诚的对话。

最后，我们应该知道，认知语言学还是相当年轻的领域，因此发展快，变化也大。在人文学科应用认知语言学，相对来说时间还太短，就我所知，在古代汉语的语境下，还从来没人应用过。等到我的研究出版时，我对该领域的研究恐怕已经过时。我在战国时期中国思想方面从事的探索，可能还有不够严谨的地方，希望汉学同仁不吝赐教。不论此次研究是深是浅，我希望至少为汉学研究者、比较宗教和哲学的学者、大多数人文学者提出建议：此研究方法的前景相当乐观。

注释

① 从古代禅宗的那场辩论来看，我们发现主张内在修身的一方最后成为正统，之后“顿悟-渐悟”各执一端，造成新的紧张的关系(矛盾)。有趣的是，即使内在论成为神学信念之后，从拯救的方法来说，我们仍然可以看到，因悖论而造成的内-外分裂。也就是说，禅宗的渐进派也要借助外在论的拯救方

法,再说程朱与陆王之争,就修身而论,也可以从内在论和外在论的角度梳理其演变轨迹,即使两派在神学上都崇尚内在论。

② 如孟子的君子以"义"为指针,遇到与"义"相违的礼乐,他们自作主张,将其改变(《滕文公下》10、《离娄上》17、26、《万章上》2)或者按其直觉来解释乃至拒绝圣人的言论(《万章上》4、7、《尽心下》3)。

③ 另见《滕文公上》(4)和《告子上》(20)。

④ 麦金太尔梳理我们自己失去的道德伦理传统,在此过程中,他重新"发现了"亚里士多德的悖论和柏拉图的美诺问题,其意义自不待言。

⑤ 比较莱考夫对两个美国政治话语图式的研究,二者形成紧张关系:一方是严厉的父亲(保守的);一方是呵护的父母(宽容的)(Lakoff 1996)。

⑥ 当然,隐喻研究法也需要一定程度的阐释——研读文本、分析句子、应对文本问题、判断哪些是隐喻,哪些不是——但是,运用特定的语言"标志"(符号),探究深层概念结构,我们借助这种能力可以接触到重要的文本。

⑦ 见 Slingerland 2000b,该文提到现代西方与古代中国对"自我"概念的理解及两种"自我"概念之间的关联。

⑧ 诗文据敦煌本。见 Yampolsky 1967。

⑨ 见 Boyd 1993 和 Kuhn 1993,他们讨论了隐喻在概念演变过程中的作用。

⑩ "悟"与"发展的"修身模式之对比,见 Ivanhoe 1993:68 - 69。

⑪ 认知语言学研究方法在人文学科的应用,与此相关的部分信息,请参见 Turner 1991 和 Lakoff 与 Turner 1989(文学)、Winter 1989(法律推理)及 Lakoff 1996(美国政治话语)。

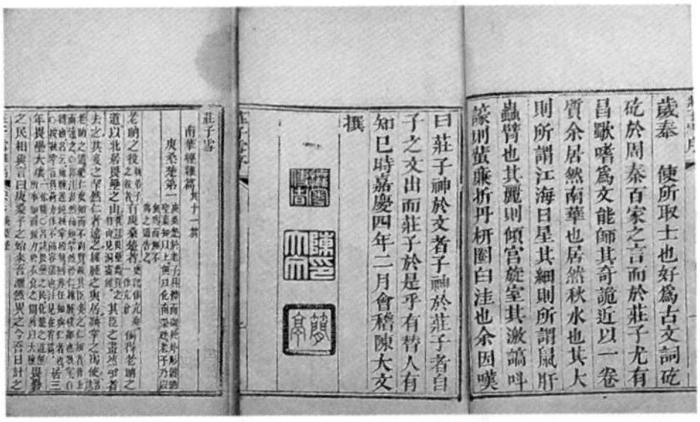
歲秦　使所取士也好爲古文詞砣
砣於周秦百家之言而於莊子尤有
昌歜嗜爲文能師其奇詭近以一卷
賈余居然南華也居然秋水也其大
則所謂江海日星其細則所謂鼠肝
蟲臂也其麗則傾宮旋室其激謪呌
篆則蜚廉折丹枅圖白洼也余因嘆
曰莊子神於文者子神於莊子者自
子之文出而莊子於是乎有替人有
知已時嘉慶四年二月會稽陳大文
撰

附录

附录1 “众道论”

陈汉生(Chad Hansen)的“众道论”(The “Many-Dao Theory”)认为,《庄子·内篇》的“道”并不代表形而上的存在(“道”),而是专指一种“话语”:“庄子的道是语言学的而非形而上的客体(与限定性话语相仿),因此,庄子的学说是相对论的而非绝对论的;即按照庄子的说法,众道并存”(陈汉生 1983b)。他也承认老子等“原始的”道家人士把“道”当作形而上的存在(“道”),但他同时指出,就古代中国思想家而论,庄子确实与众不同,因为庄子以为,我们通过自己的“道”就能到达至境,如庖丁解牛或梓庆为鐻,而且我们确实到达至境了。如伊若泊(与陈汉生立场相同)所说,“杀人之道和杀牛之道,其精神上的自发性不相上下”(Eno 1996: 142)。

陈汉生他们对《庄子·内篇》一锤定音,难免以偏概全,我们从文本里能找出确凿的证据,拒绝他们的结论。如《大宗师》里的道显然是单一的、宇宙起源说的存在,庖丁解牛(《养生主》)等故事所说的“道”似乎就是这种概念。读者可以发现，庖丁得到好评后说，“臣之所好者道也，进乎技矣”，然后庖丁又描述“臣以神遇而不以目视”等经验，最后文惠君感慨说，“善哉！吾闻庖丁之言，得养生焉”。如果我们把庖丁的技能当成有限的“道”，就很难理解他们的对话：如果“道”仅仅用来“解牛”的话，那就没必要再对“道”与“技”进行对比，也没法解释此时此刻文惠君为什么要对庖丁的表演大发感慨。他不会改行以杀牛为生吧！庖丁得“道”，其普遍的关联性显然超越了一般的技巧，这足以说明我们讨论的不是小“道”而是大“道”。“众道论”使我们感到不安，因为没有哪位中国的思想家能相信“众道论”，传统上《庄子》的评论者从来也没想过Dao指的不是“道”。提出“众道说”并信以为真的，不过是为数不多的几位当代西方学者。

陈汉生本人显然感到“众道说”遇上了不少麻烦。陈汉生说庄子坚持这种理论，不过他所说的“庄子”有时指的是《养生主》的作者，但在他(1983b)的注释里，他又对“庄子”加以限定，说他是《齐物论》的作者。陈汉生的做法证明，他发现唯独在《齐物论》里，“众道论”才能站得住脚。为陈汉生说句公道话，即使到了最后，也没法“证明”，Dao在《齐物论》里的用法不是绝无仅有的(《内篇》其他各章乃至其他任何汉语典籍里绝对没有)。不顾前后语境与宗教传统(该章也是其中的一部分)，也不顾从古至今的各种注疏，从《庄子》取出一章，以此为依据，提出大胆解释，请读者评价谁该对解释承担责任。

附录2 《论语》的文本问题

研究《论语》最早的当属《汉书》，其中写到西汉时《论语》的三个版本，三版各不相同，章数各有参差。我们现在读到的《论语》，是何晏（公元190—249）编辑的，他以更早的两版为主，而这两版则出自《汉书》提到的那三个版本。学者们当然知道，就现在的《论语》而言，各版材料杂糅并存，章句年代或早或晚，至于年代考据、差异影响，学者尚无定论。

一派学者如刘殿爵（1979）等——依据清人崔述（1740—1816）的研究——提出将《论语》分成年代不同的两部分（前十五篇和后五篇），但他们以为作品的主题大体没有变化。到现在为止，黄卓越（Steven Van Zoeren 1991）是另一派的代表。他运用形式-批评方法将《论语》分成四个部分——从前到后，“核心部分”第三至第七篇、第一至第二篇与第八至第九篇、第十至第十五篇及第十六至第二十篇——他认为，各部分代表不同的年代，不仅如此，观点也大不相同（从其个人的目的出发，各部分对待《诗经》的态度也不相同）。最近，后一派的白牧之和白妙子（Taeko Brooks 1998）又把研究推上新的高度，他们认为《论语》各篇都可独立成章，每章之内都有大量“后来写入的言论”，即《论语》集成的时间，要比我们原来以为的长得多——最后部分集成的时间，应在公元前3世纪。他们改变了《论语》原来的结构，以为《论语》是一部观点不同（甚至相左）的文集。与白牧之他们相关的深入讨论（可参照Slingerland 2000a）扼要地说，我批评他们的微观断代大多出自推测，最终站不住脚，同时，他们的宏观断代也未必能使人信服——如他们说文本（大概是从红树或珊瑚的模式照搬来的）以相当固定的速度“增长”，就其厚度来说，足足多出了一章。

黄卓越发现，他们的形式-批评法也有不足之处，如可能“系统地贬损一种传统的连续性，或许并不公平”（黄卓越 1991：28）。我相信，至少在《论语》研究方面，系统地贬低连续性确实不公平，扭曲了我们对文本的理解，所以，我才以为刘殿爵-崔述的方法更合理。《论语》的各部分的确出自不同时期，其关注的现象也不尽相同，虽然如此，《论语》在术语使用、概念隐喻、一般的宗教概念等方面，表现出足够的连贯性和统一性，所以我们有理由把《论语》当成一个整体。我们也不应忘记，《论语》后面几篇可能成书稍晚（特别是第十五至二十篇）。不过，《论语》里的“心”绝对没有复杂的、全新的概念，在《论语》里也绝对找不到与人性相关的辩论和派系攻讦，这种现象在后来的《孟子》《庄子》《荀子》里几乎无处不在。相对来说《论语》在哲学上还不那么复杂，这种说法可以在语言学上得到印证：《论语》里绝没出现形容自我（**身体如容器**）或气（**气如水**）的新的隐喻，而这种隐喻在《内业》之后的战国时期太普遍了。综上所述，《论语》不论哪一部分也不大可能是公元前 4 世纪初之后集成的，因此，我们可以大胆地说，《论语》再现了孟子和荀子学说出世之前的“儒家”状态。

附录3 《老子》的文本问题

我们此前研读的《老子》大多是所谓王弼本，顾名思义，此版本是公元3世纪大学者王弼注释的。虽然王弼的注释可以回溯到他逝世(249)之前，但后来通行的“王弼”本很可能不是王弼当初研读的。如鲍则岳(William Boltz)所说，通行本成书不会比《道藏》(1445)更早(Boltz 1993：277)。

1973年，两部几乎完整的文本——写在绢帛上，被称为甲本和乙本——在马王堆大墓发掘出土。因为大墓在时间上接近公元前168年，所以出土的帛本成书时间必定在此之前。据文中出现的禁字，我们还可以把时间再推前些。汉朝的第一个皇帝刘邦死于公元前195年。“邦”字在甲本里自由出现，但在乙本里就被“国”字取代了，这足以说明甲本是公元前195年之前完成的，乙本在公元前195年至公元前168年之间写成。甲、乙二本也是最古老最完整的文本。1993年又在郭店的墓里出土了《老子》的竹简，其成书时间可以回溯到约公元前300年，竹简本历史更早，但上存文字约为通行本的五分之二，不过，竹简本的内容又与王弼本和马王堆本有所不同。

我们讨论的《老子》取材马王堆的帛本，因为帛本时间最早，也最完整，不过，必要的地方也参照了郭店残本。但为行文方便，我们依然选用王弼本的章序和结构，此外，一般研究《老子》，大多也以王弼本为准。还应注意的是，传统上“道”“德”部分的顺序，在马王堆帛本里是颠倒的(第一章为传统版本的第三十八章)，但这种现象在郭店的竹简里就没出现。

文本的撰写和相对的集成时间

《老子》或《道德经》不长——仅五千余字，在我研究过的典籍里，此书字数最少——但内容相当神秘，据传为老子亲撰。传说，因周朝覆灭，老子要离开中原，不再回来，西关令尹请老子为后人著书，所以就有了临时写就的《老子》(对此我们也不大相信)。又据传说，老子与孔子同代，年长孔子。还有几个故事写孔子与老子见面，孔子总是被老子批评和教训。老子也是"道家"思想的创始人，他后来的"信徒"庄子继续反对儒家。

与《老子》文本和老子本人相关的传说，经现代亚洲和西方学者研究证明，纯属子虚乌有。研究显示，老子与孔子会面的故事很晚以后才出现(不会早于公元前 3 世纪)，[①]历史上老子是否确有其人，至今没有定论，不少学者相信，《老子》是不同的作者经过相当长的时间才集成的。[②]此外，众多现代学者也不同意传统上把《老子》的成书时间放在《论语》和《墨子》之后、《孟子》和《庄子》之前。这种时间安排的依据是，孔子和墨子的思想在《老子》里遭到批判，与此同时，老子又在《庄子》的故事里频频出现。这种说法先要设想，老子与《老子》的作者同为一人，《老子》和《庄子》乃同一作者的同质产品——以上推测，当下学者早已不予理睬。走出传统桎梏的不少学者指出，其实《老子》至少要晚于《庄子》的《内篇》。[③]《老子》最可能是取自各方的文集，被娴熟地编辑成连贯的文本。但集成的时间很难确定——与其他众多古代文本不同的是，我们在《老子》里找不到可以比照的人物或事件——但文本的内容说明，《老子》要比传统上推定的晚(不能早于公元前 4 世纪)，但要早于《庄子》和《楚辞》。[④]

因此，传统上对《老子》成书过程的描写虽然不足为信，但传统上对先秦思想家的时间排序，很可能没出大格，所以我们有理由至少从演进的角度或应该从时间的角度，把《老子》放在孔子和我们研究的其他思想家中间。《庄子》(内篇)的作者与《老子》的作者相比,好像学术环境更成熟,接触的概念也是之前的人不曾知道的。如,《老子》的作者(们)对“心”的一般看法,我们在《论语》也能找到。我们不妨比较一下《论语·为政》(4)(孔子七十的精神自述)与《老子》的第三章,文中清楚地表明,“心”被当成了意志、思想、情感、志向等等的所在地。对“心”作如此理解,显然不如《孟子》和《庄子》来得专业。⑤再从语言隐喻的层面来说,几个重要的、新出现的隐喻,如**作为水的气**(气如水),在《内业》里出现后,就成了后来文本的标准——《孟子》《庄子》《荀子》系统地予以使用——但《老子》里就没出现,其实,以上隐喻很适合《老子》使用的其他隐喻图式,对此我们不是更感到奇怪吗?

《内业》推出的自我新模式(第四章已讨论)在《老子》里没有出现,读者一眼就能发现,而罗浩却以为,从演变和时间的角度来说,《内业》都应在《老子》之前。罗浩本人也发现矛盾所在:

> 《老子》从一般的角度描述道的活动,但是以古代的生理概念来具体地再现“道”,如《内业》里提到的重要能量和重要本质,《老子》却只字未提。或许与此相关的还有《内业》高度重视心和修身,但《老子》却没说几句。(Roth 1999: 147)

罗浩还承认,《庄子》和《内业》之间的平行关系要比《内业》和《老子》的更具体,但他依然坚持自己的立场:《内业》是道家最早的文本。此处不是批评其立场的地方,但不妨说说他的主要观点。他认为《老子》在政治方面不如《内业》发生得早,比如如何拯救个人完全是后者的兴趣所在(详见拙著第四章)。遗憾的是,拙著第四章的观点与罗浩的说法几乎完全相反:事实上,就战国时期的思想来说,在全无政治的语境下，追求个体的、身体的拯救，是后来才发生的。此外，《内业》里的自我模式、杨朱思想及后来名家思想的影响，在《论语》和《老子》里了无踪迹——但在《孟子》《庄子》《荀子》里却仿佛是基本走向——所以我们说，传统的时间划分理由充分。

此外，我们还有其他证据，现在我们读到的《老子》在《孟子》和《庄子》尚未写完时就已经流传开来。虽然《孟子》全文没提到老子其人或《道德经》文本，但如我在拙著第五章所说，孟子批评原始主义者，何尝不是对老子或道家主张的拒绝。还应指出的是，正是在这种原始主义的环境下，《道德经》才得以出现。孟子要是熟悉《道德经》或其残章的话，他很可能将其与其他原始主义的言论放在一起了。更重要的是，我们在概念层面上发现，孟子把"自然性"的价值融入儒家学说，他反驳对手的诘难，如儒家虚伪或反自然，把儒家描述成天赐的不二法门，以此来捍卫儒道。这也说明当时道家的思想已经在读书人中间流行起来。与此相反，我们在《老子》里就找不到孟子提出的主张，虽然《庄子》的《内篇》对孟子的主张提出过几次批评。我们还看到《内篇》里的老子与孔子以名人的姿态同时出场。这当然还不能证明当时署名老子的文本已经存在。然而，如罗浩(Harold Roth 1991)所说，等《淮南子》成书时(约公元前139年)，与当下通行本相仿的《老子》已经是众人所知的文典了，此时的《庄子》，书名才被提到一次，其中的故事倒是多次被转用，不过没提出处。这就说明，与《老子》不同的是，我们所知的《庄子》定本在公元前139年还没最后确定下来，而与当下通行本相仿的《老子》是在《庄子》之前完成的。

几个阐释问题

下文研究几个我们在第三章遇到的阐释问题。

《老子》第一章

据王弼本的语法,此句可作两种解释:(1) 按第三章解释("无欲"和"有欲"连读),或(2) 在"无"字和"有"字后顿下,如冯友兰的句读:"故恒无,欲(也)以观其眇;恒有,欲(也)以观其所噭。"(冯友兰 1952:178)幸运的是,马王堆本语法明确(有"也"字为顿标),说明第一种句读是正确的(至少马王堆本的作者要作如是说):故恒无欲也以观其眇等。郭店残本无此章。

《老子》第二十一章

王弼本作"道之为物",而马王堆本却是"道之物"(郭店残本无此章)。此句到底如何解释,众说不一,中国大陆更甚,因为事关对老子的评价:"理想主义者"还是"唯物主义者"。若从"唯物主义者"的立场出发,"之"可作"是"解,如此一来,此句翻译成现代汉语后应为"道这个东西"。此解与王弼本同。若从"理想主义者"的立场出发,"之"与"生"同,因据《说文解字》,"之"同"出"。(参见高明 1996:328—330)。高明主张不要在"唯物主义者"和"理想主义者"之间纠缠,他相信就文本(马王堆原句与《老子》相似句的比较)而论,"之"应作"生"解,他的说法不无道理。另一方面,在我看来,第一种读法(以"之"为"是")语法最自然,照此解读,还能与第二十五章呼应起来,"道"在那里被形容为明确的"物"。故此处我认同刘殿爵的观点。

附录4 《庄子》的文本问题

至少自7世纪以来，中国学者就质疑《庄子》文本的真实性，[6]现在学者普遍认《庄子》的通行本是不同的人在不同的时间撰写的。现存的《庄子》是郭象（约公元312年逝世）删减后的文本，他把文本分成《内篇》（1—7）、《外篇》（8—12）、《杂篇》（23—33）。《庄子》的文本研究，相当繁复，拙著不予探究，也非拙著力所能及，[7]下文的目的不过是澄清再现庄子思想的若干原则，然后再说说几个问题，因为不熟悉文本问题的读者在接触《庄子》时，可能遇到这些问题。

现代研究者几乎一致认为，《内篇》七章文思连贯，出自一人（作者是历史上的庄子[约公元前320年成名]还是其身边弟子，尚无定论），是最早的《庄子》文本。[8]我们还知道，《外篇》的大部分内容和《杂篇》的大部分篇章来自不同的思想流派（如杨朱、黄老、原始主义者或杂家），在思想上与《内篇》的作者关系不大，不过，其中部分内容来自葛瑞汉和刘笑敢所谓的"庄子学派"——后来者解释或发展了《内篇》的题旨，但他们自己并未提出重要的新观点。到底《外篇》和《杂篇》的哪些章句能代表"庄子学派"的思想，对此众说不一。此外，郭象为选定三十三篇的《庄子》，删减了多少文字，内容又是什么，对此也只能推测。如孔丽雅（Livia Kohn）所说（Kohn 1982），《汉书艺文志》提到五十二章的《庄子》，唐朝的陆德明（约公元630年逝世）指出，五十二篇和二十七篇本与郭象本同时行世。不过，各本内容参差不齐的部分，仅仅涉及《外篇》和《杂篇》——陆德明时三个版本都有《内篇》七章，我们据此可以得出结论，此七章与郭象本所收相同。因此，孔丽雅说原书大部分"法术和通俗材料"被郭象"站在哲学的高度清洗"没了，他的清洗不大可能伤及《内篇》

七章。

麻烦如此之多，所以我的原则是，把《内篇》七章视为正宗的“庄子”思想，[9]再谨慎地选取《外篇》六章（17—22），[10]葛瑞汉和刘笑敢也认为此六章能代表“庄派”言论。此外，“杂家”和“原始主义者”的言论（及其他古代文本，如《内业》），偶尔也可能被用来充实我们讨论的玄学概念，如我在第四章所说，因为这些概念有助于构建一种世界观，即《内篇》撰写时知识分子还没太在乎的世界观。

庄子与老子的关系，也要写上几句。司马迁在《史记》里对庄子有过著名的评价，“其学无所不窥，然其要本归于老子之言”[11]——司马迁的态度在中国和西方普遍存在，即庄子和老子或多或少地代表一个学派。[12]然而，虽然两位思想家显然在谱系上不乏相同之处，但庄子提出的主张与《老子》描述的主张可谓南辕北辙。老庄之所以并称，一个原因是众多学者对《庄子》文本的态度往往并不明朗（或不存在），他们以为《外篇》和《杂篇》出现的黄老或杂家的情感，与《内篇》的作者有关。部分学者还错误地认为，庄子提倡“工具论的”或以治理为主的无为概念。[13]庄子的无为概念——乃至他的思想——在诸多方面与《老子》的并不相同，《内篇》构想的无为，与《外篇》和《杂篇》的无为，其作用必定有所不同。

注释

① 刘殿爵以为这些故事出现的时间应在公元前 286 年至公元前 240 年之间（1963：147—162）。葛瑞汉发现了传说存在的证据，证明孔子与一个叫老聃的人早在公元前 4 世纪见过面，但葛瑞汉相信，很久之后老聃才与老子联系起来，后者据说写过《道德经》。与古代老子部分传说相关的研究，还可参见 Kohn 1998。

② 见 Czikszentmihalyi 和 Ivanhoe 1999：4 的相关研究。

③ 持这种说法的学者有葛瑞汉、冯友兰、韦理、顾立雅、武内义雄（Takeuchi Yoshio）、顾颉刚等。见 Graham 1989：2-7-18 和 Greel 1970：47（n. 41）。钱穆相信《老子》是詹何集成的，其生卒年为公元前 350—公元前 270。（钱穆 1956：223—226 和 448—449）。

④ 如“仁义”连用很晚才出现（高明 1966：2 引张岱年），但据音韵学考证，《老子》要晚于孔子但早于《庄子》和《楚辞》（Baxter 1998）。

⑤ 这方面严谨如史华慈的学者也能在其讨论《老子》时使用庄子惯用的“心”（见 Schwartz 1985：207）。显然，他用词不当，因为他（很可能是无意识地）相信，《老子》的作者（们）要是有这种语言的话，也会用来解释自己。其实，庄子对“心”的理解及其辨别功能使我们得以更准确地、更洗练地表达《老子》的某些题旨，如对儒家和“为”的批判。

⑥ Roth 1991：80.

⑦ 读者可参考 Graham 1986、1989；Roth 1991；刘笑敢（1994）及他们引用的著作。

⑧ 不过，葛瑞汉相信，各章需要重新排序：好几处章句的顺序必须改变，再把《内篇》和《杂篇》的部分句子添入《内篇》，因为他相信那些句子原来就放错了地方（Graham 1981、1982、1989）。然而，持此论的学者为数不多，大多数学者（如刘笑敢等）认为，《内篇》文本是完整的。

⑨ 显然《内篇》的作者来自上等阶层，受过教育，是聪明的思想家和颇具才华的作家，相当熟悉当时的哲学潮流和流行用语。至于作者到底是不是历史上的庄子（作者必定是男子，因为当时女子几乎接受不到古典教育），我以为并不重要。

⑩《外篇》的材料用来深化《内篇》的题旨，不作他用；我对待《外篇》的态度依然是严肃的，如同对待其他中国古代典籍的“评注”（见范例对评注的说明）。

⑪《史记·老子韩非子列传》，司马迁 1964：2143。

⑫ 在现代汉语里，“道教”指的确实是“老庄”思想。

⑬ 见林聪舜 1993 和程树德 1995。

参考文献

Allinson, Robert. 1989. *Chuang-tzu for Spiritual Transformation*. Albany, NY: State University of New York Press.

Ames, Roger. 1981. "Wu-wei in 'The Art of Rulership' Chapter of the *Huai Nan-tzu*: Its Sources and Philosophical Orientation." *Philosophy East & West* 31.2: 193–213.

——. 1985. "The Common Ground of Self-Cultivation in Classical Taoism and Confucianism." *Tsing Hua Journal of Chinese Studies* 17.1–2: 65–97.

——. 1991. "The Mencian Conception of *Ren xing*: Does It Mean Human Nature?" In *Chinese Texts and Philosophical Contexts*, ed. Henry Rosemont, 143–175. La Salle, IL.: Open Court.

——. 1994. *The Art of Rulership: A Study of Ancient Chinese Political Thought*. Albany, NY: State University of New York Press.

Anazawa Tatsuo 穴泽辰雄. 1967. "Soshi ni okeru shizen (mui) teki ten no kanncn" 莊子における自然（无为）的天の观念. *Nihcm Chugoku Gakkcaiho* 日本中国学会报 19：109－117.

Aristotle. 1985. *Nicomacnean Ethics*. Trans. Terence Irwin. Indianapolis：Hackett.

Baxter，William. 1998. "Situating the Language of the *Lao-tzu:* The Probable Date of the *Tao-te-ching*" In *Lao-tzu and the Tao-te-ching*, ed. Livia Kohn and Michael LaFargue，231－253. Albany，NY：State University of New York Press.

Billeter，Jean François. 1984. "Pensée occidentale et pensée chinoise：le regard et l'acte." In *Differances*，*valeurs*，*hiérarchie*，25－51. Paris：Ecole des Hautes Etudes en Sciences Sociaies.

——. 1993. "La phénoménologie de l'activité dans le *Zhuangzi*" *Asiatische Studien* 47.4：545－558.

——. 1994. "Arrêt，vision et langage：essai d'interpretation du *Ts'i Wou-Louen* de Tchouang-Tseu." *Philosophie* 44：12－51.

——. 1995. "Seven Dialogues from the Zhuangzi." Trans. Mark Elvin. *East Asian History* 9：23－46.

——. 1996. "Non-pouvior et non-vouloir dans le *Zhuangzi*-un paradigme." *Etudes Asiatiques* 4：853－880.

Bloom，Irene. 1994. "Mencian Arguments on Human Nature（*Jen-hsing*）." *Philosophy East & West* 44.1：19－54.

Bodde，D. 1953. "Harmony and Conflict in Chinese Philosophy." *Studies in Chinese Thought:* 19－80.

Boltz，William. 1993. "*Lao tzu Tao te ching*" In *Early Chinese Texts*，ed. Michael Loewe，269－292. Berkeley，CA：The Society for the

Study of Early China.

Boyd, Richard. 1993. "Metaphor and Theory Change: What Is 'Metaphor' a Metaphor For?" In *Metaphor and Thought* (2nd edition), ed. Andrew Ortony, 481 - 532. Cambridge: Cambridge University Press.

Brooks, E. Bruce, and A. Taeko Brooks. 1998. *The Original Analects: Sayings of Confucius and His Successors*. New York: Columbia University Press.

Campany, Robert. 1992. "Xunzi and Durkheim and Theories of Ritual Practice." In *Discourse and Practice*, ed. Frank Reynolds and David Tracy, 197 - 231. Albany, NY: State University of New York Press.

Chan, Alan. 1991. *Two Visions of the Way: A Study of the Wang Pi and Ho-Shang-Kung Commentaries on the Lao-tzu*. Albany, NY: State University of New York Press.

——. 1998. "A Tale of Two Commentaries: Ho-Shang-Kung and Wang Pi on the *Lao-tzu*" In *Lao-tzu and the Tao-te-ching*, ed. Livia Kohn and Michael LaFargue, 89 - 117. Albany, NY: State University of New York Press.

Ch'an, Wing-tsit. 1955. "The Evolution of the Confucian Concept Jen." *Philosophy East & West* 4.1: 295 - 319.

Chao, Y. R. 1955. "Notes on Chinese Grammar and Logic." *Philosophy East & West* 5.1: 31 - 41.

Chang, Tsung-tung. 1982. *Metaphysik, Erkenntnis und Praktische Philosophie im Chuang-tzu-Zur Neu-Interpretation und*

Systematische Darstellung der Klassischen Chinesischen Philosophie. Frankfurt am Main：Vittorio Klosterman.

Chang，Weiqun 常为群. 1995. "Mengzi，Zhuangzi bijiao yanjiu santi" 孟子、庄子比较研究三题，Nanjing Shida Xuebao 南京师大学报：84－86，105.

Chen，Shuide 陈水德. 1995. "Qiansi Zhuangzi wuwei zhengzhi sixiang de shehuixing" 浅析庄子无为政治思想的社会性. Anhui Shixue 安徽史学 12.3：6－7.

Cheng，Shude 程树德. 1996. *Lunyu Jishi* 论语集释. Beijing：Zhonghua Shuju.

Chen，Zizhan 陈子展. 1991. *Shijing Zhijie* 诗经直解. Shanghai：Fudan Daxue Chubanshe.

Cikoski，John S. 1975. "On Standards of Analogical Reasoning in the Late Chou." *Journal of Chinese Philosophy* 2：325－357.

——. 1978. "Three Essays on Classical Chinese Grammar." *Computational Analyses of Asian and African Languages* 8：77－208.

Cook，Scott. 1995. *Unity and Diversity in the Musical Thought of Warring States China*. Ph.D. dissertation，University of Michigan.

——. 1997. "Zhuangzi and His Carving of the Confucian Ox." *Philosophy East & West* 47：521－553.

Crandall，Michael Mark. 1983. "On Walking Without Touching the Ground：'Play' in the *Inner Chapters* of the *Chuang-tzu*." In *Experimental Essays on Chuang-tzu*，ed. Victor Mair，101－124. Honolulu：University of Hawaii Press.

Creel, Herrlee. 1960. *Confucius and the Chinese Way*. New York: Harper Torchbooks.

——. 1970. *What Is Taoism and Other Studies in Chinese Cultural History*. Chicago: University of Chicago Press.

Cua, A. S. 1977a. "The Conceptual Aspect of Hsün Tzu's Philosophy of Human Nature." *Philosophy East & West* 27: 373 – 389.

——. 1977b. "Forgetting Morality: Reflections on a Theme in Chuang-tzu." *Journal of Chinese Philosophy* 4: 305 – 328.

——. 1978. "The Quasi-Empirical Aspect of Hsün Tzu's Philosophy of Human Nature." *Philosophy East & West* 28: 3 – 19.

——. 1985a. *Etnical Argumentation: A Study in Hsun-tzu's Moral Epistemology*. Honolulu: University of Hawaii Press.

——. 1985b. "Ethical Uses of the Past in Early Confucianism: The Case of Hsün Tzu." *Philosophy East & West* 35: 133 – 156.

Czikszentmihalyi, Mark, and Philip J. Ivanhoe, eds. 1999. *Religious and Philosophical Aspects of the* Laozi. Albany, NY: State University of New York Press.

Damasio, Antonio. 1994. *Descartes' Error: Emotion, Reason, and the Human Brain*. New York: G. P. Putnam.

Dan, Weihua 单绀华. 1992. "Lun Laizi de 'wuwei er zhi'" 论老子的无为而治. Qiushi Xuekan 求是学刊: 25 – 26.

Dubs, Homer. 1965. "Mencius and Sun-dz on Human Nature." *Philosophy East & West* 6: 213 – 222.

Duyvendak, J. J. L. 1947. "The Philosophy of Wu-wei." *Asien Studien* 3.4: 81 – 102.

——. trans. 1954. *Tao Te Ching*, London.

Emerson, John. 1996. "Yang Chu's Discovery of the Body." *Philosophy East & West* 46.4: 533–566.

Eno, Robert. 1990. *The Confucian Creation of Heaven*. Albany, NY: State University of New York Press.

——. 1996. "Cook Ding's Dao and the Limits of Philosophy." In *Essays on Skepticism, Relativism, and Ethics in the* Zhuangzi, ed. Paul Kjellberg and P. J. Ivanhoe, 127–151. Albany, NY: State University of New York Press.

Epstein, Shari. 1998. "Conversion Narratives in the *Zhuangzi*." Paper delivered at the third Annual Conference of the Society for Asian and Comparative Philosophy.

Fauconnier, Gilles. 1997. *Mappings in Thought and Language*. Cambridge: Cambridge University Press.

Fauconnier, Gilles, and Eve Sweetser, eds. 1996. *Spaces, Worlds, and Grammar*. Chicago: University of Chicago Press.

Feng, Youlan. 1952. *History of Chinese Philosophy*. Princeton: Princeton University Press.

Fesmire, Steven. 1994. "What is 'Cognitive' About Cognitive Linguistics?" *Metaphor and Symbolic Activity* 9: 149–154.

Fingarette, Herbert. 1972. *Confucius: Secular as Sacred*. New York: Harper Torchbooks.

——. 1981. "How the *Analects* Portrays the Ideal of Efficacious Authority." *Journal of Chinese Philosophy* 8.1: 29–49.

——. 1983. "The Music of Humanity in the *Conversations* of

Confucius." *Journal of Chinese Philosophy* 10: 331 - 356.

——. 1991. "Reason, Spontaneity, and the Li — A Confucian Critique of Graham's Solution to the Problem of Fact and Value." In *Chinese Texts and Philosophical Contexts*, ed. Henry Rosemont, 209 - 225. La Salle, IL: Open Court.

Forke, Alfred 1927. *Geschichte der Alten Chinesichen Philosophic* Hamburg: L. Friederichsen.

Fox, Alan. 1995. "*Wu-wei* in Early Philosophical Daoism." Paper delivered at the Eastern Division Meeting of the American Philosophical Association, December 18.

——. 1996. "Reflex and Reflexivity: *Wuwei* in the *Zhuangzi*" *Asian Philosophy* 6.1: 59 - 72.

Fukunaga Mitsuji 福永光司. 1965. "Mui o toku hitobito" 无为を说く人人. *Shiso no Rekishi* 思想の历史 2: 209 - 257.

——. 1966. *Soshi* 庄子. Tokyo: Asahi shin bun sha.

——. 1969. "'No-mind' in Chuang-tzu and Ch'an Buddhism." *Zinbun* 12: 9 - 41.

Gao, Ming 高明. 1996. *Boshu Laozi Jiaozhu* 帛书老子校注. Beijing: Zhonghua Shuju.

Gao, Xiuchang 高秀昌. 1995. "Laozi 'wuwei er zhi' sixiang guanshi" 老子无为而治思想阐释. *Shehui Kexue Yanjiu* 社会科学研究 1: 70 - 73.

Gibbs, Raymond. 1994. *The Poetics of Mind: Figurative Thought, Language, and Understanding*. Cambridge: Cambridge University Press.

——. 1996. "What's Cognitive About Cognitive Linguistics?" In *Cognitive Linguistics in the Redwoods: The Expansion of a New Paradigm in Linguistics*, ed. Eugene Casad, 27 – 53. Berlin: Mouton de Gruyter.

Gibbs, Raymond, and Herbert Colston. 1995. "The Cognitive Psychological Reality of Image Schemas and Their Transformations." *Cognitive Linguistics* 6: 347 – 378.

Goldin, Paul Rakita. 1999. *Rituals of the Way: The Philosophy of Xunzi*. Chicago: Open Court.

Goodman, Russell. 1985. "Skepticism and Realism in the *Chuang-tzu*" *Philosophy East & West* 35.3: 231 – 237.

Grady, Joe. 1997. *Foundations of Meaning: Primary Metaphors and Primary Scenes*. Ph.D. dissertation. University of California, Berkeley.

Graham, A. C. 1967. "The Background of the Mencian Theory of Human Nature." *Tsing Hua Journal of Chinese Studies* 1 – 2: 215 – 271.

——. 1969. "Chuang-tzu's Essays on Seeing Things as Equal." *History of Religions* 9: 137 – 159.

——. 1978. *Later Moist Logic, Ethics, and Science*. Hong Kong: Chinese University Press.

——. 1981. *Chuang Tzu: The Inner Chapters*. Boston: Unwin Paperbacks.

——. 1982. *Chuang-tzu: Textual Notes to a Partial Translation*. London: School of Oriental and African Studies.

——. 1983. "Taoist Spontaneity and the Dichotomy of 'Is' and 'Ought.'" In *Experimental Essays on the Chuang-tzu*, ed. Victor Mair, 2 – 23. Honolulu: University of Hawaii Press.

——. 1985a. *Reason and Spontaneity*. London: Curzon Press.

——. 1985b. "The Right to Selfishness: Yangism, Later Mohism, Chuang Tzu." In *Individualism and Holism: Studies in Confucian and Taoist Values* ed. Donald Munro, 73 – 84. Ann Arbor: Center for Chinese Studies, University of Michigan.

——. 1986a. "How Much of *Chuang-tzu* Did Chuang-tzu Write?" In *Studies in Chinese Philosophy and Philosophical Literature*. Singapore: Institute of East Asian Philosophies.

——. 1986b. "The Origins of the Legend of Lao Tan." In *Studies in Chinese Philosophy and Philosophical Literature*. Singapore: Institute of East Asian Philosophies; reprinted in *Lao-tzu and the* Tao-Te-Ching, ed. Livia Kohn and Michael LaFargue, 23 – 40. Albany, NY: State University of New York Press.

——. 1989. *Disputers of the Tao*. La Salle, Ill.: Open Court.

——. 1991. "Reflections and Replies." In *Chinese Texts and Philosophical Contexts*, ed. Henry Rosemont, 267 – 322. La Salle, IL.: Open Court.

Gregory, Peter, ed. 1987. *Sudden and Gradual Approaches to Enlightenment in Chinese Thought*. Honolulu: University of Hawaii Press.

Guodian Chumu Zhujian 郭店楚墓竹简. 1998. Jingmenshi Bowuguan 荆门市博物馆(ed.). Beijing: Wenwu Chubanshe.

Guo, Qingfan 郭庆藩. 1961. *Zhuangzi Jishi* 庄子集释. Beijing: Zhonghua Shuju.

Hall, David. 1994. "To Be or Not To Be: The Postmodern Self and the Wu-Forms of Taoism." In *Self as Person in Asian Theory and Practice*, ed. Roger Ames, Wimal Dissanayake, and Thomas Kasulis, 213 - 234. Albany, NY: State University of New York Press.

Hall, David, and Roger Ames. 1987. *Thinking Through Confucius*. Albany, NY: State University of New York Press.

Hansen, Chad. 1975. "Ancient Chinese Theories of Language." *Journal of Chinese Philosophy* 2: 245 - 283.

——. 1983a. *Language and Logic in Ancient China*. Ann Arbor: University of Michigan Press.

——. 1983b. "A *Tao* of *Tao* in Chuang-tzu." In *Experimental Essays on Chuang-tzu*, ed. Wctor Mair, 24 - 55. Honolulu: University of Hawaii Press.

——. 1991. "Should the Ancient Masters Value Reason?" In *Chinese Texts and Philosophical Contexts*, ed. Henry Rosemont, 179 - 208. La Salle, IL.: Open Court.

Harbsmeier, Cristoph. 1991. "The Mass Noun Hypothesis and the Part-Whole Analysis of the White Horse Dialogue." In *Chinese Texts and Philosophical Contexts*, ed. Henry Rosemont, 49 - 66. La Salle, IL.: Open Court.

——. 1993. "Conceptions of Knowledge in Ancient China." In *Epistemological Issues in Classical Chinese Philosophy*, ed. Hans

Lenk and Gregor Paul, 11 - 30. Albany, NY: State University of New York Press.

Harper, Donald. 1995. "The Bellows Analogy in *Laozi* V and Warring States Macrobiotic Hygiene." *Early China* 20: 381 - 392.

——. 1998. *Early Chinese Medical Literature: The Mawangdui Medical Manuscripts*. London: Kegan Paul International, Sire Henry Wellcome Asian Series.

——. 1999. "Warring States Natural Philosophy and Occult Thought." In *The Cambridge History of Ancient China*, ed. Michael Loewe and Edward Shaughnessy, 813 - 884. Cambridge: Cambridge University Press.

Holzman, Donald. 1978. "Confucius and Ancient Chinese Literary Criticism." In *Chinese Approaches to Literature from Confucius to Liang Ch'i-ch'ao*, ed. Adele Rickett, 21 - 41. Princeton: Princeton University Press.

Hong, Liangji 洪亮吉, ed. 1987. *Chunqiu Zuozhuan Gu* 春秋左传诂. Beijing: Zhonghua Shuju.

Hsieh, Shen-yuan. 1979. "Hsun Tzu's Political Philosophy." *Journal of Chinese Philosophy* 6: 69 - 90.

Hummel, A. W. 1925. "The Case Against Force in Chinese Philosophy." *Chinese Social and Political Science Review* 9: 334 - 350.

Hutton, Eric. 1996. "On the Meaning of 义 for Xunzi." Unpublished M. A. thesis, Department of East Asian Languages and Civilizations, Harvard University.

——. 2000. "Does Xunzi Have a Consistent Theory of Human

Nature?" In *Virtue, Nature, and Moral Agency in the* Xunzi, ed. T. C. Kline and P. J. Ivanhoe, 220 – 236. Indianapolis: Hackett Publishing Company.

——. 2001. "A Study *of Xunzi* HYIS 7/3/26 – 8/3/34." Unpublished manuscript.

Ihara, Craig. 1991. "David Wong on Emotions in Mencius." *Philosophy East & West* 41.1: 45 – 53.

Ivanhoe, P. J. 1990a. *Ethics in the Confucian Tradition*, Atlanta: Scholar's Press.

——. 1990b. "Reweaving the 'One Thread' of the *Analects*." *Philosophy East & West* 40.1: 17 – 33.

——. 1991a. "Zhuangzi's Conversion Experience." *Journal of Chinese Religions* 19: 13 – 25.

——. 1991b. "A Happy Symmetry: Xunzi's Ethical Philosophy." *Journal of the American Academy of Religion* 59.2: 309 – 322.

——. 1993a. *Confucian Moral Self Cultivation*. New York: Peter Lang Publishing.

——. 1993b. "Zhuangzi on Skepticism, Skill, and the Ineffable Dao." *Journal of the American Academy of Religion* 61.4: 639 – 654.

——. 1994. "Human Nature and Moral Understanding in Xunzi." *International Philosophical Quarterly* 34.2: 167 – 175.

——. 1996a. "Was Zhuangzi a Relativist?" In *Essays on Skepticism, Relativism, and Ethics in the* Zhuangzi, ed. Paul Kjellberg and P. J. Ivanhoe, 196 – 214. Albany, NY: State University of New York Press.

——. ed. 1996b. *Chinese Language, Thought, and Culture: Nivison and His Critics*. La Salle, IL: Open Court.

——. 1998. "The Concept of De in the *Dao De Jing*" In *Essays on Religious and Philosophical Aspects of the Laozi*, ed. Mark Csikszentmihalyi and P. J. Ivanhoe, 239 – 258. Albany, NY: State University of New York Press.

——. n.d. "Chinese Moral Self Cultivation and Mencian Extension."

Jia, Dongcheng 贾东城. 1989. "Ye tan 'wuwei'"也谈无为. *Hebei Shifandaxue Xuebao* 河北师范大学学报 45.2: 88 – 92.

Jiang, Guanghui 姜广辉. 1984. "Laozi de bukezhilun jiqi wuwei zhengzhiguan" 老子的不可知论及其无为政治观. *Zhongguo Zhexue* 中国哲学 11: 36 – 48.

Jiao, Xun 焦循. 1996. *Mengzi Thengyi* 孟子正义. Beijing: Zhonghua Shuju.

Johnson, Mark. 1987. *The Body in the Mind: The Bodily Basis of Meaning, Imagination, and Reason*. Chicago: University of Chicago Press.

Kanaya Osamu 金谷治. 1964. "Mui to injun" 无为と因循. *Toho Shukyo* 东方宗教 23: 1 – 14.

——. 1996. "The Mean in Original Confucianism." In *Chinese Language, Thought, and Culture*, ed. P. J. Ivanhoe, 83 – 93. La Salle, IL: Open Court.

Karlgren, Bernhard. 1923. *Analytic Dictionary of Chinese and Sino-Japanese*, Paris: P. Guethner.

——. 1950. *The Book of Odes*. Stockholm: The Museum of Far

Eastern Antiquities.

Keightley, David. 1978. "The Religious Commitment: Shang Theology and Generation of Chinese Political Culture." *History of Religions*. 17: 3 - 4, 211 - 215.

Kierkegaard, Soren. 1954. *Fear and Trembling* and *The Sickness Unto Death*. Trans, by Walter Lowrie. Princeton: Princeton University Press.

Kjellberg, Paul. 1993a. Zhuangzi and Skepticism. Ph.D. diss., Stanford University.

——. 1993b. Review of *Butterfly as Companion*, *Philosophy East & West* 43.1: 127 - 135.

Kjellberg, Paul, and P. J. Ivanhoe, eds. 1996. *Essays on Skepticism, Relativism, and Ethics in the* Zhuangzi. Albany, NY: State University of New York Press.

Kline, T. C. 2000. "Moral Agency and Motivation in the *Xunzi*" In *Virtue, Nature, and Moral Agency in the* Xunzi, ed. T. C. Kline and P. J. Ivanhoe, 155 - 175. Indianapolis: Hackett Publishing Company.

Kline, T. C. and Ivanhoe, P. J. eds. 2000. *Virtue, Nature, and Moral Agency in the* Xunzi. Indianapolis: Hackett.

Knoblock, John. 1988 - 1994. *Xunzi: A Translation and Study of the Complete Works*. 3 vols. Stanford: Stanford University Press.

Kohn (Knaul), Livia. 1982. "Lost *Chuang-tzu* Passages." *Journal of Chinese Religions* 10: 53 - 79.

——. 1986. "Chuang-tzu and the Chinese Ancestry of Ch'an

Buddhism." *Journal of Chinese Philosophy* 12: 411 – 428.

——.1998. "The Lao-tzu Myth" In *Lao-tzu and the* Tao-Te-Ching, ed. Livia Kohn and Michael LaFargue, 41 – 62. Albany, NY: State University of New York Press.

Kohn, Livia, and Michael LaFargue, eds. 1998. *Lao-tzu and the* Tao-Te-Ching. Albany, NY: State University of New York Press.

Kövecses, Zoltán. 1986. *Metaphors of Anger, Pride, and Love: A Lexical Approach to the Structure of Concepts*. Philadelphia: John Benjamins.

——. 1990. *Emotional Concepts*. New York: Springer-Verlag.

Kramers, R. P. 1966. "Die Eigenart der chinesischen Gedankemwelt, über die Bedeutung der alten chinesischen Philosophie für die modernen Chincschen." *Sinologia* 9. 1: 1 – 13.

Kuhn, Thomas. 1993. "Metaphor in Science," In *Metaphor and Thought* (2nd edition), ed. Andrew Ortony, 533 – 542. Cambridge: Cambridge University Press.

Kupperman, Joel 1968. "Confucius and the Problem of Naturalness." *Philosophy East & West* 18: 175 – 185.

——. 1996. "Spontaneity and the Education of the Emotions in the *Zhuangzi*." In *Essays on Skepticism, Relativism, and Ethics in the* Zhuangzi, ed. Paul Kjellberg and P. J. Ivanhoe, 183 – 195. Albany, NY: State University of New York Press.

LaFargue, Michael. 1994. *Tao and Method: A Reasoned Approach to the* Tao Te Ching. Albany, NY: State University of New York Press.

——. 1998. "Recovering the *Tao-te-ching's* Original Meaning: Some Remarks on Historical Hermeneutics." In *Lao-tzu and the* Tao-Te-Ching, ed. Livia Kohn and Michael LaFargue, 255 – 275. Albany, NY: State University of New York Press.

Lakoff, Andrew, and Miles Becker. 1992. *Me, Myself, and I*. Manuscript. University of California, Berkeley.

Lakoff, George. 1987. *Women, Fire, and Dangerous Things: What Categories Reveal About the Mind*. Chicago: University of Chicago Press.

——. 1990. "The Invariance Hypothesis: Is Abstract Reasoning Based Upon Image-Schemas?" *Cognitive Linguistics* 1: 39 – 74.

——. 1993. "The Contemporary Theory of Metaphor." In *Metaphor and Thought* (2nd edition), ed. Andrew Ortony, 202 – 251. Cambridge: Cambridge University Press.

——. 1996. *Moral Politics: What Conservatives Know That Liberals Don't*. Chicago: University of Chicago Press.

Lakoff, George, and Mark Johnson. 1980. *Metaphors We Live By*. Chicago: University of Chicago Press.

——. 1981. "The Metaphorical Structure of the Human Conceptual System." In *Perspectives on Cognitive Science*, ed. Donald Norman, 193 – 206. Norwood, N. J.: Ablex Publishing Corporation.

——. 1999. *Philosophy in the Flesh: The Embodied Mind and Its Challenge to Western Thought*. New York: Basic Books.

Lakoff, George, and Mark Turner. 1989. *More Than Cool Reason: A Field Guide to Poetic Metaphor*. Chicago: University of Chicago

Press.

Lan，Kaixiang 蓝开祥. 1990. “Zhuangzi yuyan zheli ji yishu tese” 庄子寓言哲理及艺术特色. *Xibei Shida Xuebao* 西北师大学报 65：33 - 36.

Lau，D. C. 1953. “Theories of Human Nature in *Mencius* and *Shyuntzyy*” *Bulletin of the School of Oriental and African Studies* 15：3：541 - 565. Reprinted in *Virtue，Nature，and Moral Agency in the Xunzi*，ed. T. C. Kline III and Philip J. Ivanhoe，188 - 219. Albany，NY：State University of New York Press，2000.

——. 1963. *Lao Tzu: Tao Te Ching*，New York：Penguin Books.

——. 1968. “On the Term ‘*ch'ih ying*’ and the Story Concerning the So-Callcd ‘Tilting Vessel.’” *Symposium on Chinese Studies Commemorating the Golden Jubilee of the University of Hong Kong，1911 -1961*，no. 3. Hong Kong.

——. 1970. *Mencius*. New York：Penguin Books.

——. 1979. *Confucius: The Analects*. New York：Penguin Books.

Lau，D. C. and Fong Ching Chen，eds. 1992. *Liji Zhuzi Suoyin* 礼记逐字索引（A *Concordance to the Liji*）. Hong Kong：Commercial Press.

Legge，James. 1991a. *The She King*（*The Chinese Classics，Vol. 4*）. Taipei：SMC Publish-ing.

——. 1991b. *The Shoo King*（*The Chinese Classics，Vol. 3*）. Taipei：SMC Publishing.

Li，Caiyuan 李才远. 1992. “Mengzi de ‘yang haoranzhiqi’ shuo.” 孟子

的养浩然之气说. *Xinan Shidaixue Xuebao* 西南师范大学学报：17－23.

Lin，Congshun 林聪舜. 1993 "*Zhuangzi* wu-wei zhengzhi sixiang de jiceng yiyi" 庄子无为思想的几层意义. *Hanxue Yanjiu* 汉学研究 21：1－14.

Li，Ling 李零. 1993. *Zhongguo fangshu kao* 中国方术考. Beijing：Renmin zhongguo chubanshe.

Li，Sheng-long 李生龙. 1986. "Xianqin 'wu-wei' sixiang jianlun" 先秦无为思想简论. *Hunan Shifan Daxue Shehuikexue Xuebao* 湖南师范大学社会科学学报 52.2：7－13，96.

——. 1987a. "Handai 'wu-wei' sixiang jianlun" 汉代无为思想简论. *Hunan Shifan Daxue Shehuikexue Xuebao* 湖南师范大学社会科学学报 61.5：56－61.

——. 1987b. "Kongzi，Laozi de 'wu-wei' sixiang zhi yitong ji qi yingxiang" 孔子老子的无为思想之异同及其影响. *Zhongguo Zhexueshi Yanjiu* 中国哲学史研究 29.4：18－22.

Lin，Yu-sheng. 1974. "The Evolution of the Pre-Confucian Meaning of Jen and the Confucian Concept of Moral Autonomy." *Monumenta Serica* 31：172－204.

Liu，Gang 刘刚. 1987. "'Bao Ding'，bian"庖丁辩. Shenyang *Shifan Xueyuan Xuebao* 沈阳师范学院学报 43.3：19－21.

Liu，Xiaogan 刘笑敢. 1994. *Classifying the Chuang-tzu Chapters*. Ann Arbor：Center for Chinese Studies，University of Michigan.

——. 1999. "Shilun laozi zhexue de zhongxin jiazhi" 试论老子哲学的中心价值. Trans. by Edward Slingerland as "An Inquiry Into the

Central Value in Laozi's Philosophy." In *Essays on Religious and Philosophical Aspects of the Laozi*, ed. Mark Csikszentmihalyi and Philip J. Ivanhoe, 211 - 238. Albany, NY: State University of New York Press.

Liu, Xuezhi 刘学智. 1986. "*Laozi* de daode fanchou xilie" 老子的道德范畴系列. *Shaanxi Shifan Daxue Xuebao* 陕西师范大学学报 53: 68 - 73.

Liu, Changlin 刘长林. 1991. "'Q' gainian de xingcheng ji zhexue jiazhi" 气概念的形成及哲学价值. *Zhexue Yanjiu* 哲学研究 10: 56 - 64.

Lloyd, G. E. R. 1990. *Demystifying Mentalities*. New York: Cambridge University Press.

Loewe, Michael, ed. 1994. *Early Chinese Texts: A Bibliographical Guide*. Berkeley, CA: Institute of East Asian Studies.

Loewe, Michael, and Edward Shaughnessy, eds. 1999. *The Cambridge History of Ancient China: From the Origins of Civilization to 221 B.C.* Cambridge: University of Cambridge Press.

Loy, David. 1985. "Wei wu-wei: Nondual Action." *Philosophy East & West* 35.1: 73 - 86.

Lu, Qin 陆钦. 1962. "Zhuangzi 'Wu-wei' shijie" 庄子无为试解. *Guangming Ribao* 光明日报. August 10.

Machle, Edward. 1976. "Hsun-tzu as a Religious Philosopher." *Philosophy East & West* 26: 443 - 461.

Maclntyre, Alasdair. 1981. *After Virtue*. Notre Dame: University of Notre Dame Press.

——. 1990. *Three Rival Versions of Moral Inquiry*. Notre Dame:

University of Notre Dame Press.
Mair, Victor, ed. 1983. *Experimental Essays on Chuang-tzu*. Honolulu: University of Hawaii Press.
Maspero, Henri. 1981. *Le Taoisme et les religions chinoises*, Paris: Gallimard, 1971. Trans. by Fran A. Kerman as *Taoism and Chinese Religion*. Amherst: University of Massachusetts Press.
Metzger, Thomas. 1977. *Escape from Predicament*. New York: Columbia University Press.
——. 1987. "Some Ancient Roots of Modern Chinese Thought: This Worldliness, Epistemological Optimism, Doctrinality, and the Emergence of Reflexivity in the Eastern Chou." *Early China*: 11-12, 61-117.
Miller, George. 1993. "Images and Models, Similes and Metaphors." In *Metaphor and Thought* (2nd edition), ed. Andrew Ortony, 357-400. Cambridge: Cambridge University Press.
Mori Mikisaburo 森三树三郎. 1967. "Shizen to jin-i" 自然と人为. *Tetsugaku Renkyu* 哲学研究 43.10: 1-21.
——. 1972. "Chuang-tzu and Buddhism." *The Eastern Buddhist* 2: 44-69.
Moritz, Ralf. 1985. "Der Chinesische Philosoph Zhuang-zi im Licht Neuer Forschungen." *Orientalistische Uturaturzeitung* 80.2: 119-127.
Munro, Donald. 1969. *The Concept of Man in Early China*. Stanford, CA: Stanford University Press.
——. 1985a. "The Family Network, the Stream of Water, and the

Plant：Picturing Persons in Sung Confucianism." In *Individualism and Holism: Studies in Confucian and Taoist Values*, ed. Donald Munro, 259 - 291. Ann Arbor：Center for Chinese Studies.

——. 1985b. "The Mirror and the Body：Values Within Chu Hsi's Theory of Knowledge." *Tsing Hua Journal of Chinese Studies* 1 - 2：99 - 125.

——. 1996. "A Villain in the *Xunzi*." In *Chinese Thought*, *Language*, *and Culture*, ed. P. J. Ivanhoe, 193 - 201. La Salle, IL：Open Court.

Murakami Yoshimi 村上嘉实. 1969. "Gijutsu (jin-i) to shizen" 技术(人为)と自然. *Fukui Hakase Shoju Kinen Toyo Bunka Ronshu* 福井博士颂寿纪念东洋文化论集：1051 - 1066.

Murakami Tokumi 村上德美. 1966. "Mui shizen ni tsuite" 无为自然について*Kochi Daigaku Gakujutsu Renkyuho* 高知大学学术研究报：169 - 172.

Murphy, Gregory. 1996. "On Metaphoric Representation." *Cognition* 60：173 - 204.

Nivison, David. 1956. "Communist Ethics and the Confucian Tradition." *Journal of Asian Studies* 16.1：51 - 74.

——. 1978. "Royal 'Virtue' in Shang Oracle Inscriptions." *Early China* (Berkeley) 4：52 - 55.

——. 1991. "Hsun tzu and Chuang tzu." In *Chinese Texts and Philosophical Contexts*, ed. Henry Rosemont, 129 - 142. La Salle, IL.：Open Court. Reprinted in *Virtue*, *Nature*, *and Moral Agency in the Xunzi*, ed. T. C. Kline III and Philip J. Ivanhoe,

176 – 187. Albany, NY: State University of New York Press, 2000.

——. 1996. "Replies and Comments." In *Chinese Language, Thought, and Culture: Nivison and His Critics*, ed. P. J. Ivanhoe, 267 – 341. La Salle, IL.: Open Court.

——. 1997. *The Ways of Confucianism*, ed. Bryan Van Norden. La Salle, IL.: Open Court.

——. 1999. "The Classical Philosophical Writings." In *The Cambridge History of Ancient China*, ed. Michael Loewe and Edward Shaughnessy, 754 – 812. Cambridge: Cambridge University Press.

Ortony, Andrew, ed. 1993. "The Role of Similarity in Similes and Metaphors." In *Metaphor and Thought* (2nd edition), ed. Andrew Ortony, 342 – 356. Cambridge: Cambridge University Press.

Oshima, Harold. 1983. "A Metaphorical Analysis of the Concept of Mind in the *Chuang-tzu*." In *Experimental Essays on Chuang-tzu*, ed. Victor Mair, 63 – 84. Honolulu: University of Hawaii Press.

Paivio, Allan, and Mary Walsh. 1993. "Psychological Processes in Metaphor Comprehension and Memory." In *Metaphor and Thought* (2nd edition), ed. Andrew Ortony, 307 – 328. Cambridge: Cambridge University Press.

Pang, Pu 庞朴. 1994. "Jie niu zhijie"解牛之解. *Xueshu Yuekan* 学术月刊 3: 11 – 20.

Paper, Jordan. 1995. *The Spirits Are Drunk: Comparative*

Approaches to Chinese Religion. Albany, NY: State University of New York Press.

——. 1997. "Dating the *Chuang-tzu* by Analysis of Philosophical Terms" *Chinese Culture* 18.4: 33 – 40.

Pinker, Steven. 1994. *The Language Instinct*. New York: Harper Collins.

Polanyi, Michael. 1966. *The Tacit Dimension*. New York: Doubleday.

Porkert, Manfred. 1974. *The Theoretical Foundations of Chinese Medicine*. Cambridge: MIT Press.

Pulleyblank, Edwin. 1995. *Outline of Classical Chinese Grammar*. Vancouver: University of British Columbia Press.

Qian, Mu 钱穆. 1951. *Zhuangzi Cuanjian* 庄子纂笺. Hong Kong: Dongnan Yinwu Chubanshe.

——. 1956. *Xianqin Zhuzi Xinian* 先秦诸子系年. Hong Kong: Xianggang Daxue Chubanshe.

Raphals, Lisa. 1995. *Knowing Words*. Ithaca: Cornell University Press.

——. 1998. *Sharing the Light: Representations of Women and Virtue in Early China*. Albany, NY: State University of New York Press.

Rickett, Allyn W. 1965. *Kuan-tzu* (*Volume 1*). Hong Kong: Hong Kong University Press.

——. 1998. *Guanzi: Political, Economic, and Philosophical Essays from Early China* (*Volume 2*). Princeton, NJ: Princeton University Press.

Riegel, Jeffrey. 1980. "Reflections on an Unmoved Mind: An Analysis of *Mencius* 2: A: 2." *Journal of the American Academy of Religion* 47.4: 433 – 457.

Robinet, Isabelle. 1984. "Polysémisme du texte canonique et syncrétisme des interprétations: Étude taxinomique des commentaires du *Daode jing* au sein de la tradition chinoise". *Extrême Orient — Extrême Occident* 5: 27 – 47. Trans. by Livia Kohn and reprinted in *Lao-tzu and the* Tao-Te-Ching, ed. Livia Kohn and Michael LaFargue, 119 – 142. Albany, NY: State University of New York Press.

——. 1997. *Taoism: Growth of a Religion*. Trans. Phyllis Brooks. Stanford, CA: Stanford University Press.

Roetz, Heiner. 1993. *Confucian Ethics of the Axial Age*. Albany, NY: State University of New York Press.

Rosemont, Henry. 1970. "State and Society in the *Hsun Tzu*: A Philosophical Commentary." *Monumenta Serica* 29: 38 – 78.

——. 1974. "On Representing Abstractions in Archaic Chinese." *Philosophy East & West* 24.1: 71 – 88.

——. ed. 1991a. *Chinese Texts and Philosophical Contexts*. La Salle, IL.: Open Court.

——. 1991b. "Who Chooses?" In *Chinese Texts and Philosophical Contexts*, ed. Henry Rosemont, 227 – 266. La Salle, IL.: Open Court.

Roth, Harold. 1990. "The Early Taoist Concept of *Shen*: A Ghost in the Machine?" In *Sagehood and Systematizing Thought in*

Warring States and Han China, ed. Kidder Smith, 11 – 32. Asian Studies Program, Brunswick, Maine: Bowdoin College.

——. 1991a. "Psychology and Self-Cultivation in Early Taoistic Thought." *Harvard Journal of Asiatic Studies* 51.2: 599 – 651.

——. 1991b. "Who Compiled the Chuang-tzu?" In *Chinese Texts and Philosophical Contexts*, ed. Henry Rosemont, 79 – 128. La Salle, IL: Open Court.

——. 1999a. *Original Tao: Inward Training* (Nei Yeh) *and the Foundations of Taoist Mysticism*. New York: Columbia University Press.

——. 1999b. "The *Laozi* in the Context of Early Chinese Mystical Praxis." In *Essays on Religious and Philosophical Aspects of the Laozi*, ed. Mark Csikszentmihalyi and P. J. Ivanhoe, 59 – 96. Albany, NY: State University of New York Press.

Ruskola, Teemu. 1992. "Moral Choice in the *Analects:* A Way Without Crossroads?" *Journal of Chinese Philosophy* 19: 285 – 296.

Ryie, Gilbert. 1949. *The Concept of Mind*. New York: Barnes and Noble.

Schipper, Kristofer. 1993. *The Taoist Body*. Trans. Karen Duval. Berkeley: University of California Press.

Shan, Weihua 单维华. 1992. "Lun *Laozi* de 'wuwei er zhi'" 论老子的无为而治. *Qiushi Xuekan* 求是学刊: 25 – 26.

Schofer, John. 1993. "Virtues in Xunzi's Thought" *The Journal of Religious Ethics* 21.1: 117 – 136. Reprinted in *Virtue*, *Nature*, *and Moral Agency in the Xunzi*, ed. T. C. Kline HI and Philip J. Ivanhoe, 69 - 88. Albany, NY: State University of New York Press, 2000.

Schwartz, Benjamin. 1973. "On the Absence of Reductionism in Chinese Thought." *Journal of Chinese Philosophy* 1.1: 27 - 43.

——. 1985. *The World of Thought in Ancient China*. Cambridge: Harvard University Press.

Sereno, M. 1991. "Four Analogies Between Biological and Cultural/Linguistic Evolution." *Journal of Theoretical Biology* 151: 467 - 507.

Shun, Kwong-loi. 1989. "Moral Reasons in Confucian Ethics." *Journal of Chinese Philosophy* 16: 317 - 343.

——. 1993. "Jen and Li in the Analects." *Philosophy East & West* 43.3: 457 - 479.

——. 1997. *Mencius and Early Chinese Thought*. Stanford: Stanford University Press.

Sima, Qian 司马迁. 1964. *Shiji* 史记. Shanghai: Zhonghua Shuju.

Slingerland, Edward. 1996. "The Conception of *Ming* in Early Chinese Thought." *Philosophy East & West* 46.4: 567 - 581.

——. 2000a. "Why Philosophy Is Not 'Extra.'" In Understanding the *Analects*, a review of Brooks and Brooks, "The Original Analects" *Philosophy East and West* 50.1: 137 - 141, 146 - 147.

——. 2000b. "Conceptions of the Self in the *Zhuangzi*: Conceptual Metaphor Analysis and Comparative Thought." Manuscript. Forthcoming in *Philosophy East & West* 54: 3 (July, 2004).

——. 2001. "Virtue Ethics, the *Analects*, and the Problem of Commensurability." *Journal of Religious Ethics* 29.1: 97 - 125.

Smith, Jonathan. 1970. "The Influence of Symbols on Social Change: A Place on Which to Stand." *Worship* 44: 457 - 474.

Smith, M. P. 1924. "Chinese Optimism." *Asia* 24: 622 - 626, 654.

Sweetser, Eve. 1990. *From Etymology to Pragmatics: Metaphorical and Cultural Aspects of Semantic Structure*. Cambridge: Cambridge University Press.

Tao, Tiesheng 陶铁胜. 1994. "'Dao fa ziran' shijie yu 'ziran wuwei' feng guxi"道法自然视解与自然无为风骨析. *Huadong Ligong Daxue Xuebao* 华东理工大学学报: 29 - 33.

Taylor, Charles. 1989. *Sources of the Self*. Cambridge, MA: Harvard University Press.

Taylor, Rodney. 1990. *The Religious Dimensions of Confucianism*. Albany, NY: State University of New York Press.

Thiel, P. J. 1968. "Shamanismus in Alten China." *Sinologia* 10: 149 - 204.

——. 1969. "Das Erkenntnis Problem bei Chuang-tzu." *Sinologia* 11: 1 - 89.

Thomas, Léon. 1987. "Les États de Conscience Inhabituels dans le *Zhuang Zi*" *Revue de l' Histoire des Religion*.

Turbayne, Colin. 1970. *The Myth of Metaphor*. Columbia, SC: University of South Carolina Press.

Turner, Mark. 1991. *Reading Minds: The Study of English in the Age of Cognitive Science*. Princeton: Princeton University Press.

Van Houten, Richard. 1988. "Nature and *Tzu-jan* in Early Chinese Philosophical Literature." *Journal of Chinese Philosophy* 15: 35 - 49.

Van Norden, Bryan. 1991. "Shun on Moral Reasons." *Journal of Chinese Philosophy* 18: 355.

——. 1992. "Mencius and Xunzi: Two Views of Human Agency." *International Philosophical Quarterly* 32.2: 161 - 184. Reprinted in *Virtue, Nature, and Moral Agency in the Xunzi*, ed. T. C. Kline III and Philip J. Ivanhoe, 103 - 134. Albany, NY: State University of New York Press, 2000.

Van Zoeren, Steven. 1991. *Poetry and Personality*. Stanford: Stanford University Press.

Waley, Arthur. 1960. *The Book of Songs*. New York: Grove Press.

Wang, Bangxiong 王邦雄. 1991. "Zhuangzi sixiang jiqi xiuyang gongfu"庄子思想及其修养功夫. *EhuYuekan* 鹅湖月刊 7: 1.

Wang, Fuzhi 王夫之. 1961. *Zhuangzi Jie* 庄子解. Beiiing: Zhonghua Shuju.

——. 1975. *Du Sishu Daquanshuo* 读四书大全说. Beijing: Zhonghua Shuju.

Wang, Jinlin 王景琳. 1986. "Zhuangzi dui yuyan yishu de gongxian." 庄子对寓言艺术的贡献. Beijing Daxue Xuebao 北京大学学报 113: 110 - 115, 118.

Wang, Shumin 王叔岷. 1988. *Zhuangzi Jiaoquan* 庄子校诠. Taipei: *Bulletin of the Institute of History and Philology*. Academia Sinica 88.

——. 1976. "Huainanzi yu Zhuangzi" 淮南子与庄子. In *Huainanzi Lunwenji* 淮南子论文集, *ed.* Chen Xinyong 陈新雄 and Yu Dacheng 于大成, 27 - 39. Taipei: Mutuo Chubanshe.

Wang, Xianqian 王先谦. 1988. *Xunzi Jijie* 荀子集解. Beijing: Zhonghua Shuju.

Watson, Burton. 1963. *Hsun-tzu*. New York: Columbia University Press.

——. 1968. *The Complete Works of Chuang Tzu*. New York: Columbia University Press.

Wei, Jiaqi 魏家齐. 1992. "Shilun Laozi 'Wuwei er zhi' de zhengzhi sixiang" 试论老子无为而治的政治思想. *Guizhou Shehui Kexue Bao* 贵州社会科学报 117: 9.

Williams, Bernard. 1993. *Shame and Necessity*, Berkeley: University of California Press.

Wilson, Steven. 1995. "Conformity, Individuality, and the Nature of Virtue." *Journal of Religious Ethics* 23.2: 263 - 289.

Winter, Steven. 1989. "Transcendental Nonsense, Metaphoric Reasoning, and the Cognitive Stakes for Law." *University of Pennsylvania Law Review* 137.

Wolf, Hans-Georg. 1994. *A Folk Model of the "Internal Self" in Light of the Contemporary Theory of Metaphor: The Self as Subject and Object*. Frankfurt: Peter Lang.

Wollheim, Richard. 1993. "The Sheep and the Ceremony." In *The Mind and Its Depths*, 1 - 21. Cambridge: Harvard University Press, 1 - 21.

Wong，David. 1991. “Is There a Distinction Between Reason and Emotion in Mencius?” *Philosophy East & West* 41：31 - 44.

——. 2000. “Xunzi on Moral Motivation.” In *Virtue*，*Nature*，*and Moral Agency in the* Xunzi，ed. T. C. Kline and P. J. Ivanhoe，135 - 154. Indianapolis：Hackett.

Wu，Kuang-ming 吴光明. 1981. “Trying Without Trying：Toward a Taoist Phenomenology of Truth.” *Journal of Chinese Philosophy* 8：1，143 - 167.

——. 1982. *Chuang-tzu*；*World Philosopher at Play*. New York：Crossroad.

——. 1987. “Counterfactuals，Universals，and Chinese Thinking.” *Philosophy East & West* 31.1：84 - 94.

——. 1988. “Goblet Words，Dwelling Words，Opalescent Words — Philosophical Methodology of Chuang-tzu，” *Journal of Chinese Philosophy* 15：1 - 8.

——. 1989. “Zhuangzi de zixiang maodun” 庄子的自相矛盾. *Taida Zhexue Lunping* 台大哲学论评 12：313 - 323.

——. 1990. *Butterfly as Companion*. Albany，NY：State University of New York Press.

——. 1992. “Body Thinking in the Chuang-tzu.” *Zhongzheng Daxue Xuebao* 中正大学学报 3.1：193 - 213.

Wu，Yujiang 吴毓江. 1993. *Mozi Jiaozhu* 墨子校注. Beijing：Zhonghua Shuju.

Xiang，Xi 向熹. ed. 1987. *Shijing Cidian* 诗经词典. Chengdu：Sichuan Renmin Chubanshe.

Xu, Fuguan 徐复观. 1966. *Zhongguo Yishu Jingshen* 中国艺术精神. Taibei: Xuesheng Chubanshe.

——. 1969. *Zhongguo Renxing Lunshi* 中国人性论史. Taibei: Shangwu Chubanshe.

Yampolsky, Philip. 1967. *The Platform Sutra of the Sixth Patriarch*. New York: Columbia University Press.

Yang, Darong 杨达荣. 1994. "Wuwei er zhi de beijing, hanyi he zuoyong" 无为而治的背景含义和作用. *Hainan Daxue Xuebao* 海南大学学报 3: 51 - 57.

Yang, Rur-bin (Yang Ru-bin)杨儒宾. 1990. "Lun Mengzi de guan: yi chizhi yangqi wei zhongxin zhankai de gongfu lunmianxiang" 论孟子的观:以持志养气为中心展开的功夫论面相. *Qinghua Xuebao* 清华学报 20.1: 83 - 123.

——. 1993. "Zhiyan jianxing yu shengren"知言、践形与圣人. *Qinghua Xuebao* 清华学报 23.4: 401 - 428.

Yang, Qi 杨琦. 1992. "Shi Mengzi de 'yang haoranzhiqi'"释孟子的养浩然之气. *Shanxi Shida Xuebao* 陕西师大学报: 111 - 114.

Yearley, Lee. 1980. "Hsun Tzu on the Mind." *Journal of Asian Studies* 39.3: 465 - 480.

——. 1983. "The Perfected Person in the Radical Chuang-tzu." In *Experimental Essays on the Chuang-tzu*, ed. Victor Mair, 125 - 139. Honolulu: University of Hawaii Press.

——. 1990. *Mencius and Aquinas*. Albany, NY; State University of New York Press.

——. 1996. "Zhuangzi's Understanding of Skillfulness and the

Ultimate Spiritual State." In *Essays on Skepticism, Relativism, and Ethics in the* Zhuangzi, ed. Paul Kjellberg and P. J. Ivanhoe, 152-182. Albany, NY: State University of New York Press.

Yin, Zhenhuan 尹振环. 1993. "Daojia de wuwei lun."道家的无为论. *Zhongguo shi yanjiu* 中国史研究：75-81.

——. 1991. "Wuwei Zhexue: xi Laozi de yiwuweiwei, yi buzhengzheng deng sixiang" 无为哲学析老子的以无为为，以不争争等思想. *Fudan Xuebao* 复旦学报：51-53.

Zhang, Qin 张钦. 1995. "Lun Laodan zhi 'dao' yu 'ziran wuwei'" 论老聃之道与自然无为. *Zongjiaoxue Yanjiu* 宗教学研究：59-62.

Zhang, Wei 张伟. 1986. "'Ziran wuwei' yu 'sangji yu wu'"自然无为与丧己于物. *Liaoning Daxue Xuebao* 辽宁大学学报 80.4：30-32.

Zhao, Jihui 赵吉惠. 1986. "'Wuwei er zhi' de zhengzhi sixiang jiqi lishi yanbian." 无为而治的政治思想及其历史演变. *Shanxi Shidaxue Xuebao* 陕西师范大学学报 53.4：63-67.

Zhou, Daoji 周道济. 1968. "Dao ru fa sanjia zhi junzhu wuwei sixiang" 道儒法三家之君主无为思想. *Dalu Zazhi* 大陆杂志 37.7：15-17.

Zhu, Xi 朱熹. 1987. *Sishu Zhangju Jizhu* 四书章句集注. Shanghai: Shanghai Shudian.

索　引

M

X

Y

Z

译后记

森舸澜教授(E. Slingerland)专门研究我国先秦哲学,成绩斐然。他能把各家学说连缀起来,融会贯通,提出自己的论证,最后自成一说。他的研究内容充实、言必有据;其大胆的方法和严谨的态度,更足可称道。这部专著的翻译出版也证明,古代先哲虽然与我们相隔久远,但其思想却历久弥新。如作者在《为与无为》(*Trying not to try*)的中文版序中所言:"无为与德所固有的性质,也能彰显与自我息息相关的社会性和角色感。以上说法对现代人来说,不论他是中国人还是西方人,必然有所助益。"可以说,中国哲学不仅仅是中国的,也是全人类的精神遗产,而且必将永存下去。

著名中国哲学专家万百安先生(Bryan W. Van Norden)对中国古代哲学素有研究,森教授的专著经其推荐,收入武汉大学与东方出版中心合作出版的"比较哲学翻译与研究丛书"。万先生在写给森教授的信中说:"大作如收入该丛书,读者必当更多。"我们也相信,将有更多的中国读者因为森教授的研究而从全新的角度来思考先哲的思想,继续推陈出新,提高我们的文化自信。

这部专著的出版是中国哲学的一次“旅行”——从汉语到英语，最后又回到汉语。在此过程中，我们有幸扮演了“摆渡人”的角色，希望把“渡客”平安地送达彼岸。此前因翻译《为与无为》，与森教授有过一次成功的合作。去年是他推荐我们翻译《无为：早期中国的概念隐喻与精神理想》。该书的一、二、三章部分内容经作者同意，已在《沈阳师范大学学报》(2018社科版)上刊发(译者闫怡恂、史国强)。我们深知中国哲学博大精深，生怕有所闪失，所以凡是作者引用的原文，回译时都与汉语原版一一对照。如遇上作者使用的特殊术语，也与他多次写信沟通，协商译法。即使如此，译文也未必能达到读者希望的程度。幸好东方出版中心责编刘旭先生通读全稿、逐字校改，其辛苦可想而知。其实，无论是译者还是编辑，都希望为读者送上一部可读可信的学术译著。不过，读者如遇到不通顺的文字，必然是译者所为，还请批评指正。最后感谢森舸澜教授的信任、刘旭编辑的理解、赵伟先生和赵践女士的支持以及闫怡恂女士的协助！

译　者
2019年3月6日
于沈阳师范大学